KB265560

與猶堂集의 文獻學的 研究

與猶堂集의 文獻學的 研究

Philological Study on Jeong-yakyong's Poem manuscripts and Essay manuscripts

Cho, Sung Eul

연세국학총서 44

與猶堂集의 文獻學的 研究

-詩律 및 雜文의 年代考證을 中心으로-

趙 誠 乙

혜안

지은이│趙 誠 乙

1982년 서울대학교 동양사학과 졸업
1984년 연세대학교 대학원 사학과 석사(한국사전공)
1992년 연세대학교 대학원 사학과 박사(한국사전공)
1993년 3월~현재 아주대학교 교수(사학전공)
2000~2001년 뉴욕주립대(버팔로) 교환교수

주요논문
『한국사의 인식과 역사이론』(공저, 지식산업사, 1997)
『남북역사학의 쟁점』(공저, 역사비평사, 1998)
「정약용의 토지제도 개혁론」(1998)
「정약용의 역사이론의 전개와 그 성격」(2000)
「실학의 사회경제사상」(2000)
「미국에서의 한국사 시대구분론」(2001) 외 다수

연세국학총서 44

與猶堂集의 文獻學的 研究
-詩律 및 雜文의 年代考證을 中心으로-

趙 誠 乙

2004년 2월 23일 초판 1쇄 인쇄
2004년 2월 27일 초판 1쇄 발행

펴낸이 · 오일주
펴낸곳 · 도서출판 혜안
등록번호 · 제22-471호
등록일자 · 1993년 7월 30일

⊕ 121-836 서울시 마포구 서교동 326-26번지 102호
전화 · 3141-3711~2 / 팩시밀리 · 3141-3710
E-Mail hyeanpub@hanmail.net

ISBN 89-8494-211-1 93910
값 26,000 원

머리말

　내가 다산 정약용을 만나게 된 것은 학부 시절 서울 명륜동에서 함재 선생께 친구들과 함께 與猶堂全書 詩文集에 실린 글들을 배우면서부터였다. 이후 친구 방인(현 경북대 철학과 교수)군이 주도하여 우리는 함재 선생께 정약용의 주역사전을 배우게 되었다. 주역사전을 배우기 시작한 것은 1980년 5월 광주민중항쟁이 일어나고 얼마 되지 않았던 때로 기억되며 대략 2년여에 걸쳐 배웠다. 물론 이에 앞서 주자와 정자의 주역 주석서에 대한 강독이 있었으나 나는 1978년 가을에서 1980년 봄까지 학교를 다니지 않았으므로 여기에 참여할 수 없었다. 이리하여 주역에 대한 사전 지식이 전혀 없이 주역사전을 배우게 되었으나 적지 않게 흥미를 느꼈다.

　1982년 봄 서울대학교 동양사학과 학부를 졸업하고 연세대학교 대학원 사학과 석사과정에 입학한 나는 송암 김용섭 교수님을 스승으로 모시게 되었다. 선생님의 학문에 경도되었고 학자로서의 치열한 자세와 인품에 매료되었다. 더욱이 역사를 보는 선생님의 기본 입장은 내가 방황하면서 찾아 헤매던 바로 그것이었다. 선생님은 연구실에만 계시지만 시대와 온몸으로 싸우고 계시는 분이었다. 학부 시절 나는 세계적인 중국근현대사 연구자인 민두기 교수님을 스승으로 모실 수 있는 행운을 이미 가졌다. 민 교수님으로부터 엄격한 학자로서의 자세, 그리고 연구자는 기본적으로 '쟁이'가 되어야 한다는 가르침을 배웠으며 세미나와 강독을 통해 기본적인 트레이닝도 받았다. 하지만 학자로

6

서 민 교수님을 무척 존경하면서도 리버럴리스트로서 중국근현대사를 보는 민 교수님의 기본 입장에는 결코 동의할 수 없었다.

연세대학교 대학원 사학과에서 조교로서 김 선생님을 모시면서 공부하게 된 나는 선생님의 조선후기 사회경제사 연구에 조응하여 사상사 연구를 하고 싶다는 생각을 갖게 되었다. 학부 시절부터 중국사상사와 일본사상사에 관심이 있었으므로 이것들과 한국사상사를 비교해 보고 싶다는 생각도 아울러 가졌다. 이런 생각은 자연히 조선후기 실학에 대한 관심을 유발하였고 이미 정약용의 글을 읽고 있었던 나는 정약용의 신분제 개혁론을 석사 논문의 주제로 삼게 되었다. 정약용의 신분관, 특히 노비관을 매우 보수적인 것으로 보는 기존의 연구들이 있었던 것도 하나의 자극이 되었다. 정약용의 신분관의 문제를 제대로 해명하기 위해서는 그의 관련 저작을 모두 모아 연대순으로 체계적으로 검토해야 한다는 생각을 갖게 되었다.

이 무렵 마침 방인군으로부터 정신문화연구원에 與猶堂集 雜文의 필사본이 소장되어 있다는 말을 들었다. 학부 시절 일본 교토학파의 가노 나오키라든가 나이토 코난 등의 저서를 접할 수 있었던 나는 필사본과 여러 판본에 대한 문헌학적 검토가 한 사상가의 사상의 발전과 변화를 추적하는데 매우 중요하다는 사실을 알고 있었다. 그 때까지 정약용 연구는 대체로 1930년대에 간행된 與猶堂全書를 자료로 할 뿐, 필사본과 이전의 간행본 등에 대하여는 별로 관심이 없었다. 방인군의 도움으로 정신문화연구원 소장의 필사본을 열람할 수 있었으며 그 복사본을 서울대학교 경제학과 안병직 교수님을 통해 구할 수 있었다.

서울대학교 규장각에 혹시 또 다른 필사본 與猶堂集이 있지 않을까 생각하고 조사하여 본 결과 규장각 소장 與猶堂集 가운데 잡문 부분이 바로 정신문화연구원 소장 與猶堂集 雜文에 대응되는 것이고, 이 두 필사본 與猶堂集 雜文에는 각기 결질이 있으며, 또 이 둘의 체제는 與猶堂全書 시문집의 체제와 다르다는 것을 알게 되었다. 즉 두 필사본에는 잡문을 전편과 후편으로 나누고 있었으나 與猶堂全書에는 그 구별이 없었고 작품의 배열순서가 달랐다.

왜 이런 차이가 있게 된 것인지 궁금해 하던 나는 정약용의 자찬묘지명에서 그 해결책의 일단을 찾게 되었다. 두 필사본과 마찬가지로 자찬묘지명에서는 잡문을 전편과 후편으로 나누었다. 두 필사본에는 각기 결질이 있었으나 이 둘을 합쳐 자찬묘지명에 의거한 與猶堂集 雜文前編과 雜文後編을 재구성해 낼 수 있었고 잡문후편에 실린 글이 유배 이후의 글임을 알게 되었다. 이 작업은 탕론이 유배 이후의 저작이며 전론에 만년 수정작이 있다는 등의 사실을 깨우쳐 주었다. 이후 나는 정약용 저작 가운데 현존하는 필사본들을 검토하는 작업을 진행하여 몇 가지 저작의 경우 초고본과 수정본이 있다는 사실을 알게 되었다.

박사과정에서는 정약용의 정치·경제사상 전체를 학위논문의 주제로 잡게 되었다. 원래는 정약용의 경학사상을 주제로 잡아 신작·홍석주 등 동시기 학자들의 경학과 비교하려는 생각이 있었으나 지도교수인 김용섭 선생님께서 그것은 역사학의 주제로는 적합하지 않다는 말씀을 하셨다. 또 정약용에 대하여 박사학위 논문을 쓰기 위해서는 그의 관련 자료를 망라해 검토하여야 하고 관련 인물에 대한 정리, 치밀한 연보 작성도 해야 하며, 동시기 중국과 일본의 사상사와의 비교는 물론, 서양 계몽사상과의 비교도 필요하다는 말씀도 하셨다.

한편 선생님께서는 미조구치 류조의 책을 읽어보라는 조언도 하셨다. 사실 나는 민두기 교수님으로부터 자신의 학문적 입장은 미조구치와 다르지만 객관적 연구를 통하여 도달한 결론은 그와 같다는 말씀을 이미 들은 바가 있었다. 하지만 석사 논문을 쓸 때까지는 마루야마 마사오의 입장에 경도되어 있었다. 미조구치의 책을 읽고 그의 견해는 중국사상사에는 잘 들어맞을 수 있을지 몰라도 조선후기 사상사에 그대로 적용하기에는 무리가 있으며, 이것이 바로 조선후기 사상사의 특

질을 보여주는 것이 아닌가 하는 생각을 가졌다. 마루야마에 대하여는 이미 비판적 견해를 갖게 되었지만 미조구치를 어떻게 받아들여야 할지는 앞으로도 나의 과제로 남아 있다.

위와 같은 지적이 있었음에도 불구하고 나는 서둘러 학위논문을 제출하였다. 그것은 박사학위가 있어야 대학에 자리를 잡을 수 있는 사정 때문이었다. 이 점을 아직도 부끄러워 하고 있다. 1992년 학위를 취득하고 1993년 봄 아주대학교 사학과 교수로 부임하게 되었다. 이후 얼마 간은 학위논문 수정 작업을 해야 한다는 생각을 잊고 있었다. 그러나 몇 년 전 선생님으로부터 왜 학위논문을 수정하여 출간하지 않느냐는 말씀을 듣게 되었다. 학위논문을 다시 들여다 보면서 적지 않은 보완을 해야 한다는 생각을 갖게 되었다. 특히 정약용 저작의 문헌학적 검토와 개별 저작의 연대고증 작업과 연보 및 관련 인명사전 작성이 선행적으로 필요하다는 선생님의 지적이 매우 타당하였음을 절실히 깨닫게 되었다. 또 내 나름의 이론적 정리 작업이 필요함도 새삼 느끼게 되었다.

이리하여 먼저 잡문에 실린 여러 작품들에 대한 연대고증 작업과 연보 작성 작업에 착수하게 되었다. 연보 작성 작업을 위하여는 시들의 검토가 중요하다는 사실을 깨닫게 되었는데, 친구인 고려대 심경호 교수로부터도 마찬가지의 말을 듣고 확신을 가졌다. 잡문 수록 작품들에 대한 연대고증과 시들에 대한 연대고증 작업을 동시에 진행하게 되었으며, 이 작업을 본격적으로 시작한 것은 2001년 가을부터이다. 與猶堂全書 詩集과 규장각 與猶堂集 詩律 부분의 대조를 통해 원래 형태의 與猶堂集 詩律을 복원하고 해배 이후의 작품을 연대순으로 정리할 수 있게 되었다. 여유당집 시율은 원래 연대순으로 작품을 배열한 것이었다. 이에 대한 문헌학적 정리에는 김상홍 교수님과 민영규 교수님의 선행 연구가 있어 적지 않은 시사를 받았다.

與猶堂集 雜文前編과 雜文後編에 수록된 여러 작품들의 연대고증

에 대하여 처음에는 막연히 전편에 실린 작품들은 전기작, 후편에 실린 것들은 후기작이란 생각을 갖고 있었으며 어떻게 작품 하나하나의 연대를 고증할지 막막하였다. 그러던 어느날—「다산과 정조」라는 글을 쓸 무렵으로 기억된다—문득 잡문의 여러 작품은 형식별로 정리되어 있는데 각 형식의 글들 역시, 시들과 마찬가지로 연대순으로 정리된 것이 아닌가, 또 절대 연도를 알 수 있는 것들이 있으므로 나머지 작품들에 대하여는 상대 연도의 추정이 가능할 것이라는 생각을 갖게 되었다. 이리하여 실제로 작업에 들어가 본 결과 대체로 틀리지 않다는 생각에 도달하게 되었다. 또 실록과 같은 연대기 자료 및 타인의 문집들이 연대고증에 도움이 된다는 사실을 알고 이들에 대한 조사도 함께 행하게 되었다.

여유당집 시율과 잡문 전편·잡문 후편에 실린 여러 작품들에 대한 고증을 행한 본서의 작업은 초고가 대략 작년 6월경에 이루어졌고, 작년 가을과 이번 겨울에 수정·보완 작업을 하였다. 이 수정·보완 작업 과정에서, 정약용 시에 대한 전문가인 연세대학교 박무영 교수님의 토론이 도움이 되었다. 또 원고의 교정 작업을 조선후기 한시를 전공하는 아주대학교 권주연 박사께서 도와주셨다.

이제 본서를 출간하려 함에 두려움이 앞선다. 아직 해결하지 못한 문제가 많이 있으며 소략한 곳도 많고 오류 또한 적지 않을 것이다. 관련 전문가들의 지적이 많이 있기를 바란다. 본서가 나올 수 있게 된 것은 위에서 언급된 분들 외에도 많은 분들의 도움이 있기에 가능하였다. 특히 연세대학교 도현철 교수는 나보다 후배이지만 언제나 사려 깊게 사람을 배려하여 주며, 학문적으로도 도움이 되는 말을 많이 하여 주었고 때로는 고언도 아끼지 않았다. 또 전혀 상업적 가치가 없는 이 책을, 오직 학문에 대한 애정에서 출간하여 주시는 도서출판 혜안의 오일주 선배님과 직원 여러분들께도 감사의 마음을 표하고 싶다. 끝으로 정약용 연구를 위한 기초 작업으로서 그의 연보와 관련 인명사전 작성 작업, 문헌학적 검토 작업을 계속하고 내 나름의 이론 추구 작업도 게을리하지 않겠다는 각오를 다시금 새롭게 다진다. 끝으로 연구비를 지원한 연세대학교 국학연구단에 감사드린다.

아주대학교 다산관 연구실에서
2004년 2월 9일
지은이

차례

緖 論

　丁若鏞의 사상을 연구함에 있어서 그의 著作에 대한 年代考證은 가장 기초적이며 필수적인 작업이다. 이러한 연대고증 작업은 한 사람의 사상을 형성과 발전, 변화 등의 관점에서 이해할 수 있게 하며 다른 사람들과의 영향 관계도 알 수 있게 하여 준다. 그러나 현존 與猶堂全書 시문집에 들어 있는, 雜文 및 詩律 범주에 속하는 정약용의 여러 글들에 대한 연대고증은 쉽지 않다. 잡문으로 분류되는 여러 글들에 대하여 저자 자신이 일일이 저작 시기를 밝히지 않은 것도 그 원인 가운데 하나이다. 하지만 이것은 일제시기에 간행된 與猶堂全書가 정약용 자신이 自撰墓誌銘에서 정리한 저작 체계를 따르지 않기 때문이기도 하다. 雜文의 경우 自撰墓誌銘(집중본)에서는 1801년 流配를 분기로 하여 그 이전의 저작을 前編으로 편집하였으며 유배 이후의 저작을 後編으로 하였다. 그러나 與猶堂全書에서는 이 구분을 무시하고 유배 이전의 저작과 유배 이후의 저작을 뒤섞어 놓았다. 필자는 정약용의 원래 저작 체계를 복원하기 위한 작업의 일환으로 與猶堂集 雜文을 정약용 자신의 편집에 맞게 정리한 적이 있다.[1]

---

1) 졸고, 「정약용 저작의 체계와 여유당집 잡문의 재구성」, 『규장각』 8, 1984. 위 논문에서는 규장각 소장본 與猶堂集 속의 잡문 관련 필사본과 정신문화연구원 소장의 與猶堂集(잡문 가운데 후편 부분은 겉표지가 洌水全書라고 되어 있음) 잡문 필사본을 이용하였다. 양자 모두 결질이 있으나 상호 대조함으로써 잡문의 전편과 후편의 원래 모습을 복원할 수 있었다. 본서에서도 위의 두 종의 필사본을 기본자료로 이용하기로 하며, 이하 규장각 소장본은 '규본', 정

이와 같이 정리함으로써, 정약용이 잡문을 전편과 후편으로 나누고 각 작품들을 議·疏·記·書 등과 같이 형식별로 분류하였으며 각 형식에서는 대체로 저작 연대별로 작품을 수록하였다는 추정을 갖게 되었다. 잡문에 속하는 정약용의 글들 가운데는 절대연대를 알 수 있는 것들도 있다. 각 형식 속에서 글들이 연대순으로 정리되어 있고 절대 연대를 알 수 있는 글들이 있다면 나머지 글들에 대하여도 상대적인 연대 추정이 가능하다. 또 정약용의 다른 저작 및 타인의 문집, 연대기 자료 등을 통해서도 연대 추정이 가능한 것들이 있다. 그리고 확언할 수는 없지만 그의 생애 및 활동과 관련하여 연대를 짐작할 수 있도록 하는 글들도 없지 않다.

본서에서는 위와 같은 방법들에 의하여 雜文前編·雜文後編에 수록된 글들의 연대를 하나하나 고증해 나가기로 한다. 아울러 雜文前編·雜文後編은 묘지명체제에 속하는 것이므로 여기에는 기본적으로 회갑 이전의 작품들이 수록되어 있다. 회갑 이후의 작품들, 그리고 회갑 이전의 작품이라고 하더라도 묘지명체제에 속하지 않는 것들은 따로 非墓誌銘體制 부분에 정리하고 이들에 대하여도 하나하나 저작 시기를 고증해 나가기로 한다.[2]

한편 정약용 스스로 자찬묘지명(집중본)에서 정리한 저작 체계에 의

신문화연구원 소장본은 '정본'으로 약칭하기로 한다. 또 부분적으로 與猶堂全書에 수록된 것도 이용하기로 하며, 이하 각주에서 『與猶堂全書』는 『전서』로 약칭하기로 한다.

2) 위의 졸고에서는 정약용이 자찬묘지명(집중본)에서 스스로 정리한 저작 체계를 '묘지명체제'라고 하였으며, 정약용의 저작 가운데 이에 속하는 않는 것들에 대하여는 '비묘지명체제'라고 하였다. 이하 본서에서도 이 命名 방식을 그대로 따르기로 한다. 잡문 형식의 글로서 『與猶堂全書』 및 규본과 정본 『여유당집』에 실려 있지 않은 것들 가운데 많은 부분이 與猶堂全書補遺2에 수록되어 있다. 본고에서는 與猶堂全書補遺2의 경인문화사 영인본(1987년 간행)을 자료로 이용하였다. 또한 묘지명체제에 속하는 잡문전편과 잡문후편에서도 회갑 이후의 작품들이 발견되는데 이에 대한 문제도 아울러 검토할 것이다.

하면 그의 저작은 크게 文集과 經集으로 나누어지며 文集 가운데 처음에 위치하는 것이 詩律 18권이다. 詩律 18권은, 정약용 자신이 저작을 3권 1책으로 정리하여 각 책이 모두 3권으로 구성되어 총 6책이었던 것으로 생각된다. 정약용의 詩律 관련 저작에 대한 문헌학적 검토가 규본 필사본과 與猶堂全書를 대조하여 행해진 바 있다.3)

그러나 이들 저작이 정약용 저작 체계 전체에서 어떤 위치에 있는지에 대한 검토 및 개별 시들의 연대 고증 등은 행해지지 않았다. 본서에서는 이들 저작이 정약용 저작 체계 전체에서 어떤 위치에 있는지에 대한 검토, 개별 시들의 연대 고증을 하나하나 해 나가기로 한다. 與猶堂集 詩律은 묘지명체제에 속하는 것이므로 여기에는 기본적으로 회갑 이전의 작품들이라고 할 수 있다. 회갑 이후의 작품들 및 회갑 이전의 작품이라고 하더라도 묘지명체제에 속할 수 없는 것들은 따로 非墓誌銘體制 부분에 정리하고 이들에 대하여도 하나하나 저작 시기를 고증해 나가기로 한다.4)

본서에서는 자찬묘지명에서의 정리 순서에 따라서 먼저 與猶堂集 詩律에 대하여 검토한 다음, 雜文에 대하여 살펴보기로 한다. 詩律과 관련해서는 丁若鏞 著作體系와 與猶堂集 詩律, 與猶堂集 詩律前編, 與猶堂集 詩律後編, 非墓誌銘體制의 순서로 검토하기로 한다. 丁若鏞 著作體系와 與猶堂集 詩律에서는 丁若鏞 著作體系에서의 詩律의 위치, 현존 규본 與猶堂集과 墓誌銘體制와의 차이점, 非墓誌銘體制의

---

3) 김상홍, 「원전 고찰」, 『다산정약용 문학연구』, 단대 출판부, 1985. 이 책의 말미에서는 규본 필사본에 수록된 시들에 대하여 수록된 순서대로, 그 목록을 기록하였다.

4) 詩律 가운데 비묘지명체제에 속하는 것들은 주로 與猶堂全書補遺1에 수록되어 있다. 본고에서는 與猶堂全書補遺1의 경인문화사 영인본을 이용하였다(1987년 간행). 한편 원래 규본 與猶堂集에서는 詩律의 경우 前編과 後編으로 나누지 않았다. 본서에서는 雜文의 예에 따라 전편과 후편으로 나누어 살피기로 한다. 규본 與猶堂集에는 묘지명체제에 속하지 않는 시들도 포함되어 있다. 이들 역시 묘지명체제에 포함시켜 정리하기로 한다.

존재 등 문헌학적 문제점에 대하여 살피기로 한다.

한편 與猶堂集 雜文과 관련해서는 먼저 與猶堂集 雜文의 원래 체제, 丁若鏞 著作體系에서의 與猶堂集 雜文의 위치 등 文獻學的 문제를 살피고 나서, 與猶堂集 雜文前編, 與猶堂集 雜文後編, 非墓誌銘體制에 속하는 작품들의 연대를 하나하나 고증해 나아가기로 한다. 마지막으로 結語에서는 詩律과 文集을 검토하여 내릴 수 있는 결론과 남은 문제점, 그리고 이 연구가 갖는 의미와 차후에 더 진행되어야 할 작업 등에 대하여 생각하여 보기로 한다.

제1부 與猶堂集 詩律 收錄作品의 年代考證

제1장 丁若鏞 著作體系와 與猶堂集 詩律

自撰墓誌銘(집중본)에 정리되어 있는 묘지명체제는 經集과 文集으로 분류된다. 그리고 自撰墓誌銘 이후(회갑 이후)의 저술, 그리고 회갑 저술 이전의 것 가운데 墓誌銘體制에 들어가지 않은 것을 필자는 앞서 非墓誌銘體制로 분류하였다. 규본 與猶堂集 제1~8책에는 자찬묘지명 저술 이전의 것과 이후의 것이 모두 포함되어 있다. 따라서 묘지명체제에 속하는 것과 비묘지명체제에 속하는 것이 모두 포함되어 있으며 심지어 정약용의 저술이 아닌 것까지 포함되어 있다. 정약용의 저술이 아닌 것 가운데에는 정약용이 자신과 화답한 시이므로 편집상 넣은 것과 후대인이 정약용의 저작으로 오해하여 잘못 넣은 것이 있다.[1]

먼저 묘지명체제 가운데 문집이 전체적으로 어떻게 구성되어 있는지 표를 통해 살펴보기로 한다.[2]

與猶堂集 文集

---

[1] 이 점에 대하여는 이미 김상홍, 『다산정약용 문학연구』에서 지적된 바 있으며 與猶堂全書의 오류에 대한 지적도 이에 앞서 있었다(민영규, 「茶山 三則」, 『동방학지』 22, 1979. 5 및 「다산 연구에 사각이 많다-알려지지 않은 다산 삼칙」, 『동아일보』 1979. 5. 21).

[2] 본문의 표는 졸고, 「정약용 저작의 체계와 여유당집 잡문의 재구성」(27쪽)에 있는 묘지명체제 표에 의거한 것이며 이 표는 자찬묘지명(집중본)을 자료로 하여 만들었다. 4번 이하의 저서들은 雜纂에 속한다.

1.	詩律	18권(刪之可六卷)
2.	雜文前編	36
3.	雜文後編	24
4.	經世遺表	48(未卒業)
5.	牧民心書	48
6.	欽欽新書	30
7.	我邦備禦考	30(未成)
8.	我邦疆域考	10
9.	典禮考	2
10.	大東水經	2
11.	小學珠串	3
12.	雅言覺非	3
13.	麻科會通	12
14.	醫零	1
	共(도합)	267권

　위의 표에 나타난 바와 같이 묘지명체제에 따르면 문집 가운데 첫
번째를 구성하는 것이 詩律 18권이다. 규본 여유당집 시율 각 책은 각
기 3권으로 구성되어 있다. 이것은 여유당집 잡문의 각 책이 각기 3권
으로 구성된 것과 마찬가지이며 정약용 자신이 여유당집의 각 책을 대
체로 이와 같이 정리하였다고 생각된다.3) 따라서 여유당집 시율 가운
데 묘지명체제에 속하는 것은 모두 6책이며 각 책은 각기 3권으로 구
성되어 도합 18권이었음을 추정할 수 있다.

　규본 여유당집(필사본) 제1~5책까지는 연대순으로 배열되어 있으
며 1775년(14세)에서 1810년(49세)까지의 시로 되어 있다. 따라서 묘지
명체제에 속한다고 할 수 있다. 그러나 제6책 가운데 松坡酬酢은 67세
(1828)에 지은 것이고, 이어서 있는 것들은 68세, 70세(66세, 65세, 69
세, 68세)에 지은 시들이다. 따라서 제6책은 묘지명체제에 속하는 것이

---

3) 졸고, 「정약용 저작의 체계와 여유당집 잡문의 재구성」, 27쪽.

아니다. 더욱이 제6책은 3권이 아니라 2권으로 구성되어 있으며 여기에 수록되어 있는 시들도 연대가 뒤섞인 채 수록되어 있다. 제7책에는 歸田詩集(58세 ; 1819년 해배 이후 지은 시), 59세, 60세에 지은 시들이 수록되어 있다. 따라서 제7책이 본래 제6책이었다고 추정할 수 있다.4)

한편 자찬묘지명에서 詩律 18권이라 하였다. 현존 규본 여유당집 제7책을 제6책으로 바꿔 넣는다면 묘지명체제는 6책 18권(각 책 3권)이 되며 현존 제1~5책과 제7책(원래 제6책)이 합쳐져 묘지명체제를 구성하게 된다. 따라서 현존 규본 여유당집 詩律 제1~6책 가운데에는 원래의 묘지명체제에서 누락된 부분이 없다고 일단 추정할 수 있다. 따라서 규본 與猶堂集 제6책은 순서상 제7책으로 되어야 하며 비묘지명체제에 속하게 된다. 규본 與猶堂集 제8책에 수록된 시들 역시 회갑 이후 晩年의 시들이므로 규본 여유당집 제8책 경우도 묘지명체제에 속하지 않는다.

그러나 제5책이 1810년(49세)에 지은 시로 끝나고 규본 제7책(원래 묘지명체제로는 제6책)이 1819년(58세) 이후로 시작되어 1811~1818년(50~57세) 사이가 공백으로 되어 있는 사실이 주목된다. '詩律 18권 刪之可六卷'은 이때 지은 시를 갸리키고 묘지명체제에서 詩律의 권수를 말할 때 이미 이것을 감하고서 말한 것으로 여겨진다.5)

---

4) 다만 여기서 남는 문제는 제7책의 끝부분에 수록된 시들이 69세(1830) 이후의 것들로 추정되는 점이다. 이것은 편집 체제에 유의하지 않고 나중에 누군가가 追記한 것이 아닌가 생각된다.

5) 다만 확언은 할 수는 없다. 刪之可六卷의 의미에 대하여 이것을 '깎아서 6권으로 만들어야 한다'는 뜻으로 해석해야 한다는 견해가 있다(2003.9 조선시대사학회 발표회에서의 박무영 교수의 토론). 그러나 필자의 생각으로는 1811~1818년의 시를 빼낸 자리, 즉 6권을 깎아낸 자리에, 공백을 메꾸기 위해 1822년 회갑 이후의 시들을 넣은 것이 아닌가 추측되기도 한다. 그렇게 생각하면 6권을 빼고 불과 2권으로 메꾸었는가 하는 문제가 다시 생긴다. 시율 전체에서 6권 분량을 감하여 묘지명체제에서 18권으로 하였다고 보는 것이 일단 온당한 견해라고 생각된다. 하지만 刪之可六卷의 의미 및 시율 전체 속에 몇 부분 시 저작이 없는 시기가 있는 문제에 대하여는 앞으로 좀 더 천착을

다음으로 묘지명체제의 文集 가운데 첫 번째에 위치하는 與猶堂集 詩律이 묘지명체제 전체에서 어떤 위치에 있는지, 또 이 詩律 6책이 각기 어떻게 구성되어 있는지 정리해 보기로 한다.6)

與猶堂集 詩律 (與猶堂集 文集 제1~6책)－墓誌銘體制－

與猶堂集 文集 제1책
　제1권(與猶堂集 卷之一)
　　懷東嶽－鯉魚篇贈張生
　제2권(與猶堂集 卷之二)
　　壬寅歲仲春僑居棣泉作－冬日過龍山亭子
　제3권(與猶堂集 卷之三)
　　首春書懷－閣課畢猥居第一蒙賜廄馬文皮
與猶堂集 文集 제2책
　제1권(與猶堂集 卷之四)
　　首春大駕自華城還……－飢民詩
　제2권(與猶堂集 卷之五)

요한다.
6) 위에서 논의한 바와 같이 아래의 여유당집 문집 제6책은 규장각 여유당집에는 제7책이다. 이 제7책 끝 부분 후대에 추기한 것으로 보이는 시는 제외하고, 각 권에 처음 시와 마지막 시를 보여 원 체제를 알 수 있게 하였다. 규장각 여유당집 제1~5책 및 제7책에 수록된 모든 시의 목록은 김상홍, 『다산 정약용 문학연구』의 부록, 「여유당집 시집의 시 총목록」(399~420쪽)에 수록되어 있다. 또 정약용은 여유당집을 편집하면서 각 책의 각 권에 대하여 일련번호를 생각한 것으로 여겨진다. 규장각 여유당집 속의 여유당 시집의 경우 각 권의 처음에 '與猶堂集券之'라고만 하고 번호를 붙이지는 않았으나 시율이 묘지명체제 문집에서 처음 저작이므로 여유당 시집 제1책 제1권이 '與猶堂集 卷之一'이 된다고 추정할 수 있다. 이에 따라 여유당 시율 각 책 각권에 대하여 여유당집에서 몇 권에 해당하는지를 덧붙이기로 한다. 규본 여유당집 제5책의 경우 제1권, 제2권, 제3권에 대하여 각기 '詩集第十三', '詩集第十四', '詩集第十五'라고 번호를 붙이고 있다(이 번호는 與猶堂集卷之의 번호를 추정한 것과 잘 부합된다). 이에 의거해 다른 책에 속한 권들에 대하여도 詩律의 일련 번호를 붙였다.

이상에서 정약용의 詩律 가운데에 墓誌銘體制에 속하는 것들을 정리해 보았다. 그러나 정약용의 시율 가운데에는 묘지명체제에 속하지 않는 것들이 있다. 이것들을 非墓誌銘體制로 분류하기로 한다. 비묘지명체제에 속하는 것은, 회갑 이전의 것이면서도 詩律 前編·後編에 누락된 시들 및 회갑 이후 시들로 분류할 수 있다. 그러나 회갑 이전의 시 가운데 시율 전편·후편에 없는 것들은, 묘지명체제의 시율 부분을 정리할 때 누락된 것으로 생각된다. 이처럼 회갑 이전 시로서 누락된 것들은 대체로 與猶堂全書補遺1에 수록되어 있다. 여기에는 「茶盒詩帖」, 「竹欄遺蛻集」, 「眞珠船」, 「桐園手鈔」, 「洌水文簧」 등이 수록되어 있다. 이 가운데 「眞珠船」, 「桐園手鈔」의 경우 필자로서는 정약용 저작이라는 확신이 서지 않으므로 이들에 대하여는 본서에서 일단 다루지 않기로 한다.

「茶盒詩帖」의 경우 정약용이 차를 소재로 하고 지은 시들 뒤에, 아들 丁學淵이 次韻하여 지은 것들을 덧붙여 놓은 것이다.

「竹欄遺蛻集」의 경우, 제목으로 보아 여유당집에서 누락된 시들 가운데, 주로 서울 明禮坊에 살았을 적의 시들을 모아 놓은 것으로 추정된다. 다만 다른 시기의 작품, 시가 아닌 것들도 있다.[7]

다음으로 「洌水文簧」 속에 들어 있는 글들에 대하여 고찰해 보기로 한다. 「洌水文簧」의 서두에 있는 叙文의 말미에 "當宁 二十六年 丙戌 孟冬(道光六年) 洌水 丁鏞"라고 기록되어 있다. 「洌水文簧」의 편집이

---

7) 여기에는 過淸淮驛, 昔在康熙……余又謫補金井感作一篇, 耐閑, 過烏棲山, 夜登永保亭, 前湖泛月, 宿烏棲山天井菴, 自皐蘭寺泛舟順流至淸風亭, 與許子翁, 題尹兄弟神軒, 紀行絶句, 題矗石樓(庚子三月), 再題(辛亥三月), 走筆酬南皐, 寄南皐, 酬金員外, 奉簡海左, 城上觀漲, 次韻南皐, 竹欄月夜(九月十一日), 竹欄菊花盛開同數子夜飮(九月十五日), 六言詩寄南皐, 秋興雜題(丙辰秋), 春日遊水鍾寺, 次果川, 癸卯春爲進士陪家大人舟還苕川作, 鴨鷗亭, 過分湖亭, 水鍾寺, 簡邀南皐, 聞鶴麓尙滯城南, 陪伯氏出都門作, 天眞菴作, 鬻朝衣, 絶句, 夜游資孝寺, 代人祭其姑文, 代人祭其妻兄文 등이 수록되어 있다.

1826년 한겨울에 완료되었음을 알 수 있다. 그러나 여기에는 대체로 大科 급제 이후 규장각 초계문신으로서, 규장각 閣課로서 지은 글들 가운데 시에 해당하는 것들과 성균관 유생으로서 시험을 위해 지은 것들이 많이 수록되어 있다.[8]

　한편 현재 與猶堂全書와 필사본(규본)에도 들어 있으나 묘지명체제에는 속할 수 없는 회갑 이후의 시들이 있다. 1822년 상반기의 시까지는 정약용 자신이 편집을 완료하고 자찬묘지명체제에 넣었던 것으로 보인다. 현존 필사본(규본) 與猶堂集과 與猶堂全書에 실려 있는 시 가운데, 1823년 이후의 것들은 체계적으로 연대에 따라 편집된 것이 아니라 매우 무질서하게 모아 놓은 것에 불과하며 저작 시기를 규명하기 어려운 것들도 많아서 정약용 자신이 편집한 것으로 보기 어렵다. 따라서 1823년 이후의 시들을 필자 나름으로, 가능한 한 연대순으로 재편집하기로 한다. 먼저 여유당집 시율 전편에 속하는 시들의 연대부터 고증해 나아가기로 한다. 새로 시작되는 해 앞에는, 간지 대신 필자가 서기 연대와 정약용의 나이를 붙였다.

---

8) 다만 「洌水文簧」의 끝 부분에 있는 乙卯九月卄一日大殿誕日陳賀箋文(在金井時 代忠淸監司作), 乙卯冬至忠淸監司陳賀箋文, 丙辰正朝忠淸監司陳賀箋文, 丁巳冬至黃海兵使陳賀箋文(在谷山時 作) 등은 모두 다른 사람을 위해 지은 것이다.

제2장 與猶堂集 詩律前編

1. 與猶堂集 文集 제1책

(1) 與猶堂集 文集 제1책 제1권(與猶堂集 卷之一)

[1775년] (14세)

첫 작품 懷東嶽의 경우, 규본 여유당집에 따르면 제목 아래에 "乙未在苕川"이라고 원주가 붙어 있다. 따라서 1775년(14세) 고향 苕川에 있을 때 지은 것임을 알 수 있다. 與猶堂全書에서는 "己未"로 잘못 표기되어 있다. 1775년 가운데 구체적으로 어느 시기인지는 알기 어렵다. 그러나 "時家大人 新自金剛山而回 故有是作"이라는 원주가 붙어 있는 것으로 보아 부친 정재원이 금강산에서 돌아온 직후에 지은 것임을 알 수 있다.

游水鍾寺의 경우, 역시 배열순서상 1775년(14세)에 지은 시이다. 정확하게 시기가 언제인지는 역시 알기 어려우나 "陰岡滯古雪"이라는 구절로 보아 겨울이었음을 알 수 있다. 즉 1775년(14세) 겨울에 지은 작품이라고 할 수 있다.

[1776] (15세)

春日陪季父乘舟赴漢陽의 경우, "丙申 二月十五日始冠 十六日赴京 廾二日委禽 此其赴京時舟中之作"이라고 원주가 붙어 있다. 1776년

(15세) 2월 15일 마재(초천) 집에서 관례를 치르고 2월 16일 상경하는
배 안에서 이 시를 지었으며, 상경한 뒤 2월 22일에 혼례를 치렀음도
알 수 있다. 아마도 혼례를 치른 처가는 서울에 있어 얼마동안 처가에
머물렀던 것으로 생각된다.『사암선생연보』에는 당시 부친이 다시 벼
슬길에 올라 서울에 거주하게 되었다고 하였다.[1] 정약용이 혼례를 치
른 뒤에 얼마 동안 처가에 머물렀고 뒤에서 언급할 것처럼, 마침 얼마
안되어 부친이 다시 벼슬을 하여 서울에 거처하게 되자 부친을 모시고
서울에 살았다고 여겨진다.

會賢坊同洪雲伯飮의 경우 배열순서상 1776년(15세)의 시이며 "花
柳滿城陰"이라는 구절로 보아 봄이었다. 즉 1776년(15세) 봄의 시이다.
음력 2월 22일 혼례를 치른지 얼마 안된 시기로 추정된다. 이 시에는
"洪進士英漢 字雲伯 後改名仁浩"이라고 원주가 붙어 있다. 洪仁浩와
회현방에서 함께 술을 마시며 지은 시이다.[2]

夏日挹淸樓陪睦正字(祖永)諸公飮의 경우, 배열순서상 1776년(15
세)의 시이며 제목에서 보듯이 계절은 여름이었다. 즉 1776년(15세) 여
름의 시이다. 바로 뒤의 시로 보아 이 시의 저작 시기는 7월 26일 이전
이 된다. "訓練都監 乃柳文忠所設 樓屬別營"이라고 원주가 붙어 있
다. 술을 마신 읍청루는 훈련도감 별영에 소속된 것이라 하였는데 시
의 내용으로 보아 한강 가에 있었던 것으로 여겨진다. "倉曹辟屬賴尙
書"라는 구절 아래에 "時家君爲蔡公所辟"이라고 원주가 붙어 있는 것
으로 보아 1776년 여름 부친 정재원이 채제공의 추천으로 호조의 관원

---

1) 『俟菴先生年譜』, 5쪽(쪽수는 정문사 영인본의 것을 따름. 이하『사암선생연
  보』를 각주에서『年譜』로 약칭한다).
2) 洪仁浩와는 1794년 무렵 채제공의 상소 문제(사도세자 신원)로 다소 사이가
  벌어지기도 하지만, 다시 관계가 회복되어 1797년 6월 승지로서 정약용에게
  도움을 주기도 한다. 홍인호는 정조 말년 채제공의 채당과 대립하는, 홍당의
  영수가 된다. 이에 대하여는 다시 1797년 6월에 지은 저작을 다룰 때 보다 자
  세히 언급하기로 한다.

이 되었음을 알 수 있다.3)

元陵輓詞의 경우, 역시 배열순서상 1776년(15세)의 작이며 "英字說見國朝寶鑑"이라는 원주가 붙어 있다. 元陵은 영조를 가리킨다. "龍輀度御溝"라는 구절로 보아 영조의 國葬日에 상여가 대궐을 나오는 것을 지켜보면서 지은 시로 생각된다. 정조실록에 따르면 영조가 서거한 것은 1776년 3월 5일이며 인산일은 7월 26일이었다.4) 따라서 이 시는 1776년(15세) 7월 26일에 지은 것이다. 따라서 앞의 시들은 자연히 1776년 7월 26일 이전에 지은 것이 된다.

送外舅洪節度謫雲山의 경우, 배열순서상 1776년(15세)의 시이다. "八月十五日"이라고 원주가 붙어 있으므로 1776년 8월 15일 지은 것임을 알 수 있다. 운산으로 유배 가는 장인을 전송하며 지은 시이다. "離亭發浩歌"라는 구절로 보아 아마도 한양에서 성문 밖을 나와 어느 정자에서 전송하였던 것이 아닌가 생각된다. 홍화보가 유배에서 풀려 돌아오는 것은 이듬해 1777년 11월 26일이다.

中秋月夜於洪元伯(雲伯改其字)池上 同洪復元(樂貞) 崔季章(粹絅) 諸公飲의 경우, 역시 배열순서상 1776년(15세)의 시이다. 제목에서 보면 8월 15일에 지은 것이다. 제목에서 말하는 홍원백은 바로 봄에 함께 술을 마셨던 洪仁浩이며 여기에 洪樂貞, 崔粹絅 등도 동석하였음을 알 수 있다. 장인 홍화보를 전송하고 그날 밤에 함께 술을 마신 것이 아닌가 생각된다.

田廬臥病의 경우, 배열순서상 역시 1776년(15세)의 작품이다. "時餌李獻吉藥 得病三旬而愈 仲冬也"이라고 원주가 붙어 있다. 따라서 1776년(15세) 11월에 지은 작품이다. 위의 원주에 따르면 이헌길의 약을 먹고 발병한지 30일 만인 仲冬(11월경)에 병이 치유되었다. 제목으로 보아 고향집에서 지은 것으로 추정된다. "始爲殘書至 翻此一病纏"

---

3)『사암선생연보』5쪽, 丙申……就屋住京(時晉州公復仕).
4)『정조실록』즉위년 3월 첫 부분 및 즉위년 7월 26일(乙未).

라는 구절로 보아 독서를 위해 8월 15일 이후 어느 시점에 고향집에
돌아갔음을 알 수 있다. 30일 동안 병을 앓고 나은 것이 중동이라고 하
였으므로 대략 10월경에 발병한 것이다.

[1777년] (16세)

立春日題龍衕屋壁의 경우, "丁酉 ○小龍衕在明禮坊 丙申夏家大人
僑居于玆"이라고 원주가 붙어 있다. 1777년(16세) 立春에 지은 것임을
알 수 있다. 앞의 시 夏日把淸樓陪睦正字(祖永)諸公飮에서 살핀 바와
같이, 1776년(15세) 여름 부친 정재원이 다시 서울에서 벼슬하기 시작
하여 서울에 집을 마련하여 거주하였다. 이번 시의 주에 "小龍衕在明
禮坊 丙申夏家大人 僑居于玆"이라 한 것을 보면 1776년 여름부터 살
기 시작한 한양의 집이 바로 明禮坊 小龍衕에 있었다고 여겨진다. 정
약용은 1776년 2월 22일 결혼 후 잠시 처가에 머무르다가, 1776년 여름
부터 명례방 소룡동의 이 집에서 부친을 모시고 살았다고 추정된다.
1776년 8월 15일 이후 어느 시점에 잠시 고향집에 내려가 있었으며
1776년 11월에 병이 나은 뒤 1777년(16세) 입춘 이전에 다시 서울에 온
것으로 추정된다.5)

春日過崔氏溪上草堂의 경우, 배열순서상 1777년(16세)의 시이다.
제목과 내용으로 보아 계절은 봄이었음을 알 수 있다. 즉 1777년(16세)
봄의 시이다. "崔氏 名弘重" 및 "草堂 正對紫閣峰"이라고 원주가 붙
어 있어 崔弘重의 초당에 가서 지은 것임을 알 수 있다. 최홍중의 초

---

5) 바로 위의 시, 田廬臥病에서 보듯이 이 기간 동안 10월 이후 30일간 병을 앓
　　았고 仲冬(11월)이 되어서야 나았다.『사암선생연보』에 의하면 16세(1777) 때
　　성호선생의 유고를 처음 보았다고 하였으며(『年譜』, 5쪽), 자찬묘지명 집중본
　　(『전서』 시문집 묘지명 부분)에도 마찬가지 언급이 있다. 이것은 1776년(15
　　세) 8월 15일 이후 어느 시점에 고향에 돌아가 겨울 동안 고향에 머무르고 있
　　다가 다시 서울로 돌아온 이후가 될 것이다. 서울에 다시 온 이후부터 성호학
　　파 계통의 사람들과 교유가 시작된 것으로 여겨진다.

당이 자각봉을 마주 대하고 있었음을 알 수 있다. 장소는 서울 또는 그 근교라고 생각된다.

崔注書(顯重)蘭谷書樓同崔輝度(弘重)士舒(養重)諸公飮의 경우, 역시 배열순서상 1777년(16세)의 시이다. 계절은 "茶瓜謔浪眞"이라는 구절로 보아 대략 초여름이 아니었을까 생각되기도 하지만 바로 뒤의 贈李檗이 봄에 지은 것이므로 순서상 늦봄이라고 추정된다. 崔顯重의 蘭谷 書樓에서 崔顯重, 崔弘重, 崔養重 등과 함께 술을 마셨음을 알 수 있다. "崔氏一門內"라는 구절로 보아 이들은 모두 한 가문의 같은 항렬의 사람들이었음을 알 수 있다.

贈李檗의 경우, 배열순서상 역시 1777년(16세)의 시이다. "字 德操"라고 원주가 붙어 있다. "嘉木敷春榮"이라고 구절로 보아 계절은 봄이며, 위의 시로 보아 그것도 늦봄이었다고 생각된다. 즉 1777년(16세) 늦봄의 시이다.

過族父主簿公(述祖)宗簿寺直廬의 경우, 배열순서상 역시 1777년(16세)의 시이다. 族父라는 제목으로 보아 정술조는 정약용과 마찬가지로 압해 정씨이다. 종부시에서 숙직하고 있던 정술조를 찾아 뵙고 지은 시이다. 정확한 시기는 알기 어려우나 바로 뒤에 나오는 外姑李淑夫人輓詞를 지은 것이 5월 27일 이후이고 바로 위의 시 贈李檗이 늦봄의 작품이므로, 이 시 過族父主簿公(述祖)宗簿寺直廬는 1777년 늦봄 이후 5월 27일 이전에 지은 것으로 추정된다.

外姑李淑夫人輓詞(五月卄七日 歿)의 경우, 역시 배열순서상 1777년(16세)에 지은 시이다. "五月卄七日 歿"이라고 원주가 붙어 있고 내용으로 보아 5월 27일 직후 장례일에 지은 것임을 알 수 있다.[6]

早秋濟用監池上陪諸公飮의 경우, 배열순서상 역시 1777년(16세)에 지은 시이다. 早秋로 보아 7월경(음력)이다. 즉 1777년 7월경의 시이다.

---

6) "悽愴東坡驛"이라는 구절로 보아 장지는 경기도 문산의 동파역 근처가 아니었을까 생각된다.

제목에 "家大人 時爲判官"이라고 한 것으로 보아 이때 정재원이 판관이 되었음을 알 수 있다.7)

將赴和順陪家君至苔川 留別諸父諸兄의 경우, 역시 배열순서상 1777년(16세)에 지은 시이다. "時家大人爲縣監 孟冬也 家人亦隨至苔川"이라고 원주가 붙어 있어 저작 시기는 음력 10월로서 이때 정재원이 화순현감이 되었음을 알 수 있다.8)

行次興元倉陪韓監察(光傳)丈夜話의 경우, 배열순서상 역시 1777년 (16세)의 시이다. "山寒雪正飛"라는 구절로 보아 겨울이었음을 알 수 있다. 1777년 겨울 화순으로 부임하는 길에 흥원창(원주)에서 부친과 함께 부친의 친구 韓光傳을 모시고 이야기를 나눈 것에 대하여 지은 시이다.9)

過族父承旨公(範祖)法泉山居의 경우, 배열순서상 1777년(16세) 겨울에 지은 시이다. 원주 法泉으로 丁範祖를 찾아 뵙고 지은 시이다. 흥원창에서 한광전과 같이 하루 저녁 묵은 다음날 부친 정재원과 함께 법천으로 정범조를 찾아간 것으로 생각된다.

宿荷潭의 경우 배열순서상 1777년(16세) 겨울에 지은 시이다. 하담 (충주)은 선영이 있는 곳이므로 참배를 위해 묵었던 것으로 생각된다. 시에 "宿草纏初雪"이라는 구절이 있으므로 계절이 겨울이었음을 알

---

7) 시의 제목과 내용으로 보아 이때 정재원이 제용감의 판관이 되었던 것이 아닌가 생각되기도 한다.

8) 『사암선생연보』에는 가을에 부친의 화순 임소에 따라간 것으로 되어 있으나 (『年譜』, 6쪽) 이 시와 이 시에 붙어 있는 정약용 자신의 주에 따르면 연보가 오류이다(다만 큰 차이는 아니며 『年譜』에서 개략적으로 언급한 것으로 볼 수 있다). 이 시는 부친과 정약용이 1777년 음력 10월(孟冬) 화순으로 떠난다 는 인사를 드리기 위해 고향 초천에 돌아왔다가 화순으로 떠난 것이 된다.

9) 이하 시들을 보면 원주 홍원창-원주 법천-하담(선영이 있는 곳)-청주-공주- 전주-담양을 거쳐 화순으로 갔다. 정약용이 부친을 모시고 이 길을 간 것으로 추정된다. 아마도 부친 정재원이 가는 길에 한광전과 정범조를(바로 뒤의 시, 過族夫承旨公(範祖)法泉山居 참조), 하담(충주) 선영에 참배하기 위해서 경로를 이렇게 잡은 것으로 생각된다.

수 있다. 이 시의 "微茫已七年"이라는 구절은 돌아가신 모친을 회고하는 것이 아닌가 생각된다.

悲西原의 경우 배열순서상 1777년(16세) 겨울에 지은 시이다. "路由淸州 紀戊申事" 및 "淸州有節度使 李鳳祥祠堂"이라고 원주가 붙어 있다. 화순으로 가는 행로가 西原 즉 청주를 경유하였음을 알 수 있다.10)

行次公州逢李丈偕行의 경우, 배열순서상 1777년(16세)에 지은 시이다. "李丈 謂蘇巖"이라고 원주가 붙어 있으므로 화순으로 가는 도중 공주에서 李蘇巖(李東郁)을 만나 지은 시이다.11) "雪裏一紅船"이라는 구절로 보아 계절이 겨울이었음을 알 수 있다. 즉 1777년 겨울 작품이다.

過全州의 경우 배열순서상, 1777년(16세) 겨울에 지은 시이다. 역시 화순으로 가는 도중에 지은 것이다. 시의 내용으로 보아 이때 전주에 도착하여 慶基殿을 방문하였음을 알 수 있다.

次潭陽陪李都護(寅燮)丈飮의 경우, 배열순서상 정재원이 화순현감으로 가는 도중에 지은 것이다. 화순에 도착한 것이 대략 연말에 가깝다. 따라서 이 시는 1777년(16세) 겨울에 지은 것이다. 화순 가는 도중에 정재원 담양에 들러 당시 도호사인 李寅燮과 만나 술을 마실 때 정약용이 두 사람을 모시고 있다가 지은 시로 추정된다.12)

琴嘯堂同曹進士(翊鉉)作의 경우, 역시 배열순서상 1777년(16세)에

---

10) 戊申事란 戊申年에 일어난 이인좌 난을 말하며 그 때 일을 시로 기록한 것이다. 당시 청주의 병마절도사 이봉상이 반란군에 체포되어 죽었다. 이 시에는 이인좌난에 대하여 비판적이었던 李瀷 이후, 淸南 계열의 입장이 반영되어 있다.

11) 李東郁은 자가 幼文이며 본관은 平昌이다. 李光渷의 아들이며 바로 李承薰의 부친이다. 정조 때에 참판과 의주부윤을 지냈으나 신유사옥으로 이승훈이 죽은 뒤 관작이 추탈되었다.

12) 1795년 가을 정약용이 금정찰방으로 근무할 때 이인섭과 서신 왕래가 있었다.

지은 시이다. 화순에서 정약용은 曹翊鉉과 교우하였다. "堂是和順子舍"라는 원주가 있다. 금소당은 화순 관아 내의 건물로서 화순에 도착한 정약용이 이 곳에 머무르고 있었다고 생각된다. 바로 뒤의 시, 春日烏城雜詩가 배열순서상 1778년(17세) 지은 시 가운데 가장 앞에 배치되어 있다. 이 시 琴嘯堂同曹進士(翊鉉)作은 1777년(16세)의 마지막 시로서, 화순에 도착한 이후인 1777년(16세) 연말 경에 지은 것이 된다.

[1778년] (17세)

春日烏城雜詩의 경우, 배열순서상 1778년(17세)에 지은 시이다. "戊戌 ○和順 亦名烏城"이라고 원주가 붙어 있다. 戊戌이라는 간지는 이하의 시가 戊戌年에 지은 것임을 가리키는 것이기도 하다. 원주로 보아 시를 지은 곳은 화순이고 "春分過後"라는 구절로 보아 시기는 이미 춘분이 지난 뒤이었음을 알 수 있다. 즉 1778년(17세) 봄, 춘분이 지난 어느 시점에 화순에서 지은 시이다.

陪家君同尋曹氏溪亭의 경우, 배열순서상 1778년(17세)에 지은 시이다. "曹氏 溪亭"이란 曹翊鉉의 정자를 가리키며 "漲郊新釋綠"이라는 구절로 보아 계절은 봄이었음을 알 수 있다. 즉 이 시의 저작 시기는 1778년(17세) 봄이며 춘분이 지난 어느 시점이다.

夏日曹氏溪亭宴集의 경우, 배열순서상 1778년(17세)에 지은 시이다. 제목으로 보아 계절은 여름이었음을 알 수 있다. 즉 1778년 여름에 지은 시이다.

遊赤壁亭子의 경우, 배열순서로 보아 1778년(17세) 여름에서 가을 사이에 지은 시이다. 바로 뒤의 뒤의 시, 憶李兄의 저작 시기가 가을이다. "勿染亭 在同福縣"이라고 원주가 붙어 있다. "歷歷秋沙"라는 구절로 보아 계절은 가을이었음을 알 수 있다.[13]

---

13) 정약용은 遊勿染亭記라는 글도 지었다(『전서』 시문집 記 부분, 이하 여유당

登瑞石山의 경우, 배열순서로 보아 역시 1778년(17세)에 여름에서 가을 사이에 지은 시이다. 바로 뒤의 뒤의 시, 憶李兄의 저작 시기가 가을이다. 물염정에서 노닌 다음에 얼마 뒤 서석산(광주 무등산)에 올라 지은 시이다.

憶李兄의 경우, 배열순서상 1778년(17세) 가을에 지은 시이다. "陂塘秋水"라는 구절로 보아 계절은 가을이었음을 알 수 있다.14)

此君亭下有古松一株 蟠屈可愛 與曹司馬松下飮酒 仍賦此松의 경우, 배열순서와 내용으로 보아 1778년(17세) 겨울에 지은 시이다. "雪中燒肉賓俱悅"이라는 구절도 있다. 이 시는 조익현과 같이 읊은 것으로 전체 4수 가운데 아래쪽 2수는 조익현이 정약용의 시에 화답한 것으로 생각된다.

讀書東林寺의 경우, 1778년(17세) 겨울 11월경에 지은 시이다. 제목 아래 "仲冬也 時與仲氏偕"라는 구절로 보아 11월경이었음을 알 수 있다. 정약용은 東林寺讀書記도 지었다. 이에 따르면 동림사는 화순현 북쪽 5리 지점에 있었으며 정약용은 이 곳에서 40일 간, 정약전과 함께 독서하였는데 이때 정약용은 孟子를 읽고 정약전은 尙書를 읽었다.

贈有一上人의 경우, 배열순서상 1778년(17세) 11월 이후에 지은 시이다. 바로 위의 시, 讀書東林寺가 11월경에 지은 것이기 때문이다.15)

智異山僧歌 示有一의 경우, 저작 시기가 배열순서상 1778년(17세) 11월경 이후 연말경이었다고 추정된다.

전서를 전서로 약칭한다).

14) 여기서 李兄이란 일단 李承薰을 가리키는 것으로 추정해 둔다. 정약용이 이승훈에 대하여 흔히 李兄이라는 표현을 쓰기 때문이다. 『금정일록』에 따르면 정약용은 금정 찰방으로 좌천되어 가는 도중에서 이승훈을 만나 예산까지 함께 갔다. 『금정일록』에서 정약용은 이승훈을 '李兄'이라고 하였다.

15) 제목 아래에 "別號蓮潭 本系和順縣人"이라고 원주가 붙어 있다. 화순에서 有一을 만나 지은 시임을 알 수 있다. 또 "姓丁 昔嘗至苕川 得相識"이라는 원주로 보아 和順에 오기 이전에 有一이 초천으로 찾아 와 그때부터 서로 알던 사이였음을 알 수 있다.

雪夜同曹司馬飮의 경우, 저작 시기가 배열순서상 1778년(17세) 11월경 이후 연말경으로 추정된다.16)

[1779년] (18세)

過景陽池의 경우, "己亥"라고 원주가 붙어 있어 1779년(18세)의 시임을 알 수 있다. 이하의 시들도 역시 1779년(18세)의 작품들이다. 또 "時與仲氏 同赴漢陽 二月也"라고도 원주가 붙어 있으므로 2월 작품임을 알 수 있다. 따라서 이 시의 저작 시기는 1779년(18세) 2월이며 중형 정약전과 화순에서 함께 서울로 가는 길에 지은 것이다.17)

登淳昌池閣의 경우 배열순서상, 정약전과 함께 화순에서 서울로 올라가는 도중, 순창에 들렀을 때 지은 시이다. 따라서 시기는 대체로 1779년(18세) 2월경이었다고 생각된다.

行次鹽巖의 경우 배열순서상, 역시 정약전과 함께 화순에서 서울로 올라가는 길에 염암을 지나며 지은 시이다. 따라서 시기는 대체로 1779년(18세) 2월경이었다고 생각된다.

踰龍谿坂의 경우 배열순서상, 정약전과 함께 화순에서 서울로 올라가는 길에 용계판을 넘으면서 지은 시이다. 따라서 시기는 대체로 1779년(18세) 2월경이었다고 생각된다.18)

燕岐途中作의 경우 배열순서상, 정약전과 함께 화순에서 서울로 올라가는 길에 연기를 지나며 지은 시이다. 따라서 시기는 대체로 1779년(18세) 2월경이었다고 생각된다.

還苕川居의 경우 배열순서상, 정약전과 함께 화순에서 서울로 올라가는 도중, 고향인 초천에 도착하여 지은 시이다. 따라서 시기는 대체

---

16) 여기서 曹司馬란 조익현을 가리킨다.
17) 이하의 시들을 보면 1779년 2월 화순에서 서울로 가는 경로가 景陽池 다음에 순창, 염암, 용계판, 연기, 초천이었음을 알 수 있다.
18) 與猶堂全書에는 '龍溪阪'이라고 되어 있다.

로 1779년(18세) 2월경이었다고 생각된다.

入漢陽의 경우, 초천에 도착한 얼마 뒤 한양으로 들어가는 길에 지은 시이다. "三月也 病未相見 留城外作"라는 원주로 보아 1779년(18세) 3월에 병으로 서울에 바로 들어가지 못하고 서울 성 밖에 머무를 때 지은 시임을 알 수 있다. 시에서 아직 서로 보지 못했다는 것은 서울의 친지들을 아직 만나보지 못하였다는 뜻으로 해석된다.[19]

同沈孺瞻諸友藥園晚眺의 경우 배열순서상, 1779년(18세)에 3월이후 지은 시이다. "衣袂春風裏"라는 구절로 보아 계절은 봄이었음을 알 수 있다. 따라서 1779년 봄 3월 이후 어느날 지은 시이다. 이날 沈孺瞻 등과 藥園에서 노닐며 지은 것이다.[20]

同諸友游西園의 경우, 배열순서상 1779년(18세)에 지은 시이다. "仍違北渚春"이라는 구절로 보아 아직 봄이었다고 생각된다.[21]

夏日還苕川의 경우, 배열순서상 1779년(18세)에 지은 시이다. 제목으로 보아 여름에 지은 것임을 알 수 있다. 1779년 여름 작이며 서울에서 고향 초천으로 가며 지은 시이다.[22] 바로 뒤의 시 '大駕行英陵 還至南漢城 閱武放火箭火砲 恭述所覩'가 8월 3일 작이므로, 이 시는 8월 3일 이전 작이라고 할 수 있다. 즉 이 시는 1779년(18세) 여름 8월 3일 이전 작이다.

---

19) "游學那無友 棲遑未有家"라는 구절로 보아 아직 서울에 자신의 거처를 마련하지 못한 것으로 생각된다. 부친을 모시고 살던 명례방 龍衙의 집은 원래 세든 집이었던가, 아니면 이미 처분하였을 수도 있다. 서울에 들어가서는 처가에 머물렀을 수도 있다.

20) 약원은 서울 또는 그 근교에 있었다고 여겨진다.

21) 諸友는 누구를 말하는지 내용만으로는 확실하지 않다. 西園은 오늘날 서대문 밖의 천연동 부근을 가리킨다.

22) "時洪公出鎭嶺右 余遂領內赴苕上 尋復還京"이라고 원주가 붙어 있다. 이 해 3월경에 서울로 들어갔으며 여름에 다시 초천에 아내와 함께 갔다가 서울로 돌아왔다. 원주에 나오는 홍공은 장인 홍화보를 가리킨다. 경상우도로 출진한다고 하였으므로 이때 홍화보가 경상우도 병마절도사가 되어 진주로 부임하였음을 알 수 있다.

大駕幸英陵 還至南漢城 閱武放火箭火砲 恭述所覩의 경우, 배열순서상 1779년(18세)에 지은 시이다. "八月也"라고 원주로 보아 8월에 지은 것임을 알 수 있다. 정조실록에 따르면 1779년 8월 3일에 정조가 영릉에서 오는 길에 남한산성에 거둥하였다.[23] 따라서 저작 시기는 1779년 8월 3일 밤에 지은 것으로 보아야 할 것이다. 이 시의 내용으로 볼 때 이때 정약용이 직접 남한산성으로 구경하러 간 것으로 생각된다.

銅雀渡의 경우 배열순서상, 1779년(18세)에 지은 시이다. 다시 화순의 부친을 뵙기 위해 서울에서 화순으로 가는 길에 동작 나루를 건너며 지은 것이다. 제목 아래에 "時屈監試 領內赴和順 九月也 汝三同行"이라고 원주가 붙어 있어 1779년 監試에 떨어지고 9월 아내와 함께 화순으로 가는 길에 지은 것임을 알 수 있다.[24]

行次成歡의 경우 배열순서상, 화순 가는 길에 성환을 지나며 지은 것으로 여겨진다. 역시 1779년(18세) 9월경의 작으로 생각된다.

熊津懷古의 경우 배열순서상, 역시 화순 가는 도중에 공주를 지나며 지은 시이다. 1779년(18세) 9월경에 지은 시로 추정된다. 제목 아래에 "公山 百濟故都"이라고 원주가 붙어 있다.

尼岾道中의 경우 배열순서상, 역시 화순으로 가는 도중에 지은 시이다. 저작 시기는 1779년(18세) 9월경으로 추정된다.

次長成의 경우 배열순서상, 역시 화순으로 가는 도중에 지은 시이다. 저작 시기는 1779년(18세) 9월경으로 추정된다.

重過光州의 경우 배열순서상, 1779년(18세) 화순 가는 길에 광주를 지나며 지은 것으로 여겨진다. 따라서 저작 시기는 1779년 9월경으로 추정된다.

登聖住菴의 경우, 제목 아래에 "在羅漢山絶頂 屬萬淵寺"라고 원주

---

23) 『정조실록』 3년 8월 3일 甲寅.
24) 이하의 시를 보면 화순 가는 경로가 성환-공주-이잠-장성-광주를 경유하였음을 알 수 있다.

가 붙어 있다. 1779년 가을 화순에 도착한 이후에 지은 시로 생각된다.

奉和 家大人韻 簡寄有一上人의 경우, 역시 1779년 가을 화순에 도착한 이후에 지은 시이다. "高秋"라는 구절로 보아 계절이 늦가을이었음을 알 수 있다.

[1780년] (19세)

賦得堂前紅梅의 경우, "庚子"(1780년, 19세)라고 원주가 붙어 있다. 이하의 시들이 1780년(19세)에 지은 것임을 알 수 있다. 이 시는 매화를 읊은 것이므로 1780년(19세) 초봄에 지은 것이며 "窈窕竹裏館 窓前一樹梅"이라는 구절로 보아 화순 관아 앞에 핀 매화를 두고 읊은 것으로 생각된다.

春日 領內赴晉州 將離和順 悵然有作의 경우 배열순서상, 1780년(19세)에 지은 것임을 알 수 있다. 제목으로 보아 계절은 봄이었다. 1780년 봄 2월 아내와 함께 진주로 가기 위해 화순을 떠나며 지은 시이다. 사암선생연보에서 이 해 부친이 예천군수로 옮겨갔으며 정약용은 진주를 거쳐 예천으로 갔다고 하였다.25) 또 바로 다음 시에 "早春 伯氏領余室人 往晉州 二月洪日輔陪還 時家君移守醴泉 余遂領內 先至晉州 外舅洪公 時爲嶺右節度 在晉州"이라고 원주가 붙어 있으므로 이 해 2월에 진주로 출발하였으며 이때 장인 홍화보가 진주에 경상우도절도사로 재직하고 있었음을 알 수 있다.26)

次同福縣의 경우 배열순서상, 1780년(19세)에 지은 것임을 알 수 있다. 제목 아래에 "早春 伯氏領余室人 往晉州 二月洪日輔陪還 時家君移守醴泉 余遂領內 先至晉州 外舅洪公 時爲嶺右節度 在晉州"라고 원주가 붙어 있다. 1780년 2월에 진주로 장인을 뵈러 가는 길에 동복현

---

25) 『年譜』, 6~7쪽, "更子 覲晉州公醴泉任所……遊晉州矗石樓".
26) 이하의 시들을 보면 동복–광양– 두치진(하동 근처)을 거쳐 진주에 도착한 것으로 생각된다.

을 지나며 지은 시이다.

暮次光陽의 경우 배열순서상, 1780년(19세) 2월경 진주로 가는 도중에 광양을 지나며 지은 것으로 생각된다.

斗巵津의 경우 배열순서상, 1780년(19세) 2월경 진주 가는 도중에 두치진을 지나며 지은 것으로 생각된다. 제목 아래에 "在河東府十里"라고 원주가 붙어 있는 것으로 보아 하동부에서 10리 떨어진 곳에 위치하고 있었음을 알 수 있다.

矗石懷古의 경우, 진주에 도착한 뒤 촉석루를 방문하고 지은 것이다. "三月也"라고 원주가 붙어 있어 1780년(19세) 3월에 지은 것임을 알 수 있다.

陪外舅洪節度泛舟의 경우, 1780년(19세) 3월경 진주 남강에서 장인 홍화보를 모시고 뱃놀이를 하면서 지은 시이다.

舞劍篇贈美人의 경우, 1780년(19세) 3월경 진주에서 지은 시이다.

訪朴氏芝潭別業의 경우, 1780년(19세) 3월경 진주에 머물면서 인근 박씨의 지담 별장에 찾아가 지은 것으로 생각된다.

登陝川溪亭(四月也)의 경우, 1780년(19세) 진주에서 예천으로 가는 길에 합천에 들렀을 때 지은 시이다. 제목 아래에 "卽涵碧亭也 時余領內赴醴泉 四月也"라고 원주가 붙어 있어 때는 4월이었으며 정자 이름이 함벽정이었음을 알 수 있다. 즉 이 시는 1780년(19세) 4월 합천에서 지은 시이다.[27]

登月波亭의 경우, 제목 아래에 "在洛東之上 卽善山地"라고 원주가 붙어 있다. 1780년(19세) 4월경 진주에서 예천 가는 길에 선산의 월파정에 올라 지은 시로 추정된다.

陪家君登仙夢臺의 경우, 1780년(19세) 4월경 예천에 도착한 뒤 부친을 모시고 선몽대에 가서 지은 시이다. "臺在醴泉治南十里 故左相鄭

---

27) 아래의 시들을 보면 진주에서 예천 가는 행로가 합천-선산을 경유하였다고 추정된다.

公琢別舘也”라고 제목 아래 원주가 붙어 있다.

陪家君 訪朴徵士(孫慶) 金谷幽居의 경우, 역시 예천에서 부친을 모시고 박손경의 집을 방문하여 지은 시이다. 때는 1780년(19세) 4월 이후로 추정된다.

訪族父進士公(載老)山居의 경우, 예천에서 부친을 모시고 丁載老의 집을 방문하고서 지은 시이다. 때는 1780년(19세) 4월 이후로 추정된다. 정재로는 경상도에 거주하는 것으로 보아 우담 정시한의 후손일 가능성이 있다.

夏日池亭絶句의 경우, 1780년(19세) 예천에서 지은 시이다. 제목 아래에 “伴鶴亭 在醴泉政堂之東”이라고 원주가 붙어 있다. 제목으로 보아 계절은 여름이었다. 따라서 저작 시기는 1780년 여름이다.

秋日快賓樓 陪朴佐郎(趾慶) 申注書(完) 及鄕中諸長老宴의 경우, 1780년(19세) 예천에서 지은 시로 추정된다. 제목으로 보아 계절이 가을이었음을 알 수 있다. 따라서 저작 시기는 1780년 가을이다.

陪家君 赴聞慶 觀外舅洪節度 鳥嶺練兵의 경우, 1780년 예천에서 문경으로 부친을 모시고 가서 지은 시이다. 당시 장인 홍화보가 새재에서 군사를 조련하고 있었다. 바로 앞의 시가 가을에 지은 것이고 바로 뒤의 시가 겨울에 지은 것이므로 이 시는 가을에서 겨울 사이에 지은 것으로 추정된다. 따라서 이 시의 저작 시기는 1780년(19세) 가을~겨울 사이이다.

冬日領內赴京踰鳥嶺作의 경우, 제목 아래에 “時家君 爲御史 所陷 余乃先行”이라고 원주가 붙어 있다. 제목과 원주를 합쳐서 보면 1780년 겨울 부친 정재원이 암행어사의 탄핵을 받자 정약용이 먼저 아내를 데리고 서울로 가는 길에 조령을 넘으며 지은 시임을 알 수 있다. 뒤에 나오는 踰二婦嶺을 보면 서울에 도착한 것이 12월 27일이므로 조령을 넘은 시기는 대략 12월 22~23일경으로 생각된다.[28] 따라서 이 시의

---

28) 아래의 시들을 보면 행로가 조령-하담(충주)-황판점을 경유하여 1790년(19

저작 시기는 1780년(19세) 12월 22~23일경이다.

到荷潭의 경우, 1780년(19세) 역시 예천에서 서울 가는 길에 하담 (충주)에 도착하여 지은 시이다. "悽愴似庚寅"이라는 시구로 보아 하담의 모친 묘소를 성묘하고서 지은 것처럼 여겨진다. 모친 해남 윤씨가 경인년(1770년, 정약용 9세)에 타계하였기 때문이다. 배열순서상, 이 시의 구체적 저술 시기는 1780년(19세) 12월 24~25일경으로 여겨진다.

苦寒行의 경우, 제목 아래에 "時 到黃阪店 猝寒 家人又忌昆池 遂止不行"의 경우 황판점에 도착하여 지은 시로 추정된다. 배열순서상, 이 시의 구체적 시기는 1780년(19세) 12월 25~26일경으로 추정된다.

踰二婦嶺의 경우, 제목 아래에 "十二月 廿七日 抵長興坊"이라고 원주가 붙어 있다. 1780년(19세) 12월 27일 서울 장흥방에 도착하였음을 알 수 있다.29)

[1781년] (20세)

陪家君還苕川의 경우, 제목 아래에 "辛丑 ○時家君與洪公並就理 家君奪告身還鄕 洪公謫肅川 二月也"라고 원주가 붙어 있다. 1781년 (20세) 2월 부친을 모시고 초천의 고향에 돌아가면서 지은 시이다.30)

同友人李德操(檗) 乘舟入京의 경우, 제목 아래에 "四月 十五日"이라고 원주가 붙어 있다. 1781년(20세) 4월 15일 지었음을 알 수 있다. 이벽과 함께 배를 타고 서울로 가는 길에 지은 시이다. 이날 이른 새벽 큰형수의 제사를 지낸 것으로 생각된다.

倦遊의 경우, 제목 아래에 "時三屈泮宮之課 留會賢坊"이라고 원주

세) 12월 27일 장흥방(서울)에 도착하였음을 알 수 있다.

29) "二嶺旣幸踰 京闕開歡顔"이라는 구절로 보아 이부령은 서울 근처의 고개인 것으로 여겨진다.

30) 원주에 따르면 1781년 2월 정재원과 홍화보 모두 조사를 받아 정재원은 고신을 빼앗겼고 홍화보는 숙천으로 유배되었음을 알 수 있다.

가 붙어 있다. 1781년(20세)에 성균관 시험에 세 번째로 떨어졌을 때 지은 시이며 이때 회현방에 살고 있었음을 알 수 있다. 구체적 시기는 알기 어려우나 배열순서상, 1781년 4월 15일 이후이며 "花柳入羈愁"라는 구절로 보아 계절은 봄이었다고 추정된다(하한은 5월 초순경).

截瘧詞示李醫의 경우, "時 家人 患子瘧 百餘日 自三月至七月"라고 원주가 붙어 있다. 대략 1781년(20세) 4월 15일 이후 7월 이전 어느날에 지은 것으로 추정된다.

尾泉歌의 경우, "時仲父 徙居尾泉 余亦往來 習科詩"라고 원주가 붙어 있다. 이 곳을 왕래하면서 과시를 연습하였다는 것으로 보아, 미천은 서울 근처로 생각된다. 배열순서상 4월 15일 이후로 생각할 수 있다. 바로 뒤의 시가 여름에 지은 것으로 보아 이 시는 대략 1781년(20세) 4월 15일 이후 여름 사이에 지은 것으로 추정된다. 뒤에 있는 시 入漢陽이 7월에 지은 것이므로 하한은 1781년 7월이다.

夏日苕川雜詩의 경우 배열순서와 제목으로 보아, 역시 1781년(20세) 어느 여름날에 지은 것으로 추정된다. 바로 뒤에 나오는 入漢陽이 7월에 지은 것이므로 하한은 1781년 7월이다.

入漢陽의 경우, "時家人病急 在會賢坊 余旣至 俓産生女 四日而夭"라고 원주가 붙어 있다. 1781년 여름 초천에 있다가 급히 한양의 회현방으로 돌아오며 지은 것이 아닌가 생각된다. 사암선생연보에 따르면 "辛丑 公二十歲 此年在京肄科試 七月生一女 五日而夭"라고 되어 있다.31) 즉 딸이 출생하여 죽은 것이 1781년 7월이었다. 따라서 이 시, 入漢陽의 저작 시기도 1781년 7월로 추정할 수 있다.

秋日乘舟出斗毛浦의 경우, 제목 아래에 "將還苕川 八月也 夜宿水村 曉得家書 知庠課被抄"라고 원주가 붙어 있다. 1781년(20세) 8월에 지었으며 이때 성균관 시험에 합격하였음을 알 수 있다.

冬日乘舟到渼陰 得病入京의 경우, 제목과 내용을 보면 겨울에 미음

---

31) 『年譜』, 7쪽.

촌에 갔다가 득병하여 치료를 위해 서울에 들어오며 지은 시임을 알
수 있다. 따라서 저작 시기는 1781년(20세) 겨울이다.[32]

　鯉魚篇 贈張生의 경우, "德海 ○時 服張生藥一貼而痊 在苕川 凡服
二十貼 十二月也"라고 원주가 붙어 있다. 장덕해에게 준 시이다. 이때
장덕해의 약 한 첩을 먹고 병이 나았으며 또 초천에서 20첩이나 먹었
고 시기는 12월이었다는 것이다. 즉 이 시의 저작 시기는 1781년(20세)
12월이다.[33]

(2) 與猶堂集 詩 제1책 제2권(與猶堂集卷之二)

[1782년] (21세)

　壬寅歲仲春僑居棣川作의 경우, 제목으로 보아 1782년(21세) 2월에
지은 것임을 알 수 있다.[34]

　述志二首의 경우 배열순서상, 1782년(21세) 2월 이후 어느 봄날에
지은 것이다. 바로 뒤에 있는 시 春日棣川雜詩가 봄을 노래하는 것이
고 바로 앞의 시가 중춘(2월)에 지어진 것이기 때문이다.

　春日棣泉雜詩의 경우, 체천에 있던 집 주변의 봄날 모습을 읊은 것
이다. 1782년(21세) 봄, 그리고 2월 이후에 지은 것이다.[35]

---

32) "時 吐血數升 三月而痊"라고 원주가 붙어 있다. 이때 그는 피를 많이 토하였
　　고 3개월이 되어야 나았음을 알 수 있다.

33) 초천에서 20첩을 먹었다고 하므로 득병하여 한양에 왔다가 다시 초천에 돌아
　　갔음을 알 수 있다. 이 해 10월에서 12월까지 3개월 동안 병을 앓았던 것으로
　　추정된다.

34) "宣惠倉 在崇禮門內 謂之倉洞 洞有二井 謂之兄弟泉 壬寅春 買居于此 謂之
　　棣泉精舍 舍在澗水之南 柴門北向"이라고 원주가 붙어 있다. 이때 정약용이
　　창동(오늘날의 북창동·남창동 부군)에 집을 사들였음을 알 수 있다. 집이 창
　　동을 흐르는 개천의 남쪽에 있었고 문은 북향이었다.

35) 이 시에 보면 "崇禮門前市曉開 七坡人語隔城來 携筐小婢歸差晚 能得新魚
　　一二枚"라는 귀절이 있다. 남대문 밖의 저자에서 매우 가까운 거리에 있었으
　　며 여기서 어린 계집종을 장에 보내 신선한 생선을 구입하였다는 구절로 보

暮春由豆毛 蒲還苕川舟中作의 경우, 배열순서와 제목으로 보아 1782년(21세) 늦봄(3월경)에 두모포를 경유해 집으로 가는 배 안에서 지은 것이다.

春日遊水鍾寺의 경우, 1782년 3월경 집에 돌아온 이후 봄날 수종사에 놀러가 지은 시로 생각된다.

篙工歎의 경우, 배열순서로 보아 1782년(21세) 3월경 고향으로 돌아온 이후 여름 사이에 지은 것으로 생각된다. 바로 앞의 시, 春日遊水鍾寺가 3월경 이후 봄날에 지은 것이고 뒤에 있는 시가 夏日同韓傒父(致應)諸人飮이 여름에 지은 것이기 때문이다.

古意의 경우, 篙工歎과 마찬가지로 역시 배열순서로 보아 1782년(21세) 3월경 고향으로 돌아온 이후 여름 사이에 지은 것으로 생각된다. 春日遊水鍾寺와 夏日同韓傒父(致應)諸人飮 사이에 있기 때문이다. 장소는 서울일 가능성도 있다.

夏日同韓傒父(致應) 諸人飮의 경우, 제목으로 보아 1782년(21세) 여름에 지은 것이다. 이때 한치응 등과 사귀고 있었음을 알 수 있다.[36]

同傒父飮酒의 경우, 시의 제목과 내용으로 보아 1782년(21세) 여름 棣泉의 집에서 한치응과 참외내기 바둑도 두고 술도 마시고 놀던 모습을 읊은 것이다.

苦熱行示傒父의 경우, 夏至 이후 날씨가 점점 더워지는 때의 고통에 대하여 읊어 한치응에게 준 시이다. 따라서 이 시는 1782년(21세) 하지 이후의 한여름에 지은 것이다.

早秋陪仲氏遊奉恩寺의 경우, 배열순서와 제목으로 보아 1782년(21세) 이른 가을(7월) 정약전과 봉은사에 머무르고 있을 때 지은 시임을 알 수 있다. 제목 아래에 "時習經義"라고 원주가 붙어 당시 과거 시험

아 여기서 장을 보아 생활하였음을 알 수 있다.

36) 제목 아래에 "時習科詩 ○仲氏時居冶谷"이라고 원주가 붙어 있다. 서울에 머무르며 친구들과 科詩를 익히고 있었던 것이 아닌가 생각된다.

을 위해 봉은사에서 經義 공부를 하였음을 알 수 있다.

宿寺의 경우, 시의 제목과 내용 그리고 배열순서로 보아 역시 앞의 시와 마찬가지로 1782년(22세) 가을 봉은사에 묵으면서 지은 시로 생각된다.

過叔父齋居의 경우, 역시 1782년의 시이며 제목 아래에 "仲父時爲宣陵參奉"이라고 원주가 붙어 있다. 봉은사에 있다가 당시 선릉참봉이던 숙부를 선릉(봉은사 바로 옆)으로 찾아가 지은 시로 생각된다. 배열순서 및 "凉蟬"이라는 구절로 보아 계절은 초가을이었으리라 추정된다.

寺居雜詩의 경우, 역시 1782년의 시이며 선릉에서 다시 봉은사로 돌아와 묵으면서 지은 시로 생각된다. "今朝第一蟬"이라는 구절로 보아 초가을이었다고 추정된다.

棣泉冬日 同洪養仲(義浩)韓溪父會의 경우, 역시 1782년(21세)의 시이며 제목으로 보아 계절이 겨울이었음을 알 수 있다. 즉 저작 시기는 1782년 겨울이다.[37]

洪判書山亭夕眺의 경우, 제목 아래에 "洪公 諱名漢"이라고 원주가 붙어 있으므로 홍판서는 洪名漢를 가리킴을 알 수 있다. 이때 산정은 서울 부근에 있었던 것이 아닌가 생각된다. "歲暮有知音"이라는 구절이 있는 것으로 보아 1782년(21세) 연말에 지은 시이다.

[1783년] (22세)

國子監試放榜日志喜의 경우, "癸卯 ○元子定號 增廣監試初試 伯氏中兩場 仲氏以詩 余以經義 俱占解額 時共坐棣川精舍聞喜 書報家

---

37) 제목 아래에 "時習儷文"이라고 원주가 붙어 있어 모여서 과거 시험 준비를 하고 있었음을 알 수 있다. 초가을에는 형님 정약전과 봉은사에서 經義를 공부하였고 겨울에는 서울 창동의 정약용 자신의 집(체천정사)에서 홍의호, 한치응과 모여 儷文을 공부한 것이다. 이 모두 과거에 대비한 것으로 정약용은 이듬해 3월 사마시(소과)에 급제하였다.

君”이라고 원주가 붙어 있다. 1783년(22세) 원자 정호를 축하는 증광감시 초시에 합격하여 스스로 이를 기뻐하는 시이다. 사암선생연보에 따르면 감시가 이 해 2월에 있었으므로 이 시는 2월에 지은 것이다.[38] 이하의 시들은 1783년에 지은 것들이다.

司馬試放榜日詣昌德宮上謁 退而有作의 경우, “時余賣棣泉舍 移住會賢坊聞喜 出冶谷應客 家君留冶谷 洪公已於前冬宥還 ○三月也”라고 원주가 붙어 있다. 1783년(22세) 3월 정약용이 사마시(소과 제2차)에 합격하여 창덕궁에서 정조를 배알하고 나서 지은 시라고 일단 생각할 수 있다. 그러나 사암선생연보에는 “四月會試 生員入格 三等第七人 謝恩于宣政殿 上特令擧顔 問年幾何 此公最初風雲之會也”라고 되어 있다.[39] 또 다산연보에는 “癸卯……(四月 十一日) 會試生員入格(……三等第七人 義次下試官 李在協等)”이라고 구체적으로 4월 11일 날짜까지 명시되어 있다. 두 연보의 기록이 정확하다. 정조실록에 의하면 정조 7년 4월 11일조에 “設增廣監試覆試”라고 하였다.[40] 즉 이 시

---

38) 『年譜』, 7~8쪽, “癸卯……二月 世子冊封慶增廣監試 經義初試入格 四月 會試生員入格”. 이 감시에 큰형님 정약현은 두 장 모두에 합격하고 정약전은 시에, 정약용은 경의에 합격하였다. 이 증광감시 초시에 합격한 정약용은 바로 뒤의 시에서 보듯이 곧 司馬試(소과 제2차)에 합격하였다. 초시 합격시, 부친에게 편지로 알렸다는 것으로 보아 부친은 초천 본가에 머무르고 있었던 것으로 여겨진다. 큰형님 정약현은 부친을 모시고 초천에 살고 있었으나 과거 시험을 보기 위해 서울로 올라와 정약용의 체천 집에 머무르고 있지 않았나 여겨진다. 정약전은 전년도 여름 거처가 冶谷이었다고 하였다. 야곡은 서울 부근으로 생각되며 과거 결과를 알기 위해 삼형제가 정약용의 체천 집에 모여 있었던 것이 아닌가 생각된다.

39) 『年譜』, 8쪽.

40) 『정조실록』 7년 4월 11일조(癸亥). 자찬묘지명(광중본)에는 “二十二以經義爲進士”, 자찬묘지명(집중본)에는 “癸卯春 爲經義進士 遊太學”이라고 되어 있다. 이 시의 원주에서 三月이라고 한 것은 착오이거나 정재원이 3월부터 야곡에 머무르고 있었음을 말하는 것이 아닌가 생각된다. 이때 정약전은 합격하지 않았으며 정약현도 두 번째 시험 覆試에는 불합격한 듯하다. 정약전의 합격에 대한 시는 조금 뒤에 있다. 즉 정약전은 뒤의 8월 사마시에 급제하였

의 원주에서 3월이라고 한 것은 기억 상의 착오로 생각된다.

陪家君出豆毛浦 睦佐郎(萬中)亦至 同赴苕川 廣州尹爲送管絃一部 舟中次睦丈韻의 경우, 1783년 4월 사마시에 급제한 뒤, 목만중 등과 함께 배를 타고 지은 시이다. 따라서 1783년 4월경(4월 11일 사마시 합격 이후)의 작품으로 추정된다.

登狎鷗亭和睦公韻의 경우, 1783년 4월 11일 사마시 급제 후 중순경 배를 타고 고향 가는 길에 지은 것으로서, 도중에 압구정에 들렀을 때의 작품이다. 바로 앞의 시 '陪家君出豆毛浦 睦佐郎(萬中)亦至 同赴苕川 廣州尹爲送管絃一部 舟中次睦丈韻'과 같은 날에 지은 것으로 여겨진다.

宿奉恩寺의 경우, 1783년(22세) 4월 11일 사마시 급제 후 4월 중순경 배를 타고 고향으로 돌아가는 길에 지은 것으로서, 도중에 봉은사에 묵었을 때의 작품으로 생각된다.

放船의 경우, 역시 1783년(22세) 4월 사마시 급제 후 중순경 배를 타고 고향에 가는 길에 묵었던 봉은사를 떠나는 날 지은 작품으로 여겨진다.[41]

次廣津의 경우, 1783년 4월 사마시 급제 후 중순경 배를 타고 고향으로 돌아가는 길에 지은 것으로서, 봉은사 앞 나루에서 출발하여 그 날 광나루 쪽으로 간 것으로 생각된다.

掛帆의 경우, 역시 1783년 4월 사마시 급제 후 중순경 배를 타고 고

다. 정약용이 정조를 처음 뵙게 된 것은 이 4월 시험에 합격해서이며 창덕궁에 입궐하여 정조를 알현하였다. 이때 정약용은 이미 남대문 근처 체천의 집을 팔고 회현방(회현동)에 와 살았고 형님 정약전은 야곡에 살고 있었다. 부친이 여기에 와 머무르면서 사람들의 축하를 받은 것으로 여겨진다. 장인은 지난 겨울에 유배가 풀려 돌아왔다고 하였는데 장인도 서울에 머무르고 있었다고 생각된다.

41) "片片初霞起 汀洲曉氣淸"이라는 구절로 보아 새벽에 출발하였음을 알 수 있다. 전날 매우 피로하였을 것이므로 바로 다음날 새벽에 급히 떠나지 않고 하루쯤 더 묵었을 수도 있다고 생각된다.

향에 가는 길에 지은 것으로서, 배를 타고 광나루 쪽에서 출발하여 바로 뒤의 시에서 언급된 孤山亭으로 가는 도중에 지은 것이 아닌가 생각된다.

過孤山亭遺墟의 경우, 1783년 4월 사마시 급제 후 중순경 배를 타고 고향 가는 길에 지은 것으로서, 도중에 고산 윤선도가 노닐던 고산정을 찾고 지은 시로 여겨진다.[42]

宿汀村의 경우, 역시 1783년 4월 사마시 급제 후 중순경 배를 타고 고향에 가는 길에 지은 것으로서, 역시 계속되는 한강 유람 과정의 시라고 생각된다. "落日凄凄盡" 구절로 보아 석양에 지은 시임을 알 수 있다. 봉은사를 떠난 날 광나루에 갔고 또 고산정을 방문하였으며, 그날 저녁 어느 강 마을(정촌)에 머무르면서 지은 시가 아닌가 생각된다.

三灘絶句의 경우, 역시 1783년 4월 사마시 급제 후 중순경 배를 타고 고향으로 가는 길에 지은 것이다.[43]

過分湖亭의 경우, 역시 1783년 4월 사마시 급제 후 중순경 배를 타고 고향에 가는 길에 지은 것으로 생각된다. "尹掌令弼秉 亭子"라고 제목 아래 원주가 붙어 있어 분호정이 윤필병의 정자였음을 알 수 있다.

上雲吉山의 경우, 역시 1783년 4월 사마시 급제 후 배를 타고 중순경 고향집에 도착한 이후에, 근처의 운길산에 올라가 지은 것으로 생각된다.

宿水鍾寺의 경우, 역시 1783년 4월 사마시 급제 후 배를 타고 중순경 고향집에 도착하고 나서, 근처의 수종사에 올라가 지은 것으로 생

---

42) 이 시에는 "外孫今上龕"라는 구절이 있는데 이것은 정약용 자신을 가리키는 것으로 생각된다.

43) 삼탄이 어디인지 구체적으로 알 수 없으나 상탄, 중탄, 하탄이라는 표현이 있으며 "直欲回舟向漢陽 旣渡上灘閒汎槳"이라는 구절로 보아 서울과 반대 방향으로 가고 있음을 알 수 있다. 汀村에서 묵은 다음날 출발한 것이 아닌가 생각된다.

각된다.

陪家君行次驪州於淸心樓陪牧使權公(以綱)夜宴의 경우, 역시 1783년 4월 사마시 급제 후 배를 타고 중순경 고향집에 도착한 다음, 부친을 모시고 여주에 가서 목사 權以綱을 모시고 밤에 잔치를 하고서 지은 시이다. 1783년(22세) 4월 중순~하순경의 작품으로 생각된다.

到荷潭의 경우, 1783년 4월 과거 급제 후 배를 타고 고향집에 도착한 다음, 여주를 거쳐 충주 하담 선영에 참배하러 가서 지은 시로 생각된다. 1783년(22세) 4월 중순~하순경의 작품으로 생각된다.

行次鎭川縣謁三從祖父(志德)官齋의 경우, 1783년 4월 사마시 급제 후 배를 타고 중순경 고향집에 도착한 이후에, 여주·하담을 거쳐 진천에 가서 지은 것으로서 생각된다. 시간의 경과상 1783년 4월 하순경의 작품으로 생각된다.

次龍仁題從祖祖父蒲谷新居의 경우, 1783년 4월 사마시 급제 후 배를 타고 고향집에 도착한 이후에, 여주·하담·진천을 거쳐 용인 포곡에 가서 지은 것으로서 생각된다. 1783년 4월 하순경의 작품으로 여겨진다. 바로 뒤에 나오는 연작시 紀行絶句로 보아, 진천에서 용인에 간 것은 안산으로 가는 도중이 아니었던가 생각된다.

紀行絶句의 경우, 역시 1783년 4월에 과거(소과) 급제 후 배를 타고 중순경 고향집에 도착한 이후에, 충주에서 진천을 거쳐 안산에까지 이르는 과정에서 지은 것이다. 제목 아래에 달려 있는 원주로 보아 1783년 4월 하순경의 작품으로 생각된다.[44]

---

44) 제목 아래에 "東至忠州 歷鎭川 西至安山 途中所得 十二首 今錄六首"라고 원주가 붙어 있다. 각 시의 말미에 각기 "過大灘作", "迎竹値雨", "望彈琴臺", "玄龜篆沙亭 在今灘 故司諫權公之居也 其後孫粥之姑夫 權公卜居于其第", "過鎭川北村", "到安山剡村"이라고 지은 장소를 주로 표시하였다. 이들 주에 따라서 일정을 보면 배로 충주에 가서 진천을 지나 서쪽으로 안산에 이르렀다. 초천 집에서 출발하여 하담(충주 근처)의 선영에 참배한 후 진천-안산으로 간 것으로 생각된다. 하담에서 대탄과 영죽을 거쳐 탄금대로 간 다음 금탄으로 가 司諫 權公을 방문한 것으로 생각된다. 서쪽 마지막 지점 안산에

過剡村李先生舊宅의 경우, 1783년 4월 하순경의 작품으로 생각되며 안산에 있는 李瀷의 구택을 방문하고 지은 것이다.[45]

自苕川乘舟抵漢陽의 경우, 안산에서 초천에 돌아왔다가 다시 한양으로 가는 길에 지은 시이다. 1783년(22세) 여름의 작품이다. "夏日凄清頗不熱"이라는 구절로 보아 계절이 여름이었음을 알 수 있다.[46] 시간의 경과로 보아 대략 4월말~5월초 무렵이었다고 생각된다.

送尹上舍의 경우 배열순서와 내용으로 보아, 1783년(22세) 여름 한양에 들어온 이후에 지은 시로 추정된다.[47]

夏日樓山雜詩의 경우, 제목과 배열순서로 보아 1783년(22세) 여름에 지은 시이다.[48]

간 것은 선영에 참배하기 위한 것으로 생각된다. 정약용의 선영은 하담 외에 안산에도 있었다고 한다. 이것은 바로 뒤의 시 過剡村李先生舊宅에 "時省安山丘墓"라고 원주가 붙어 있는 것을 보아도 알 수 있다. 紀行絶句의 시들 역시 1783년(22세) 4월 중순~하순경의 작품으로 생각된다.

45) 여주-충주-진천-용인을 거쳐 안산에 도착하여 이익의 구택을 방문하고 지은 시이다. "時省安山丘墓"라고 원주가 붙어 있다. 이것으로 보아 정약용 선대의 묘소가 안산에도 있었다고 생각된다. 여기서 성묘했다고 한 것이 자신의 선영을 참배했다는 말로 생각되지만, 조상의 선영에 참배한 뒤 성호 이익 선생의 묘소에도 참배하였을 가능성이 없지 않다. 이익 선생의 묘소는 바로 그의 구택 옆에 있었기 때문이다. 이익의 구택은 지금 없어졌으나, 그의 묘소는 아직도 제 자리에 남아 있다.

46) "大船多繫斗尾"라는 구절로 보아 두미협을 지나 한양으로 갔음을 알 수 있다.

47) 윤상사가 누구인지 확실하지 않으나 해남 윤씨 가운데 하나로 생각되며 이때 윤상사가 사마시에 합격하고 고향으로 돌아가는 것을 전송한 시가 아닌가 생각된다.

48) "時余徙宅于會賢坊之在山樓下 名之曰樓山精舍 舍盖北向 門西向 在澗水之東"이라고 원주가 붙어 있다. 앞의 시 司馬試放榜日詣昌德宮上謁 退而有作의 경우 "時余賣棣泉舍 移住會賢坊聞喜 出冶谷應客 家君留冶谷 洪公已於前冬有還"(1783년, 22세 봄)이라고 하였으므로 이 해 봄에 棣泉(북창동·남창동)에서 회현방으로 집을 옮기고, 다시 이 해 여름에 다시 같은 회현방 내의 재산루 아래로 옮긴 것으로 보아야 할 것이다. 여기에 나오는 澗水는 남산에서 흘러내려 오늘날 회현동에서 체천쪽으로 흐르는 내가 아니었나 생각

仲氏登司馬試 將赴苕川 陪家君出豆毛浦 韓禮安(光傳)吳承旨(大益)二丈亦偕 舟中有作의 경우, 1783년(22세) 8월 정약전이 사마시에 합격하였을 때 지은 시이다. 제목 아래에 "八月"이라고 주가 붙어 있다.[49]

陪家君同韓禮安尹掌令(弼秉)二丈於吳承旨龍津別墅夜宴의 경우, 제목과 배열순서로 보아 1783년 8월 정약전이 사마시에 합격한 후, 吳承旨의 龍津 별장에서 지은 시이다.

冬日樓山精舍同金士吉(秀臣)會의 경우, 제목과 배열순서로 보아 1783년 겨울 서울 회현동의 누산정사에서 지은 시이다.[50]

武兒生百日識喜(九月十二日 生于樓山)의 경우, 원주로 보아 1783년(22세) 9월 12일 회현방 누산정사에서 무아(정학연)가 태어났고 이 시는 그의 백일 기념으로 지은 것이다. 따라서 이 시의 저작 시기는 1783년 12월 20일경으로 1783년(22세) 연말이 된다.

[1784년] (23세)

孟春歸自苕川의 경우, "甲辰"이라고 원주가 붙어 있다. 제목과 간지로 보아 1784년(23세) 초봄에 초천에서 서울로 오며 지은 시임을 알 수 있다. 연말인 12월말 경에 過歲하러 초천에 갔던 것이 아닌가 생각된다. 이하의 시들은 1784년(23세) 때의 작품들이다.

讀孫武子의 경우, 배열순서상 1784년(23세) 때의 작품이다. 뒤의 시

된다. 在山樓는 남산에 있던 정자로 생각된다.

49) 제목으로 보아 정약전이 사마시에 합격하고 고향인 초천으로 가려고 두모포에 배를 타고 갈 때, 배 안에서 지은 것임을 알 수 있다(정약용 동행). 제목 아래에 "八月也"라고 원주가 붙어 있다. 『정조실록』 8월 기록을 조사하면 乙亥에 "御宣政殿 行儒生殿講"(『정조실록』1, 389쪽, 쪽수는 국역본의 것)이라는 기록이 있고 己卯에 "設式年監試初試"(390쪽)라고 되어 있다. 정약전은 을해일의 유생 전강을 통해 사마시에 합격한 것이 아닌가 생각된다.

50) 제목 아래에 "時習四六"이라고 원주가 붙어 있어 당시에 정약용의 집에 성균관 유생들이 모여 함께 과거 준비를 하고 있었던 것으로 여겨진다.

"夏日太學應敎進箋 蒙賜紙墨 諸生共辦酒饌以昭 聖惠 仍述十韻"이 여름의 작품이므로 이 시는 초봄에서 여름 사이의 작품이다. 즉 1784 년 초봄~여름 사이의 작품이다.

題鄭石痴畵龍小障子의 경우, 제목 아래에 "名喆祚 官正言"이라고 원주가 붙어있다. 1784년(23세) 때의 작품이다. 孟春歸自苕川(초봄 작) 과 "夏日太學應敎進箋 蒙賜紙墨 諸生共辦酒饌以昭 聖惠 仍述十韻" (여름의 작품) 사이에 있으므로 題鄭石痴畵龍小障子는 1784년 초봄에 서 여름 사이의 작품이다.51)

夏日太學應敎進箋 蒙賜紙墨 諸生共辦酒饌以昭聖惠 仍述十韻의 경우, 제목으로 보아 계절이 여름이었음을 알 수 있다. 따라서 1784년 (23세) 여름의 작품이다. 제목 아래에 "時金復仁沈鳳錫韓錫敏錫倫金 秀臣李基慶洪義浩韓致應洪樂欽諸公 並與焉"이라고 원주가 붙어 있 다.52)

南瓜歎의 경우, 역시 1784년(23세)의 시로서 "苦雨一旬逕路滅"이라 는 구절로 보아 여름 장마철에 지은 시가 아닌가 한다. 따라서 1784년 (23세) 여름의 작품이다.

秋日洪復元(樂貞)山齋 同洪養仲韓傒父會의 경우, 제목으로 보아 1784년(23세) 가을에 지은 시이다.53)

---

51) 石癡는 정철조의 호이다(字는 誠伯, 仲吉). 정철조(영조 6~정조 5 ; 1730~ 1781)는 영조 50년(1774)에 문과에 급제하였고 벼슬은 정언을 지냈다. 화가로 유명하였다. 정약용이 그의 그림을 본 사실과 여기에서 나타난 언급은 정약 용의 畵論을 이해하는 데 매우 중요하다.

52) 23세 여름에 성균관 유생에게 정조가 시험을 보이고 상을 주었는데 이때 정 약용이 종이와 먹을 상으로 받고서 친구들과 잔치를 벌인 일을 읊은 것이다. 잔치를 벌인 장소는 정약용의 집이었을 가능성이 크다. 김복인, 심봉석, 한석 민, 한석륜, 김수신, 이기경, 홍의호, 한치응, 홍낙흠 등은 대체로 같은 성균관 유생이었다고 생각된다. 앞의 시에서 본 바와 같이 정약용은 김수신과 사륙 문을 함께 익힌 적이 있다. 뒤에도 한치응, 홍양중 등과 사륙문을 익히게 된 다. 한석민, 한석륜은 형제 아니면 같은 항렬의 친척으로 생각된다. 이 모임 에서 나중 원수가 되는 이기경이 함께 하고 있음이 주목된다.

歲暮의 경우, 제목으로 보아 1784년(23세) 歲暮에 읊은 시이다.54)

送外舅洪公江界都護之行의 경우, 장인 홍화보가 강계 도호로 나가는 것을 전송하는 시이다. 바로 앞에 歲暮의 시가 있고 뒤에 1785년(24세)의 첫 시인 '孟春同諸生春塘臺侍宴(乙巳)'이 있으므로 1784년(23세) 연말에 지은 것으로 추정된다.

[1785년] (24세)

孟春同諸生春塘臺侍宴의 경우, 제목 아래 "乙巳 上親臨食堂"이라고 원주가 붙어 있다. 1785년(24세) 봄에 지은 것임을 알 수 있다. 당시 춘당대에서 정조를 모시고 잔치에 참가한 것을 읊은 것이다. 사암선생 연보에 따르면 이 해 2월 25일과 27일 양일 연속하여 泮製가 있었는데 정약용이 두 시험 모두에서 御批와 상을 받았고 27일에는 정조가 친히 춘당대에서 잔치를 베풀었다고 한다.55) 따라서 이 시를 지은 것은 정확히 1785년(24세) 2월 27일이다.

春日澹齋雜詩의 경우 제목과 배열순서로 보아, 1785년(24세) 봄에 지은 것임을 알 수 있다.56)

陪家君於澹齋講周易의 경우, 배열순서상 1785년(24세)에 지은 시이

---

53) "時習四六"이라고 원주가 붙어 있다. 홍낙정 및 홍양중과 함께 과거 시험 공부를 하고 있었음을 알 수 있다. 앞서 본 바와 같이 22세 겨울에도 회현방의 자택 누산정사에서 김수신과 사륙문을 익힌 것을 언급한 시가 있다.

54) "歲暮樓山 雪正深"이라는 구절로 보아 회현동 누산정사에서 살고 있었음을 알 수 있다.

55) 『年譜』, 11쪽.

56) "時自樓山 移住會賢坊 洪公名其齋 曰澹然"이라고 원주가 붙어 있다. 새로 이주한 회현방의 담연재에서 지은 시이다. 이주 시기는, 제목의 홍공이 만일 장인 홍화보를 말하는 것이라면, 그가 연말 강계 도호로 나가기 이전이라고 생각된다. 그런데 歲暮의 시를 보면 아직 누산에 살고 있고 연말에 홍화보가 강계 도호로 나가므로 移徙 시기는 홍화보가 강계 도호로 가기 직전 연말경(1784년)이라고 여겨진다.

다. 春日澹齋雜詩와 夏夜對月 사이에 있으므로 1785년 봄에서 여름 사이에 지은 것이다. 부친 정재원이 회현방 담재에서 정약용과 함께 周易을 강하였음을 알 수 있다.

夏夜對月의 경우, 제목으로 보아 여름에 지은 시임을 알 수 있다. 저술 시기는 1785년(24세) 여름이다.

洪復元山亭避暑의 경우, 역시 "高齋暑氣薄"이라는 구절로 보아 여름에 지은 시이다. 저술 시기는 1785년(24세) 여름이다.

李基慶龍山亭子同金士吉權純百(永錫)權穉琴(宓)鄭季華(濯)殷賚(弼東)會 (時習四六文)의 경우, "書樓長夏客如雲"이라는 구절로 보아 계절이 여름이었음을 알 수 있다. 따라서 1785년(24세) 여름의 작품이다.57)

夏日龍山雜詩의 경우, 제목으로 보아 계절이 여름이었음을 알 수 있다. 1785년(24세) 여름의 작품이다. "銅雀津頭落日時", "露梁西岸草葳甤……夕陽紅滿六臣祠", "栗島烟波接柳浪", "黃昏須上挹淸樓"라는 구절로 보아 어느 여름날 황혼에 용산에서 동작나루와 노량진의 사육신 사당, 밤섬 등을 바라보는 모습 및 파청루에서 보이는 모습 등을 읊었다.

同諸友乘舟至月波亭汎月의 경우, 배열순서로 보아 1785년(24세)에 지은 시이다. 정확한 시기를 알기는 어려우나 바로 앞의 시가 여름의 것이고 바로 뒤의 시가 가을의 것이므로 1785년 여름에서 가을 사이에 지은 것이다.

友人李德操輓詞의 경우, 역시 배열순서상 1785년(24세) 때의 작품

---

57) 이기경의 용산 정자에서 다른 사람들과 사륙문을 익히기 위해 모였을 때 읊은 것이다. 이때에만 해도 정약용과 이기경이 사이가 좋은 것이 주목된다. 배열순서(바로 앞의 시, 洪復元山亭 및 바로 뒤의 시, 夏日龍山雜詩 모두 여름작) 및 "書樓長夏客如雲"이라는 구절로 보아 24세(1785) 여름 때이다. 여기서 김사길, 권영석, 권필, 정탁, 정필동 등이 모였음을 알 수 있다. 이들은 대체로 성균관 유생이었다고 생각된다.

이다. 이벽의 죽음을 애도하는 시이다. "乘秋忽飛去"라는 구절로 보아
계절이 가을이었음을 알 수 있다. 따라서 저작 시기는 1785년 가을이
다.

秋日書懷의 경우, 제목과 배열순서로 보아 1785년(24세) 가을 어느
날에 지은 시이다. "旅泊經年歸未得 每逢書札暗魂傷"이라는 구절로
보아 고향에서 온 편지를 받고 고향을 생각하며 지은 시임을 알 수 있
다.

冬日熙政堂上謁 進而有作의 경우, 제목과 배열순서로 보아 1785년
(24세) 겨울에 지은 시이다. "時因黃柑試士入格 承召"라고 원주가 붙
어 있다. 황감시에 합격하여 창덕궁 희정당에 나아가 지은 시이다. 사
암선생연보에 의하면 황감시에 입격한 것은 11월 3일이다.[58] 따라서
이 시의 저작 시기는 정확하게 1785년(24세) 11월 3일이다.

[1786년] (25세)

春日澹齋讀書의 경우, 제목 아래 "丙午 ○時因別試應講"이라고 원
주가 붙어 있다. 1786년(25세) 봄에 지은 것임을 알 수 있다.[59]

感興二首의 경우, 1786년(25세) 별시에 응시하였다가 낙방하고 지은
시이다. 제목 아래에 "時下第"라고 원주가 붙어 있다. 바로 앞의 시와
바로 뒤의 시의 계절이 봄이므로 이 시의 계절 역시 봄이다. 따라서 이
시의 저작 시기는 1786년 봄이다.[60] 사암선생연보에 의하면 이 해 2월
4일에 별시 초시에 입격한 것으로 되어 있다.[61] 따라서 2월 4일 별시

---

58) 『年譜』, 11쪽.
59) 당시 담재(회현방의 집)에서 별시 준비를 하다가 지은 시로 생각된다.
60) "戰國猶近古 善士惟其賢……鴻都啓爭門 詞藻日紛然……仇厲恥屈首 山澤
甘棄捐……山林多曠居 智者能早尋 長懷不能邁 空守南山陰"이라 하여 과거
제도에 비판적이면서 이에 대한 미련을 떨쳐버리지 못하는 자신에 대하여 읊
었다. 여기서 南山 陰이라고 한 것은 정약용의 집이 회현방, 즉 남산 북쪽 기
슭에 있었기 때문으로 생각된다.

의 초시에는 합격하였으나 覆試에 불합격한 것으로 생각된다. 이 시의 저작 시기는 보다 구체적으로는 1786년 봄 2월 4일 이후이다.

春日舟還苕川의 경우, 제목과 배열순서로 보아 별시 복시 낙방 후 1786년(25세) 봄날(2월 4일 이후) 배로 고향으로 돌아가며 지은 시이다. 바로 뒤의 시를 보면 초여름에 처자를 거느리고 다시 초천 집으로 돌아간 것으로 되어 있다. 초여름의 귀향 이전에 다시 서울에 왔었음을 알 수 있다.

孟夏領妻子還苕川의 경우, 배열순서와 제목으로 보아 1786년(25세) 초여름에 처자를 거느리고 고향으로 돌아가며 지은 시이다. 봄에 고향에 갔다가 서울로 다시 돌아왔으며 그 후 초여름에 다시 처자와 함께 고향에 가며 지은 시이다. 뒤의 뒤 시의 저작 시기로 판단해 보면 1786년(25세) 초여름 5월 12~13일 이전이 된다.

苕川四時詞效張南湖賞心樂事의 경우, 1786년(25세) 초여름에 처자를 거느리고 고향에 돌아간 다음, 고향 초천 주변의 사계절 경치를 읊은 시로 생각된다.62) 뒤의 시의 저작 시기로 판단해 보면 1786년(25세) 초여름 5월 12~13일 이전이 된다.

伏聞東宮薨逝卽日乘舟赴京의 경우, 1786년(25세) 여름 초천에 있다가 동궁이 薨逝하였다는 소식을 초천에서 듣고 당일 서울로 올라오며 지은 시이다. 초천은 서울에서 가까우므로 이 소식을 들은 것은 훙서 후 불과 하루이틀 사이일 것이다. 이때 동궁은 문효세자로서 그가 훙서한 것은 정조 10년(1786년) 5월 11일이다.63) 따라서 이 시를 지은 것은 대략 1786년(25세) 5월 12~13일 무렵이 될 것이다.

---

61) 『年譜』, 12쪽.

62) 각 시 아래에 "黔丹山賞花", "隨鷗亭問柳", "藍子洲踏靑", "興福寺聽鸎", "粤溪打語", "石湖亭納凉", "石林賞荷", "酉谷聽蟬", "鈔鑼潭汎月 ○俗名杜孟所", "天眞庵賞風", "水鍾山賞雪", "斗尾峽觀漁", "松亭射堞"라고 주석이 붙어 있다.

63) 『정조실록』 10년 5월 11일(癸丑).

秋日春塘臺上謁退而有作의 경우, 제목과 배열순서로 보아 1786년 (25세) 가을에 지은 것임을 알 수 있다. "時因泮試入格"이라고 원주가 붙어 있다. 이때 성균관에서 보이는 시험에 입격하였다. 사암선생연보에 따르면 8월 6일에 到記初試에 입격한 것으로 되어 있다.64) 따라서 이 시의 저작 시기는 정확히 1786년 8월 6일이다.

文兒生百日識喜의 경우, 둘째 아들 정학유의 백일을 축하하며 지은 시이다. 제목 아래에 "七月卄九日 生于會賢坊之東房"이라고 원주가 붙어 있다. 1786년(25세) 7월 19일 둘째 아들 정학유가 태어나 100일 되는 날 지은 시이므로 저작 시기는 대략 10월말 경이다. 즉 이 시의 저작 시기는 1786년(25세) 10월말경이다.

冬日過龍山亭子의 경우, "時新有誠正閣 奏銘詞之事" 원주가 있다. "歲暮經過思暗然"이라는 구절로 보아 세모에 지은 시임을 알 수 있다. 즉 1786년(25세) 세모에 지었다.65)

(3) 與猶堂集 文集 제1책 제3권(與猶堂集卷之三)

[1787년] (26세)

首春書懷의 경우, 제목 아래에 "丁未 ○時洪公 新自江界還 未奠厥居"라고 원주가 붙어 있다. 제목과 원주로 보아 1787년 (26세) 초봄에 지은 시이다.66) 이하의 시들은 1787년에 지은 것들이다.

金獻納(叙九)輓詞의 경우, 1787년(26세) 김서구의 죽음을 애도하는 시이다. 바로 뒤의 시, 熙政堂夜對退而有作이 4월에 지은 것이므로 이

---

64) 『年譜』, 13쪽.

65) "說共承恩誠正閣 且將儒術報埃涓"이라는 구절도 있다. 성정각은 창덕궁에 있는 전각으로 생각된다.

66) "故園多好策 要路少親交 已卜歸山吉 秋來擬結茅"라는 구절로 보아 매우 의기소침해 있음을 알 수 있다. 과거 급제가 늦어지는데 따른 것인지도 모르겠다. 당시 장인 홍화보가 강계에서 돌아와 아직 거처를 정하지 못하였다고 하였는데 정약용의 집에 임시로 머무르고 있었을 가능성이 있다.

시는 1787년(26세) 4월 이전에 지은 것으로 생각된다.

熙政堂夜對退而有作의 경우, 제목 아래에 "四月也 時召至賓廳進箋 大蒙恩獎 賞賜國朝寶鑑"이라고 원주가 붙어 있다. 1787년(26세) 4월 에 지은 것임을 알 수 있다. 그러나 사암선생연보에 따르면 이 해 3월 14일 泮製에 피초되었고 다음날 比較 居首한 것으로 되어 있으며 比較 居首한 그날 밤에 誠正閣에 입시하여 상으로 國朝寶鑑을 받았다고 하였다.67) 바로 뒤의 시 巴塘行(부친을 모시고 초천으로 가는 도중에 지은 시)의 저작 시기가 4월 15일이므로 4월 15일 밤에 입시하였다고 보기는 어렵다. 아마도 이 시 '熙政堂夜對退而有作'의 날짜는 3월 15 일로 보는 것이 온당하며 원주의 四月은 착오로 생각된다. 즉 이 시의 저작 시기는 1787년 3월 15일이다.

巴塘行의 경우, 제목 아래에 "時陪家君赴苕川 夜宿唐汀村 時訛言 大起 村閭騷然 聊紀事實 四月十五日"이라고 원주가 붙어 있다. 부친 을 모시고 초천으로 내려가는 도중 4월 15일 밤에 당정촌에서 묵으면 서 지은 시임을 알 수 있다. 이때 목격한 訛言에 따른 소동을 기록한 시이다. 따라서 이 시의 저작 시기는 1787년(26세) 4월 15일이다.

陪仲氏同閔生游門巖莊의 경우, 제목 아래에 "時因求田 四月也"이 라고 원주가 있고 시의 말미에 "門巖 在檗溪之南 檗溪在薇源之南"이 라고 주를 달아 놓았다. 원주로 보아 1787년(26세) 4월에 지은 시이다. 4월 16일 초천에 도착하였을 것이고 이후 4월 어느 시점에, 농토를 보 기 위해 문암장에 정약전 및 閔生과 함께 갔다.68)

就龍洞居의 경우, 제목 아래에 "五月也 時家君爲司導寺主簿 遂復 買宅京城 盖非余志也"라고 원주가 붙어 있다. 1787년(26세) 5월에 지 은 것임을 알 수 있다.69)

---

67) 『年譜』, 13~14쪽.

68) 민생은 누구인지 알 수 없다. 문암장은 원주에 따르면 벽계의 남쪽이며 벽계 는 미원의 남쪽이라고 하였다. 오늘날 양평 지역에 속하며 이때 정약용은 이 곳에 자신의 농토를 마련하였던 것으로 생각된다.

重熙堂上調退而有作의 경우, "六月也 時賜酒一椀 又賜兵書令習陣圖"라고 원주가 붙어 있다. 그러나 사암선생연보에는 이 해 8월 21일 泮製에 피초되었고 8월 23일 比較 高等이 되어 중희당에 입대하여 兵學通을 하사받은 것으로 되어 있다.[70] 사암선생연보의 서술이 보다 구체적이므로 이를 따르기로 한다. 즉 이 시의 저작 시기는 1787년 8월 23일이다.

東城吟의 경우, 배열순서상 1787년(26세)에 지은 것이다. 광희문 밖 공동묘지 주변에 대하여 지은 시이다. 바로 앞의 시가 8월 23일에 지은 것이고 뒤의 시가 가을 9월에 지은 것이므로 이 시는 1787년(26세) 8월 23일에서 9월 사이에 지은 것이다.

秋日門巖山莊雜詩의 경우, "九月也 時因看刈 留數十日"이라고 원주가 붙어 있다. 1787년(26세) 가을에 문암산장으로 추수하러 가서 수십일 간 머무르던 어느 날(9월)에 지은 시임을 알 수 있다. 지난 4월 농토를 보러 가서 매입한 땅에서의 추수인 것으로 생각된다.

孟冬自山莊乘舟還京의 경우, 제목으로 보아 1787년(26세) 초겨울 문암산장에서 서울로 돌아오며 지은 시라고 생각된다

醉歌行의 경우 배열순서상, 1787년(26세) 겨울에 지은 시라고 생각된다. 바로 앞의 시가 초겨울이고 뒤의 시가 다음해(1788)의 첫 시이기 때문이다.

---

69) 부친이 사도시 주부가 되자 서울 용동에 집을 다시 사서 거처하게 되었다. '이것은 내 뜻이 아니다'라고 한 것은, 정약용이 이때 과거를 포기하고자 하였는데 부친이 서울로 데리고 가서 과거 시험 공부를 계속하게 하였던 것이 아닌가 생각되기도 한다. "已結丘壑情 復就京城居 志行有相戾"라는 구절로 보아 정약용은 서울을 떠나고자 하였는데 서울에 계속 살게 되었다는 뜻으로 볼 수 있다. 이 시와 주석으로만 보면 용동에서 부친을 모시며 함께 살게 된 것이 아닌가 여겨지기도 한다. 어쨌든 정약용은 당시 서울 용동에 살았다고 여겨진다.

70) 『年譜』, 14~15쪽.

[1788년] (27세)

人日熙政堂上謁退而有作의 경우, "戊申 ○時因對策"이라고 원주가 제목 아래에 붙어 있다. 1788년(27세) 人日(정월초)에 희정당에서 정조를 뵙고 물러나와 지은 것이다. 당시 정약용은 대책을 올렸던 것으로 생각된다. 사암선생연보에 의하면 "戊申……正月初七日 泮製入格 人日製"라고 되어 있으므로71) 이 시의 저작 시기는 정확히 1788년 1월 7일임을 알 수 있다.

故弘文館校理洪公(樂貞)輓詞의 경우, 홍낙정을 애도하는 시이다. "公以說書 遭文孝世子之恤" 및 "公祖父景輔氏 有戊申之功 今年賜祭褒美" 등의 주석이 붙어 있다. 바로 앞의 시가 1월 7일 작이고 바로 뒤의 시가 3월 3일에 지은 것이므로 이 시는 1788년(27세) 1월 7일 이후 3월 3일 이전에 지은 것이라고 추정된다.72)

三月三日熙政堂上謁退而有作의 경우, 제목으로 보아 1788년(27세) 3월 3일에 지은 것임을 알 수 있다. "時 泮試居首" 및 "是日有恩言 始決意進取"라는 원주가 붙어 있다.73)

蚖珍詞七首贈內의 경우, "家人癖於蠶 雖在京城 歲取繭絲 故有是作"라고 원주가 붙어 있다. 바로 앞의 시가 3월 3일에 지은 것이고 뒤의 뒤 시 苦雨行이 여름 장마철에 지은 것으로 생각되므로 이 시는 1788년(27세) 3월 3일과 초여름 사이에 지은 것이다. 양잠을 몹시 좋아하던 부인에게 정약용이 써 준 시이다.

蜿豆歌의 경우, "時兩兒痘完"이라고 원주가 붙어 있다. 당시 서울에 천연두가 유행했을 가능성이 있다. 三月三日熙政堂上謁退而有作과

---

71) 『年譜』, 16쪽.

72) 여유당전서본에는 제목이 "洪校理(樂貞)輓"으로 되어 있다.

73) 27세 되는 3월 3일에 성균관의 시험에서 수석을 하였다. 이 날 정조의 은혜로운 말씀이 있어 비로소 進取를 결의했다고 하였다. 과거에 응시하지 않으려 하였는데 임금님의 은혜로운 말씀을 듣고 다시 응시를 결심하였다는 뜻으로 해석되기도 한다. 이 시의 마지막에 "玉音淪肺腑 生死敢言歸"라 되어 있다.

苦雨行(여름 장마철)의 사이에 있으므로 이 시는 1788년(27세) 3월 3일과 초여름 사이에 지은 것으로 추정된다.

苦雨行의 경우, "苦雨苦雨雨不休 烟火欲絶巷人愁"라는 구절로 보아 여름 장마철에 지은 것으로 생각된다. 그렇다면 저작 시기는 1788년(27세) 여름 장마철에 지은 것이다.

題金營將深河射敵圖(金將軍 應河)의 경우, 정확한 시기를 알기 어려우나 바로 뒤의 시가 9월 작이므로 이 시는 여름 이후 9월 이전에 쓴 것으로 추정된다. 따라서 이 시의 저술 시기는 1788년(27세) 여름 이후 9월 이전에 쓴 것이라고 생각된다.

秋日游門巖山莊의 경우, 제목 아래 "九月也 時看刈"이라고 원주가 붙어 있다. 따라서 1788년(27세) 9월 문암산장으로 추수하러 가서 지은 시이다. "匹馬輕裝出漢陽 靑山紅樹又仙鄕"이라는 구절로 시작되므로 서울에서 출발한 것으로 보인다.

自南一源乘舟還門巖山莊의 경우, 제목 아래에 "時于雞山 訪李兄"이라고 원주가 붙어 있다. 雞山에 있는 李兄을 방문한 뒤 배를 타고 돌아오며 지은 시이다. 문암산장에서 근처의 남일원에 갔다가 다시 문암산장에 돌아오며 지은 것으로 추정되므로 이 시의 저작 시기는 1788년(27세) 9월경일 가능성이 크다.[74]

呈外舅洪節度關北營中의 경우, 제목 아래에 "公七月 赴北營"이라고 원주가 붙어 있다. 그러나 배열순서상 7월 작은 아니다. 7월에 관북으로 간, 장인 홍화보에게 보내는 시이다. 7월에 관북의 영에 갔다고 하므로 그 이후에 지은 시인데 문암산장에서 추수하고 돌아와 지은 시가 아닌가 여겨진다. 그렇다면 대략 9월 이후 늦가을이나 초겨울 경이라고 생각된다. 따라서 이 시는 1788년(27세) 늦가을에서 초겨울 무렵에 지은 것으로 추정된다.

---

74) 계산은 문암산장에서 배로 왕래할 수 있는 곳이라고 생각된다. 정약용은 이
   승훈을 이형이라고 불렀으므로 이승훈일 가능성이 있다.

冬日權純百水亭同諸公集의 경우, 제목 아래 "時作四六 亭在麻浦 十二月也"라고 원주가 붙어 있다. 1788년(27세) 12월 권순백의 마포 정자에서 여러 사람들과 모여 과거 공부를 위해 사륙문을 익힐 때 지은 시이다.

[1789년] (28세)

人日誠正閣上謁退而有作의 경우, 제목 아래에 "己酉 ○時泮試入格"이라는 주가 있고 가운데에도 "時良久伏前"이라고 주가 붙어 있다. 1789년(28세) 人日(정초)에 정조를 성정각에서 뵙고 나오면서 지은 시이다. 상당히 오랜 시간 정조 앞에서 머물렀음을 알 수 있다. 사암선생연보에 따르면 "己酉……正月 初七日 泮製入格 人日製 圈點試表"라고 하므로[75] 1789년 1월 7일 작임을 알 수 있다.

正月卄七日賜第熙政堂上謁退而有作의 경우, 제목 아래에 "時泮試居首"라고 원주가 붙어 있다. 따라서 1789년(28세) 1월 27일 지은 것임을 알 수 있다. 성균관의 시험에서 수석을 하여 희정당에서 임금을 뵙고 나와 지은 시이다. 보다 정확하게 말하자면, 사암선생연보에 의하면 泮製를 본 것은 하루 전인 1월 26일이며[76] 다음날 1월 27일 희정당에서 정조를 알현하고 나와서 지은 것이다.

陪家君還苕川의 경우, 제목 아래에 "四月也 時余以甲科 仍被閣課 抄啓 乘傳赴忠州 家君爲蔚山府使 遂陪行至忠州"라고 원주가 붙어 있다. 즉 1789년(28세) 4월에 지은 시이다. 1789년(28세) 봄 대과에서 갑과로 급제하여 초계 문신이 된 뒤 역마를 타고 먼저 고향 초천에 들르고 나서, 충주까지 갔다. 울산부사로 나가는 부친을 배행하기 위한 것이었다. 당시에 충주 하담의 선영에 함께 참배하였다고 생각된다. 이 시는 서울에서 고향 초천으로 가면서 지은 것이다. 사암선생연보에 따

---

75) 『年譜』, 17쪽.
76) 『年譜』, 17쪽.

르면 "三月 赴殿試 以探花郞 付七品官 除禧陵直長 ○抄啓文臣啓下"라고 되어 있으므로[77] 정약용이 대과에 급제한 것은 정확하게는 1789년 3월이다.

訪族父承旨法泉山居의 경우, 1789년(28세) 봄 과거 급제 후, 4월 초천에 돌아 간 다음, 원주 법천에 살고 있던 정범조를 방문하고 지은 시라고 추정된다. 따라서 대략 1789년 4월경의 시로 추정된다. 아마도 충주 가는 길에 방문하고 지은 시라고 생각된다.

次荷潭의 경우, 1789년(28세) 봄 과거 급제하고 4월 고향 초천에 간 다음, 부친과 함께 先塋에 참배하러 도착하여 지은 것이라 생각된다. 따라서 대략 1789년 4월경의 시로 추정된다.

到金灘奉別家君赴蔚山還至嘉興宿의 경우, 1789년(28세) 4월 부친을 충주까지 가서 전송하고서(금탄은 충주 근처의 어느 곳이라 생각된다) 돌아와 가흥에서 묵으며 지은 시이다.

探花宴의 경우, 제목 아래에 "內閣 課試"라고 원주가 붙어 있다. 1789년 4월 초천·법천·충주 등에 갔다가 서울로 돌아와 규장각 초계문신의 月課로 지은 것이다. 다음 시가 5월 5일 작이므로 이 시는 1789년(28세) 4월 이후 5월 5일 이전 작이다. 대략 4월말~5월초의 작품으로 생각된다.

禧陵山齋作의 경우, 제목 아래에 "五月五日也 余以探花郞 爲本陵直長 一宿卽蒙恩 遞爲假注書 ○昔家君爲本陵參奉"이라고 원주가 붙어 있다. 1789년(28세) 5월 5일 희릉 직장에 임명되어 그 곳에서 지은 시이다.[78]

---

77) 『年譜』, 19쪽.

78) 이 원주에 따르면 5월 6일에 바로 가주서가 된 것처럼 여겨지지만 『사암선생연보』에 따르면 "五月 因特敎 副司正 移付 六月 除假注書"라고 되어 있으므로(『年譜』, 19쪽) 5월 6일에는 副司正으로 移付되었으며 6월에 假注書가 되었다고 보아야 할 것이다. 위의 주를 보면 부친 정재원도 희릉참봉을 지낸 적이 있다.

院中對雨의 경우, 제목 아래 "承政院也 後同"이라고 원주가 붙어 있다. 1789년(28세) 5월 6일 이후가 될 것이다. 장소는 승정원이었으며 바로 뒤의 시, 內閣同諸講官退朝를 지은 장소도 승정원이었음을 알 수 있다.

內閣同諸講官退朝의 경우, 1789년(28세) 5월 이후부터 8월 이전에 지은 것으로 추정된다. 바로 뒤의 시, 將赴蔚山晏發抵南漢城이 8월 작이기 때문이다. 사암선생연보에 따르면 "是春 上御熙政堂 命抄啓諸臣 講大學 公歸而錄之 有熙政堂大學講錄一卷"이라고 되어 있다.[79] 시의 내용에도 정조의 지도를 받는 것으로 되어 있으므로 아마도 규장각 초계문신으로서 희정당에서 大學을 강독하고 퇴근하면서 지은 시일 가능성이 있다.

將赴蔚山晏發抵南漢城의 경우, 제목 아래에 "八月也"라고 원주가 붙어 있다. 1789년(28세) 8월 지은 것임을 알 수 있다.[80]

次長湖院의 경우, 1789년(28세) 8월 울산으로 가는 길에 장호원을 지나며 지은 시로 추정된다.

踰鳥嶺의 경우, 1789년(28세) 8월 울산으로 가는 길에 조령을 넘으며 지은 것으로 생각된다.

鷄林懷古의 경우, 제목 아래에 "路由比安軍威新寧永川 至慶州"라고 원주가 붙어 있다. 1789년(28세) 8월에 울산으로 가는 길에 경주에 들러 지은 것으로 생각된다.[81]

南浦月夜同諸君汎舟의 경우, 제목 아래에 "浦在蔚山"이라고 원주가 붙어 있다. 1789년(28세) 8월경 울산에 도착한 다음, 울산의 남포에서 달밤에 배를 띄우고 논 것이다.

---

79) 『年譜』, 19쪽.

80) 뒤의 시들로 보아 부친을 뵈러 울산에 가는 길에 남한산성에 들른 것이 아닌가 생각된다.

81) 주에 따르면 행로가 비안-군위-신녕-영천-경주를 거쳤다. 또 위의 시들을 보면 서울-남한산성-장호원-조령을 지나 비안에 이른 것을 알 수 있다.

陪家君至慶州於州尹林公(濟遠)新樓夜宴의 경우, 1789년(28세) 8월 경 울산에 도착한 다음 다시 경주에 가서 지은 시이다. "彷徨歷歷談興亡 可憐鮑石亭前月 今宵翠碧樓前光"이라는 구절로 보아, 제목에서 새로 세웠다고 한 樓는 취벽루임을 알 수 있다. 포석정 근처에 있었던 것이 아닌가 여겨진다. 또 여기서 신라의 흥망에 대한 얘기가 화제가 되었음을 알 수 있다. 경애왕이 포석정에서 살해된 일도 언급되었을 것이다.

陪家君至永川訪李氏溪亭의 경우, "卽浩然亭"이라고 원주가 붙어 있다. 부친을 모시고 영천의 호연정을 방문하고서 지은 시이다. 경주에서 영천으로 간 것이 아닌가 생각된다. 저작 시기는 1789년(28세) 8월 경 울산에 도착한 뒤, 얼마간 시간이 지난 때로 추측된다.

陪家君游銀海寺의 경우, 제목 아래에 "永川地也 至此分路 余由安東赴京 家君赴營"이라고 원주가 붙어 있다. 부친을 모시고 영천의 은해사에 이르러 지은 시이며 여기서 부친은 울산으로 돌아가고 정약용은 안동 방면으로 갔음을 알 수 있다. 이 시의 저작 시기 역시 1789년(28세) 8월경 울산에 도착한 뒤, 얼마간 시간이 지난 때가 될 것이다.

登安東映湖樓의 경우, 제목 아래에 "路由義興義城"이라고 원주가 붙어 있다. 의흥과 의성을 거쳐 안동의 영호루에 가서 지은 시임을 알 수 있다. 역시 1789년(28세) 8월경 울산에 도착한 뒤, 얼마간 시간이 지난 때가 될 것이다.[82]

訪金佐郎(翰東)典籍(熙稷)仍於佐郎宅 陪雞谷權丈同金(熙周熙洛)李氏諸友夜宴의 경우, "宅在春陽之虎坰 時因李公有厄 有此行"이라고 원주가 붙어 있다. 안동에서 춘양의 김한동 집에 가서 밤에 잔치를

---

82) 영호루는, "綠水明沙紛照輝"라는 구절로 보아 낙동강 가에 있는 것으로 여겨진다. 도산서원에 대한 언급이 없는 점이 주목되며 "河回古宅知何處 異代蕭條一愴然"이라고 한 것으로 보아 하회의 유성룡 고택 근처에 영호루가 있었던 것이 아닌가 생각된다. 유성룡과 시대가 달라 만나지 못함을 안타까워하는 것으로 보아 유성룡에 대한 존경심이 컸다고 여겨진다.

할 때 지은 시이다. "沙水澄秋綠"이라는 구절로 보아 저작 시기는 1789년(28세) 가을이다. 정약용은 이후에도 김한동과 계속 교유 관계를 갖는다.

榮川茁坡訪族父進士(協祖)處士(載鍾)山居의 경우, 1789년 가을 춘양에서 영천으로 친척 정협조와 정재종을 방문하러 다시 가서 지은 것으로 생각된다.

踰竹嶺의 경우, 제목 아래 "順興丹陽之界"이라고 원주가 붙어 있다. 1789년(28세) 가을 영천에서 순흥부를 거쳐 죽령을 넘어 가면서 지은 시로 여겨진다.

丹陽絶句五首의 경우, 1789년(28세) 가을 죽령을 넘어 단양에 이르러 지은 시이다.[83]

登[84]淸風寒碧樓의 경우, 1789년(28세) 가을 죽령을 넘어 단양에 이르고, 단양에서 다시 청풍 한벽루에 이르러 지은 시로 생각된다.

次慶安驛奉柬舍兄의 경우, 1789년(28세) 가을 청풍을 지난 다음, 경안 역에 도착하여 지은 시이다. 이상 울산으로의 여행과 귀환 과정에 지은 시는 모두 대략 1789년(28세) 가을 8월경에 지은 시로 여겨진다. 이 여행은 10일이 넘지 않았기 때문이다.[85]

---

83) "侍郎騎鶴松猶在(吳承旨大益於峰頭騎木鶴下) 丞相彈琴(西厓柳丞相)石不沈(舍人巖)"이라는 구절로 보듯이 여기서도 유성룡에 대해 회고하였다. 이 시에 보면 사인암 외에 雲巖, 三仙巖, 龜潭, 島潭을 방문하였다. 도담을 읊을 때 정도전에 대한 언급이 없는 점이 주목된다.

84) 여유당전서본에는 '登'으로 되어 있지만 登은 오자라고 생각된다.

85)『사암선생연보』에는 "秋……修覲晉州公于蔚山 因上旨 內閣促關 未踰旬而歸還"(『年譜』, 19쪽)이라고 되어 있다. 이 시에서 "歇馬淮安驛"이라 하므로 경안역을 회안역이라고 하는지 모르겠다. 또 "京國餘重嶺 鄕園隔一溪"라고 하므로 서울에서 그리 멀지 않고 고향 마재에서 아주 가까움을 알 수 있다. 경안천 근처가 아닐까 한다. 여기서 사형이란 정약현을 가리키는 것으로 생각된다. "閣中新有牒 不敢問巖棲"라는 구절로 보아, 원래는 고향의 형님 댁에 들렀다가 가려 한 것으로 생각된다. 규장각에서 급히 돌아오라는 공문이 도착하였기 때문에 바로 서울로 가게 된 것이 아닌가 여겨진다. 정약용이 여

顯隆園改葬輓詞의 경우, 정조실록에 따르면 이 시를 지은 것은 1789년(28세) 10월 7일이라고 생각된다.[86]

內閣應敎의 경우, 제목 아래에 "題云 萬國衣冠拜冕旒 十一月也 御批曰 勞矣三倍畫"이라고 원주가 붙어 있다. 1789년(28세) 11월에 지은 것임을 알 수 있다.

'前篇纔下又命進詩令承旨吸金絲烟一團以爲限 題云太平萬歲字當中篇 旣徹 御批曰 吸竹之頃 操筆立書 豈非奇才三倍畫'라는 긴 제목을 붙인 시의 경우, 바로 위의 시와 같은 날(1789년 11월) 지은 것임을 알 수 있다.

又應敎進詩의 경우, "是日 凡奏三篇 共得二十七分 題云 朝朝染翰侍君王"이라고 원주가 붙어 있다. 위의 두 시와 같은 날(1789년 11월), 세 번째로 정조에게 올린 시임을 알 수 있다.

內閣應敎의 경우, 제목 아래 "十一月也 題曰 岸容待臘 將舒"라고 원주가 붙어 있다. 즉 1789년(28세) 11월에 지은 것이다. "待臘"(납월, 12월을 기다린다)이라는 구절로 보아 11월말 경으로 추측되기도 한다.

內閣應敎의 경우, 제목 아래에 "題曰 雲近蓬萊 常五色"이라고 원주가 붙어 있다. 배열순서로 보아 1789년 11월 이후의 작품이다. 보다 구체적으로는 11월말 이후의 작품일 가능성이 있다.

행을 다니면서도 소재지와 일정을 驛을 통해 보고하고 驛을 통해 조정의 공문을 받도록 되어 있었는지도 모르겠다. 혹시 바로 뒤에 언급된 현륭원 이장의 일과 관련해 급히 공문이 내려 온 것인지도 모르겠다.

86) 사도세자의 능을 수원부 화산으로 이장한 작업은 정조실록의 관련 부분을 참조하면 다음과 같다. 7월 하순 새로운 곳에 산역이 시작되었는데 8월 9일 顯隆이라고 명칭이 정해졌다. 8월 12일 원래 묘소인 영우원에서 작업이 개시되었고 8월 20일 영우원에서 전배하는 예가 있었다. 수원으로 출발한 것은 10월 5일이고 6일에 과천 출발하여 7일 새 묘역에 도착, 이날 밤 10시경 하관, 10월 8일 귀경을 시작, 이날 밤 과천 행궁에 묵은 뒤 환궁하였으며 공사가 완공된 것은 10월 16일이다. 따라서 정조를 모시고 수원에 머물고 있던 시기는 10월 7일이라고 추정된다.

內閣應敎의 경우, 제목 아래에 "題云 且向百花頭上開"이라고 원주가 붙어 있다. 배열순서로 보아 1789년 11월 이후의 작품이다. 보다 구체적으로는 11월말 이후의 작품일 가능성이 있다.

同徐李二僚應敎獻詩並蒙奇才之襃不勝愧惡爲示此篇의 경우, 제목 아래 "徐卽徐榮輔"라고 원주가 붙어 있다. 배열순서로 보아 이 작품 역시 1789년 11월 이후의 작품이다. 보다 구체적으로는 11월말 이후의 작품일 가능성이 있다.

奉旨於尙衣院讀書의 경우, 제목으로 보아 상의원에서 독서하며 지은 시임을 알 수 있다. 배열순서로 보아 1789년 11월 이후의 작품이다. 보다 구체적으로는 11월말 이후의 작품일 가능성이 있다.

雪夜閣中賜饌恭述恩例의 경우, 배열순서로 보아 1789년 11월 이후의 작품이다. 시의 제목으로 보아 눈오는 밤에 지은 시이다. 보다 구체적으로는 11월말 이후의 작품일 가능성이 있다.

[1790년] (29세)

大殿春帖子의 경우, 제목 아래 "庚戌"이라고 간지가 붙어 있다. 1790년(29세) 입춘일에 쓴 시이다. 춘첩자는 입춘날 대궐 기둥에 써 붙이는 글귀이다.

大駕詣太學謁聖恭記所覩의 경우, 배열순서상 1790년(29세)의 시이다. 정조가 성균관에 가서 알성시를 보인 것을 보고 지은 시이다. 시의 내용으로 보아 계절은 봄이었다고 생각된다. 따라서 1790년 봄에 지은 시이다.

翰林召試被選就院中夜直의 경우, 1790년(29세) 봄 한림에 피선되어 숙직하며 지은 시이다. 사암선생연보에 따르면 한림에 피선되어 藝文館 檢閱에 單付된 것은 2월 29일이다.[87] 아마도 이날 저녁 숙직하며 지은 시로 생각된다. 따라서 이 시의 저작 시기는 1790년 2월 29일로

---

87) 『年譜』, 21쪽.

볼 수 있다.

奉旨謫海美出都門作의 경우, "三月十日也"라고 원주가 붙어 있다. 즉 1790년(29세) 3월 10일 지은 시이다. 사암선생연보에는 해미현 定配의 명을 받은 것을 3월 8일로 적고 있다.[88] 명을 받고 다음날 3월 9일에 준비하여 3월 10일 도성 문을 나섰다고 여겨진다.

行次銅雀渡의 경우, 1790년(29세) 3월 10일의 시로 여겨진다. "綾被遠移仙閣燭"이라는 구절로 보아 3월 10일 도성문(남대문)을 나서 그날 밤 동작나루에서 묵으면서 지은 시로 보인다.

暮次水原의 경우, 1790년(29세) 3월 11일 아침 동작나루를 건너 그날 당일 남태령, 과천, 지지대 고개를 넘어 저녁에 수원에 이르러 지은 시로 추정된다. 이날 밤은 아마도 수원 부근에 묵었을 것이다.

海美謫中雜詩의 경우, 1790년(29세) 3월 14일 이후 3월 19일 이전의 작품이다. 3월 12일 수원 부근을 출발하였을 것으로 추정된다. 사암선생연보에 따르면 정약용이 해미에 3월 13일 도착하였으며 3월 19일 해배 명령을 받았다고 하였다.[89] 3월 12일과 13일을 꼬박 소요하여 늦어서야 해미에 도착하였을 것이다.[90]

泰安郡守柳獻可(誨)見訪同至開心寺東臺眺望一宿而別의 경우, 1790년(29세) 3월 14일 이후 3월 19일 이전에 開心寺에 이르러 지은 것이다.[91]

---

88) 『年譜』, 21쪽.

89) 『年譜』, 21쪽.

90) "花落鶯啼一畝宮 七分省識藥泉翁 少年淸議哀蕭傳 晩節高談學綺公"이라는 구절이 있으며 이에 대하여 스스로 "藥泉南相國九萬也 少時救吳相公時壽之死 晩年護東宮"이라고 주석을 달았다. 해미 바로 옆은 結成현인데 정약용이 해미에 머무르는 동안 인근의 남구만의 옛집을 지나치다 지은 것으로 여겨진다.

91) 바로 뒤의 시에 보면 유배 10일만에 용서를 받은 것으로 되어 있으나, 『사암선생연보』에 따르면 정확하게는 3월 19일 용서를 받았다고 되어 있다(『年譜』, 21쪽). 이 날로 바로 떠났는지, 다음날 떠났는지 여부는 알 수 없다. 해미

在謫十日特蒙赦旨의 경우, 사암선생연보에 따르면 이 시의 저작 시기는 1790년(29세) 3월 19일이다.[92]

還至德山同知縣鄭公(厚祚)飮의 경우, 1790년(29세) 3월 20일(또는 19일)에 지었다.[93]

溫泉志感의 경우, 1790년(29세) 3월 21일(또는 20일) 한양 가는 길에 덕산 다음으로 온양에 도착하여 지은 시이다.[94]

溫宮有莊獻手植槐一株當時命築壇以俟其陰歲久擁腫壇亦不見愴然有述의 경우, 온양 온천에서 하루 보내고 다음날, 1790년(29세) 3월 22일(또는 21일)에 지은 것이 아닌가 추측된다.

送尹无咎赴祥原의 경우, 1790년 3월 23~24일 이후 지은 것으로 생각된다.[95]

家君晬辰陪諸公宴集의 경우, 제목 아래에 "回甲也 時自蔚山來臨"이라고 원주가 붙어 있다. 부친 정재원이 울산에서 서울로 올라와 회갑을 지낸 것이 아닌가 여겨진다. 정약용이 초천으로 돌아가 회갑에

에 머무른 것은 3월 13일 밤에서 19일 사이(또는 20일 아침)인데 개심사를 다녀 온 것은 19일 이전이 되며 개심사에서 하루 묵었다.

92) 『年譜』, 21쪽.

93) 3월 20일 경, 정약용을 유배에서 푼다는 공문이 3월 19일 일찍 도착했다면 당일 서울로 출발하였을 수도 있다. 그렇다면 거리 상으로 보아 덕산에는 그 날 중으로 도착할 수 있었을 것이다. 만일 다음날 출발했다면 3월 20일 덕산에 도착했을 것이다. 3월 19일 당일 출발하여 덕산에 도착했다면 술을 마시기에는 너무 피로하고 늦은 시각이다. 하지만 정약용의 성격으로 보아 당일 출발하였을 가능성도 있다. 따라서 이 시의 작성 시기는 3월 20일로 여겨지지만 19일이었을 가능성도 있다. 돌아올 때에 말을 이용하였을 수도 있겠다. 이 때의 덕산 현감은 정후조였다.

94) 3월 20일에 덕산에서 자고 21일 아침에 출발하였다면 21일 저녁에 도착하였을 것이다. 그렇다면 이 시의 시기는 3월 21일이 된다. 덕산에서 3월 20일 아침에 출발하였다면 당일 저녁에는 온양에 도착하였을 것이다.

95) 3월 10일 도성문을 나서 3월 13일 도착하였다. 3월 20일 출발하였다면 23일이나 24일 경 서울에 도착하였을 것이다. 이 작품은 서울에 도착한 이후에 윤무구를 전송한 시이다.

참석한 것 같이 보이지는 않는다. 이 시의 저술 시기는 1790년 3월말 이후 6월 18일 이전이다. 바로 뒤의 시의 시기가 6월 18일이기 때문이다.

六月十八日伏聞慶喜蹈舞有作의 경우, 1790년(29세) 6월 18일, 순조의 탄생 소식을 듣고 지었다. 혜경궁 홍씨의 탄생일도 6월 18일이었다.

破屋歎爲白澤申佐郎作의 경우, 저작 시기가 1790년(29세) 6월 18일 이후 9월 15일 이전이다. 뒤의 뒤 시, 同金(尙集)判書 閔(鍾顯)參判 沈(煥之)參議 鎖院禮部十日試事畢奉示諸公의 저작 시기가 9월 15일 작이기 때문이다.[96] 그러나 뒤의 뒤 시를 살필 때 볼 것처럼 정약용은 9월 6일에서 9월 15일까지 시험 출제를 위해 외부와 차단되어 있었으므로 이 시의 저작 시기는 9월 6일 이전일 가능성이 크다. 여름에 지은 것이라면 1790년 6월 18일 이후 어느 여름날의 작이다.

題陶林子左右長廊圖의 경우, 배열순서로 보아 1790년(29세) 6월 18일 이후 9월 15일 이전에 지은 것이다. 그러나 뒤의 시를 살필 때 볼 것처럼 정약용은 9월 6일에서 9월 15일까지 시험 출제를 위해 외부와 차단되어 있었으므로 이 시의 저작 시기는 1790년 9월 6일 이전일 가능성이 크다.

同金(尙集)判書 閔(鍾顯)參判 沈(煥之)參議 鎖院禮部十日試事畢奉示諸公의 경우, 1790년 9월 15일 지은 것이다. 제목 아래에 "時增廣別試 東堂也"라고 원주가 붙어 있다.[97]

大駕至鍊戎臺閱武觀馬上才有述의 경우, 정조실록을 참조하면 1790

---

96) 여름 비에 집이 무너진 것으로 여겨진다. 백택 신좌랑은 石北 申光洙의 아우 申光河이다. 이 시의 말미에 "樊巖評曰 吾聞白澤破屋 不直一錢 緣何博得此 許多琳琅 白澤可謂善賈"이라는 채제공의 평어가 붙어 있다.

97) 이 해 정조 14년(1790) 9월 15일 정조가 인정전에 친히 가서 보인 증광문과 별시 때 정약용이 시험관의 하나가 되었다(『국조문과방목』 권18, 정종조 경술조). 이 시는 출제를 마치고 시험 날 풀려나면서 지은 시이다. 따라서 저작 시기는 1790년 9월 15일이 된다. 정약용은 9월 6일부터 9월 15일까지 시험 출제로 예조 안에 있었던 것이 된다.

년 9월 19일 정조가 북한산성 연융대에서 군대를 사열하였다.[98] 저작 시기는 1790년(29세) 9월 19일이다.

仲氏登第赴蔚山奉贈一詩의 경우 배열순서상, 1790년 9월 19일 이후의 시이다.[99]

內閣應敎의 경우 배열순서상, 1790년(29세) 9월 19일 이후에 지은 시이다.

內閣應敎(題曰 喜悅好禾黍)의 경우 배열순서상, 1790년(29세) 9월 19일 이후에 지은 시이다.

內閣應敎(題曰 池上于今有鳳毛)의 경우 배열순서상, 1790년(29세) 9월 19일 이후에 지은 시이다.

內閣應敎(題曰 萬國衣冠拜冕旒)의 경우 배열순서상, 1790년(29세) 9월 19일 이후에 지은 시이다.

內閣應敎(題曰 天顔有喜近臣知)의 경우 배열순서상, 1790년(29세) 9월 19일 이후에 지은 시이다.

內閣應敎(題曰 萬里可橫行 ○杜詩房兵曹胡馬)의 경우 배열순서상, 1790년(29세) 9월 19일 이후에 지은 시이다.

閣課畢猥居第一蒙賜廐馬文皮의 경우 배열순서상, 1790년(29세) 9월 19일 이후에 지은 시이다. 사암선생연보에 의하면 "十二月 閣課親試入格 領賞三次 廐馬豹皮等"이라고 하므로[100] 이 시를 지은 것은 1790년 12월이 된다.

---

98) 『정조실록』, 14년 9월 19일 조.

99) 이 해 9월 정약전이 과거(대과)에 급제한 뒤 부친께 인사드리러 갈 때 지어서 드린 시이다. 國朝文科榜目에 따르면 정약전은 앞의 시에서 언급한 9월 15일 실시된 증광문과 별시에 병과로 급제하였다.

100) 『年譜』, 27쪽.

2. 與猶堂集 文集 제2책

(1) 與猶堂集 文集 제2책 제1권

[1791년] (30세)

首春大駕自華城還同諸學士於露梁南岸祗候의 경우, 제목 아래에
"辛亥"라고 원주가 붙어 있다. 제목으로 보아 1791년(30세) 초봄에 지
은 시로서 정조가 수원 현륭원을 참배하고 돌아올 때 노량진에서 맞이
하기 위해 기다리며 지은 시이다. 정조실록에 따르면 정조는 1월 16일
서울을 떠나 그날 밤은 수원에서 묵고 1월 17일 현륭원을 참배한 뒤
노량진을 건넜다.[101] 따라서 이 시의 저작 시기는 1791년(30세) 1월 17
일이다.

熙政堂侍宴之作示諸僚의 경우, 시의 내용으로 보아 화성에서 돌아
온 지 얼마 안되어 지은 시이다. 따라서 저작 시기는 1791년(30세) 초
봄에 1월 17일 이후 얼마 안된 시기이다.

同蔡郎將赴晉州至果川道中作의 경우, 제목 아래에 "時家君移知晉
州"라고 원주가 붙어 있다. "春城"이라는 구절로 보아 봄이었음을 알
수 있다. 즉 1791년(30세) 봄 3월에 부친을 뵈러 서울을 출발하여 진주
로 가는 도중, 과천에 도착하여 지은 시이다. 이하의 시들을 보면 1791
년 봄 진주로 가는 행로가 과천-남원 광한루-황산(운봉)-팔량령-하동
을 경유하였음을 알 수 있다. 진주로 갔다가 돌아온 것은 이 해 3월말
이다.[102]

登南原廣寒樓의 경우, 1791년(30세) 봄 3월에 서울에서 진주로 가는

---

101) 『정조실록』 15년 1월 16일 및 1월 17일 조.
102) 幼子懼牂壙銘(『전서』, 시문집)에 따르면 정약용이 신해년 3월 부친을 뵈러
　　 갔으며 진주에서 머무르고 있을 때 구장이 천연두를 앓았고 3월에 진주에서
　　 돌아왔는데 며칠 뒤 4월 2일에 죽었다. 정약용이 서울로 돌아온 것은 3월 말
　　 이라고 할 수 있다. 따라서 이하 한양-진주 왕복 길에 지은 시는 모두 1791년
　　 봄 3월 작이 된다.

길에 남원 광한루에 들러 지은 시이다.

讀荒山大捷碑의 경우, 1791년(30세) 봄 3월에 서울에서 진주 가는 길에 황산(운봉)에 들러 지은 시이다. 행로가 남원-운봉(황산)을 경유하였음을 알 수 있다.

踰八良嶺의 경우, 1791년(30세) 봄 3월 남원에서 황산(운봉)을 거쳐 팔랑령을 넘으며 지은 시이다. "雲峯一路接東河"라는 구절로 보아 팔랑령은 운봉에서 동쪽 하동으로 가는 도중에 있다고 생각된다.

重遊矗石[103]樓의 경우, 1791년(30세) 봄 3월, 진주에 도착하여 촉석루에 놀러가 지은 시이다. "玄都再過又春風"이라는 구절로 보아 봄이었음을 알 수 있다.

陪家君行次星州의 경우, 1791년(30세) 봄 3월 하순에 진주에서 부친을 모시고 성주에 가서 지은 시이다.[104] "畫閣星州路 黃璿有勒碑"라는 구절이 있다. 영조 4년(1728) 이인좌난 때 경상도 관찰사로 있다가 반란을 진압하고 죽은 黃璿에 대하여 읊었다. 이하의 시들을 보면 1791년 봄 진주에서 서울로 돌아오는 행로가 성주-중모현-추풍령-문의현 형수를 경유하였음을 알 수 있다.

至中牟縣家君赴鳳山書院余與蔡郎前行奉詩爲別의 경우, 1791년(30세) 봄 3월 하순 중모현에 이르러 부친과 헤어질 때 지은 시이다.

踰秋風嶺의 경우, 1791년(30세) 봄 3월 하순, 중모현을 출발한 뒤 추풍령을 넘으며 지은 시이다. 높은 재를 넘을 때면 정약용은 언제나 전쟁과 외적에 대한 방비를 생각하였다.

渡荊水의 경우, 제목 아래에 "在文義縣"이라고 원주가 붙어 있다. 1791년(30세) 봄 3월 하순, 추풍령을 넘은 뒤 문의현 형수를 건너며 지은 시이다.

---

103) 여유당전서본에 '看'으로 되어 있다. 명백한 오자로서 '石'으로 하는 것이 옳다.

104) 앞서 살핀 바와 같이 정약용이 서울에 돌아온 것은 3월 말이므로 이하 진주에서 서울로 돌아갈 때 지은 시는 모두 3월 하순 작으로 보아야 할 것이다.

憶汝行의 경우, 제목 아래에 "哭幼子懼㸌而作也 四月初以痘癘折 己酉十二月生"이라고 원주가 붙어 있다. 1791년(30세) 4월초에 어린 아들 구상의 죽음을 슬퍼하는 시이다. 구상은 1789년 12월에 태어나 1791년 4월초 3살의 어린 나이에 종기로 죽었다는 것이다. 보다 구체적으로는 1789년 12월 25일 태어나 1791년 4월 2일이었다.[105] 따라서 이 시의 저작 시기는 1791년 4월 2일이다.

外舅洪節度輓詞의 경우, 제목 아래에 "四月晦 卒于黃州"이라고 원주가 붙어 있다. 장인 홍화보가 4월 그믐에 황주에서 졸하였다면 이 소식이 서울의 정약용에게 전해지는 데에는 며칠이 걸렸을 것이다. 따라서 이 시의 저작 시기는 1791년(30세) 5월초이다.

柄鑿行의 경우, 배열순서상 1791년(30세)에 지은 시이다. 바로 앞의 시의 저작 시기가 5월초이므로 본 시의 저술 시기는 5월초 이후가 된다.

試院奉示沈(煥之)安(廷玹)二丈(時共鎖院十日)의 경우, 배열순서상 1791년(30세) 5월초 이후에서 9월 이전의 시이다. 이 해 5월 23일에 정약용이 사간원 정언에 제수되는데[106] 그 이후라고 생각된다.

九月瑞蔥臺試射日作의 경우, 제목으로 보아 1791년(30세) 9월 서총대에서 활을 쏘고 지은 시임을 알 수 있다. 정조실록에 따르면 이 서총대에서의 試射는 9월 28일에 있었다.[107] 따라서 이 시는 1791년(30세) 9월 28일에 지은 것이다. 서총대는 창덕궁 후원에 지금의 춘당대 동편에 있었다.

舟橋行의 경우, 1791년(30세) 정조가 수원 현륭원에 참배하러 가기 위해 한강의 주교를 건너는 것에 대한 시로 생각된다. 배열순서로 보아 1791년(30세) 9월 28일 이후 작이 된다.

---

105) 幼子懼㸌壙銘(『전서』, 시문집)
106) 『年譜』, 27쪽.
107) 『정조실록』15년 9월 28일조(庚子).

奉旨就北營直宿令習射兼對詩經條問 時洪(秀晚)穉成宋(知濂)周卿金(履喬)公世諸僚亦偕의 경우, 1791년(30세) 서총대 試射 이후, 벌로 북영에 머무르는 열흘 사이에 지은 것으로 추정된다. 따라서 저작 시기는 대략 1791년(30세) 9월말에서 10월 초순 사이에 지은 것으로 생각된다.108)

戲作巓疾歌示醫師의 경우, 제목 아래에 "時得寒疾 閱月乃瘳 中冬至季冬"이라고 원주가 붙어 있다. 1791년(30세) 11월에서 12월 사이, 한 달이나 감기에 걸려 있었을 때 지은 시임을 알 수 있다.

[1792년] (31세)

銅雀渡送別家君還赴晉州의 경우, 제목 아래에 "壬子 ○時因貢蔘差員之行 正月也 此別遂爲永訣"이라고 원주가 붙어 있다. 1792년(31세) 1월에 인삼을 조정에 보내는 일로 왔던 부친을 동작나루에서 송별하면서 지은 시임을 알 수 있다.109)

過舟橋의 경우, 1792년 1월에 지은 시이다. "歲歲靑陽月鑾輿幸華城船從秋後集 橋向雪前成"이라는 구절이 있다.

玉堂違召述懷의 경우, 1792년(31세) 봄 옥당(홍문관) 관원에 임명된 것을 받아들이지 않고 물러나며 지은 시이다. 사암선생연보에 의하면 정약용이 홍문관록에 피선된 것은 3월 22일이며 3월 28일 都堂會圈에

---

108) "一旬郵罰肯嫌遲"라는 구절이 있으므로 북영에서 벌로 10일간 있으면서 習射와 詩經 條問에 대하여 답하는 일을 하였음을 알 수 있다. 한편 정약용의 詩經講義에 따르면 9월 28일 서총대 試射의 성적이 좋지 않아 그 벌로 북영에 숙직하며 習射하였고, 아울러 60일 간 정조의 詩經條問에 대한 답안을 작성하였다고 하였다(『전서』 2, 381쪽). 북영에서 60일 동안 머무른 것이 아니라 10일 동안 머문 뒤 밖으로 나와서 나머지 50일 동안에 詩經條問에 대한 답안을 완성하였다고 보는 것이 온당할 것이다. 이 시는 제목으로 보아 북영에 머무르는 사이에 지었다고 보는 것이 타당할 것이다.

109) 이것이 부친과의 영원한 이별이 되었다. 부친이 이 해 4월 임지 진주에서 타계하였기 때문이다.

피선되어 3월 29일 홍문관 수찬에 임명되었으나, 이때 말이 있어서 모두가 引嫌하였다.110) 따라서 이 시를 지은 시기는 1792년 3월 29일로 보아야 할 것이며 시의 내용으로 보아 한 밤중(二更)에 지은 것이다.

講筵退有作의 경우 배열순서상, 1792년 3월 29일 이후 4월 6일 이전에 지은 시이다. 바로 뒤의 시가 4월 6일에 지은 시이기 때문이다. 홍문관 수찬으로 경연에 참석하고 나오면서 지은 시로 생각된다. 시의 내용을 보면 이때 禹貢편을 강했음을 알 수 있다.

大酉舍同金(義淳)金(履喬)李(明淵)諸僚奉旨寫御製詩卷의 경우, 제목 아래에 "四月 初六日"이라고 원주가 붙어 있다. 1792년(31세) 4월 6일 대유사에서 御製 詩卷을 필사하고 지은 시임을 알 수 있다.111)

[1794년] (33세)

七月八日夜의 경우, "甲寅"이라고 간지가 붙어 있다. 1794년 7월 8일 밤 지은 시임을 알 수 있다. 앞의 2년여 동안 시를 짓지 않았던 것으로 생각된다. 시의 내용으로 보면 7월 8일 밤 서울의 집(죽란)에서 지은 시이다.

次韻奉寄族父吏部公西池席上의 경우, "可憐紅菌……新秋"라는 구절로 보아 계절은 초가을이었다. 즉 1794년 초가을에 지은 시이다. 西池는 오늘날 서대문 밖 천연동 부근에 있었다. 순서상 7월 8일 밤이 지난 뒤 지었고 7월 23일의 시, 除國子直講赴舘 앞에 있으므로 1794년 7월 9일~23일 사이의 작이다.

---

110) 『年譜』, 31쪽.

111) 말미에 "自大酉舍聞急報 赴晉州 竟遭變 至雲峯縣承實 四月十一日也 易簀 在初九日"이라고 주가 붙어 있다. 4월 6일 대유사에서 御製 詩卷을 필사하다가 부친이 위독하다는 소식을 듣고 진주로 가는 도중 4월 11일 운봉에서 부친의 부음을 들었으며 타계한 날은 4월 9일이었음을 알 수 있다. 이후 2년여의 공백이 있다. 이것은 복상 기간 중에는 시를 짓지 않았기 때문이라고 생각된다.

李參判(鼎運)宅次韻留題의 경우, "林蟬"이라는 구절이 있다. 역시 1794년 초가을에 지은 시라고 생각된다.112) 순서상 7월 8일 밤이 지난 뒤 지었고 7월 23일의 시, 除國子直講赴舘 앞에 있으므로 1794년 7월 9일~23일 사이의 작이다.

寄謝鄭(澔)贈山茶一本의 경우, 바로 앞의 시가 초가을에 지어진 것이고 바로 뒤의 시가 가을에 지어진 것이므로 이 시 역시 1794년(33세) 가을에 지은 것이다. 순서상 7월 8일 밤이 지난 뒤 지었고 7월 23일의 시, 除國子直講赴舘 앞에 있으므로 1794년 7월 9일~23일 사이의 작이다.

秋夜의 경우, 제목과 순서로 보아 1794년(33세) 초가을에 지은 시이다. 순서상 7월 8일 밤이 지난 뒤 지었고 7월 23일의 시, 除國子直講赴舘 앞에 있으므로 1794년 7월 9일~23일 사이의 작이다.

寄贈尹佐郎의 경우, "持範"이라고 원주가 붙어 있다. 순서상 7월 8일 밤이 지난 뒤 지었고 7월 23일의 시, 除國子直講赴舘 앞에 있으므로 1794년 7월 9일~23일 사이의 작이다.

除國子直講赴舘의 경우, 1794년 7월 23일 지은 시이다. 탈상 후 이때 비로소 관직에 다시 나아간 것으로 생각된다. 사암선생연보에 "七月(二十三日) 受成均館直講"이라고 되어 있다.113)

沾暇還家作의 경우, 배열순서로 보아 1794년 7월 23일 이후의 작품이다. "暮蟬"이라는 구절로 보아 아직 초가을이었다고 생각된다.

送李都事(儒修)掌試關西의 경우, "秋色"이라는 구절로 보아 계절이 가을이었음을 알 수 있다. 1794년(33세) 가을에 지은 것이다. 다음 시의 저작 시기가 7월로 되어 있으므로 이 시의 저작 시기는 1794년 7월

---

112) 이 시에서의 李鼎運은 李益運의 형(자는 公著, 호는 五沙)으로서 본관은 연안이며 부친은 李徵大이다. 이정운은 영조 45년(1769) 문과에 급제하였으며 영조 19년에 태어나 정조 24년(1743~1800)에 졸하였다. 1795년 금정찰방으로 좌천된 정약용을 돕기 위해 애를 썼다.

113) 『年譜』, 40쪽.

23일 이후의 7월 하순 어느 날이 될 것이다.

國子監同金道以(達淳)鄭文贍(東觀)李周玉(相璜)洪穉成(秀晩)諸學士考講苦熱戲爲此篇의 경우, 제목 아래에 "七月也 時因監試照訖講考官"이라고 원주가 붙어 있다. 배열순서상 1794년(33세) 7월 23일 이후의 작이다.

秋夜絶句의 경우, 제목 아래에 "同南皐作"이라고 원주가 붙어 있다. 제목으로 보아 1794년(33세) 가을에 지은 시임을 알 수 있다. 9월 15일 작 樊翁宅讌集見招不赴의 앞에 있으므로 1794년(33세) 가을 7월 23일 이후 9월 15일 이전 작품이다.

秋風八首次杜韻의 경우, 제목과 배열순서로 보아 1794년(33세) 가을에 지은 시임을 알 수 있다. 9월 15일 작 樊翁宅讌集見招不赴의 앞에 있으므로 1794년 가을 7월 23일 이후 9월 15일 이전 작품이다.

秋心五首의 경우, 제목과 배열순서로 보아 1794년(33세) 가을에 지은 시임을 알 수 있다. 9월 15일 작 樊翁宅讌集見招不赴의 앞에 있으므로 1794년 가을 7월 23일 이후 9월 15일 이전 작품이다.

郊行偶吟의 경우, 1794년(33세) 가을에 지은 것으로 판단된다.114) 9월 15일 작 樊翁宅讌集見招不赴의 앞에 있으므로 1794년 가을 7월 23일 이후 9월 15일 이전 작품이다.

送李承旨(益運)謫黑山島의 경우, 배열순서로 보아 1794년(33세) 가을에 지은 시이다. 바로 뒤의 시가 가을에 지은 시이기 때문이다. "且休銅雀江頭望"이라는 구절로 보아 동작나루에서, 흑산도로 유배가는 이익운을 전송하며 지은 시로 추정된다. 정조실록에 따르면 이정운의 흑산도 유배 명령이 내려진 것은 9월 5일이다.115) 따라서 이 시는 9월

---

114) 바로 앞의 시가 秋心五首이고 다음의 다음 시가 秋雨期南皐不至簡遙이다. 어느 날 말을 타고 교외를 다니다 성문을 들어서며 무덤들을 보고 지은 시인데 혹시 광희문 쪽으로 들어 온 것이 아닌가 생각된다. 당시 광희문 밖에 공동묘지가 있었다고 하며 정약용의 집이 광희문에서 그리 멀지 않은 곳에 있었다.

5일 이후 작이다. 또 뒤의 뒤에 9월 15일 작 樊翁宅譙集見招不赴가 있다. 따라서 이 시는 1794년(33세) 가을 9월 5일 이후 9월 15일 이전 작품이다.

秋雨期南皐不至簡邀의 경우, 제목 아래 "前此値雨必相會　取幽寂也"라고 원주가 붙어 있다. 제목과 배열순서로 보아 1794년(33세) 가을에 지은 것임을 알 수 있다. 바로 뒤 시 樊翁宅譙集見招不赴(9월 15일 작) 앞에 있으므로 이 시의 저작 시기는 1794년(33세) 9월 5일 이후 9월 15일 이전이다.

樊翁宅譙集見招不赴의 경우, 제목 아래에 "九月十五夜"라고 원주가 붙어 있다. 1794년(33세) 9월 15일에 지은 것임을 알 수 있다.

罷官의 경우, 저작 시기는 "萬山秋色裏　巡路自相通"이라는 구절로 보아 1794년(33세) 가을이다. 바로 뒤에 나오는 시 樊翁宅譙集見招不赴를 9월 15일 밤에 지었으므로, 이 시는 9월 16일 이후 작이다. 뒤의 뒤 시, 九月十八日陪仲氏與尹彛叔无咎李輝祖游北漢山城의 시기가 9월 18일(북한산 등정)이다. 따라서 1794년 9월 16일과 17일 사이에 지은 것으로 생각된다. 사암선생연보에 의하면 "八月(初十日)備邊郞啓下"라고 하므로116) 여기서 罷官이란 비변랑에서 파관된 것을 의미하지 않나 생각된다.

鳴鳳篇贈韓獻納의 경우, "致應"이라고 원주가 붙어 있다. 1794년(33세) 가을, 9월 16일에서 17일 사이 파관된 후, 韓致應에게 준 시이다. 바로 뒤, 북한산에 노닌 것을 읊은 시의 저작 시기가 9월 18일이므로 이 시는 1794년(33세) 9월 16~17일 사이에 지은 것으로 생각된다.

九月十八日陪仲氏與尹彛叔无咎李輝祖游北漢山城의 경우, 제목으로 보아 9월 18일에 지었음을 알 수 있다. 1794년(33세) 9월 18일 정약전, 윤이서, 이휘조와 북한산성에 가서 읊은 시이다.

---

115) 『정조실록』 18년 9월 5일조(己丑).
116) 『年譜』, 40쪽.

山映樓의 경우, 역시 1794년(33세) 9월 18일 북한산에서 지은 시로 생각된다.

宿中興寺의 경우, 역시 1794년(33세) 9월 18일에 북한산 중흥사에 묵으며 지은 시로 생각된다.

登白雲臺의 경우, 중흥사에 묵은 다음날 즉 1794년(33세) 9월 19일에 백운대에 올라가 지은 시로 생각된다.

詠紅葉絶句의 경우, 1794년(33세) 9월 19일 북한산에서 지은 것으로 생각된다.

詠水石絶句의 경우, 역시 1794년(33세) 9월 19일 북한산에서 지은 것으로 생각된다.

溪上夜坐의 경우, 배열순서상 1794년(33세) 9월 19일 밤에 지은 것으로 생각된다. "客秋千嶂冷 寺夜四更淸"이라는 구절로 보아 이날 밤에 북한산의 어느 절에서 묵은 것 같다.

望行宮의 경우, 제목 아래에 "北漢山城 自百濟時有之 至肅宗祖末年 相臣李濡建言 增築之 有內外城"이라고 원주가 붙어 있다. 1794년(33세) 9월 20일에 지은 것으로 추정된다. 북한산에 있는 行宮에 대하여 읊은 시이다.

歷僧伽寺의 경우, 1794년(33세) 9월 20일에 지은 시로 추정된다. 북한산 행궁을 거쳐 승가사를 지나가게 되었다고 여겨진다.

自北漢回至洗劍亭戱爲六言의 경우, 1794년(33세) 9월 20일 승가사에서 세검정으로 내려와 지은 시로 생각된다.

五沙李參判(鼎運)園亭作의 경우, 북한산 유람에서 돌아와 지은 시이다. 하산 당일 9월 2일 이정운을 찾아갔다고 보기는 어려우므로 1794년(33세) 9월 21일 이후에 지은 시로 생각된다. 뒤에 있는 시 洪內翰(時溥)宅小集의 저작 시기가 9월 29일이므로 이 시는 9월 21~29일 사이의 작품이다.

南城夕眺의 경우, 1794년(33세) 가을에 지은 시이며 배열순서상, 9

월 21일 이후 작이다. 뒤에 있는 시 洪內翰(時溥)宅小集의 저작 시기
가 9월 29일이므로 이 시는 9월 21~29일 사이의 작품이다. 南城은 현
재 남산 쪽에 있었던 도성 성곽을 말하는 것이 아닌가 생각된다. "千門
寒影上山來……暮天迢遞白雲臺"이라는 구절로 보아 한양의 여러 집
을 아래로 굽어보고 멀리 백운대를 바라보며 지은 시이다.

秋夜同南皐의 경우, 제목으로 보아 1794년(33세) 가을 어느 날 밤에
지은 시이다. 배열순서상, 9월 21일 이후 작이며 바로 뒤에 있는 시
1794년 9월 28일 작이고 밤이 되는 것으로 보아야 하므로, 이 시 秋夜
同南皐는 1794년(33세) 9월 21~28일 사이의 작품이다.

大駕幸西陵日郊門祇候의 경우, 정조실록에 따르면 1794년(33세) 9
월 28일 작이다.117)

洪內翰(時溥)宅小集의 경우, 제목 아래에 "九月卄九日"이라고 원주
가 붙어 있다. 따라서 1794년(33세) 9월 29일에 지은 것이다.

簡寄南皐兼貢鼓醬의 경우, 바로 앞의 시가 9월 29일 작, 바로 뒤의
시가 10월 1일 작이다. 따라서 이 시의 저작 시기는 1794년(33세) 9월
29일 이후 10월 1일 사이이다.

鸎書有作奉示貞谷의 경우, 원주 아래 "十月一日"이라고 원주가 붙
어 있다. 1794년(33세) 10월 1일 작임을 알 수 있다.118)

夜與尹彝叙韓傒父飮酒賦菊花의 경우, 제목 아래에 "十月二日"이라
고 원주가 붙어 있다. 1794년(33세) 10월 2일 윤규범(윤지범), 한치응
등과 음주하면서 국화를 읊은 시이다.

---

117) 『정조실록』 18년 9월 28일조(壬子). 여기서 서릉은 오늘날 서오릉을 말하는
    것으로 생각된다. "迎恩門畔候平安"이라는 구절로 보아 교문은 영은문(오늘
    날의 독립문 자리)을 가리키며 여기서 정조를 맞이하기 위해 기다리며 지은
    것으로 생각된다. 『정조실록』에 따르면 이 날 정조는 명릉, 광릉 등을 참배하
    였다.
118) 貞谷은 貞洞을 의미하며 이가환의 호 가운데 하나이기도 하다. 따라서 여기
    서 貞谷은 이가환을 가리키다.

同數子游西園의 경우, 제목 아래에 "五日"이라고 원주가 붙어 있다. 1794년 10월 5일 지은 시임을 알 수 있다. 10월 5일 밤에 몇 사람과 西園에서 놀며 지은 시이다.[119]

博學의 경우, 배열순서로 보아 1794년(33세) 10월 5일 이후 10월 23일 이전의 작이다.[120] 바로 뒤의 시가 10월 23일 작이기 때문이다.

冬日赴午嶠出東門作의 경우, 제목 아래에 "卄三日"이라고 원주가 붙어 있다. 따라서 1794년(33세) 겨울 10월 23일 작이다.[121]

玉堂夜直詠故事의 경우, 1794년 10월 28일 작으로 추정된다. 사암선생연보에 의하면 "十月(二十七日) 除弘文館校理 (二十八日)修弘文館修撰 是日直宿本館"이라 되어 있다.[122] 따라서 10월 28일 밤 홍문관에서 숙직하며 지은 시로 생각된다. 다음날인 10월 29일에 경기 지역 암행어사로 나가게 되어 11월 15일 復命하였다.[123]

奉旨廉察到積城村舍作의 경우, 1794년(33세) 11월 초순의 작으로 생각된다. 10월 29일 암행어사로 서울을 출발하였으므로 적성에 도착한 것은 11월 초순라고 여겨진다.

登羽化亭의 경우, 제목 아래 "在朔寧郡"이라고 원주가 붙어 있다. 역시 1794년 11월 초순의 작으로 추정된다. 삭녕군에 있던 우화정은, "碧澗銜沙觜 紅亭枕石頭"라는 구절로 보아 시냇가에 있었음을 알 수 있다. 정약용은 羽化亭記를 짓기도 하였다.

暮抵朔寧郡의 경우, 1794년(33세) 11월 초순 어느 날 지은 시이다.

---

119) 西園은 서대문 밖, 오늘날 천연동 부근이다.

120) 바로 뒤의 시가 10월 23일 작이기 때문이다. "博學星湖老 吾徒百世師"라는 구절이 있다. 이 무렵에도 이익 제자 그룹과 접하면서 이익을 사숙하고 있지 않았나 생각된다. 16세에 이익의 저서를 처음 접하였고 소과에 급제한 뒤에는 이익의 舊宅을 방문한 적도 있다.

121) 동대문을 나서며 이 시를 지은 것으로 보이므로, 여기에서 午嶠는 동대문 밖 어디에 있었다고 여겨진다.

122) 『年譜』, 40쪽.

123) 『年譜』, 40쪽.

이날 우화정에 오른 뒤, 이날 저물 무렵 삭녕군 치소가 있는 곳에 도착한 것으로 추정된다.

漣川縣閣의 경우, 역시 1794년(33세) 11월 초순의 시로 생각된다. "小縣蒼山裏 重游屬淺冬"이라는 구절이 있다. 重游라는 표현은 정약용이 6세 때 부친이 연천현감이 되었을 때 부친을 모시고 온 적이 있기 때문이라고 여겨진다.[124]

還抵露梁候旨同別將飮酒賞雪有作 時鄭校理(履綏)亦以御史候旨의 경우, 1794년(33세) 11월 15일 복명 직전에 지은 시이다. 즉 복명 직전 노량진에서 명령을 기다리며 지은 시이다. 11월 15일 복명하였다.

鍜人行奉示都監諸公의 경우, 제목 아래에 "時余爲都廳郎"이라고 원주가 붙어 있다. 1794년(33세) 12월 7일 이후에 지은 시이다. 사암선생연보에 "十二月(初七日) 景慕宮追上尊號都監廳啓下"라 하였다.[125] 배열순서상 1794년의 마지막에 있는 시이므로 하한은 12월말이 된다.

[1795년] (34세)

騎省作의 경우, 제목 아래에 "乙卯 二月十九日 以兵曹參議入直"이라고 원주가 붙어 있으므로 1794년(34세) 2월 19일의 작이다. 사암선생연보에 따르면 병조참의가 된 것은 2월 17일이다.[126] 다음 권에 2월 17일의 작품이 실려 있다. 騎省作, 飢民詩 두 편은 1794년 2월 17일 작의 다음에 수록하지 않고 이렇게 앞 권의 말미에 넣은 것은, 혹시 나중에

---

124) 『年譜』, 2쪽. "樓看新改棟 園蕪舊栽松"이란 혹시 그때 소나무를 심은 일을 회고하는 것인지도 모르겠다. 또 정약용은 어릴 적 부친에게 글을 직접 배웠는데 "童學多名士"라는 구절은 어린 시절 글공부하던 때를 회상하며 지었을 수도 있다. 연천 다음에는 주로 경기 남부 지역을 암행하지 않았나 여겨진다.

125) 『年譜』, 45쪽. 또 『사암선생연보』에서는 "十二月(十三日)除弘文館副校理"라고 하였는데(『年譜』, 48쪽) 도청랑으로서 홍문관 부교리를 겸임할 수도 있었을 것이고 도청랑의 임무가 끝나고 홍문관 부교리에 제수되었을 수도 있다.

126) 『年譜』, 48쪽.

추가되었기 때문일 가능성이 있다.

飢民詩의 경우 배열순서상, 1795년(34세) 2월 19일 이후의 작으로 추정된다.127)

(2) 與猶堂集 文集 제2책 제2권

騎省應敎賦得王吉射烏詞一百韻의 경우, "題曰陛下 壽萬年臣爲二千石 ○時因君號事被嚴敎 令賦詩贖罪 三更一點受題 至五更三點寫卷得畢"이라고 원주가 붙어 있다. 배열순서상 저작 시기는 1795년(34세) 2월 19일 이후이다.

奉和 聖製奉壽堂進饌(並序)의 경우, 1795년 윤2월 乙卯園行 때, 수원 행궁 奉壽堂에서 지은 시이다(윤2월 11일 오후 또는 윤2월 13일 오전).128)

---

127) "小陵評曰 粲粲元道州詞 氣浩縱橫" 및 "小陵評曰 激昻頓挫 縱橫抑揚 結語 婉而嚴 勝打勝罵 言者無罪 聞者以戒 ○南皐評曰 可抵鄭俠流民圖"의 원주가 붙어 있다. 소릉은 이가환을 가리킨다.

128) 『정조실록』에 따르면 봉수당에서 회갑연이 있은 것은 1795년 윤2월 13일이었다. 윤2월 9일 창덕궁 돈화문을 나와 노량 행궁(용양봉저정)에서 점심을 들고 이날 밤 시흥 행궁에서 묵었다. 윤 2월 10일 행궁을 출발하여 저녁에 화성 행궁에 도착하였다. 윤2월 11일 아침 화성 향교에 참배한 뒤, 오전에 화성 행궁의 洛南軒에서 文武科 別時를 거행하였다. 이 시험장에 정약용이 참석하였다. 이날 오후에는 봉수당에서 회갑잔치 예행연습이 있었다. 윤2월 12일 오전에 현륭원을 참배하고 서장대에 임하여 야간 군사훈련을 실시하였다. 윤2월 13일 오전에 봉수당에서 회갑잔치를 하였다. 위의 시가 윤2월 11일 오후 봉수당에서의 회갑연 예행연습을 할 때 지은 정조의 시에 화답한 것인지, 아니면 윤2월 13일 오전 회갑연을 할 때 지은 정조의 시에 화답한 것인지 문제이다. 바로 뒤의 시는 윤2월 12일 서장대에서 야간 군사훈련을 할 때 정조가 지은 시에 화답한 것이므로 저작 시기는 34세 윤2월 12일이다. 따라서 위의 시는 윤2월 11일 오후 봉수당에서 회갑연 예행연습을 할 때 정조가 지은 시에 대하여 화답한 것이라고 할 수 있다. 그렇다면 위의 시의 저작 시기는 윤2월 11일 오후이다. 그러나 화성 행차의 본 행사가 13일 오전의 회갑연이므로 본 행사 때 정조가 지은 시에 화답한 것을 맨 앞에 놓은 것일 수도 있다. 그렇다

奉和聖製將臺閱武의 경우, 1795년(34세) 윤2월 12일 밤, 화성 서장대에서 정조가 야간훈련을 하는 것을 보고 지은 시에 화답한 것이다.[129]

奉和聖製洛南軒養老의 경우, 1795년(34세) 윤2월 14일 오전, 화성행궁 낙남헌에서 양로연을 베풀 때 정조가 지은 시에 정약용이 화답한 것이다.[130]

奉和聖製內苑賞花의 경우, "幷書"에 있는 "駕自華城回至三月"이라는 구절로 보아 1795년(34세) 3월에 지은 것이다.

奉和聖製夜登芙蓉亭小樓得復申甲寅詩令與舟中嶼中人分韻口呼의 경우, 정조실록에 따르면 1795년(34세) 봄 3월 10일에 지은 것이다.[131]

奉和聖製洗心臺賞花의 경우, 역시 사암선생연보에 따르면 1795년(34세) 봄, 3월 10일 이후 며칠 뒤(3월 13일 전후)에 지은 것이다.[132]

奉和聖製周甲誕辰識喜의 경우, 제목 아래에 "六月十八日也 同是賡韻 故錄之於此"라고 원주가 붙어 있다. 따라서 1795년(34세) 6월 18일에 지은 것임을 알 수 있다.[133]

면 저작 시기는 윤2월 13일 오전이 된다. 정조가 화성을 떠난 것은 윤2월 15일이고 이날 밤에 시흥 행궁에서 묵었다. 2월 16일 시흥을 출발하여 노량 용양봉저정에서 점심을 들고 배다리를 건너 서울에 돌아왔다(이상 한영우, 『정조의 화성행차』, 효형, 1998 참조 요). 정약용은 윤2월 9일에서 윤2월 16일 서울에 돌아올 때까지 을묘원행 기간 동안 계속하여 정조를 扈從하였다.

129) 한영우, 위의 책.
130) 한영우, 위의 책.
131) 『정조실록』 18년 3월 10일조(辛酉에 의하면 이날 부용정 잔치가 있었던 것으로 되어 있다).
132) 『年譜』, 59쪽, "後數日上幸洗心臺 賞花 公又從焉".
133) 바로 뒤의 시가 봄에 지은 것인데도, 이 시를 이 위치에 배치한 것은 앞의 다른 시와 마찬가지로 賡和詩에 속하기 때문이라고 하였다. 즉 갱화시를 한 곳으로 모아 놓은 것이라고 할 수 있다. 이와 마찬가지로 奉和聖製內苑賞花(3월 작), 奉和聖製夜登芙蓉亭小樓得復申甲寅詩令與舟中嶼中人分韻口呼(봄 3월 이후 작), 奉和聖製洗心臺賞花(봄 3월 이후 작) 등도 갱화시이므로 뒤에 있는 시, 對雨寄南皐(2월 17일 작)보다 시기적으로 뒤의 작품이지만 앞에 배

春雲의 경우, 제목으로 보아 1795년(34세) 봄에 지은 것임을 알 수 있다. 뒤에 2월 17일 지은 시가 있으므로 1795년(34세) 봄 2월 17일 이전 작이라고 할 수 있다.

送李護軍(格)爲晉陽節度使의 경우, 역시 1795년 (34세) 봄 2월 17일 이전에 지은 시로 추정된다. 뒤의 시 對雨寄南皐의 시기가 2월 17일이기 때문이다.[134]

李季受宅與南皐共賦의 경우, 역시 1795년(34세) 봄 2월 17일 이전에 지은 시로 추정된다. 바로 뒤의 시 對雨寄南皐의 시기가 2월 17일이기 때문이다.[135]

對雨寄南皐의 경우, 제목 아래에 "二月十七日"이라고 원주가 붙어 있다. 1795년(34세) 2월 17일에 지은 것임을 알 수 있다. 2월 17일에 지은 對雨寄南皐보다 뒤의 시인 騎省應敎賦得王吉射烏詞一百韻을 앞에 놓은 것은 應敎詩이어서 다른 갱화시들과 함께 모아놓기 위해서일 가능성이 있다.[136]

懷田園五首酬南皐韻의 경우, 深春이라는 구절로 보아 저작 시기가 1795년 늦봄이었다고 생각된다.[137]

懷江居二首次杜韻의 경우, 역시 앞의 시와 연결되어 고향을 생각하

치한 것으로 생각된다.

134) 이 시에서 말하는 李格은 字가 天老이고 號는 晩悟이다. 본관은 慶州로서 1748년생이다.

135) 이 시에서 말하는 李季受는 이름이 李錫仁으로 季受는 자이고 본관은 경주로서 이덕형의 5대 손이다. 생몰년은 현종 9년~영조 5년(1668~1729)이다.

136) 이 시, 對雨寄南皐의 "雨後終南山色好 竹欄干外坐悠然"이라는 구절로 보아 죽란시사 모임을 하던 정약용의 집에서 지은 것이며, 남산을 바라다 보는 곳에 위치하였음을 알 수 있다. 이 시 다음에 騎省作(2월 19일 작)이 오는 것이 순서상으로 맞다.

137) "懷田園紀想也 想之所至 神亦至焉 癁寐想之 倏忽神至 援筆書之 以慰吾形"이라고 원주가 붙어 있다. 전원에 돌아가고 싶은 심정을 읊은 것은 당시 정치 정세, 천주교 문제 등과도 관련이 있는 듯하다. "縱失攀龍勢 仍辭蹈虎危"라는 구절이 있다.

는 시이다. 따라서 1795년 늦봄에 지은 것으로 생각된다.138)

懷荷丘의 경우, "向春風"이라는 구절로 보아 저작 시기는 1795년(34세) 봄이며 하담의 선영의 조상, 특히 아버님을 생각하는 시로 여겨진다. 그렇다면 부친의 기일이 4월 9일이므로 1795년(34세) 4월 9일 작일 가능성이 크다.

歎貧의 경우, "陶莊籬下麥"이라는 구절로 보아 1795년 늦봄에서 초여름 경에 지은 것으로 추정된다. 뒤의 시들 가운데 同南皐杏壇小飮이 5월 15일 작이므로 이 시의 저술 시기는 5월 15일 이전이다. 또 바로 앞의 시 懷荷丘의 저작 시기가 4월 9일일 가능성이 큰데 그렇다면 이 시, 歎貧의 저작 시기는 1795년 4월 9일~5월 15일 사이가 된다.

題蛺蝶圖의 경우, 배열순서상 1795년 늦봄에서 초여름 경에 지은 시이다. 뒤의 시들 가운데 同南皐杏壇小飮이 5월 15일 작이므로 이 시의 저술 시기는 5월 15일 이전이다. 앞에 있는 시, 懷荷丘의 저작 시기가 4월 9일일 가능성이 큰데 그렇다면 이 시, 歎貧의 저작 시기는 1795년 4월 9일~5월 15일 사이가 된다. 협접도라는 그림을 보고 지은 시이다.139)

夜坐憶南皐戲呈의 경우, 배열순서상 1795년 늦봄에서 초여름 경에 지은 시이다. 뒤의 시들 가운데 同南皐杏壇小飮이 5월 15일 작이므로 이 시의 저술 시기는 5월 15일 이전이다.140) 앞에 있는 시, 懷荷丘의 저작 시기가 4월 9일일 가능성이 큰데 그렇다면 이 시, 歎貧의 저작 시기는 1795년 4월 9일~5월 15일 사이가 된다.

---

138) 여기서도 "早有郭南田二頃 敝裘那肯說齊燕"이라는 구절이 있어 벼슬길에서 떠나고 싶은 심정을 말하였다. 이 시 역시 당시 정치 정세와 관련이 있는 듯하다.

139) 여기에도 당시 위험한 상황과 조정을 떠나고 싶어하는 정약용의 심정을 짐작하게 하는 "抓膚砭肉含毒楚 葉底花心潛蓄謀"라는 구절이 있다.

140) "先人尺疏昏衢日 昭代高文大海瀾 未見一毫宜掘抑 胡令十口有飢寒"이라는 구절에서는 윤선도의 상소를 옹호하고 그로 인한 남고의 불운한 처지를 동정하였다. 바로 뒤의 시에서 조선후기 200년의 당쟁을 비판하는 것과 연결된다.

登北嶽의 경우 배열순서상, 1795년 늦봄에서 초여름 경에 지은 시이다. 뒤의 시들 가운데 同南皋杏壇小飮이 5월 15일 작이므로 이 시의 저술 시기는 5월 15일 이전이다. 앞에 있는 시, 懷荷丘의 저작 시기가 4월 9일일 가능성이 큰데 그렇다면 이 시, 歎貧의 저작 시기는 1795년 4월 9일~5월 15일 사이가 된다.[141]

同南皋杏壇小飮의 경우, 제목 아래 "五月十五日"이라고 원주가 붙어 있다. 따라서 1795년(34세) 5월 15일에 지은 시이다.[142]

杏壇吟의 경우, 배열순서상 1795년(34세) 5월 15일 이후에 지은 시이다. 이 시의 내용으로 보아 윤규범의 집인 행단에 남인 명사들이 많이 찾아왔음을 알 수 있다.

丹陽山水歌示南皋의 경우, 예전의 단양 유람을 회고하여 남고에게 보여 준 시이다. 배열순서로 보아 1795년 5월 15일 이후의 시이다. 1795년(34세) 봄과 여름에 걸쳐 정약용은 남고 윤규범과 잦은 내왕이 있었고 그와 관련된 시도 많다.

苦熱三十韻의 경우, 1795년(34세) 여름 초복 때 지은 시이다. "上庚威已酷"이라는 구절이 있다.[143]

大陵三老歌의 경우, 배열순서상 1795년 여름 초복 이후에 지은 것이다.[144]

---

141) 북악산에 올라 서울을 내려다 보면서 서울에서의 당쟁을 생각하는 시이다. "紛紜二百年來事 蠻觸交爭塾是非"라 하여 당쟁을 쓸데없는 다툼이라고 하였다. 앞의 시에서는 남인의 입장에 서서 남고를 동정한 것이지만 여기에서는 거시적 관점에서 생각하여 결국 사소한 일로 다툰 것에 지나지 않는다는 견해를 보였다.

142) 행단은 남고 윤규범(윤지범)의 집을 가리킨다. 윤규범의 친구 李是訏가 빌려 준 것이며 윤규범이 여기에 살 때 申光河, 李家煥, 李鼎運, 李益運 등이 수시로 찾아와 환담을 나누었다고 한다(『전서』 시문집, 「남고윤참의묘지명」).

143) 이 시에서도 여름 더위의 고통만을 읊은 것이 아니라 마지막 구절에서 "却恐 氷霜至 寒威高一層"이라 하여 무언가 정치적 탄압이 올지도 모른다는 두려움을 표명하였다. 이때 주문모 사건으로 남인들이 정치적으로 궁지에 몰려 있었다.

大陵三老學畫歌의 경우, 역시 1795년 여름 초복 이후의 시이다.

苦雨歎示南皐의 경우, 1795년(34세) 여름 중복이 지난 뒤 장마가 졌을 때 지은 시이다. "中庚過後水澤溢甌窶高田深沒膝"이라는 구절이 있다.

遊洗劍亭의 경우, 34세 때 여름 장마가 오래 지속된 다음(중복 이후) 세검정에 놀러가 지은 시이다. "祗緣愁雨久 故作出城游"라는 구절이 있다.

愁亦의 경우, 역시 1795년(34세) 여름에 지은 시로 생각된다.[145]

醉歌行의 경우, 역시 1795년(34세) 여름에 지은 시로 생각된다.[146]

題畫五首의 경우, 역시 1795년(34세) 여름에 지은 시로 생각된다.[147]

對雨寄南皐의 경우, 역시 1795년(34세) 여름에 지은 시로 생각된다.[148]

秋至의 경우, 제목으로 보아 1795년 가을이 왔을 때 지은 시임을 알 수 있다.[149]

---

144) 제목 아래에 "貞陵有大小二洞 在敦義門內 陵旣遷而名猶舊也 三老者尹參判(弼秉) 蔡判書(弘履) 李判書(鼎運)也 不任職事 以翰墨消遙焉"이라고 원주가 붙어 있다. 여기서 언급된 윤필병, 채홍리, 이정운은 대릉(오늘날 정동)에 거주하고 있던 기호남인의 원로들이다.

145) 뒤에 秋至라는 시가 있다. 이 해 여름 주문모 신부 사건이 있었으며 정약용도 이와 연루되었는데, 이와 관련하여 지어진 시일 가능성이 있다.

146) 뒤에 秋至라는 시가 있다. "長日一尊酒"라는 구절 및 "相對兩狂客 飮酒成狂 狂益飮……汝若狂眞我友 何不與我二人共飮百千觴"이라는 구절이 보이는데 왜 이렇게 폭음을 하고 있는지 문제이다. 당시 정치 상황에 대한 분노와 좌절 때문일지도 모르겠다. 여기서 같이 마신 사람은 남고 윤규범일 수도 있다.

147) 뒤에 秋至라는 시가 있다. 정약용은 그림에 대하여 읊은 시가 많다. 자신의 그림에 題詩를 썼을 가능성도 있다. "臨水茅亭只一間 君家何在欲無還……爲有溪頭數點山"이라는 구절은 그림의 풍경이면서도 정약용 자신의 당시 내면의 모습을 말해주는 것으로 생각된다.

148) 뒤에 秋至라는 시가 있다. 여기서도 "側身天地苦無定 寂莫寄園料亦然"이라는 구절이 있어 당시 불안한 정약용의 심경을 말하였다.

149) "從吾所好外窮通……萬事商量都是幻 鍾山靑出國門東"이라는 구절로 보아

游西池의 경우, 1795년(34세) 초가을에 지은 시이다. 앞의 秋至가 가을이 시작될 때 지은 것인데 "蟬吟高柳秋聲早"라는 구절로 보아 이 시는 秋至에 바로 이어 초가을에 지은 시이다. 西池는 서대문 밖, 오늘날 천연동 부근이다.

重游西池의 경우, 배열순서상 1795년(34세) 가을에 지은 것이며 7월 26일 이전의 시이다.150)

李氏林亭同諸友의 경우, 역시 배열순서상 저작시기가 1795년(34세) 가을로 7월 26일 이전에 지은 시로 생각된다.

送別李持平還丹山의 경우, 역시 배열순서상 1795년(34세) 가을로 7월 26일 이전에 지은 시로 생각된다.

李左尹(命俊)輓詞의 경우, 제목 아래에 "代人作"이라고 원주가 붙어 있다. 배열순서상 1795년(34세) 가을 7월 26일 이전에 지은 것이다.151)

四六八言의 경우, 역시 배열순서상 1795년(34세) 가을 7월 26일 이전의 작품이다.

穉子의 경우, 역시 배열순서상 1795년(34세) 가을 7월 26일 이전의 작품이다.

題畫의 경우, 역시 배열순서상 1795년(34세) 가을 7월 26일 이전의 작품이다.

古詩二十四首의 경우, 역시 배열순서상 1795년(34세) 가을 7월 26일

─────────────────

이 시에서도 벼슬을 버리고 떠나고 싶은 마음이 정약용에게 일고 있었음을 알 수 있다.

150) 다시 西池에 노닐며 지은 시인데 "秋色滿池塘"이라는 구절로 보아 때가 가을임을 알 수 있다. 다음 권 처음에 실린 시가 7월 26일 金井으로 좌천되어 갈 때 동작 나루를 지나며 지은 시이므로 이 重游西池 이하 이 권의 마지막 시 猗蘭美友人까지는 모두 34세 가을 7월 26일 이전에 지은 시로 추정된다.

151) "璿潢初發廣平君……嘉善大夫京兆尹"이라는 구절로 보아 이명준은 전주이씨 선파 가운데 광평군파(세종의 다섯째 아들)에 속하며 한성판윤을 지냈음을 알 수 있다.

이전의 작품이다.[152]

　猗蘭美友人의 경우, 역시 배열순서상 1795년(34세) 가을 7월 26일 이전의 작품이다.[153]

(3) 與猶堂集 文集 제2책 제3권

　有嚴旨出補金井道察訪晚渡銅雀津作의 경우, 제목 아래에 "乾隆 乙卯 七月二十六日"이라고 원주가 붙어 있다. 1795년 (34세) 7월 26일 금정찰방으로 좌천되어 가는 날 저녁 동작나루를 건너면서 지은 시임을 알 수 있다.

　行次華城恭憶春日陪扈之事悵然有作의 경우, 1795년(34세) 7월 27일에 화성(수원)에 도착하여 지은 시이다.[154]

　次平澤驛의 경우, 1795년 7월 28일의 시이다(점심 무렵). 금정일록에 따르면 7월 27일 오후 수원을 출발하여 그날 밤은 진위현에서 묵고 다음날 40리를 가서 평택역에 도착하였다.[155]

---

152) "拳拳經世志 獨見磻溪翁(磻溪柳公諱馨遠)……大綱在均田 萬目森相通…… 遺書雖萬世 未有澤民功"이라 하여 유형원을 기리고 있으며 이 내용으로 보아 정약용이 이미 『磻溪隨錄』을 접했다고 추정된다. "日本多名儒 正學嗟未見 伊藤稱好古 荻氏益鼓煽 流波及信陽 詖淫亂經卷……危哉洛閩脈 鷄林亦一線 世運噫如此 中夜獨轉輾(藤氏名維禎 荻氏未詳 信陽太宰純 著論語古訓外傳)"라는 구절이 있다. 이미 일본 고학파에 대하여 알고 있으나 매우 비판적이고 오히려 정주의 계통을 지키려 하는 태도가 남아 있음을 알 수 있다. 한편 "矯矯顧亭林(名炎武 獨作明遺民……精深郡縣論 遠猷時超倫 此法苟見施 千載有遺仁)"이라는 구절도 있어 고염무의 저술에 접하였으며 그의 군현론을 찬미하고 있음을 알 수 있다. 또 고염무가 명나라 遺民의 절개를 지킨 것을 찬미하는 모습도 볼 수 있다.

153) 전서본에는 이 시가 빠져 있다.

154) 7월 26일 늦게 동작나루를 건넌 뒤『금정일록』에 따르면 그날 밤은 남태령과 동작나루 사이에 있는 승방평에서 묵고 7월 27일 점심 때 수원에 도착하였다 (『여유당전서보유』 2, 2~3쪽).

155) 『여유당전서보유』 2, 3~4쪽.

到金井驛의 경우, 제목 아래에 "驛在洪州南四十里"라고 원주가 붙어 있다. 저작 시기는 1795년(34세) 7월 29일 늦은 시각으로 생각된다. 7월 27일 밤 진위현에서 묵고 7월 28일 아침에 이곳에서 출발하였다고 생각된다. 금정역은 홍주(홍성) 남쪽 40리에 있다. 금정일록에 따르면 7월 28일 밤에는 중간 지점(곡교)에서 하루 묵고 7월 29일 금정역에 도착하였다.156)

金井懷古의 경우, 제목 아래에 "金井在靑陽縣北 卽百濟御井也"라고 원주가 붙어 있다. 정약용이 근무하던 금정역 지역은 당시에는 홍주 관할이었으나, 오늘날에는 청양군에 속해 있다. 저작 시기는 1795년(34세) 7월 29일 도착 이후 8월 13일 이전으로 추정된다. 금정에 도착한 이후에 지은 시이다. 永保亭遇申進士(宗洙)의 경우, 1795년 8월 13일의 작품이 뒤에 있기 때문이다. 아마도 8월 초순경이었을 가능성이 크다.

驛樓前有植物四種戲爲絶句의 경우, 배열순서상 1795년(34세) 7월 29일 도착 이후 8월 13일 이전의 작품으로 추정된다. 바로 뒤의 永保亭遇申進士(宗洙)의 경우, 1795년 8월 13일의 작품이다. 아마도 8월 초순경이었을 가능성이 크다.

永保亭遇申進士(宗洙)의 경우, 1795년 8월 13일의 작품이다.157)

登永保亭의 경우, 마찬가지로 1795년 8월 13일의 작품으로 생각된다.

亭前汎月의 경우, 마찬가지로 1795년 8월 13일의 작품으로 생각된다. 여기서 정자는 영보정을 가리키는 것으로 생각된다. "海門西望水痕平 沙尾寒烟一字橫"이라는 구절로 보아 정자는 해변 가까이에 있었던 것으로 여겨진다.

將還驛舍留別柳節度의 경우, 제목 아래 "心源"이라고 원주가 붙어

---

156) 『여유당전서보유』 2, 4쪽.
157) 『금정일록』 8월 13일 조(『여유당전서보유』 2, 10쪽).

있다. 이 시는 1795년(34세) 8월 14일에 절도사 유심원과 작별하며 지은 것이다.[158]

寄題蔡而順屋壁의 경우, 제목 아래 "名弘逵"라고 원주가 붙어 있다. 배열순서상, 1795년 8월 14일 이후 8월 23일 이전의 시이다. 뒤의 뒤에 8월 23일 시가 있다.[159] 시의 제목과 내용으로 보아 이 시를 지은 날 채홍규의 집을 방문하였을 가능성이 있다.

螢의 경우, 배열순서상 1795년 8월 14일 이후 8월 23일 이전의 시이다. 바로 뒤의 시가 8월 23일 작이다.

過方山李逸人의 경우, 제목 아래 "道溟"이라고 원주가 붙어 있다. 금정일록에 따르면 이도명을 방문한 것은 8월 23일이다.[160] 따라서 이 시는 1795년(34세) 8월 23일에 지은 것으로 생각된다. "千方山下小堂淸"이라는 구절로 보아 千方山에서 方山이라는 호가 유래한 것으로 여겨진다.

奉示木齋李先生의 경우, 제목 아래에 "森煥"이라고 원주가 붙어 있다. 이 작품은 1795년(34세) 8월 24일 지은 시로 추정된다.[161]

過龍鳳寺의 경우, 제목 아래 "在洪州北十里"라고 원주가 붙어 있다. 용봉사가 홍주 북쪽 10리 지점에 있었다면 금정에서 북으로 50리 거리이다. 이날 8월 24일 정약용은 용봉사를 구경하고 홍주에서 묵었다.[162]

申進士(宗洙)至의 경우, 영보정에서 만났던 신진사가 1795년 8월 28일 금정역으로 찾아왔을 때, 읊은 시이다.[163]

---

158) 『금정일록』 8월 14일 조(『여유당전서보유』 2, 10쪽).
159) "蔡氏村居野外幽……匹馬尋常到驛樓"라는 구절로 보아 채씨들의 집성촌이 금정에 있었으며 채홍규가 정약용을 금정역으로 자주 찾아 왔던 것으로 여겨진다. 『금정일록』에 따르면 이에 앞서 8월 7일 蔡俊恭과 蔡弘選이 정약용을 내방하였다(『여유당전서보유』 2, 6쪽).
160) 『여유당전서보유』 2, 11쪽.
161) 『금정일록』에 따르면 8월 24일 이삼환을 방문하였다(『여유당전서보유』 2, 12쪽).
162) 『금정일록』 8월 24일 조(『여유당전서보유』 2, 12쪽).

自笑의 경우, 배열순서상 1795년 8월 28일 이후 9월 3일 이전의 작품이다.[164] "小樓値雨成高臥 似是馬曹終日閒"이라는 구절로 보아 이 날은 가을비가 내리고 있었고 일도 없어 한가로이 누워 있었다.

李聞達別去遇雨再至의 경우, 배열순서상 1795년 8월 28일 이후 9월 3일 이전의 시이다.[165]

九月三日同申進士游烏棲山過花廠作의 경우, 제목으로 보아 1795년(34세) 9월 3일 작임을 알 수 있다.[166]

登天井菴의 경우, 제목 아래에 "在烏棲山"이라고 원주가 붙어 있다. 1795년(34세) 9월 3일에 오서산 천정암을 방문하여 지은 시이다.[167]

觀日入의 경우, 1795년(34세) 9월 3일 오서산에서 석양을 바라보며 지은 시이다.

登烏棲山絶頂의 경우, 1795년(34세) 9월 4일 천정암에서 일어나 오서산 정상에 올라 지은 시이다.[168]

山中絶句의 경우, 1795년(34세) 9월 4일 오서산에서 지은 시로 여겨진다.[169] "白馬江流天畔橫 扶餘故國暮烟平"이라는 구절로 보아 부여와 백마강이 내려다 보이는 곳에서 저물 무렵에 지은 시이다.

寺夜同石門申進士聯句의 경우, "金井 自林風以後 因余醉眠 申丈

---

163) 『금정일록』에 따르면 신종수가 정약용을 방문한 것은 8월 28일이다(『여유당전서보유』 2, 12~13쪽). 따라서 이 시의 저술 시기는 1795년(34세) 8월 28일이다.

164) 뒤에 九月三日同申進士游烏棲山過花廠作(9월 3일 작)이 배열되어 있으므로 9월 3일 이전 작이다.

165) 바로 뒤에 九月三日同申進士游烏棲山過花廠作(9월 3일 작)이라는 시가 배열되어 있기 때문이다.

166) 이 시에서의 신진사는 신종수이며 오서산은 바로 금정역 옆에 있는 산이다. 『금정일록』에 따르면 이날 9월 3일 신종수와 함께 오서산 천정암에서 묵었다 (『여유당전서보유』 2, 14쪽).

167) 『여유당전서보유』 2, 14~15쪽.

168) 『금정일록』, 9월 4일 조(『여유당전서보유』 2, 15~16쪽).

169) 위와 같음.

獨勞 故自與鳥以下 余又償逋"라고 원주가 붙어 있다. "天井寺"라는 구절로 보아 9월 4일 밤 天井寺(천정암)에 묵으면서 지은 시이다.[170] 신종수와 聯句로 지은 시이다. 원주에 따르면 이날 밤 정약용은 술에 취하여 시를 짓다 잠이 들었음을 알 수 있다.

龍淵午憩의 경우, 금정일록에 따르면 오서산을 내려와 용연에 간 것은 9월 5일이다.[171] 따라서 이 시는 1795년(34세) 9월 5일 지은 것이다.

山樓夕坐의 경우, 배열순서상 9월 5일 저녁 금정역에 도착한[172] 이후 어느 시점에 지은 것이다. 9월 13일에 부여를 방문하므로(다음의 시, 贈金生光甲 부분 참조 요), 이 시는 9월 5일~9월 12일 사이 어느 날 저녁에 금정역에서 지은 것이다.

贈金生光甲의 경우, 금정일록에 따르면 9월 13일 일찍 출발하여 청양현을 지나서 부여로 갔다.[173] 이 시는 9월 13일 일찍 부여로 떠나기 이전의 것으로 판단된다. 따라서 저작 시기는 1795년 (34세) 9월 5일~9월 12일 사이에 지은 것으로 추정된다.

歲暮의 경우, 제목으로 보면 연말에 지은 것처럼 생각되지만 배열순서상 1795년(34세) 9월 5일에서 9월 12일 사이에 지은 것으로 판단된다. "九疊峯巒秋色裏"라는 구절로 보아 아직 가을임을 알 수 있다.

行次靑陽縣의 경우, 금정일록에 따르면 9월 13일 청양현을 지나서 부여로 갔다.[174] 따라서 이 시는 1795년(34세) 9월 13일에 지은 것으로 판단된다. "妻打胡麻郞穫稻"라는 구절로 보아 추수기였음을 알 수 있다.

馬上戲吟의 경우, 역시 청양현을 지나서 다음 행선지 雞田으로 가

---

170) 『금정일록』에 따르면 이날 9월 4일 밤도 천정암에서 묵은 것으로 되어 있다 (『여유당전서보유』 2, 15쪽).

171) 『금정일록』, 9월 5일 조(『여유당전서보유』 2, 16쪽).

172) 위와 같음.

173) 『금정일록』, 9월 13일 조(『여유당전서보유』 2, 17쪽).

174) 위와 같음.

는 도중에 지은 것으로 생각된다(바로 다음 시 歇雞田村舍 참조 요).
따라서 1795년(34세) 9월 13일에 지은 것으로 판단된다.

歇雞田村舍의 경우, 제목 아래에 "在靑陽縣 南三十里"라고 원주가
붙어 있다. 청양현을 지나서 남쪽 30리 지점인 계전에서 쉬면서 지은
것이다. 따라서 저작 시기 역시 1795년(34세) 9월 13일이다. 앞의 시들
行次靑陽縣 및 馬上戲飮과 같은 날 지은 것이다.175)

訪北溪尹進士의 경우, 제목 아래에 "就協"이라고 원주가 붙어 있다.
금정일록에 따르면 9월 14일 윤취협을 방문하였다. 따라서 1795년 9월
14일 작이다.176)

---

175) 『금정일록』에 따르면 9월 13일 청양현, 고금정, 사향령을 지나 계전에서 쉬고
부여에서 묵었다(『여유당전서보유』 2, 17쪽).
176) 『금정일록』, 9월 14일 조에 "北溪流水飮黃牛"라는 구절이 있다(『여유당전서
보유』 2, 17쪽). 北溪는 윤취협의 호이며 그가 사는 곳으로 여겨진다. "籬落
荒寒帶晚秋"라는 구절이 있으므로 늦가을이었음을 알 수 있다. 『금정일록』 9
월 14일자 기록에는 아래와 같이 되어 있다.

(厥明日) 訪北溪尹進士就協丈叙話
還過大唐平百濟塔 碑文落剝 多不可讀
訪洪生員
晚與主守 偕訪鄭氏兄弟 泛舟至釣龍臺 還過皐蘭寺 登覽古址 順流至自溫臺
下 登淸風亭
坐規巖上飮酒 乘月還汎 泝流江中 至浮山下賞月 還泊江東 宿官閣

이날 9월 14일 부여에서 북계 윤취협을 방문하고 평제탑을 지나 홍생원을
방문하였다. 져녁 때는 부여 현감 한백원과 정씨 형제를 방문하였으며 배를
타고 조룡대에 이르고 다시 고란사 절터를 보았다. 자온대 아래로 내려간 뒤
청풍정에 올라 규암에 앉아 술을 마셨고 부산 아래에서 달놀이를 한 후 강동
에 돌아와 관아에서 숙박하였다. 이 날 부여에서의 일정을 정리하면 '관아-윤
취협댁-평제탑-홍생원댁-정씨형제댁-조룡대-고란사지-자온대-청풍정-규암
-부산-강동-관아'로 정리된다. 이날 지은 시들이 여유당집 시집에는 訪北溪
尹進士(就協), 讀蘇定方平百濟塔, 扶餘懷古, 釣龍臺, 過鄭氏亭子, 訪皐蘭寺,
同扶餘縣監韓元禮(百源)自皐蘭寺下泛舟至自溫臺舟中戲吟示原禮, 自溫臺
下汎月의 순서로 정리되어 있다. 즉 8편이 연이어 있는데 모두 이 9월 14일
지은 것으로 추정된다. 다만 『금정일록』에 따르면 정씨 형제를 먼저 방문한

讀蘇定方平百濟塔의 경우, 금정일록에 따르면 9월 14일에 윤취협을 방문하고 나서 평제탑(정림사탑)을 보러 갔다. 저작 시기 역시 1795년(34세) 9월 14일이다.

扶餘懷古의 경우, 저작 시기가 역시 1795년(34세) 9월 14일이다. "霜廢苑蕪菁綠"이라는 구절로 보아 이미 서리가 내린 뒤였음을 알 수 있다.

釣龍臺의 경우, 저작 시기가 역시 1795년(34세) 9월 14일이다.177)

過鄭氏亭子의 경우, 저작 시기 역시 1795년(34세) 9월 14일이다. "無事度淸秋"라는 구절로 보아 늦가을이었음을 알 수 있다.

訪皐蘭寺의 경우, 제목 아래에 "寺已毀"라고 원주가 붙어 있다. 정약용이 방문할 당시에는 절터만 남아 있었던 것으로 생각된다. 저작 시기 역시 1795년(34세) 9월 14일이다.

同扶餘縣監韓元禮(百源)自皐蘭寺下汎舟至自溫臺舟中戱吟示元禮의 경우, 저작 시기가 역시 1795년(34세) 9월 14일이다.

自溫臺下汎月의 경우, 저작 시기가 역시 1795년(34세) 9월 14일이다.

登公州拱北樓의 경우, 금정일록에 따르면 공주에 도착한 것이 9월 15일이며 공북루에 오른 것은 9월 16일이다.178) 저작 시기는 1795년(34세) 9월 16일이다.

贈吳友의 경우, 제목 아래 "國鎭"이라고 주가 있고 또 중간에 "時於公州邸舍相逢"이라고 주를 붙여 놓았다. 금정일록에 따르면 9월 16일 공주에서 오국진과 권기(바로 뒤의 참조 요)를 만났다.179) 저작 시기는

뒤 배를 타고 조룡대에 간 것으로 되어 있으나 시의 순서는 釣龍臺가 過鄭氏亭子의 앞에 있다. 정약용이 시집을 정리할 때 착오를 일으켰거나 정씨의 정자가 조룡대에 아주 가까이 있어 釣龍臺를 먼저 지은 뒤 過鄭氏亭子를 지은 것일 수도 있다.

177) 관련기록으로 「釣龍臺記」(『전서』 시문집, 記 부분)가 있다.

178) 『금정일록』 9월 15일 및 9월 16일 조(『여유당전서보유』 2, 18쪽).

1795년(34세) 9월 16일이다.

贈權友의 경우, 제목 아래에 "夔"라고 원주가 붙어 있다. 저작 시기가 역시 1795년(34세) 9월 16일이다.

冬日吳權二友過驛舍時初雪大至林阿一色玆述歐陽公聚星堂故事賦詩遺懷禁用玉鹽銀花字의 경우, 1795년 9월 18일에서 10월 23일 사이에 지은 것으로 생각된다.[180]

孟華堯臣(卽吳權二友)盛言公州倉穀爲弊政民不聊生試述其言爲長篇三十韻의 경우, 역시 배열순서상 9월 18일에서 10월 23일 사이에 지은 것으로 생각된다. 뒤에 서암강학회 때 지은 시가 있다.

聞默齋許相國(積)復其官爵의 경우, 1795년 10월 12일 이후 작이다. 정조실록에 의하면 허적의 복관이 결정된 것은 10월 12일이기 때문이다.[181] 한편 정약용은 10월 24일 아침 일찍 서암강학회를 위해 예산으로 출발하였다.[182] 따라서 이 시는 1795년(34세) 10월 12일에서 10월 23일 사이에 지은 것이다. 이 시를 지은 장소는 "驛亭孤燭底"라는 구절로 보아 금정역이다. 이 소식이 금정에 당도하려면 며칠 걸렸을 것이므로 아마도 며칠 지난 뒤, 즉 1795년(34세) 10월 15일 전후라고 생각된다.[183]

十一月一日 於西巖鳳谷寺 陪木齋李先生 校星翁遺書……의 경우, 제목으로 보아 1795년(34세) 11월 1일 서암강학회에서 지은 것임을 알 수 있다.

---

179) 『금정일록』, 9월 16일 조(『여유당전서보유』 2, 18쪽).

180) 『금정일록』에 따르면 정약용은 9월 17일 늦게 금정에 돌아왔고(『여유당전서보유』 2, 18쪽), 10월 24일에는 아침 일찍 서암강학회를 위해 출발하였다(『여유당전서보유』 2, 22쪽). 뒤에 서암강학회 때 지은 시가 있다.

181) 『정조실록』 19년 10월 12일조(己丑).

182) 『여유당전서보유』 2, 22쪽.

183) 허적에 대해 정약용이 매우 동정적이다. "世好存遺誼"라는 구절로 보아 정약용의 집안은 허적의 집안과 대대로 좋은 관계를 유지하여 왔던 것으로 여겨진다.

贈姜士賓의 경우, 제목 아래 "初四日 將下山 作詩贈留別諸友"라고 원주가 붙어 있다. 따라서 1795년 11월 4일 지은 것임을 알 수 있다. 다만 금정일록에 따르면 정약용은 다음날 11월 5일 하산하였다.[184]

贈沈仲深의 경우, 역시 1795년(34세) 11월 4일 지은 것이다.

贈李汝昴의 경우, 역시 1795년(34세) 11월 4일 지은 것이다.

贈李佩謙의 경우, 역시 1795년(34세) 11월 4일 지은 것이다.

贈姜用民의 경우, 역시 1795년(34세) 11월 4일 지은 것이다.

贈姜伯徽의 경우, 역시 1795년(34세) 11월 4일 지은 것이다.

詠盆梅寄大陵四老의 경우, 대략 1795년(34세) 11월 6일 이후부터 11월 19일 사이로 추정된다.[185]

讀退陶遺書의 경우, 1795년 11월 19일 이후의 작이다.[186]

驛樓四面皆山也 其南有九峯山最高 當前擁塞 始來時頗不堪 戲作絕句示伴客云의 경우, 1795년(34세) 8월 초순경, 정약용이 처음 금정에 왔을 무렵에 지은 것이다. 앞을 가로막은 구봉산을 발로 차 거꾸러뜨리고 싶다는 심정을 토로하였다. 시기적으로는 8월 초순경의 시이나 바로 뒤의 시와 내용상 연결되므로 이곳에 배치하였다.

近日習靜漸久每日夕覺山氣益佳 時誦此詩 不勝愧怍 遂更作二絕句以謝九峯山云의 경우, 배열순서상 1795년(34세) 11월 19일 이후 12월 18일 이전에 지은 것이다. 앞의 讀退陶遺書가 11월 19일 이후에 지어진 것이고 뒤에 12월 18일 지은 시, 是日風日暄暢晚與一客騎馬度錦

---

184) 『여유당전서보유』 2, 25쪽.

185) 『금정일록』에 따르면 11월 6일 금정역에 돌아오고(『여유당전서보유』 2, 26쪽) 11월 19일 퇴계집을 얻어 읽기 시작하는 것으로 되어 있다(28쪽). 한편 『금정일록』에 따르면 11월 6일에는 남고 윤지범(규범)의 시를 받았다(26쪽). 이 윤지범의 시를 받고 대릉의 四老에게 보내는 시를 쓰려고 생각하였을 가능성도 있다.

186) 『금정일록』에 따르면 11월 19일 퇴계집을 읽기 시작하였다(『여유당전서보유』 2, 28쪽). 이때 독서를 시작하며 지은 시일 가능성이 있으나 그 뒤에 지은 것일 수도 있다.

溪望西南諸峯雪中森秀相顧甚樂也至漁谷訪蔡逸人而還가 있기 때문이다.187)

擬古二首의 경우, 역시 배열순서상 1795년(34세) 11월 19일 이후 12월 18일 이전에 지은 것이다. 바로 뒤의 시가 12월 18일 작이다.

是日風日暄暢晚與一客騎馬度錦溪望西南諸峯雪中森秀相顧甚樂也至漁谷訪蔡逸人而還의 경우, 제목 아래에 "十二月 十八日"이라고 날짜가 기록되어 있다. 1795년(34세) 12월 18일 지은 것임을 알 수 있다.188)

伏聞內移有命晚發離金井驛의 경우, 제목 아래 "十二月 二十三日"이라고 원주가 붙어 있다. 이에 따르면 1795년 12월 23일의 시가 되지만 이것은 착오이고 1795년(34세) 12월 22일의 시이다.189)

[1796년] (35세)

尹彝叙以特旨爲正言既至京遞職過余于明禮坊戲爲一篇의 경우, 제목 아래 "丙辰 二月初二日"이라고 원주가 붙어 있다. 1796년(35세) 2월 2일 윤이서가, 정약용을 서울 명례방의 집으로 방문하였을 때 지은 것이다.

---

187) 처음 금정에 왔을 때 앞을 가로막은 구봉산에 답답함을 느껴 발로 차 거꾸러 트리고 싶다는 심정을 느꼈으나 고요한 데 익숙해지자 그 아름다움을 느껴 구봉산에게 사과하는 시를 지은 것이다.
188) 이 시에서 말하는 漁谷에 사는 蔡逸人은 앞서 언급한 채홍규일 가능성이 없지 않다.
189) 『금정일록』에 따르면 12월 22일 조정으로부터 서울로 옮긴다는 명령을 받고 당일 늦게 금정역을 출발하였다(『여유당전서보유』 2, 34쪽). 금정에는 단신으로 갔으며 가족들은 서울에 남아 있었던 것으로 여겨진다. 『금정일록』에 따르면 서울에 도착한 것은 12월 25일이다(35쪽). 다산연보에 따르면 조정에서 12월 20일 "龍驤衛副司直"에 遞付한 것으로 되어 있으며 이 소식이 전해지는 데에 다소 시간이 걸려 12월 22일 금정에 당도한 것이다. 다산연보에 의하면 또 "丙辰 正月 初二日 辭錦營狀啓事"라 하였다(1796년 1월 2일). 서울 도착 후, 금정에서의 일을 보고하는 장계로 여겨진다.

內賜中和尺兼簡御詩云……小臣恭和云……賡詩의 경우, 화답한 시의 말미에 "二月 初六日"이라고 날짜가 기록되어 있다. 정조가 중화척과 御詩를 내린 데 대하여 1796년(35세) 2월 6일, 화답한 시이다.[190]

和沙谷尹逸人用謙留別韻二首의 경우, 배열순서상 1796년(35세) 2월 6일 이후부터 4월 6일 이전에 지은 것이다. 뒤에 4월 6일 지은 시, 將赴忠州出國東門作가 배열되어 있기 때문이다.

送李公(鼎運)觀察湖西의 경우, 배열순서상 1796년(35세) 2월 6일 이후부터 4월 6일 이전에 지은 것이다. 뒤에 4월 6일 지은 시 將赴忠州出國東門作가 배열되어 있기 때문이다. 이정운이 충청도 관찰사로 나가는 것을 전송하는 시이다.

蔡相國每至華城輒賦詩盈卷上徵其卷和其四詩其中駕巡洪範山夜還行宮詩令(臣)鏞賡進(臣)恭和以進의 경우, 배열순서상 1796년(35세) 2월 6일 이후부터 4월 6일 이전에 지은 것이다. 뒤에 4월 6일 지은 시, 將赴忠州出國東門作가 배열되어 있기 때문이다.

奉和聖製遲遲臺駐蹕韻의 경우, 배열순서상 1796년(35세) 2월 6일 이후부터 4월 6일 이전에 지은 것이다. 뒤에 4월 6일 지은 시, 將赴忠州出國東門作가 배열되어 있기 때문이다.

奉和聖製親享大報壇韻의 경우, 배열순서상 1796년(35세) 2월 6일 이후부터 4월 6일 이전에 지은 것이다. 뒤에 4월 6일 지은 시, 將赴忠州出國東門作가 배열되어 있기 때문이다.

將赴忠州出國東門作의 경우, 제목 아래에 "四月初六日"이라고 원주가 붙어 있다. 1796년(35세) 4월 6일, 충주로 가기 위해 동대문을 나서며 지은 시이다. 따라서 앞의 시들은 4월 6일 이전의 것으로 추정할 수 있다. 아마도 4월 9일 초천에서 부친의 제사를 지내고 하담의 선영도 참배하기 위해서였다고 생각된다.

到舊廬述感의 경우, 배열순서상 1796년(35세) 4월 6일 이후부터 4월

---

190) 정조가 중화척을 내려 준 것은 2월 1일이다.

14일 이전에 지은 것이다. 뒤에 나오는 시, 到荷潭에 4월 14일 작이라고 원주가 붙어있다.[191]

苕川遇尹逸人의 경우, 배열순서상 1796년(35세) 4월 6일 이후 4월 14일 이전에 지은 것이다.[192]

行次藍子洲의 경우, 배열순서상 1796년(35세) 4월 6일 이후 4월 14일 이전에 지은 것이다. 4월 9일 부친의 제사를 지내고 하담으로 가는 길에 이 시를 지었다면 저작 시기는 1796년(35세) 4월 9일 이후가 된다.

訪堂叔父玉泉山居의 경우, 제목 아래에 "卽楊根舊邑"이라고 원주가 붙어 있다. 배열순서상 1796년(35세) 4월 6일 이후 4월 14일 이전이며 하담 가는 길에 양근에서 지은 것이다. 부친의 제사를 지내고 출발하였다면 이 시의 저작 시기는 1796년(35세) 4월 9일 이후가 된다.

宿紫眞浦의 경우, 배열순서상 1796년(35세) 4월 6일 이후 4월 14일 이전에 지은 것이다. 부친의 제사를 지내고 출발하였다면 이 시의 저작 시기는 1796년(35세) 4월 9일 이후가 된다.[193]

登淸心樓의 경우, 배열순서상 1796년(35세) 4월 6일 이후 4월 14일 이전에 지은 것이다. 청심루는 여주 객관의 북쪽에 있던 누각이다. 부친의 제사를 지내고 출발하였다면 이 시의 저작 시기는 4월 9일 이후가 된다.

題尹逸人池亭의 경우, 배열순서상 1796년(35세) 4월 6일 이후 4월

---

191) 이 시는 충주 하담에 가는 길에 초천의 고향 집에 도착하여 읊은 것으로 여겨진다. 4월 9일이 부친의 기일이므로 이때 제사를 위해 초천 큰형님 정약현 댁에 내려갔고 다시 충추 하담으로 성묘하러 간 것으로 생각된다. 그렇다면 이 시는 4월 7~8일 쯤의 시가 아닐까 여겨진다.

192) 정재원의 기일이 4월 9일이므로 4월 9일 전후라고 생각된다. 여기에서 말하는 尹逸人이 구체적으로 누구인지 불확실하나 뒤 1800년 봄 4월 초천에 돌아갔을 때의 시에 윤일인에 대하여 '用謙'이라고 하므로 여기에서 말하는 윤일인도 윤용겸일 가능성이 크다.

193) 紫眞浦는 양근에서 충주로 가는 남한강 가의 포구가 아닌가 여겨진다.

14일 이전에 지은 것이다. 부친의 제사를 지내고 출발하였다면 이 시의 저작 시기는 4월 9일 이후가 된다.

謁道東司의 경우, 제목 아래에 "卽愚潭先生書院"이라고 원주가 붙어 있다. 배열순서상 1796년(35세) 4월 6일 이후 4월 14일 이전에 지은 것이다. 우담 정시한을 모신 도동사를 방문하여 지은 시이다. 부친의 제사를 지내고 출발하였다면 이 시의 저작 시기는 4월 9일 이후가 된다.

留題族父海左翁山居의 경우, 배열순서상 1796년(35세) 4월 6일 이후 4월 14일 이전(4월 13일 추정)에 지은 것이다.194) 부친의 제사를 지내고 출발하였다면 이 시의 저작 시기는 4월 9일 이후가 된다.

到荷潭의 경우, 제목 아래에 "四月十四日"이라고 원주가 붙어 있다. 1796년(35세) 4월 14일이에 지은 것이다.195)

贈朴君의 경우, 제목 아래에 "斗采"라고 원주가 붙어 있다. 배열순서상 1796년(35세) 4월 14일 이후 16일 사이의 작품으로 생각된다. 뒤의 시, 離荷潭이 4월 16일 작이기 때문이다. 4월 15일 작일 가능성이 크다.196)

木溪訪金佐郎(商雨)不遇의 경우, 배열순서상 1796년(35세) 4월 14일 이후 16일 사이의 작품으로 생각된다. 뒤의 시, 離荷潭이 4월 16일 작이기 때문이다. 4월 15일 작일 가능성이 크다.197)

---

194) 海左는 丁範祖의 호로서 그는 원주 법천에 살고 있었다. 그의 거처에 유숙하면서 지은 시라고 여겨진다. 그렇다면 충주에 도착하기 전날 4월 13일 밤에 이곳에서 묵었을 가능성이 있다.

195) "歷歷銅津別 于今五載强"이라는 구절로 보아 하담의 선친 묘소에 참배하였음을 알 수 있다. "法泉今夜宿"이라는 구절로 보아, 이날 밤 다시 원주 법천에 묵을 예정이었음을 알 수 있다.

196) 이 시에서 말하는 박두채는 충주 부근에서 살고 있었던 정약용의 친척이며 얼마 뒤 서울로 정약용을 찾아 왔다.

197) 김상우는 충주 부근의 목계에 살고 있었으며 하담에 간 김에 부근의 김상우를 찾아갔던 것이 아닌가 여겨진다.

離荷潭의 경우, 제목 아래 "十六日"이라고 원주가 붙어 있으므로 1796년(35세) 4월 16일에 하담을 떠나며 지은 시임을 알 수 있다. 4월 14일 하담에 도착하여 부친의 묘소를 참배한 뒤 앞서 살핀 바와 같이 그날 4월 14일 밤은 법천에서 자고 4월 16일에 하담을 출발하였다.198)

3. 與猶堂集 文集 제3책

(1) 與猶堂集 文集 제3책 제1권

嘉興江放船의 경우, 제목 아래에 "丙辰 四月十六日"이라고 원주가 붙어 있다. 1796년(35세) 4월 16일 작임을 알 수 있다.199)

族父吏部公山莊賦得庭前怪石의 경우, 배열순서상 1796년(35세) 4월 16일 이후의 작이다. 충주에서 서울로 돌아오는 길에 족부 이부공을 방문하여 지은 시이다.

留題族父禮山公山居의 경우, 배열순서상 1796년(35세) 4월 16일 이후의 작으로 생각된다.

贈叔胤의 경우, 배열순서상 1796년(35세) 4월 16일 이후의 작으로 생각된다.

汎舟至蟾江口懷族父海左宅의 경우, 배열순서상 1796년(35세) 4월 16일 이후의 작으로 생각된다. 충주에서 서울로 오는 도중에 배를 타

---

198) 하담 도착과 하담 출발 사이 박두채 및 김상우(목계 거주, 만나지 못함)를 방문하였다. 아마 이것은 4월 15일의 일이라고 추정된다. 목계의 김상우를 방문하였다가 만나지 못하였으므로 4월 15일 밤은 충주 목계 부근 어느 곳에서 묵었을 가능성이 있다. 여유당전서에는 離荷潭 뒤에 猗蘭美友人也가 덧붙여 있다. 이것은 나중에 추가된 것일 수 있다.

199) 이날 충주 목계 부근을 떠나 다시 水路를 택하여 가흥강에 배를 띄운 것이다. 가흥강이란 충주 근처의 남한강을 말하는 것으로 여겨진다. "久厭山谿險 翻思水路便 悵爲丹穴約 獨上藥州船"이라는 구절로 보아 원래는 단양의 동굴을 찾을 계획을 갖고 있었음을 알 수 있다. 藥州는 충주의 옛 이름이다.

고 원주 근처 섬강 입구에 이르러 법천의 정범조를 생각하며 지은 시로 추정된다.

簡寄黃進士(德正)隱居의 경우, 배열순서상 1796년(35세) 4월 16일 이후의 작으로 생각된다. 35세 4월 16일 이후, 충주에서 서울로 오는 도중에 지은 것으로 생각된다.[200]

登神勒寺東臺의 경우, 배열순서상 1796년(35세) 4월 16일 이후의 작으로 생각된다. 충주에서 서울로 오는 도중에 여주 신륵사에 들러 지은 시이다. "驪江遠樹入春陰"이라는 구절로 보아 봄이었음을 알 수 있다.

舟中作의 경우, 배열순서상 1796년(35세) 4월 16일 이후의 작으로 생각된다. 여주를 떠나 서울 쪽으로 배를 타고 오다가 지은 것으로 생각된다.

滯雨宿梨匡의 경우, 배열순서상 1796년(35세) 4월 16일 이후의 작으로 생각된다. 여주를 떠나 배를 타고 서울 쪽으로 오는 도중에 비를 만나 이애라는 곳에 묵으며 지은 시로 생각된다.

早發梨匡의 경우, 배열순서상 1796년(35세) 4월 16일 이후의 작으로 생각된다. 이애에서 묵은 뒤 일찍 출발하며 지은 시이다. "江邊春未去四月"이라는 구절과 여정으로 보아 대략 4월 20일 전후로 추정된다.

過漁家의 경우, 여정으로 보아 대략 1796년(35세) 4월 20일 전후의 작으로 생각된다. 배로 아침 일찍 이애를 떠난 뒤, 어느 어촌을 지나다가 지은 시이다. "春水度朝昏"이라는 구절로 아직 이른 아침이었음을 알 수 있다.

滯雨宿大灘의 경우, 여정으로 보아 대략 1796년(35세) 4월 20일 전후의 작으로 생각된다. 이애를 떠나 배를 타고 서울 방면으로 오다가 비를 만나 대탄에서 머무르며 지은 시로 여겨진다.

楊江遇漁者의 경우, 여정으로 보아 대략 1796년(35세) 4월 20일 전

---

200) 이때 黃德正을 향하여 편지처럼 지은 시이다.

후의 작으로 생각된다. 대탄에서 하룻밤 묵고 떠난 뒤, 楊根의 강에서 한 노인과 어린아이, 소년이 고기잡이를 하는 것을 보고 지은 시이다. "一翁一童一少年 楊根江頭一釣船"이라는 구절로 시작되고 있다.

舟過粵谿의 경우, 여정으로 보아 대략 1796년(35세) 4월 20일 전후의 작으로 생각된다. 양근의 강을 지난 뒤, 다시 월계를 지나며 지은 시가 아닌가 생각된다.

望龍門山의 경우, 여정으로 보아 대략 1796년(35세) 4월 20일 전후의 작으로 생각된다. 배를 타고 월계를 지난 뒤 다시 멀리 용문산을 바라보며 지은 시가 아닌가 생각된다. "縹緲龍門色 終朝在客船"이라는 구절로 시작되고 있다.

簡寄尹南皐의 경우, 제목 아래에 "尹彝敍"라고 원주가 붙어 있다. 저작 시기는 1796년(35세) 4월 하순에 서울로 돌아온 이후로 생각된다. 서울에 돌아온 시기는 여행 일정 상 대체로 4월 하순이 된다.[201]

朴穉玉(斗采)至次金佐賢四郡游覽之作의 경우, 1796년(35세) 4월 하순 서울에 돌아온 뒤 박두채가 집에 찾아오자 김좌현의 시에 차운하여 지은 시이다.

送許子翁歸忠州의 경우, 제목 아래에 "故相許積之孫名澓"이라고 원주가 붙어 있다. "五月江郊雨洗塵 卯橋東畔草如茵"이라는 구절로 보아 5월이 되었음을 알 수 있다. 따라서 이 시의 저작 시기는 1796년(35세) 5월이다. 한강까지 가서 전송하였다고 추정된다.[202]

---

201) "聞說華城府嚴關鐵甕城"이라는 구절로 보아 남고 윤규범(윤지범)은 당시 혹시 화성 즉 수원에 살고 있지 않았나 여겨진다. 당시 화성이 준공되어 가는 시점에, 고산 윤선도의 후손 윤규범에게 수원과 관련된 윤선도의 풍수설과 상소문을 상기시키는 시이다.

202) 여기서 卯橋라고 하였는데 묘교는 한강 근처에 있었던 다리라고 생각된다. 혹은 한강으로 들어가는 어느 지류에 있었던 다리일 수도 있겠다. 허적의 후손 허복이 충주로 돌아가는 것을 전송하는 시이다. 정약용은 앞서 금정의 시에서도 허적의 복작을 기뻐하였다. 허적의 집안과 정약용의 집안은 대대로 좋은 관계에 있었던 것으로 여겨진다.

贈別李士元(廷模)歸永川의 경우, 바로 앞의 시와 바로 뒤에 나오는 시도 5월에 지은 것이므로 이 시 역시 1796년(35세) 5월에 지은 것이라고 할 수 있다.[203]

憶南皐對雨의 경우, 제목 아래에 "猶有凉風五月吹"라는 구절로 보아 1796년(35세) 5월에 지었음을 알 수 있다. 비내리는 것을 바라보며 윤규범을 생각하고 지은 시이다.

題李周臣山亭의 경우, 뒤에 申承旨(光河)輓詞(6월 30일 작)가 있으므로 1796년(35세) 5월 이후 6월 30일 이전 작임을 알 수 있다. 이주신은 李儒修이다.[204]

山亭値雨의 경우, 뒤에 申承旨(光河)輓詞(6월 30일 작)가 있으므로 1796년(35세) 5월 이후부터 6월 30일 이전의 작임을 알 수 있다. 여기서 산정이 앞 시에서 말한 이유수의 산정과 같은 것이라면 앞의 시와 같은 날 지은 것일 수도 있다.

酬洪七의 경우, 뒤에 申承旨(光河)輓詞(6월 30일 작)가 있으므로 1796년(35세) 5월 이후부터 6월 30일 이전의 작임을 알 수 있다. 제목 아래에 "樂眞"이라고 원주가 붙어 있으므로 홍낙진에게 준 시이다.

酬金佐郎(商雨)의 경우, 뒤에 申承旨(光河)輓詞(6월 30일 작)가 있으므로 1796년(35세) 5월 이후부터 6월 30일 이전의 작임을 알 수 있다.[205]

---

203) 제목 아래에 "己酉秋余觀蔚山過永川李氏宅"이라고 원주가 붙어 있다. 이정모는 영천 사람이었다. 1789년 정약용이 울산으로 부친을 뵈러 갈 때 영천에 있는 이정모의 집에 들른 적이 있었음을 알 수 있다.

204) 제목 아래에 "周臣時住長興坊"이라고 원주가 붙어 있다. 정약용도 아내와 예전에 부친의 임소 예천에서 올라 와 장흥방으로 간 적이 있다. 이 시에서 山亭이란 이유수의 장흥방 집을 말하는 것이라고 여겨진다.

205) 앞의 시 가운데 충주로 김상우를 찾아 간 시가 있다. 이 시에서 "江出丹陽遠遠來"라는 구절로 보아 김상우는 단양, 충주 부근의 사람으로 추정된다. 시는 혹시 이유수의 산정에서 김상우에게 준 것이 아닌가 여겨진다. 앞의 題李周臣山亭에 "烏巾紫閣陰"이라는 구절이 있는데 이 시에는 "雲生紫閣娟娟去"

重寄洪七의 경우, 뒤에 申承旨(光河)輓詞(6월 30일 작)가 있으므로 1796년(35세) 5월 이후 6월 30일 이전 작임을 알 수 있다. 다시 홍낙진에게 준 시이다. "灘亭避雨遲"라는 구절로 보아 여울 가의 정자에서 지은 것으로 여겨진다.

和蔡邇叔(弘遠)洗劒亭之作의 경우, 뒤에 申承旨(光河)輓詞(6월 30일 작)가 있으므로 1796년(35세) 5월 이후부터 6월 30일 이전의 작임을 알 수 있다.

酬金佐賢(商雨)의 경우, 뒤에 申承旨(光河)輓詞(6월 30일 작)가 있으므로 1796년(35세) 5월 이후부터 6월 30일 이전의 작임을 알 수 있다.[206]

奉簡樊巖相公北垣宴席의 경우, 뒤에 申承旨(光河)輓詞(6월 30일 작)가 있으므로 1796년(35세) 5월 이후부터 6월 30일 이전의 작임을 알 수 있다.[207]

竹欄社會賦得新晴의 경우, 뒤에 申承旨(光河)輓詞(6월 30일 작)가 있으므로 1796년(35세) 5월 이후부터 6월 30일 이전의 작임을 알 수 있다.[208]

奉簡海左翁의 경우, 뒤에 申承旨(光河)輓詞(6월 30일 작)가 있으므로 1796년(35세) 5월 이후부터 6월 30일 이전의 작임을 알 수 있다.

奉簡棕廬尹參判(弼秉)의 경우, 뒤에 申承旨(光河)輓詞(6월 30일 작)가 있으므로 1796년(35세) 5월 이후 6월 30일 이전 작임을 알 수 있다.[209]

라는 구절이 있기 때문이다.

206) 앞서 몇 차례 김상우에 대한 시가 있었다.

207) 이때 정약용은 채제공의 잔치에 참여하지 않고 대신 시를 적어 보낸 것으로 생각된다. 여기에는 어떤 정치적 이유가 있었다고 생각된다.

208) "蕩滌端倪谿蕭然 無點埃澗如秋氣"라는 구절로 보아 아직 가을이 아니다. 여름 장마철이 개인 뒤, 竹欄詩社의 사람들이 당시 한양 성중에서 가까운 어느 계곡에 모여 읊은 시가 아닌가 여겨진다.

209) 말미에 "尹公與先君同年同月生 尹公舊在龍津 每値生日 兩公載酒相過"라

奉簡岐川蔡判書의 경우, 제목 아래 "弘履"라고 원주가 붙어 있다. 뒤에 申承旨(光河)輓詞(6월 30일 작)가 있으므로 1796년(35세) 5월 이후부터 6월 30일 이전 작임을 알 수 있다.[210]

奉簡五沙李參判의 경우, 제목 아래에 "鼎運"이라는 원주가 있고 중간에 "李公新謫康津回" 및 "李公以忠淸監司謫康津"이라는 주가 붙어 있다. 이 시는 배열순서상, 뒤에 申承旨(光河)輓詞(6월 30일 작)가 있으므로 1796년(35세) 5월 이후부터 6월 30일 이전 작임을 알 수 있다.[211]

奉簡鶴麓李承旨의 경우, 제목 아래에 "益運"이라고 원주가 붙어 있으며 중간에도 "李公時爲余於筵中數有陳白"이라고 원주가 붙어 있다. 당시 이익운이 정약용을 위해서 경연에서 여러 차례 임금께 말씀을 올렸음을 알 수 있다. 이 시의 경우, 뒤에 申承旨(光河)輓詞(6월 30일 작)가 있으므로 1796년(35세) 5월 이후 6월 30일 이전 작이다.

對月走筆寄南皐의 경우, 뒤에 申承旨(光河)輓詞(6월 30일 작)가 있으므로 1796년(35세) 5월 이후 6월 30일 이전 작임을 알 수 있다.[212]

고 원주가 붙어 있다. 윤필병은 정약용의 부친 정재원과 가까운 사이였으며 대릉에 살기 이전 용진에 살았음을 알 수 있다.

[210] "白髮蒼顔滿大陵"이라는 구절로 보아 당시 대릉에 살고 있었음을 알 수 있다. "前秋詩句問郵丞 八仙九老風流盛 肯惜芳筵許共登"이라는 구절로 보아 정약용이 금정 찰방으로 있던 1795년(34세) 가을에 채홍리가 시를 보내 위로한 적이 있으며 대릉에서 모임(이른바 남인 원로 4로를 중심으로 한 모임)에 정약용이 참석하고자 하는 생각을 가졌음을 알 수 있다.

[211] 이정운은 1796년 초 충청감사가 되었다. 이 시의 주에서 보면 충청감사가 된 후 곧 강진으로 유배갔다가, 5월 이후 6월 30일 이전 어느 시점에 강진에서 서울로 돌아온 것을 알 수 있다. "尹生新自華陽至 從此詞林復振聲"이라는 구절은 윤규범(지범)이 수원에서 서울로 와 대릉에서의 모임에 참여하게 되었음을 말하는 것이 아닌가 생각된다.

[212] 이 시에서의 "擯棄吾斯樂"이라는 구절은 당시 정약용의 상황과 심경을 보여주는 것이라고 여겨진다. 금정에서 돌아와 1월 2일 장계를 올리고 나서 일단 사직을 한 것으로 여겨진다. 11월 규장각에서 책을 교정하라는 명령을 받기까지 오랜 기간 관직이 없었다.

重寄南皐의 경우, 뒤에 申承旨(光河)輓詞(6월 30일 작)가 있으므로 1796년(35세) 5월 이후 6월 30일 이전 작임을 알 수 있다.[213]

寄无咎의 경우, "申承旨光河 號震澤 无咎其甥也"라고 원주가 붙어 있다. 이 시의 경우 뒤에 申承旨(光河)輓詞(6월 30일 작)가 있으므로 1796년(35세) 5월 이후 6월 30일 이전 작임을 알 수 있다.

又寄南皐五絶句의 경우, 뒤에 申承旨(光河)輓詞(6월 30일 작)가 있으므로 1796년(35세) 5월 이후 6월 30일 이전 작임을 알 수 있다.

飮酒二首의 경우, 뒤에 申承旨(光河)輓詞(6월 30일 작)가 있으므로 1796년(35세) 5월 이후 6월 30일 이전 작임을 알 수 있다.

申承旨(光河)輓詞의 경우, 제목 아래에 "六月三十日卒"이라고 원주가 붙어 있다. 1796년(35세) 6월 30일 신광하의 부음을 듣고 애도하는 시이다.

同諸友游龍山亭子의 경우, 제목 아래 "尹彝叙 李周臣 韓徯甫 蔡爾叔 沈華五 李輝祖 諸人也 七月十六日"이라고 원주가 붙어 있다. 1796년(35세) 7월 16일에 지은 시임을 알 수 있다.

前湖汎月의 경우, 배열순서로 보아 1796년(35세) 7월 16일 이후에 지은 것이다. "風滿汀洲月滿天 百濟城高微見樹 六臣祠暗遠生烟"이라는 구절로 보아 혹시 7월 16일 용산 정자에서 놀다가 이날 달밤에 한강에 배를 띄운 것이 아닌가 여겨지기도 한다.[214]

奉簡海左의 경우, 배열순서로 보아 1796년(35세) 7월 16일 이후의 작이다.

奉簡伯氏의 경우, 배열순서로 보아 1796년(35세) 7월 16일 이후의 작이다.

竹欄小集與者五人各賦四詩爲四人月朝之評不得自贊의 경우, "右

---

213) "高柳蟬吟起"라는 구절로 보아 때가 여름이었음을 알 수 있다. "只喜茅尋郭 何須李識韓 志從濠上遠"이라는 구절은 당시 정약용의 심경을 보여준다.

214) 이 시를 지은 때는 달이 매우 밝은 때이므로 음력 보름 전후가 되어야 하고 노량진의 사육신 묘지를 멀리 바라다 보는 곳이어야 한다.

贊南皐尹彛叙", "右贊蕎陰李周臣", "右贊仲氏", "右贊蕙逋韓傒甫" 등
의 주가 붙어 있다. 이 시의 경우, 배열순서로 보아 1796년(35세) 7월
16일 이후의 작이다.215)

月夜憶李兄의 경우, 배열순서로 보아 1796년(35세) 7월 16일 이후의
작이다. "深深避炎"이라는 구절로 보아 아직 여름이었음을 알 수 있
다.216)

李季受宅同諸公賦의 경우, 배열순서로 보아 1796년(35세) 7월 16일
이후의 작이다.217)

月夜又憶李兄의 경우, 배열순서로 보아 1796년(35세) 7월 16일 이후
의 작이다. "蟲語引新秋 暑氣欣微薄"이라는 구절로 보아 여름에서 가
을에 접어드는 때임을 알 수 있다.

竹欄小集賦得積雨新晴奉示樊巖大老의 경우, 배열순서로 보아 1796
년(35세) 7월 16일 이후의 작이다.218)

李周臣宅小集의 경우, 배열순서로 보아 1796년(35세) 7월 16일 이후
의 작이다.

周臣宅賦得退朝花底散奉示樊巖大老의 경우, 배열순서로 보아 1796
년(35세) 7월 16일 이후의 작이다.219)

---

215) 정약용의 집에 5인(정약용, 윤이서, 이주신, 정약전, 한혜보)이 모여 시를 지
     었는데 정약용이 다른 4인을 위해 贊詩를 지은 것이다.
216) 여기서 이형은 이승훈을 말하는 것으로 여겨진다.
217) "尹參判弼秉 蔡判書弘履 李參判鼎運兄弟 諸人也"라고 원주가 붙어 있는 것
     으로 보아 7월 16일 이후, 이계수의 집 대릉의 기호남인 원로들이 모였다. 정
     약용 등 죽란시사가 기호남인 소장파의 모임이라면, 대릉에서는 이른바 대릉
     4로의 원로들이 자주 모였다. 이 두 그룹이 가끔 모였던 것으로 생각된다. 또
     이들 전체를 묶어주는 사람이 채제공이 아니었던가 생각된다.
218) 7월 16일 이후, 비가 계속오다가 날이 개었으나 늦더위가 기승을 부리고 있
     었다(炎天樓閣有餘淸 欣聞野外饒禾黍). 이때 정약용의 집 죽란에 모임이 있
     었고 채제공도 참여하여 정약용이 그에게 시를 지어 보여드린 것이 아닌가
     생각된다.
219) 이때는 이미 가을에 접어들었을 것으로 여겨진다. 이 시에서 "春風拂檻百"이

奉和伯氏望荷樓之作의 경우, 배열순서로 보아 1796년(35세) 7월 16일 이후의 작이다.[220]

贈別柳士鉉(台佐)歸安東의 경우, 배열순서로 보아 1796년(35세) 7월 16일 이후의 작이다.[221]

秋日竹欄遣興의 경우, 제목으로 보아 1796년 가을에 지은 것임을 알 수 있다. "燕子去時猶軟語 菊花從此又新叢"이라는 구절로 보아 제비가 돌아가고 국화가 필 무렵이었다. 뒤에 9월에 지은 시가 있으므로 가을 9월 이전 작이다. 즉 1796년 가을, 9월 이전 작이다.

南皐至의 경우, "秋山"이라는 구절로 보아, 역시 1796년 가을에 지은 것이다.[222] 뒤에 9월에 지은 시가 있으므로 가을 9월 이전 작이다. 즉 1796년 가을, 9월 이전 작이다.

李季受宅陪大陵諸老飮의 경우, "尹參判弼秉 蔡判書弘履 李參判鼎運兄弟也"라고 원주가 붙어 있다. "山閣風流四老俱 淸秋無事不歡娛"

라고 한 것으로 보아 이 시를 지을 때 정약용이 아직 관직에 다시 나온 것이 아니라고 생각된다. 과거 관직 시절을 회상하면서 지은 시로 여겨지며 이것을 채제공에게 보여 준 것은 다시 관직을 하고 싶다는 뜻을 보인 것이 아닌가 생각되기도 한다. 채제공에게 보여 준 앞의 앞의 시에도 "爲是端居念聖明"이라 하고 있는데 이 두 가지를 연결해 생각해 볼 수 있겠다. 정약용이 규장각에서 교서하도록 명령을 받은 것은 1796년 11월 16일이었다.

220) 망하루는 정약용의 고향 초천에 있는 누각으로 1792년 부친이 별세하자 하담에 장사지냈다. 망하루는 뒤에 정약용의 큰형 정약현이 200리 떨어진 하담을 바라본다는 뜻에서 지었다(「望荷樓記」, 『전서』 시문집).

221) "時爲承文院正字" 및 "柳世居河回"라고 원주가 붙어 있다. 유태좌는 안동 하회 사람임을 알 수 있다. 유태좌는 당시 승문원 정자였으며 유운룡 또는 유성룡의 후손으로 안동에 세거하는 하회 유씨 가운데 하나라고 여겨진다. "連原驛路大江潯 嶺水蒼蒼接舊林"이라는 구절로 시작되고 있고 여기서 연원은 충추 북쪽 5리에 있는 연원역을 가리킨다. 혹시 정약용이 충주까지 가서 그를 배웅한 것이 아닌가 여겨지기도 하지만 그럴 가능성은 적다고 생각된다.

222) 남고 윤규범이 수원에서 왔을 때 지은 시이다. "華陰孤客此重逢"이라는 구절로 시작되고 있다. 정약용의 시에서 수원은 때로는 華陰, 때로는 華陽으로 표현하였다.

라는 구절로 보아 계절은 가을이었다. 1796년 가을에 지은 시이다. 뒤
에 9월에 지은 시가 있으므로 가을 9월 이전 작이다. 즉 1796년(35세)
가을, 9월 이전 작이다.

同南皐竹欄小飮의 경우, "華陽孤客憶秋衣"라는 구절로 계절이 가
을이었음을 알 수 있다. 따라서 저작 시기는 1796년(35세) 가을이다.
뒤에 9월에 지은 시가 있으므로 가을 9월 이전 작이다. 즉 1796년 가
을, 9월 이전 작이다.

溪閣의 경우, 바로 뒤의 시가 가을에 지은 것이므로 이 시 역시 배
열순서상 1796년 가을에 지은 것이다. 뒤에 9월에 지은 시가 있으므로
가을 9월 이전 작이다.[223] 즉 1796년(35세) 가을, 9월 이전 작이다.

秋夜竹欄小集每得一篇南皐爲余朗誦其聲淸切哀婉令人泣下要聞其
聲戲爲絶句意不在詩遂多蕪拙本十九首今刪之錄十首의 경우, 제목으
로 보아 계절이 가을이었음을 알 수 있다. 바로 뒤의 시가 9월이므로
이 시의 저작 시기는 1796년 가을, 9월 이전이라고 추정할 수 있다.

竹欄月夜同南皐飮의 경우, 제목 아래에 "九月"이라고 원주가 붙어
있다. 따라서 이 시의 저작 시기는 1796년(35세) 9월이었음을 알 수 있
다.

送南皐還華城의 경우, 배열순서로 보아 저작 시기가 1796년(35세)
가을, 9월 이후이다. 남고 윤규범을 수원으로 보내며 지은 시이다. 바
로 뒤의 시의 계절이 국화가 피는 때이므로 이 시의 계절 역시 아직
가을을 지나지 않았다.

竹欄菊花盛開同數子夜飮의 경우, "周臣徯甫无咎也"라고 원주가 붙
어 있다. 1796년(35세) 가을 9월 이후, 국화가 만개하였을 무렵에 정약
용의 집에 이주신, 한혜보, 윤무구가 모임을 가졌을 때 지은 시이다.

---

223) 계각은, 시의 내용으로 보아 정약용 자신의 집을 가리키는 것이 아닌가 생각
　　된다. 그가 이즈음 무척 쓸쓸하였음을 알 수 있다. 1796년 연초이래 오랫동안
　　벼슬을 하지 못한 사실과도 관련된다고 여겨진다.

花下獨酌의 경우, 국화꽃 아래 홀로 술을 마시며 지은 시이다. 배열 순서상 저작 시기는 1796년(35세) 가을, 9월 이후이다.

許去非(是)先生遷葬輓詞의 경우, 뒤에 憶金左賢簡寄二首가 배열되어 있으므로, 아직 가을이었다. 따라서 이 시의 저작 시기는 1796년(35세) 가을, 9월 이후이다.

申進士(宗洙)輓詞의 경우, 뒤에 憶金左賢簡寄二首가 배열되어 있으므로, 계절이 아직 가을이다. 따라서 이 시의 저작 시기는 1796년(35세) 가을, 9월 이후이다.[224]

憶金左賢簡寄二首의 경우, "時菊有奇節 賞心誰與同"이라는 구절이 있다. 계절은 아직 가을이었음을 알 수 있다. 따라서 이 시의 저작 시기는 1796년(35세) 가을, 9월 이후이다. 앞에도 그에 대한 시가 있다.

送別蔡邇叔參議寧越謁陵之行의 경우, "驛亭寒日曉光分"이라는 구절로 시작하고 있다. 계절은 겨울이었다고 생각된다. 그렇다면 1796년(35세) 겨울에 지은 시이다.

冬日奉旨直奎瀛府校書同李(晩秀)直學李(翼晉)承旨蒙賜內饌恭述恩例의 경우, 제목으로 보아 겨울에 지은 것임을 알 수 있다. 따라서 이 시는 1796년 겨울에 지은 것이다.[225] 사암선생연보에 의하면 이 해 10월 규장각에서 校書하라는 명령을 받았다고 되어 있지만,[226] 보다 정확하게는 이 시는 1796년(35세) 11월 16일 이후 어느 날의 작으로 보아야 할 것이다. 『규영일기』에 따르면 규장각에서 교서하도록 명령을 받은 것은 11월 16일이고[227] 12월 1일 병조참지로 임명되었다.[228]

---

224) 앞서 금정시절의 시를 고찰할 때 살폈듯이 정약용은 1795년 가을 금정에서 신종수를 만나 교유하였다.

225) 규장각에서 이만수, 이익진 등과 책을 교정할 때 정조가 음식을 내리자 이에 대하여 감사하는 시이다.

226) 『年譜』, 70쪽.

227) 『여유당전서보유』 2, 41쪽.

228) 『年譜』, 72쪽.

重熙堂賜對論史記漢書退述玉音爲詠史詩五首의 경우 배열순서상, 역시 1796년 겨울에 지은 시이다.229) 규장각에 들어가 校書할 때의 시이므로 1796년 겨울, 11월 16일 이후의 작이다.

不亦快哉行二十首의 경우 배열순서상, 역시 1796년 겨울 11월 16일 이후에 지은 시이다.

詩四言의 경우 배열순서상, 역시 1796년 겨울 11월 하순경에 지은 시로 추정된다.230)

(2) 與猶堂集 文集 제3책 제2권

[1797년] (36세)

南皐至의 경우, 제목 아래에 "丁巳 正月"이라고 원주가 붙어 있다. 1797년(36세) 1월에 지은 것임을 알 수 있다.

奉旨同李(書九)承旨尹(光顔)李(相璜)諸僚就外閣校春秋의 경우, 제목 아래에 "命倣朱子綱目 合經傳爲書"라고 원주가 붙어 있다. 사암선생연보에 따르면 이 시는 1797년(36세) 3월에 지은 것임을 알 수 있다.231)

春日小酉舍侍宴의 경우, 제목 및 배열순서로 보아 1797년(36세) 봄

---

229) 이때 『史記』·『漢書』에 대하여 중희당에서 정조와 논한 뒤, 영사시를 읊은 것이다. 앞 시의 교서란 『사기』·『한서』를 말한 것으로 짐작되는데 그 중에서도 열전일 가능성이 크다.

230) 이 시는 "尙或徊徨 歸哉歸哉 於玆樂康"이라는 구절로 끝나고 있다. 아직 관직에 정식으로 다시 복직되지 않은 때라고 여겨진다. 다산연보에 의하면 이 해 12월 1일 병조참지에 제수되고 12월 3일에 우부승지에 제수되었으며 그 다음날 다시 좌부승지로 승진되었다. 또 이 달 12월에 용양위 부호군에 체부 되었다(『사암선생연보』에도 마찬가지 기록이 있음. 『年譜』, 72쪽). 이 시는 정식으로 12월초 관직에 다시 나가기 전, 대략 11월 하순경에 지은 것으로 생각된다.

231) 『年譜』, 72쪽, "(정조)二十一年丁巳 公三十六歲 三月進參大酉舍宣饌 承命校春秋經傳".

3월 이후의 작품임을 알 수 있다. 뒤의 시 將游苕川陪伯氏晚出纛洲作이 5월 1일 작이므로, 이 시는 4월말 이전의 작품이다. 즉 1797년 3월 이후 5월 1일 이전의 작품이다.

摛文院同諸學士校杜詩의 경우, 제목 아래에 "李書九 金祖淳 及李相璜 金履喬"라고 주가 붙어 있다. 또 말미에도 "時臣等坐奎章閣 李參判義駿等坐奎瀛府 臣等校杜詩 彼等校陸放翁詩 令各睹勝 先者有賞 後者有罰酒"라는 주가 있다. 배열순서로 보아 1797년 3월에서 5월 1일 사이의 작품이다.

夏日獨坐簡寄蔡邁叔의 경우, 제목으로 보아 계절이 여름이고 배열 순서가 將游苕川陪伯氏晚出纛洲作(5월 1일 작) 바로 앞에 있다. 따라서 1797년(36세) 4월부터 5월 1일 사이의 작품으로 추정된다.

將游苕川陪伯氏晚出纛洲作의 경우, 제목 아래에 "五月一日"이라고 원주가 붙어 있다. 1797년(36세) 5월 1일 늦게 큰 형님 정약현을 모시고 고향 초천으로 가기 위해 纛洲(뚝섬)를 나오며 지은 시이다. "烏紗催上廣陵舟"라는 구절로 보아 뚝섬에서 廣陵으로 가는 배를 탔다.

過鬻鼎洲舟中戲爲絶句三首의 경우, 1797년 5월 1일 뚝섬에서 고향을 향해 배를 타고 가다가, 몽동주를 지날 때 배 안에서 지은 시이다.[232]

上瀨의 경우, 1797년(36세) 5월 1일 지은 것으로 여겨진다. 몽동주를 지나 여울을 거슬러 올라갈 때 지은 시이다. "力盡志亦倦 弛然遂放槳 空捐半日功 不復相勉强"이라는 구절로 보아 이날 여울을 거슬러 가기를 포기한 듯하다.

乘小艇泝流宿渼陰村의 경우, 1797년(36세) 5월 1일 미음촌에 묵으며 지은 시로 생각된다.

---

232) "剛喜蓬窓午睡遲"라는 구절로 보면 오후에 지은 시임을 알 수 있다. "篙師落帆氣低垂 嗔怪西風斷續吹"라는 구절로 보아 이날 서풍이 제대로 불지 않아 동쪽으로 거슬러 가기가 어려웠던 듯하다.

端午日陪二兄游天眞庵의 경우, 제목 아래에 "初四日 宿寺"라고 원주가 붙어 있는 것으로 보아 이 시는 1797년 5월 4일 지은 것이며 이날 밤 천진암에서 묵었음을 알 수 있다.[233]

寺夕의 경우, 1797년(36세) 5월 4일 밤 천진암에 묵으면서 지은 시라고 생각된다.

早起의 경우, 제목 아래에 "端午日作"이라고 원주가 붙어 있다. 따라서 1797년 5월 5일 지은 것이다. 1797년 5월 5일 절(천진암)에서 일찍 일어나 지은 시이다.

山中感懷의 경우, 1797년 (36세) 5월 5일 山中에서 지은 것으로 생각된다. "娟妙鵞峯色 終朝在檻頭"라는 구절로 보아 혹시 천진암에 머무르며 지은 시가 아닌가 여겨진다.

李周臣山亭値雨同諸友遣興三十韻(用掂韻法)綦子三十每書一韻貯之瓶中任瀉一綦點綴成文의 경우, 고향 초천에서 서울로 돌아온 이후에 이주신의 산정에 가서 지은 시이다. 따라서 1797년(36세) 5월 6일 이후에 지은 것이다.

送尹无咎謫鐵原의 경우, 배열순서로 보아 1797년(36세) 5월 6일 이후에 지은 것이다.[234]

纔十日无咎宥還復次前韻의 경우, 배열순서로 보아 1797년(36세) 5월 6일 이후에 지은 것이다. 윤무구가 열흘만에 철원 유배에서 풀려난 것을 축하하는 시이다. 바로 앞의 시보다 10일 뒤 무렵 지어진 것이다.

---

233) 제목에는 단오날이라 하였지만 원주에 초4일이라 되어 있고 이날 절에서 묵은 것으로 되어 있다. 제목에서 단오일이라 한 것은 단오 무렵이라는 뜻으로 쓴 것으로 여겨진다. 두 형은 정약현과 정약전으로 생각된다.

234) 「사헌부지평윤무구묘지명」에 의하면 을묘년(1795) 여름 윤무구(지눌)가 철원에 유배되어 며칠 만에 풀린 것으로 되어 있으나(『전서』 시문집, 묘지명 부분) 이 시의 배열에 따르면 1797년 여름이 되어야 한다. 묘지명의 기록에 착오가 있는 것이 아닌가 생각된다. 만일 묘지명의 기록이 맞다면 이 시와 다음 시 纔十日无咎復次前韻은 1795년 여름에 배치되어야 한다. 그러나 이 시율에서의 배치가 맞을 가능성이 보다 크다.

竹欄小集與尹彝叙李周臣韓傒父賦得田家夏詞八十韻의 경우, 배열
순서로 보아 1797년(36세) 5월 6일 이후에 지은 것이다. 윤무구의 해배
를 축하하기 위해 모인 것이 아닌가 생각된다.

夏日述懷奉簡族父吏曹參判의 경우, 제목으로 보아 여름에 지은 것
임을 알 수 있다. 배열순서로 보아 1797년(36세) 5월 6일 이후에 지은
것이다.

將赴谷山辭殿日悵然有作의 경우, 1797년(36세) 윤6월 6일에 지은
것이다.235)

臨津城樓避暑示南涷遂安의 경우, 배열순서상 1797년(36세) 윤6월 6
일 서울에서 곡산으로 가는 길에 임진강의 城樓에 이르러 지은 시이
다.

松京懷古五首의 경우, 배열순서상 1797년(36세) 윤6월 7일경 서울
에서 곡산으로 가는 길에, 임진강을 지나 송도에 이르러 지은 시이다.

靑石谷行의 경우, 배열순서상 1797년(36세) 윤6월 8일경, 개성을 지
나 청석곡(청석골)에 이르러 지은 시이다.

海州芙蓉堂同鄭(述仁)判官飮의 경우, 배열순서상 1797년(36세) 윤6
월 9일경, 개성에서 청석곡을 지나 해주에 이르러 지은 시이다.

至金川領妻子還府途中有作의 경우, 배열순서상 1797년(36세) 윤6
월 10일경 이후부터 9월 8일 사이에 지은 시로 추정된다.236)

---

235) 윤6월 2일에 곡산부사에 제수되었다(『年譜』, 84쪽 및 『茶山年譜』). 제수받은
당일 출발하지 않고 윤6월 6일 출발하였다(「함주일록」, 『여유당전서보유』 2,
70쪽). 가족은 얼마 뒤에 뒤따른 것으로 생각된다(뒤의 시, 至金川領妻子還
府途中有作 참조 요).

236) 바로 뒤의 뒤의 시가 九日游文城堡이다(9월 9일 작, 문성보에 노닐고 지은
시이다. 이날 전에 처자를 맞이하러 갔다고 보아야 할 것이다). 따라서 이 시,
至金川領妻子還府途中有作은 9월 8일 이전이어야 한다. 정약용이 출발한 얼
마 뒤에 가족이 출발하였고 이들을 맞이하러 정약용이 직접 금천에까지 갔다
가 곡산에 돌아오며 지은 시이다. 따라서 윤6월 10일경 이후 9월 8일 이전에
지은 시로 추정된다.

赤驥行 示崔生의 경우, 1797년(36세) 곡산에 도착한 이후 지은 시이다. 곡산에 도착한 것은 대략 윤6월 10월경이고 뒤의 시 九日游文城堡가 9월 9일 작으로 생각되므로 이 시는 윤6월 10일 이후부터 9월 8일 이전에 지은 것이다.

九日游文城堡의 경우, 1797년(36세) 9월 9일 지은 시이다. 뒤의 잡문 전편 書 형식의 글 가운데 與五沙(제2서)가 있다. 이를 보면 문성보에 노닌 것은 9월 9월이었음을 알 수 있다.

烏淵汎舟五首의 경우, "烏淵秋水碧沈沈"이라는 구절로 보아 이미 가을이 깊었음을 알 수 있다. 즉 저작 시기는 1797년(36세) 가을이며 9월 9일 이후이다.

笏谷行呈遂安守의 경우, 배열순서상 저작 시기가 1797년(36세) 9월 9일 이후 작이 된다.237)

戲贈瑞興都護林君의 경우, 서흥 도호 林性運에게 준 시이다. 제목 아래 "性運 ○時與遂安守同至海州考省試回"라고 원주가 붙어 있다. 즉 이때 임성운이 수안 군수와 海州 省試의 고관으로 함께 왔다가 갔음을 알 수 있다. 정약용도 마찬가지로 해주 고관으로 차출된 것으로 보인다. 배열순서상, 저작 시기가 1797년(36세) 9월 9일 이후 작이 된다.238)

龍淵의 경우, 제목 아래에 "神德王后故宅也 在府南三里"라고 원주가 붙어 있다. 배열순서로 보아, 저작 시기가 1797년(36세) 9월 9일 이후 작이 된다. 해주에서 곡산으로 돌아온 뒤에 지은 것이다.

馳馬谷의 경우, 제목 아래에 "在府北八十里"라고 원주가 붙어 있다.

---

237) 시의 내용으로 보아 홀곡은 수안에 금광이 있는 곳이라 생각된다. 정약용이 수안에 갔는데, 뒤의 시에서 수안의 수령과 함께 해주 省試의 고관으로 갔다고 한 것으로 보아 함께 해주로 가기 위해 수안에 들렀을 때 지은 것이 아닌가 생각된다.

238) 과거 고관을 위해 해주에 갔다가 서흥군수 임성운을 만나 지은 시가 아닌가 여겨진다.

배열순서로 보아, 1797년(36세) 9월 9일 이후 작이 된다.

鳥吟洞의 경우, 제목 아래에 "在府北東六十里"라고 원주가 붙어 있다. 배열순서로 보아, 1797년(36세) 9월 9일 이후 작이 된다.

老人嶺의 경우, 배열순서로 보아, 1797년(36세) 9월 9일 이후 작이 된다.

(3) 與猶堂集 文集 제3책 제3권

[1798년] (37세)

北蘇宮春感의 경우, 제목 아래에 "戊午 ○宮在新溪縣東七十里 高麗恭愍王所築"이라고 원주가 붙어 있다. 제목과 원주로 보아 1798년(37세) 봄에 지은 것임을 알 수 있다. 이하의 시들은 1798년에 지은 것들이다.

贈朴生의 경우, "桃花漲"이라는 구절로 보아 1798년(37세) 봄에 지은 것임을 알 수 있다.

政閣成漫題五首의 경우, 역시 이 시의 저작 시기는 1798년(37세) 봄으로 추정된다. 뒤의 시 가운데 봄에 지은 작품이 있다. 시의 내용으로 보아 모내기 철 늦봄의 작품으로 판단된다. 정각이 완성된 것은 대략 1798년 2월경으로 추정된다.[239)

天傭子歌의 경우, 배열순서로 보아 1798년(37세) 봄의 작품이다. 뒤의 시, 偶題東閣이 봄에 지은 작품이기 때문이다.

偶題東閣의 경우, 배열순서로 보아 1798년(37세) 봄 작품이다. "一春無事"라는 구절이 있다.

池閣絶句의 경우, "霖雨後"라는 구절로 보아 저작 시기는 1798년 여름이다.

池閣值雨遣懷의 경우, 앞의 시와 뒤의 시(夏日郊行)의 계절이 여름

---

239) 뒤의 잡문전편 「곡산정당신건기」 부분 참조 요.

이므로 이 시의 계절 역시 여름이다. 따라서 저작 시기는 1798년(37세) 여름이다.

池閣夜坐의 경우, 배열순서상 저작 시기는 1798년 여름이다. 뒤의 시, 夏日郊行이 여름 작이기 때문이다.

夏日郊行의 경우, 제목으로 보아 여름에 지은 것임을 알 수 있다. 따라서 이 시의 저작 시기는 1798년(37세) 여름이다.

游資孝寺의 경우, 배열순서상 여름에서 가을 사이의 작품이다. 바로 뒤에 가을 시가 있기 때문이다. 따라서 저작 시기는 1798년(37세) 여름에서 가을 사이로 추정된다.

赴逐安途中作의 경우, "野屋通身是瓠瓜"라는 구절로 보아 계절이 가을이었음을 알 수 있다. 따라서 이 시의 저작 시기는 1798년(37세) 가을이다(8월 15일 이전). 뒤에 8월 15일 지은 시가 있으므로 이 시는 8월 15일 이전에 지은 것이다.

示新溪瑞興二邑宰의 경우, 배열순서상 저작 시기는 1798년(37세) 가을이다. 뒤에 8월 15일 지은 시가 있으므로 이 시는 8월 15일 이전에 지은 것이다.240)

芙蓉堂夜坐의 경우, 배열순서상 이 시의 저작 시기는 1798년(37세) 가을이다. 뒤에 8월 15일 지은 시가 있으므로 이 시는 8월 15일 이전에 지은 것이다.

曉發靑丹驛의 경우, 배열순서상 저작 시기는 1798년(37세) 가을이다. 뒤에 8월 15일 지은 시가 있으므로 이 시는 8월 15일 이전에 지은 것이다.

自江西寺乘舟至碧瀾渡의 경우, 배열순서상 저작 시기는 1798년(37세) 가을이다. 뒤에 8월 15일 지은 시가 있으므로 이 시는 8월 15일 이

---

240) 제목 아래에, "新溪朴性圭 瑞興林性運"이라고 원주가 붙어 있다. 임성운과는 지난 해 해주 省試 때 만나 시를 써준 일이 있다. 이 시에서 龍泉館의 풍경을 읊고 있으며 용천관이 서흥 龍泉驛 옆에 있었으므로 정약용이 서흥에 가서 지은 시로 생각된다.

전에 지은 것이다.

過延安城의 경우, 배열순서상 이 시의 저작 시기는 1798년(37세) 가을이다. 뒤에 8월 15일 지은 시가 있으므로 이 시는 8월 15일 이전에 지은 것이다.

金郊李察訪池亭留別의 경우, 제목 아래에 "漢喬"라고 원주가 붙어 있다. 배열순서상 저작 시기는 1798년(37세) 가을이며 뒤에 8월 15일 지은 시가 있으므로 이 시는 8월 15일 이전에 지은 것이다.

獨游高達寺懷李察訪再用前韻의 경우, 배열순서상 저작 시기는 1798년(37세) 가을이다. 뒤에 8월 15일 지은 시가 있으므로 이 시는 8월 15일 이전에 지은 것이다.

八月十五日陪李觀察(義駿)汎舟紫霞潭至烏淵候月汎至文城橋夜還此間山水絶勝而前此無人來游余與李公實刱爲之의 경우, 제목으로 1798년(37세) 8월 15일에 지은 것이다. 8월 당시 황해감사 李義駿과 함께 자하연에 노닐었음을 알 수 있다.[241]

和崔斯文游獵篇의 경우, 배열순서상 1798년(37세) 8월 15일 이후의 작이다.

縱鷹篇의 경우, "北山晴雪"이라는 구절로 보아 1798년(37세) 겨울의 작품이다.

夜游資孝寺의 경우, 배열순서상 1798년(37세) 겨울의 작품이다.

[1799년] (38세)

黃州月波樓同趙(榮慶)牧使飮의 경우, 1799년 2월 황주에 迎慰使로 갔을 때 지은 것으로 추정된다.[242]

---

241) 이의준과는 좋은 사이가 되어 이후 그 집안과 교유가 계속 있었다.

242) 제목 아래 "己未 ○時以勅使迎慰使赴黃州"라고 원주가 붙어 있다. 『사암선생연보』에 "二月 黃州迎慰使奉旨 ○正月淸高宗皇帝崩 勅使出來 以戶曹參判假銜 迎勅行"이라 되어 있다(『年譜』, 102쪽). 즉 1799년 2월에 청 고종 황제(건륭제)의 서거로 칙사가 오는 것을 맞기 위한 迎慰使로 黃州에 갔는데

太白山城東樓同豊川(李民秀)長淵(具絳)二都護飲의 경우, 시의 내용으로 보아 1799년 봄에 지은 것이다. 뒤에 4월 3일 작이 있으므로 이 시는 1799년(38세) 2월 이후부터 4월 3일 이전의 작이다.

樊翁輓詞의 경우, 1799년(38세) 봄에 지은 것이다. 이 해 봄에 채제공이 사망하였다. 정약용은 이 소식을 곡산에서 듣고 지은 것이다. 뒤에 4월 3일 작이 있으므로 이 시는 1799년(38세) 2월 이후부터 4월 3일 이전의 작이다.[243] 정조실록에 따르면 채제공이 졸한 것은 1799년 1월 18일이다.[244] 배열순서로 보면 輓詞는 2월 황주에 영위사로 간 이후의 작품으로 생각된다. 즉 輓詞를 채제공이 졸한 뒤에 바로 지은 것이 아니라 2월 그의 장례일에 즈음하여 지은 것으로 여겨진다. 채제공의 경우 踰月葬을 하였다고 생각된다.

春日池閣與諸生飲의 경우, 제목으로 보아 계절이 봄이었음을 알 수 있다. 따라서 1799년 봄에 지은 것이다. 바로 뒤의 시가 4월 3일 작이므로 이 시는 1799년 2월 이후부터 4월 3일 이전의 작이다.

四月三日游觀寂寺二兒隨之의 경우, 제목에서 1799년(38세) 4월 3일에 지은 것임을 알 수있다. 제목 아래에 "李震大崔命鳳趙嘉木亦從焉"이라고 원주가 붙어 있다.

鑊淵瀑布歌의 경우, 배열순서로 보아 1799년(38세) 4월 3일 이후의 작품임을 알 수 있다. 곡산 시절에 지은 것이므로 이 해 5월 서울로 돌아오기 전이다. 확연폭포가 관적사 근처에 있으므로 이 시 역시 4월 3일에 지은 것일 가능성이 있다.

이때 황주에 머무르며 지은 시로 추정된다. 이때 정약용은 황주에 50일간 머물렀으며 황해도 내 수령의 잘못 여부 및 饋賓(사신 영접)에 따른 여러 폐단을 살피게 하였다(『年譜』, 102쪽, 三月 奉本道按廉密旨 是時 公爲黃州迎慰使 留黃五旬 上密諭 令廉察道內守令蓄否及饋賓諸弊). 이하의 시들은 1799년에 지은 작품들이다.

243) 여유당전서본에는 제목이 樊巖蔡相公輓으로 되어 있다.

244) 『정조실록』 23년 1월 18일조(丁丑).

自鑴淵東見峻壁峨開溪流噴出玆乃五倫洞口也 緣溪轉入 却週觀寂寺洞口從寺後峻嶺上寺筋力遂倦日色已晩의 경우, 역시 배열순서로 보아 1799년(38세) 4월 3일 이후의 작품임을 알 수 있다. 곡산 시절에 지은 것이므로 이 해 5월 서울로 돌아오기 전이다. 확연폭포가 관적사 근처에 있으므로 이 시 역시 4월 3일에 지은 것일 가능성이 있다.

溪行絶句四首의 경우, 역시 배열순서로 보아 1799년(38세) 4월 3일 이후의 작품임을 알 수 있다. 곡산 시절에 지은 것이므로 이 해 4월말에서 5월초 서울로 돌아오기 바로 전의 작품이다.[245]

題張逸人溪亭의 경우, 제목 아래에 "在鳳鳴坊 朝陽里"라고 원주가 붙어 있다. 역시 배열순서로 보아 1799년(38세) 4월 3일 이후의 작품임을 알 수 있다. 곡산 시절에 지은 것이므로 이 해 4월말 5월초 서울로 돌아오기 바로 전의 작품이다.

山行書懷의 경우, 역시 배열순서로 보아 1799년(38세) 4월 3일 이후의 작품임을 알 수 있다. 곡산 시절에 지은 것이므로 이 해 5월초 서울로 돌아오기 바로 직전의 작품이다.

晚泊月峴嶺下의 경우, 역시 배열순서로 보아 1799(38세) 4월 3일 이후의 작품임을 알 수 있다. 곡산 시절에 지은 것이므로 이 해 4월말 5월초 서울로 돌아오기 바로 전의 작품이다.

觀諸生施眾의 경우, 역시 배열순서로 보아 1799년(38세) 4월 3일 이후의 작품임을 알 수 있다. 곡산 시절에 지은 것이므로 이 해 4월말 5월초 서울로 돌아오기 바로 전의 작품이다.

重游高達窟의 경우, 역시 배열순서로 보아 1799년(38세) 4월 3일 이후의 작품임을 알 수 있다. 곡산 시절에 지은 것이므로 이 해 4월말 5월초 서울로 돌아오기 바로 전의 작품이다.

入葛玄洞의 경우, 역시 배열순서로 보아 1799년(38세) 4월 3일 이후

---

245) 뒤의 시 承召赴京於政堂宴集留別諸生의 저작 시기에 대한 서술 부분 참조요.

의 작품임을 알 수 있다. 곡산 시절에 지은 것이므로 이 해 4월말 5월초 서울로 돌아오기 바로 전의 작품이다.

下嶺訪立巖寺値雨의 경우, 역시 배열순서로 보아 1799년(38세) 4월 3일 이후의 작품임을 알 수 있다. 곡산 시절에 지은 것이므로 이 해 4월말 5월초 서울로 돌아오기 바로 전의 작품이다.

承召赴京於政堂宴集留別諸生의 경우, 1799년 4월말 5월초의 작품으로 생각된다. 정약용은 4월 24일 서울로 옮겨 병조참지에 제수한다는 명을 받았다.246)

重熙堂夜對退而有作의 경우, 제목 아래에 "五月 十二日"이라고 원주가 붙어 있다. 서울에 돌아온 이후 1799년(38세) 5월 12일 밤에 중희당에서 정조를 뵙고 지은 시이다.

遭臺參陳疏乞解日書懷의 경우, 1799년(38세) 6월 지은 것이다.247)

竹欄遣興의 경우, 배열순서상 1799년(38세) 7월 27일에 형조참의에서 체직된 이후의 작품으로 생각된다. 뒤의 '八月二日因仲氏挈眷東還同尹无咎上舟偕行 此朱竹垞鴛鴦湖櫂歌諸韻'이라는 긴 제목의 시의 저작 시기가 1799년 8월 2일이므로, 이 시는 1799년 7월 27일에서 8월 2일 사이에 지은 것이다.

---

246) 『年譜』, 104~105쪽, "四月 二十四日 內移 除兵曹參知". 5월 4일 서울로 가는 도중에 동부승지에 제수되고 5월 5일 서울에 입성하여 형조참의에 제수되었다(『사암연보』, 在途(五月初四日) 又除同副承旨 遞付副護軍 入城(初五日) 又除刑曹參議). 5월 5일 서울에 도착하였다면 곡산이 서울에서 300리 길이므로 곡산을 출발한 것은 대략 4월말, 5월초 경이라고 여겨진다. 위의 시는 출발 전날 무렵에 있었던 송별연에서 지은 것이다. 4월 24일에 서울에서 인사 발령이 있고 곡산에 이 명령이 도착하는 데에도 대략 3~4일 걸리지 않았나 생각된다. 따라서 정약용이 이 명령을 받은 것은 대략 4월말 경이었을 것이다.

247) 『사암선생연보』에 따르면 "六月 因臺言上疏自明 乞遞"라고 되어 있다(『年譜』, 112쪽). 또 『사암선생연보』에서는 "至七月二十七日 以刑曹坐不左單子 傳曰懸病參議許遞"라는 언급도 있다(『年譜』, 117쪽). 즉 7월 27일 형조참의에서 체직되었음을 알 수 있다.

次韻奉簡伯氏의 경우, 배열순서상 1799년(38세) 7월 27일 형조참의에서 체직된 이후의 작품으로 생각된다. 뒤의 '八月二日因仲氏挈眷東還同尹无咎上舟偕行 此朱竹垞鴛鴦湖櫂歌諸韻'이라는 긴 제목의 시의 저작 시기가 8월 2일이므로, 이 시는 1799년(38세) 7월 27일에서 8월 2일 사이에 지은 것이다.

八月二日因仲氏挈眷東還同尹无咎上舟偕行此朱竹垞鴛鴦湖櫂歌諸韻의 경우, 제목으로 보아 1799년(38세) 8월 2일에 지은 것이다.

宿平邱의 경우, 시의 내용으로 보아 바로 위의 시, 八月二日因仲氏挈眷東還同尹无咎上舟偕行此朱竹垞鴛鴦湖櫂歌諸韻와 같이 1799년(38세) 8월 2일에 지은 것이다.248)

花下獨酌憶金正言(商雨)簡寄의 경우, 배열순서상 1799년 8월 2일 이후의 작이다.

次韻寄河進士의 경우, 제목 아래에 "鎭伯"이라고 원주가 붙어 있다. 배열순서상 1799년 8월 2일 이후의 작이다.

菊花同谿父无咎竹欄宴集의 경우, 배열순서상 1799년 8월 2일 이후의 작이다. 또 제목으로 보아 국화가 피는 계절이었음을 알 수 있다.

送別韓谿父書狀大淵進士赴燕의 경우, 서장관으로 연경에 가는 한치응을 전송하는 시이다. 1799년 가을 한치응은 서장관으로 연경으로 갔다. 즉 이 시는 1799년 가을의 시이다. 정조실록에 따르면 1799년의 연행사는 7월 14일 출발한 것으로 보인다.249)

送別諫議大夫金公(翰東)還山의 경우, 배열순서로 보아 1799년(38세) 가을에서 겨울 사이의 작품이다. 뒤에 12월 10일 작품이 있으므로 12월 10일 이전 작이다.

---

248) 이날 고향으로 식구를 이끌고 돌아가는 정약전과 함께 배를 타고 가다가 평구역에 묵었다고 생각된다. 위의 시 내용에 평구역에 해가 진다는 언급이 있다.

249) 『정조실록』 23년 7월 16일조(壬申). 이 날짜에 연행 사신에 대한 정조의 하교가 수록되어 있다.

輓李承旨의 경우, 제목 아래 "景溟"이라고 원주가 붙어 있다. 배열
순서로 보아 1799년(38세) 가을에서 겨울 사이의 작품이다. 뒤에 12월
10일 작품이 있으므로 12월 10일 이전 작이다.

禹君文爕跋險遠訪古道不泯爲之感悅贈詩遣之의 경우, 배열순서로
보아 1799년(38세) 가을에서 겨울 사이의 작품이다. 뒤에 12월 10일 작
품이 있으므로 12월 10일 이전 작이다.

奉和御製洗書禮(方言謂之冊施時)識喜의 경우, 제목 아래에 "十二
月 初十日"이라고 원주가 붙어 있다. 1799년(38세) 12월 10일에 지은
것임을 알 수 있다.

[1800년] (39세)

大駕回自華城恭候舟橋之北의 경우, 제목 아래에 "庚申"이라고 간
지가 붙어 있으므로 1800년(39세)에 지은 것임을 알 수 있다. 이하의
시들은 1800년(39세)에 지은 것들이다. 새해를 맞이하여 정조가 화성
의 능침을 배알하고 돌아올 때, 정약용이 한강 주교의 북쪽에서 기다
리며 지은 시이다. 정조실록에 따르면 이 날은 1800년(39세) 1월 18일
이었다.[250]

東宮冊封日迎春軒恭覩盛儀의 경우, 1800년(39세) 봄 동궁(뒤의 순
조)을 책봉한 2월 2일에 영춘헌에서 그 의식을 보고 지은 시이다.[251]

同茯菴訪李郞(重植)病廬仍賦玉流洞花 輝祖亦至의 경우, 역시 배열
순서로 보아 1800년 봄에 지은 시로 생각된다. 이 시에 따르면 사신으

---

250) 이날 "어가가 화성 행궁을 출발하여 시흥 행궁에서 晝停한 다음 환궁하였다"
　　고 하였다(『정조실록』 권53, 24년 1월 18일 조 辛未).
251) 순조를 동궁으로 정한 것은 1800년(정조 24) 1월 1일이다(『정조실록』 권53,
　　24년 1월 1일 甲寅). 그러나 『정조실록』에 의하면 세자의 책봉례를 행한 것은
　　2월 2일이다(『정조실록』 권53, 24년 2월 2일 조 乙酉). 이에 따르면 책봉례를
　　행한 장소는 集福軒 바깥채라고 되어 있다. 이곳을 영춘헌이라고 불렀다고
　　생각된다.

로 갔다 온 이기양과 함께 이중식을 방문하였다. 정조실록에 따르면 귀환한 연행 사신(정사 金載瓚, 부사 李基讓)을 정조가 접견한 것은 3월 8일이며[252] 뒤에 4월 7일 지은 시가 있다. 따라서 이 시의 저작 시기는 1800년(39세) 3월 8일 이후에서 4월 7일 이전이다.

洪判書(周萬)輓詞의 경우, 역시 배열순서로 보아 1800년 봄에 지은 시로 생각된다. 앞의 앞 시의 상한이 3월 8일이고 뒤에 4월 7일 지은 시가 있으므로 이 시의 저작 시기는 1800년(39세) 3월 8일 이후에서 4월 7일 이전이다.

四月七日 早出興仁門作의 경우, 제목으로 보아 1800년(39세) 4월 7일에 동대문을 나서며 지은 시임을 알 수 있다.

上峽의 경우, 제목으로 보아 1800년(39세) 4월 7일에 동대문을 나선 뒤, 배를 타고 한강을 거슬러 올라가다가 지은 시로 추정된다.

苕川早發의 경우, 고향 초천에 돌아온 뒤에 다시 다른 곳으로 가기 위해 출발하면서 지은 시이다. 따라서 1800년 4월 7일 이후의 작이다. 시의 내용으로 보아 계절이 봄이었음을 알 수 있다. 초천에서 4월 9일 부친의 제사를 지냈을 것이므로 4월 9일 이후 작이 된다.

訪尹逸人의 경우, 제목 아래에 "用謙"이라고 원주가 붙어 있다. 배열순서로 보아 1800년 4월 9일 이후의 작이다. 시의 내용으로 보아 계절이 봄이었음을 알 수 있다.

到法泉判書宅次韻의 경우, 원주 법천으로 정범조를 찾아 뵙고 지은 것으로 생각된다. 배열순서로 보아 1800년 4월 9일 이후의 작이다.

江邊道中作의 경우, 배열순서로 보아 1800년 4월 9일 이후의 작이다.

木溪贈洪丈의 경우, 제목 아래에 "樂一"이라고 원주가 붙어 있다. 배열순서로 보아 1800년 4월 9일 이후의 작이다.[253] 4월 9일 제사를 지

---

252) 『정조실록』 24년 3월 8일조(庚申).
253) 정약용은 법천의 정범조를 뵙고 나서 목계로 홍낙일을 찾아간 것으로 생각된

낸 뒤에 초천을 출발하였다면 충주 목계는 4월 10일 이후 도착하였을 것이다. 따라서 이 시는 4월 중순경의 시로 볼 수 있다.

贈李丈의 경우, 제목 아래에 "之謙"이라고 원주가 붙어 있다. 아마도 충주 근처에 살고 있던 이지겸을 방문하고 지은 시라고 생각된다. 배열순서로 보아 1800년 4월 중순경의 작이다.

贈金正言의 경우, 제목 아래에 "商雨"라고 원주가 붙어 있다. 충주 근처에 살고 있던 김상우를 방문하고 지은 시이다. 배열순서로 보아 1800년 4월 중순경의 작이다.

贈洪丈의 경우, 제목 아래에 "樂顔樂眞"이라고 원주가 붙어 있다. 아마도 충주 근처에 살고 있던 홍낙안, 홍낙진을 방문하고 지은 시라고 생각된다. 배열순서로 보아 1800년 4월 중순경의 작이다.

汎舟下蟾江口의 경우, 원주 근처의 섬강 입구를 내려가며 지은 시이다. 충주에서 서울 방향으로 돌아가는 여정에 있었다고 생각된다. 하담의 선영에 참배하기 위해 충주에 갔던 것으로 생각된다. 배열순서로 보아 1800년 4월 중순경의 작이다.

夜泊神勒寺登東臺의 경우, 원주를 지나 신륵사에서 하루 묵으며 지은 시이다. 배열순서로 보아 1800년 4월 중순경의 작이다.

舟發廣陵의 경우, 신륵사에서 하루 묵고 광릉에 도착한 다음, 다시 하루 묵고서 그 다음날 광릉을 출발하며 지은 시로 생각된다. 배열순서로 보아 1800년 4월 중순경의 작이다. 이리하여 서울 또는 초천에 돌아왔다면 그것은 여정으로 보아 대략 4월 20일경이 된다. 따라서 이하 몇 편의 시들은 4월 하순 이후의 작으로 생각된다.

追和季父山莊小集韻의 경우, 배열순서로 보아 1800년 4월 하순 이후의 작이다.

晩出江皐의 경우, 배열순서로 보아 1800년 4월 하순 이후의 작이다.

次季父遣愁韻의 경우, 배열순서로 보아 1800년 4월 하순 이후의 작

___

다.

이다.

江亭晩集의 경우, 배열순서로 보아 1800년 4월 하순 이후의 작이다. "鶯花分外春"이라는 구절로 보아 계절이 아직 봄이었음을 알 수 있다.

苦風의 경우, 배열순서로 보아 1800년 4월 하순 이후의 작이다. "野花飛"라는 구절로 보아 늦봄으로 추정된다.

示无咎의 경우, 배열순서로 보아 1800년 4월 하순 이후의 작이다. "花木晩幽幽"라는 구절로 보아 아직 봄이었다고 생각된다.

重集江亭의 경우, 배열순서로 보아 1800년 4월 하순 이후의 작이다.

奉和季父韻의 경우, 배열순서로 보아 1800년 4월 하순 이후의 작이다.

乘小舟捕魚得兒書 知有召命 明日下峽 恭述微忱의 경우, 배열순서로 보아 1800년 4월 하순 이후의 작이다. 정조의 召命이 있다는 소식을 아들로부터 편지로 알고, 다음날 서울로 올라가 예를 차리고 지은 시이다. 아마도 고향 초천에서 명을 받은 것이 아닌가 생각된다. 충주에서 돌아와 다시 서울까지 올라갔다가 초천에 내려와 있는 중에 정조의 명을 받았다(대략 4월 하순 이후~6월 초순).[254] 적어도 6월 12일 이전이다. 뒤에 있는 시, 六月十二日蒙賜漢書恭術恩念가 바로 6월 12일 밤의 작품이기 때문이다. 사암선생연보에 따르면 이때 규장각에서 校書하라는 명령을 받았다.[255]

出峽同无咎의 경우, 배열순서와 "淸陰"이라는 구절로 보아 대략 5월경의 작으로 추정된다. 적어도 6월 12일 이전이다. 六月十二日蒙賜

---

254) 뒤의 잡문전편 記 부분의 游石林記 부분 참조 요. 정약용이 충주에서 서울에 돌아온 것이 대략 4월 하순경이 된다. 아마도 충주 하담으로의 성묘길에서 귀향을 결심하여 서울에 돌아온 뒤 솔가하여 서울에서 고향에 내려왔던 것이 아닌가 생각된다. 이때가 바로 4월 하순~5월경이 아닌가 생각된다. 『사암선생연보』에 따르면 초천에 내려온지 며칠 후에 정조의 명령을 받았다(『年譜』, 119쪽).

255) 『年譜』, 119쪽.

漢書恭術恩念(6월 12일 밤의 작품)이 뒤에 있기 때문이다. 바로 위의
시와 같은 날 지은 시로 생각된다. 이날 윤무구와 함께 서울로 오면서
지은 시이다.

제3장 與猶堂集 詩律後編

1. 與猶堂集 文集 제4책

(1) 與猶堂集 文集 제4책 제1권

尹(弼秉)參判宅陪葉西權(襏)判書五沙李(鼎運)判尹諸公宴集의 경우, "庚申夏"라고 원주가 붙어 있다. 따라서 1800년 여름 서울 윤필병 집에서 모여 잔치한 것을 읊은 시이다. 배열순서상 대략 5월 이후~6월 초순이 아닌가 생각된다. 저작 시기는 늦어도 1800년 6월 12일 이전이다. 六月十二日蒙賜漢書恭術恩念(6월 12일 밤의 작품)이 뒤에 있기 때문이다.

權(襏)判書宅陪諸公宴集의 경우, "昔樊翁有楓壇詩會 今樊翁已卒"이라고 원주가 붙어 있다. 앞뒤 시의 계절이 여름이므로 이 시 역시 여름에 지은 것으로 추정된다. 배열순서상 대략 5월 하순 6월 초순이 아닌가 생각된다. 저작 시기는 늦어도 6월 12일 이전이다. 六月十二日蒙賜漢書恭述恩念(6월 12일 밤의 작품)이 뒤에 있기 때문이다.

夏日竹欄小集射韻의 경우, 제목으로 보아 계절이 여름이다. 따라서 이 시의 저작 시기는 1800년 여름이다. 배열순서상 대략 5월 이후~6월 초순으로 생각된다. 저작 시기는 늦어도 6월 12일 이전이다. 六月十二日蒙賜漢書恭述恩念(6월 12일 밤의 작품)이 뒤에 있기 때문이다.

古意의 경우, 역시 배열순서상 1800년 여름 5월 이후 6월 초순에 지은 시로 추정된다. 저작 시기는 늦어도 6월 12일 이전이다. 六月十二

日蒙賜漢書恭述恩念(6월 12일 밤의 작품)이 뒤에 있기 때문이다.

新自苕川還簡尹无咎의 경우, 배열순서상 대략 1800년 5월 이후 6월 초순으로 생각된다. 늦어도 6월 12일 이전 작이다. 바로 뒤의 뒤 시, 六月十二日蒙賜漢書恭述恩念의 저술 시기가 6월 12일 작이며 내용 가운데 "近天中"이라는 구절이 있기 때문이다.[1]

李(廷年)學官見訪의 경우, 역시 배열순서상 대략 1800년 5월 이후 6월초로 생각된다. 저작 시기는 늦어도 6월 12일 이전이다. 六月十二日蒙賜漢書恭述恩念(6월 12일 밤의 작품)이 뒤에 있기 때문이다.

六月十二日蒙賜漢書恭述恩念의 경우, 제목을 보아도 1800년(39세) 6월 12일에 지은 시임을 알 수 있다. 정조에게서 漢書를 하사받고 지은 시이다.

送尹尙玄兄弟(持初詩夏及鍾河)歸海南의 경우, 말미에 "此 庚申 大喪公除後作也"라고 원주가 붙어 있다. 정조가 승하한 것은 6월 28일이며[2] 이 시는 정조의 大喪을 公除하고 나서 지은 것이다. 정조의 공식 거상 기간은 7월 30일 끝났다.[3] 따라서 이 시는 1800년 8월 1일 이후 작이 된다. 시의 내용으로 보아 계절이 초가을이었음을 알 수 있다.

送妻子舟還苕川의 경우, 배열순서로 보아 대략 1800년 8월 이후의 작품으로 생각된다.

五沙李(鼎運)判書輓詞의 경우, 배열순서로 보아 대략 1800년 8월 이후 작품으로 생각된다.

啓引日述哀의 경우, 1800년 6월 28일 정조가 승하한 뒤, 빈소를 열

---

1) 정조의 명을 받고 서울로 올라왔다가 다시 초천에 내려오며 지은 시이다. 뒤에 시에서 보듯이 6월 12일 漢書를 하사받은 것은 아마도 서울의 집에서일 것이라고 생각된다. 즉 초천에 내려 갔다가 6월 12일 전 어느날 서울에 돌아온 것이 아닌가 생각되며 이것은 다시 서울에 와서 벼슬하려고, 초천의 생활을 정리하기 위한 것이 아닌가 생각된다.

2)『정조실록』 권54, 24년 6월 28일 조(己卯).

3)『순조실록』 권1, 즉위년 7월 30일 조(庚戌).

고 발인하는 날에 지은 것이다. 순조실록에 의하면 정조의 발인은 11월 3일에 있었다. 따라서 이 시의 저작 시기는 1800년 11월 3일이다.[4]

卒哭日歸苕川의 경우, 1800년 6월 28일 정조 서거 후, 그의 졸곡 날 초천으로 돌아오며 지은 시이다. 순조실록에 따르면 정조의 졸곡일은 11월 18일이다.[5] 따라서 이 시의 저작 시기는 1800년 11월 18일 작이다.

次韻舍兄述懷의 경우, "雪詩"라는 구절로 보아 계절이 겨울이었음을 알 수 있다. 따라서 1800년 겨울에 지은 시이다. "年光垂暮"라는 구절로 보아 때가 연말이었다. 바로 앞의 시가 11월 18일 작이다. 따라서 이 시는 1800년 겨울, 11월 18일 이후에 지은 것이다. 시의 내용으로 보아 이때 정약용은 초천에 머무르고 있었다고 여겨진다.

詠木冰의 경우 배열순서상, 1800년(39세) 연말에 지은 것이다.[6] 시의 내용으로 보아 이때 정약용은 초천에 머무르고 있었다고 여겨진다. 배열순서로 보아 연말 1800년 11월 18일 이후 작이다.

[1801년] (40세)

石隅別의 경우, 제목 아래에 "嘉慶辛酉 正月二十八日 余在苕川 知有禍機 入京住明禮坊 二月八日 臺參發 厥明日曉鐘入獄 二十七日夜 二鼓 蒙恩出獄配長鬐縣 厥明日就道 諸父諸兄 至石隅村相別(石隅村

---

4) 『순조실록』 권1, 순조 즉위년 11월 3일 조(辛巳).
5) 『순조실록』 권1, 즉위년 11월 18일 조(丙申).
6) 尹(弼秉)參判宅陪葉書權(襏)判書五沙李(鼎運)判尹諸公宴集에서 詠木冰까지의 시들은 1800년 여름에서 연말까지의 시로서 잡문의 구별 방식을 그대로 따르면 시율전편에 넣는 것이 타당할 것이다. 1800년의 작들이 1801년 작들 앞에 붙어 있는 것은 각 권의 분량을 맞추기 때문이었다고 있다. 원래 詩律은 자찬묘지명에서의 전편과 후편으로 구분하지 않았으나, 필자가 편의상 잡문과 균형을 맞추기 위하여 1800년 여름 이후의 것들을 수록한, 규본(여유당집) 제4책부터 '詩律下編'으로 하고 제1책~제3책은 시율전편으로 분류하였다.

在崇禮門南 三里)"이라고 자세한 설명이 붙어 있다. 1801년(40세) 2월 27일 감옥에서 나와 2월 28일 장기로 유배 가는 길에 서울 남대문 밖 석우촌(오늘날 청파동과 원효로 사이)에서 친척들과 작별하며 지은 시임을 알 수 있다. 즉 이 시의 저작 시기는 1800년 2월 28일이다.

沙坪別의 경우, 제목 아래에 "沙坪村 在漢江之南"이라고 원주가 붙어 있다. 1801년(40세) 2월 29일 작으로 추정된다.[7]

荷潭別의 경우, 제목 아래에 "辭塋域也 荷潭在忠州之西 二十里"라고 원주가 붙어 있다. 1801년 3월 2일 작이다.[8]

過彈琴臺의 경우, 제목 아래에 "在忠州南"이라고 원주가 붙어 있다. 1801년 3월 2일 작으로 추정된다.[9]

蕪橋의 경우, 제목 아래에 "在延豊縣北"이라고 원주가 붙어 있다. 1801년(40세) 3월 3일경의 작품으로 생각된다.[10]

鳥嶺의 경우, 1801년 3월 4일경의 작품으로 추정된다.[11]

---

7) "明星出東方"이라는 구절로 보아 2월 28일 밤은 이곳 사평촌(현재 영동대교 남쪽의 잠원동에서 압구정동으로 가는 길과 경부고속도로로 가는 길이 교차하는 곳)에서 자고 이 시는 그 다음날 2월 29일에 지은 것으로 추정된다.

8) 정약용이 아들에게 보낸 寄二兒 제1서에 "辛酉三月初二日到荷潭書"라고 원주가 붙어 있으며 편지에서 "吾 在道 身氣逐日有勝 晦日宿竹山 初一宿嘉興 今方一哭親山而去"라 하였다. 장기로 유배 가는 길에 3월 2일 하담의 선영에 들러 참배할 때 시를 지었으며 참배를 마친 뒤 두 아들에게 편지를 썼음을 알 수 있다. 또 하담에 도착하기 전 2월 29일 죽산에 묵었으며 3월 1일 가흥에서 숙박하였음도 알 수 있다. 앞서 沙坪別에서 언급하였듯이 2월 28일 서울 남대문 밖 석우촌에서 여러 친척들과 작별한 뒤 한강을 건너 그날 밤은 沙坪村에서 숙박하였다.

9) 하담을 출발한 것이 3월 2일이고 탄금대는 하담에서 멀지 않으므로 당일 탄금대를 지났을 것이다. 따라서 위의 시는 3월 2일 지은 것으로 추정할 수 있다. 3월 2일 밤은 충주 부근에서 묵었을 것이다.

10) 3월 2일 밤 충주 부근에서 묵고 다음날 3월 3일 연풍 무교에 이르러 지은 것이 아닌가 생각된다.

11) 앞의 시 蕪橋에 "溪谷屢廻合 終日渡一水"라고 하므로 이날 무교까지 가는데 하루 종일 걸렸음을 알 수 있다. 따라서 3월 3일 새재를 넘기는 불가능했을 것이고 연풍 부근에서 묵지 않았나 생각된다. 즉 3월 4일경 조령을 넘으며 지

兎遷의 경우, 제목 아래에 "在聞慶縣南"이라고 원주가 붙어 있다. 1801년 3월 4일경의 작으로 추정된다. 3월 4일경 문경현을 지나 토천에 이르러 지은 시이다.12)

空骨阪의 경우, 제목 아래에 "在咸昌縣"이라고 원주가 붙어 있다. 1801년 3월 5일경의 작품으로 추정된다. 3월 5일경 함창현에 이르러 지은 시이다.13)

鬐城雜詩二十七首의 경우, 제목 아래에 "三月初九日 到長鬐縣 厥明日 安插于馬山里老校成善封之家 長日無事 時得短句 雜而無次"이라고 원주가 붙어 있다. 1801년 3월 10일 이후의 작으로 추정된다. 원주에 따르면 3월 9일 장기에 도착하여 3월 10일 마산리 성선봉의 집에 묵게 된 이후 지은 시임을 알 수 있다.

楡林晩步二首의 경우, 1801년(40세) 봄 3월 10일 이후 장기에서 지은 시이다. "春棲寂寂花……黃楡齊吐葉……花瘦蜂爭蕊 林喧鹿養茸"이라는 구절로 보아 봄 새잎이 돋아나고 꽃이 피어 있을 때였음을 알 수 있다. 배열순서로 보아 3월 10일 이후의 작이다.

自笑의 경우, 역시 1801년(40세)의 작품이다. "海天昨夜霏霏雨 雜沓林花萬樹紅"이라는 구절이 있다. 배열순서로 보아 이 시 역시 3월 10일 이후의 작이다.

芙蓉亭歌의 경우, 배열순서상 역시 3월 10일 이후의 작이다. 1801년(40세) 늦봄에 지은 시로 추정된다.14) 뒤에 3월의 시가 있으므로 이 시

은 시라고 생각된다.

12) 이날 밤은 이 부근에서 묵지 않았을까 생각된다.

13) 이날 밤은 함창이나 상주 부근에서 묵지 않았을까 생각된다.

14) "乙卯季春 (臣)直宿監印所撰書 一日上御春塘臺 設賞花釣魚宴 (臣)叨承異渥 獲餘盛筵 今眞游已遠 (臣)又流落窮荒 適當暮春 時物感愴 恭述此篇 以寫於戲不忘之思"라고 설명이 붙어 있다. 즉 1795년 늦봄(3월 10일)에 창덕궁 부용정에서 정조를 모시고 놀던 때를 회상하면서 장기에서 지은 시이다. 정약용으로서는 그때가 가장 행복한 때였다. 따라서 마찬가지로 1800년 늦봄 그 일을 회상하면서 지은 시로 생각된다.

는 3월 10일에서 3월 하순 사이의 작이다.

我思古人行三章章六句의 경우, 배열순서로 보아 1801년(40세) 3월 10일 이후 3월 하순 사이의 작으로 추정된다.[15]

古詩二十七首의 경우, 역시 배열순서로 보아 1801년(40세) 봄 3월 10일 이후 3월 하순 사이의 작으로 추정된다.[16]

(2) 與猶堂集 文集 제4책 제2권

獨坐二首의 경우, 제목 아래에 "辛酉三月 在長鬐"라고 원주가 붙어 있다. 3월 작임을 알 수 있다. 배열순서상 저작 시기가 1801년(40세) 3월 10일 이후 3월 하순 사이로 추정된다.

堤上의 경우, 春山이라는 구절로 보아 1800년 3월 하순 이후 늦봄에 지은 것으로 추정된다.

烟의 경우, 春日이라는 구절이 있다. 배열순서로 보아 1801년(40세) 3월 10일 이후 늦봄의 작으로 추정된다.

夜의 경우, "病起春風去 愁多夏夜長"이라는 구절로 보아 1801년(40세) 여름에 지은 시이다.[17] 뒤에 4월 26일경 지은 시가 있으므로 대략 4월말 이전의 작품이다. 따라서 1801년 초여름의 시이다.

遣悶의 경우, 배열순서로 보아 대략 1801년(40세) 여름의 시로 생각된다. 뒤에 4월 26일경 지은 시가 있으므로 대략 4월말 이전의 작품이다. 따라서 1801년 초여름의 시이다.

愁의 경우, 배열순서로 보아 대략 1801년(40세) 여름의 시로 생각된

---

15) 바로 뒤의 뒤 시가 3월로 되어 있으므로 이 역시 3월에 지은 것이 보아야 할 것이다.

16) "鷰子初來時 喃喃語不休……燕子復喃喃 似與人語酬"라는 구절로 보아 제비가 돌아왔음을 알 수 있다.

17) 1801년 3월 9일 장기에 도착한 후, 봄에 병을 앓았으며 나았을 때에는 이미 여름이 되었음을 알 수 있다. 누적된 피로와 도착 후의 긴장 이완 탓이었을 것이다.

다. 뒤에 4월 26일경 지은 시가 있으므로 대략 4월말 이전의 작품이다. 따라서 1801년 초여름의 시이다.

遣興의 경우, 배열순서로 보아 대략 1801년 여름의 시로 생각된다. 뒤에 4월 26일경 지은 시가 있으므로 대략 4월말 이전의 작품이다. 따라서 1801년(40세) 초여름의 시이다.

遷居八趣의 경우, 배열순서로 보아 대략 1801년(40세) 여름의 시로 생각된다. 뒤에 4월 26일경 지은 시가 있으므로 대략 4월말 이전의 작품이다. 따라서 1801년 초여름의 시이다.

苦雨嘆의 경우, 배열순서로 보아 대략 1801년(40세) 여름의 시로 생각된다. 뒤에 4월 26일경 지은 시가 있으므로 대략 4월말 이전의 작품이다. 따라서 1801년(40세) 초여름의 시이다.

兒哥詞의 경우, 제목 아래에 "土人謂其子婦曰兒哥"라고 원주가 붙어 있다. 배열순서로 보아 대략 1801년 여름의 시로 생각된다. 뒤에 4월 26일경 지은 시가 있으므로 대략 4월말 이전의 작품이다. 따라서 1801년(40세) 초여름의 시이다.

海狼行의 경우, 제목 아래에 "海狼方言曰率皮"라고 원주가 붙어 있다. 배열순서로 보아 대략 1801년 여름의 시로 생각된다. 뒤에 4월 26일경 지은 시가 있으므로 대략 4월말 이전의 작품이다. 따라서 1801년(40세) 초여름의 시이다.

戲作苔溪圖의 경우, 배열순서로 보아 대략 1801년(40세) 여름의 시로 생각된다. 뒤에 4월 26일경 지은 시가 있으므로 대략 4월말 이전의 작품이다. 따라서 1801년 초여름의 시이다.

田園의 경우, 배열순서로 보아 대략 1801년(40세) 여름의 시로 생각된다. 뒤에 4월 26일경 지은 시가 있으므로 대략 4월말 이전의 작품이다. 따라서 1801년 초여름의 시이다.

別家五十有八日始得家書志喜寄兒의 경우, 1801(40세) 4월 26일경에 지은 것이다.[18]

得舍兄書의 경우, 제목 아래에 "仲氏時在康津薪智島謫中"이라고 원주가 붙어 있다. 역시 1801년(40세) 4월 26일경의 작품으로 추정된다.19)

家僮歸의 1801년(40세) 경우, 대략 4월말에서 5월초의 작품으로 생각된다. 가동이 처음 왔다가 돌아간 것이 이 무렵으로 추정되기 때문이다.

有歎의 경우, 1801년(40세) 4월말에서 5월 5일 이전의 시이다. 뒤에 5월 5일 작이 있기 때문이다.

寂歷의 경우, 1801년(40세) 4월말에서 5월 5일 이전의 시이다. 뒤에 5월 5일 작이 있기 때문이다.

穉子寄栗至의 경우, 1801년(40세) 4월말에서 5월 5일 이전의 시이다. 뒤에 5월 5일 작이 있기 때문이다.

聞家人養蠶의 경우, 1801년(40세) 4월말에서 5월 5일 이전의 시이다. 뒤에 5월 5일 작이 있기 때문이다.

追鹿馬行의 경우, 1801년(40세) 4월말에서 5월 5일 이전의 시이다. 뒤에 5월 5일 작이 있기 때문이다.

端午日述哀의 경우, 제목으로 보아 1801년(40세) 5월 5일 지은 시임을 알 수 있다.

憶幼女의 경우, 내용으로 보아 1801년 5월 5일 지은 시임을 알 수 있다. 단오날에 어린 딸을 그리워하며 지은 시이다.

---

18) 정약용이 한양을 떠난 것이 2월 28일이다. 이로부터 계산하여 58일째 되는 날이 대략 4월 26일이다. 여유당집에 실린 寄二兒(제1서)에 따르면 장기에서 보낸 첫 번째 편지는 6월 17일 보낸 것으로 되어 있다. 뒤의 뒤 시가 家僮歸이므로 4월 26일 家僮이 집의 편지를 갖고 왔다가 떠났다. 이것은 5월 5일 이전이다. 이 시 뒤에 5월 5일 지은 시가 있기 때문이다. 그 뒤 다시 한번 왔다가 6월 17일 떠났으며 이때 정약용이 답서를 써 준 것이 아닌가 생각된다.

19) 신지도로 유배간 정약전의 편지를 받고 지은 시이다. 아마도 정약전이 서울 또는 마재 정약용의 집으로 편지를 보내고 이 편지를 정약용 가족의 편지와 함께 갖고 왔을 것이라고 추정된다.

薄醉의 경우, 배열순서상 1801년 5월 5일 이후의 작이며 내용으로 보아 계절이 여름이었음을 알 수 있다. 뒤에 夏至라는 시가 있으므로 하지 이전이다.

采葛遷人自傷也父子兄弟離析焉의 경우, 배열순서상 1801년 5월 5일 이후의 작이다. 뒤에 夏至라는 시가 있으므로 하지(음력 5월 중순경) 이전이다.

酉山의 경우, "遷人之思也 離其室家 不能安土焉"이라는 설명이 붙어있다. 배열순서상 1801년 5월 5일 이후의 작이다. 뒤에 夏至라는 시가 있으므로 하지 이전이다.

東門의 경우, "遷人自悼也 長鬐縣監黃勉基 惑於人言窘辱已甚焉"이라는 설명이 붙어 있다. 배열순서상 1801년 5월 5일 이후의 작이다. 뒤에 夏至라는 시가 있으므로 하지 이전이다.

薇源隱士歌의 경우, "尹校理永僖 嘗爲余言此事 沈其姻家也" 및 "距余門巖莊三十里"의 주가 붙어 있다. 이 주로 보아 미원은 문암(양근 부근) 가까이에 있음을 알 수 있다. 배열순서상 1801년 5월 5일 이후의 작이다. 뒤에 夏至라는 시가 있으므로 하지 이전이다.

烏鰂魚行의 경우, 배열순서상 1801년 5월 5일 이후의 작이다. 뒤에 夏至라는 시가 있으므로 하지 이전이다.

長鬐農歌十章의 경우, 배열순서상 1801년 5월 5일 이후의 작이며 내용으로 보아도 단오가 지난 때임을 알 수 있다. 뒤에 夏至라는 시가 있으므로 하지 이전이다.

奉和伯氏次杜韻二首의 경우, 배열순서상 1801년 5월 5일 이후의 작이다. 뒤에 夏至라는 시가 있으므로 하지 이전이다.

竹醉日의 경우, 배열순서상 1801년 5월 5일 이후의 작이며 바로 뒤에 夏至라는 시가 있으므로 하지 이전이다.

夏至의 경우, 1801년(40세) 장기에서 하지(음력 5월 중순경)를 맞으며 지은 시이다.

寄兒의 경우, 대략 1801년 6월 17일경의 작으로 추정된다. 장기에서 보낸 寄二兒(제1서)가 6월 17일 작으로 생각되기 때문이다.[20]

夜起二首의 경우, 배열순서상 대략 1801년 6월 17일 이후의 작으로 추정된다.

東門觀日出의 경우, 배열순서상 대략 1801년 6월 17일 이후의 작으로 추정된다.

獨立의 경우, 배열순서상 대략 1801년 6월 17일 이후의 작으로 추정된다.

不識의 경우, 배열순서상 대략 1801년 6월 17일 이후의 작으로 추정된다.

晚晴의 경우, 배열순서상 대략 1801년 6월 17일 이후의 작으로 추정된다.

復陰의 경우, 배열순서상 대략 1801년 6월 17일 이후의 작으로 추정된다. 朱夏라는 구절로 보아 계절이 아직 여름이었음을 알 수 있다.

偶至溪上見玫瑰一樹嫣然獨開因憶東坡於定惠院賦海棠花遂次其韻의 경우, 배열순서상 대략 1801년 6월 17일 이후의 작으로 추정된다. 뒤에 夏日遣興八首가 있으므로 계절은 아직 여름이었다고 추정할 수 있다.

水仙花歌復次蘇韻의 경우, 배열순서상 대략 1801년 6월 17일 이후의 작으로 추정된다. 뒤에 夏日遣興八首가 있으므로 계절은 아직 여름이었다고 추정할 수 있다.

打麥行의 경우, 배열순서상 대략 1801년 6월 17일 이후의 작으로 추정된다. 보리 추수를 하는 때이었다. 뒤에 夏日遣興八首가 있으므로 계절은 아직 여름이었다고 추정할 수 있다.

---

20) 1800년 장기에서 아들들에게 보낸 편지들 가운데 6월 17일 작이 있다. 뒤의 여유당집 잡문후편 수록 저작들의 연대 고증 가운데 관련 편지(6월 17일 작) 참조 요.

白髮의 경우, 배열순서상 대략 1801년 6월 17일 이후의 작으로 추정된다. 뒤에 夏日遣興八首가 있으므로 계절은 아직 여름이었다고 추정할 수 있다.

快雨行의 경우, 배열순서상 대략 1801년 6월 17일 이후의 작으로 추정된다. 뒤에 夏日遣興八首가 있으므로 계절은 아직 여름이었다고 추정할 수 있다.

得新瓜書懷의 경우, 배열순서상 대략 1801년 6월 17일 이후의 작으로 추정된다. 뒤에 夏日遣興八首가 있으므로 계절은 아직 여름이었다고 추정할 수 있다. 제목으로 보아도 계절은 여름이었다.

有懷薦苽復衍前韻奉簡伯氏의 경우, 배열순서상 대략 1801년 6월 17일 이후의 작으로 추정된다. 뒤에 夏日遣興八首가 있으므로 계절은 아직 여름이었다고 추정할 수 있다. 내용으로 보아도 참외를 올리는 것이므로 계절은 여름이었다.

復次前韻寄二子의 경우, 배열순서상 대략 1801년 6월 17일 이후의 작으로 추정된다. 바로 뒤에 夏日遣興八首가 있으므로 계절은 아직 여름이었다고 추정할 수 있다.

夏日遣興八首의 경우, 배열순서상 대략 1801년 6월 17일 이후의 작으로 추정된다. 夏日遣興八首라는 제목으로 보아도 계절은 아직 여름이었다고 추정할 수 있다.

(3) 與猶堂集 文集 제4책 제3권

秋懷八首의 경우, 제목 아래에 "辛酉秋 在長鬐"라고 원주가 붙어 있다. 1801년(40세) 가을에 장기에서 지은 시임을 알 수 있다.

秋日憶舍兄의 경우, 제목과 배열순서로 보아 1801년(40세) 가을에 지은 시이다.[21]

---

21) 신지도에 유배 가 있는 정약전을 생각하며 지은 시이다. "新秋得手字 書發是

秋夜獨坐鄰人饋魚羹以侑酒欣然一醉의 경우, 제목으로 보아 1801년(40세) 가을에 지은 것임을 알 수 있다.

白雲의 경우, "秋風吹白雲"이라는 구절이 있다. 1801년(40세) 가을에 지은 것임을 알 수 있다.

夢得屯之復聊題一詩의 경우, 1801년 10월 20일 다시 체포되기(뒤의 시 참조 요) 직전의 시이다. 다시 잡혀가는 것을 예견하는 꿈을 주역 괘로 푼 것이라고 생각된다.

獄中和東坡西臺詩韻의 경우, 다시 서울에 붙들려 와서 1801년(40세) 10월 27일~11월 5일 사이, 서울의 옥중에서 지은 시이다.22)

出獄復和前韻의 경우, 1801년(40세) 11월 5일 감옥을 나오면서 지은 시이다. 위의 시의 幷序에 따르면 출옥일은 11월 5일이다. "出門街鼓已聲低"라는 구절로 보아 11월 5일 밤이 깊었을 때 출옥하였음을 알 수 있다.

夜過銅雀渡의 경우, 대략 1801년(40세) 11월 6일 이후의 작으로 추정된다. 11월 5일 밤에 감옥을 나온 뒤 다시 유배 길에 올라 청파역을 거쳐 동작나루를 지나면서 지은 시라고 생각된다. "靑坡驛前天正黑 一眉殘月濛無色"이라는 구절이 있다.23)

驚雁의 경우, 제목 아래에 "到果川作"이라고 원주가 붙어 있다.

中春"이라는 구절이 있으므로 2월 정약전에게 보낸 편지에 대한 답서를 초가을에 받고서 지은 시임을 알 수 있다.

22) 제목 아래에 "是年十月二十日夕 又被逮繫 二十七日入獄 十一月初五日 蒙恩出獄 移配康津縣 仲氏自康津移配黑山島 昔東坡在囚詩寄子由 蒙叟入獄 亦和蘇韻 事有相類 曠然有感 後之人 尙亦恤余哉"라고 원주가 붙어 있다. 이 주(幷序)에 보면 10월 20일 저녁에 (장기에서) 다시 체포되고 (서울로 압송되어) 10월 27일 감옥에 들어갔다가 11월 5일 출옥하였으나 강진으로의 移配가 결정되었음을 알 수 있다.

23) 다만 출옥하여 바로 유배 길에 오르지 않고 며칠 지체하였거나 혹은 중간에서 며칠 지체하였을 가능성도 있다. 나주 율정에서 11월 하순(22일) 정약전과 헤어졌는데 서울에서 나주까지 대략 열흘 정도 걸리기 때문이다.

1801년(40세) 11월 6일 이후, 동작나루를 건넌 뒤 과천에 이르러 지은 시이다. 중간에 금정찰방으로의 좌천 때와 마찬가지로 승방평과 남태령을 지났을 것이다.

渡錦水의 경우, 금강을 건너며 아내에게 보낸 시이다. "寄內"라고 원주가 붙어 있다. 여정으로 보아 대략 1801년 11월 중순경에 서울에서 강진으로 유배 가는 도중에서 아내에게 부친 시이다.

栗亭別의 경우, "亭在羅州北五里"라고 원주가 붙어 있다. 1801년 11월 하순 형님 정약전과 나주 율정에서 작별하며 지은 시이다.24)

客中書懷의 경우, 1801년 11월 하순경 강진에 도착하여 읍내의 밥파는 집에 거처를 정하고 난 뒤, 지은 시이다. "北風吹我如飛雪 南抵康津賣飯家"라는 구절이 있다. 대략 11월 하순에서 12월초의 시기로 추정된다.

[1802년] (41세)

新年得家書의 경우, "壬戌春 在康津"이라고 원주가 붙어 있다. 1802년(41세) 봄 2월 7일 이전에 지은 것으로 추정된다.25)

奉簡叔父의 경우, 1802년(41세) 2월 7일 지은 것으로 추정된다. 2월 7일 石을 통해 집에 답장을 보낼 때 지어 함께 보낸 것이 아닌가 생각된다.

鵝籠曲四首擬贈李(周臣 和虞山)의 경우, 배열순서상 1802년(41세)

---

24) 先仲氏墓誌銘(『전서』 시문집)에 의하면 "到羅州城北 栗亭店 握手相別 各赴配所 是辛酉仲冬之下旬也"라고 되어 있다. 정확한 날자는 11월 22일이다.

25) 寄二兒(제2서, 以下康津謫中書라고 제목 아래 주가 붙어 있음, 여유당집 잡문의 연대 고증 가운데 해당 부분 참조 요)의 첫 번째 단락이 "書來慰意"로 시작되고 그 끝에 "壬戌 二月七日"이라고 원주가 붙어 있다. 둘째 단락이 "奴石 於二月初七日還發 計今日當得抵家耳"로 시작되고 그 끝에 "二月十七日"이라고 원주가 붙어 있다. 노비 石이 돌아간 것이 2월 7일이며 이날 보낸 답서가 위의 시에서 언급한 家書일 것이다. 따라서 위의 시는 2월 7일 이전에 지은 것이다.

2월 7일 이후에 지은 것이다.[26]

耽津村謠二十首의 경우, 1802년(41세) 2월 7일 이후에 지은 것이다. "陳璘廟裏生春艸"라는 구절로 보아 계절이 봄이었음을 알 수 있다.

讀尙書五首의 경우, 배열순서로 보아 1802년(41세) 2월 7일 이후의 작이다. 앞 시와 뒤의 시 저작 시기가 봄이므로 이 역시 1802년 봄에 지은 시이다.

耽津農歌의 경우, 배열순서로 보아 1802년(41세) 2월 7일 이후의 작이다. 시의 내용이 봄철 농사에 대한 것이다.

耽津漁歌十章의 경우, 배열순서로 보아 1802년(41세) 2월 7일 이후의 작이다. 시의 내용은 봄철 고기잡이에 대한 것이다.

五雜組의 경우, 배열순서로 보아 1802년(41세) 2월 7일 이후의 작이다. 봄에 지은 시이다.[27]

兩頭纖纖의 경우, 배열순서로 보아 1802년(41세) 2월 7일 이후의 작이다. 위의 시와 마찬가지로 2월 7일에 보낸 이후 12월 사이에 보낸 편지 가운데 하나에 실어 보낸 것이 아닌가 생각된다. 뒤의 시 三聲詞가 봄에 지은 것이므로 이 역시 봄에 지은 시로 추정할 수 있다.

三聲詞의 경우, 배열순서로 보아 1802년 2월 7일 이후의 작이다. "春晝泮澼聲 春風吹雨過湖岸"이라는 구절로 보아 계절이 아직 봄이었음을 알 수 있다.

奉簡伯氏의 경우, 배열순서로 보아 1802년(41세) 2월 7일 이후의 작이다.[28]

---

26) "昨年冬余旣渡江 周臣召余二子 煖酒燒肉 慰撫矜惻 有踰骨肉 无咎偕焉 旣而臺參猝發(掌令姜世綸)誣云 周臣詔附余而賑遺余兄 於是周臣謫茂山 竹欄舊游 其夷險 不渝者 唯此二人 感念疇昔 發爲微言"이라고 주가 덧붙여져 있다.

27) 정약용은 2월 7일 집에 편지를 보낸 뒤에도 2월 17일에 다시 편지를 썼으며 12월까지 집에 몇 차례 편지를 보냈다. 그 편지 가운데 하나에 포함된 것이 아닌가 생각된다. 뒤의 뒤 시 三聲詞가 봄에 지은 시이므로 이 역시 봄에 지은 시로 추정할 수 있다.

霹靂行의 경우, 배열순서로 보아 1802년(41세) 2월 7일 이후의 작이
다.29)

[1803년] (42세)

春晴의 경우, "癸亥春 在康津"이라고 원주가 붙어 있다. 1803년 봄
강진에서 지은 것임을 알 수 있다. 이하의 시들은 1803년에 지은 것이
다.

哀絶陽의 경우, 1803년 봄 강진에서 지은 것으로 추정된다. 春晴 뒤
에 있고, 田家晚春 이전의 시이므로, 이 시 역시 봄에 지었음을 알 수
있다.

蟲食松의 경우, 배열순서로 보아 1803년(42세) 봄에 지은 것이다. 뒤
의 시에 田家晚春이 있다.

黃漆의 경우, 배열순서로 보아 1803년(42세) 봄에 지은 것이다. 바로
뒤의 시가 田家晚春이다.

田家晚春의 경우, 제목으로 보아 1803년(42세) 늦봄에 지은 것이다.

和東坡聞子由瘦의 경우, "得仲氏書云 不肉食已歲餘 毀瘠不可支
心愴然有作"이라고 원주가 붙어 있다. 1803년(42세) 늦봄의 작이다.30)

晚春獨坐의 경우, 제목으로 보아 1803년(42세) 늦은 봄에 지은 시임
을 알 수 있다.

---

28) "時因筆生事有窘"이라고 원주가 끝에 붙어 있다. 정약용의 군색한 처지를 말
    하여 주는 것으로 생각된다.
29) 1802년 여름에서 겨울에 걸치는 시기에는 시를 잘 짓지 않았던 것으로 생각
    된다. 이것은 그가 곤궁한 처지에 있었기 때문일 수 있다. 또 이 시기의 시들
    이 누락되었을 가능성도 있다.
30) 앞의 시에 田家晚春이 있으며 뒤의 시가 晚春獨坐이므로 이 시 역시 늦은
    봄에 지었음을 알 수 있다. 정약전의 편지를 통해 그가 1년여 육식을 못하여
    매우 건강이 악화되었다는 소식을 듣고 지은 시이다. 정약용과 정약전이 헤
    어진 것은 1801년 11월 22일이다. 정약전은 배소에 11월말 도착하였을 것으
    로 생각된다.

贈甫里子의 경우, 배열순서로 보아 1803년(42세) 늦은 봄에 지은 시임을 알 수 있다.

九日登寶恩山絶頂(在康津縣 北五里)望牛耳島의 경우, 1803년 늦은 봄에서 가을 사이인 어느 달 9일에 보은산 정상에 올라 지은 시이다.31)

又爲五言示僧의 경우, 1803년(42세) 가을에 지은 시이다. "秋日自然悲"라는 구절로 시작되고 있다.

[1804년] (43세)

春晴의 경우, 제목 아래에 "甲子春 在康津"이라고 원주가 붙어 있다. 1804년(43세) 봄에 지은 것임을 알 수 있다. 이하의 시들은 1804년에 지은 것이다.

送人游南原의 경우, 1804년(43세) 봄에 지은 것으로 추정된다. "龍城春色靜透迤"라는 구절이 있으므로 저작 시기는 봄으로 추정된다.32)

馬生角의 경우, 1804년(43세) 4월에 지은 것이다. "建巳之月歲甲子我在康津縣東里"라는 구절로 시작하였다. 때는 建巳(4월)의 달이며 정약용이 강진 東里에 있었음을 알 수 있다.

四月二十六日遊金谷作의 경우, "金谷在縣五里"라고 원주가 붙어 있다. 따라서 1804년(43세) 4월 26일 강진현 부근의 금곡에서 노닐고

---

31) "既登絶頂 西望海山斜 錯烟雲滅沒 羅州諸島 大抵歷歷在前 但不省何者爲牛耳也 是日一僧隨之 僧之言曰 寶恩山一名牛耳 而絶頂兩峰 爲兄弟峰 余唯隔海相望 俱是牛耳峰 名兄弟 亦殊不偶 爲之愴恨不樂 歸而爲詩如左"라고 원주가 붙어 있다. 여기서 날짜가 9일이었음을 알 수 있다. 그러나 어느 달인지는 정확히 알 수 없다. 바로 뒤의 시가 가을의 시이므로, 이 시는 1803년 늦은 봄에서 가을 사이인 어느 달 9일에 보은산 정상에 올라 정약전을 생각하며 지은 시이다. 하필 날짜가 9일이고 형이 있는 흑산도를 바라보기 위해 보은산에 올라간 것이라면 4월 9일 부친의 기일이었을 가능성도 없지 않다.

32) 여유당전서에는 이 시가 없다.

지은 시임을 알 수 있다.

午酌의 경우, 1804년(43세) 처음 김매기를 할 때의 작품이다. "浦稻受初芸"라는 구절이 있다. 배열순서상 4월 26일 이후의 작품이다.

七懷의 경우, 1804년(43세) 배열순서상 4월 26일 이후의 작품이다.

憎蚊의 경우, 1804년(43세) 여름의 작품이다. "漫漫夏夜長如年"이라는 구절이 있다.[33]

2. 與猶堂集 文集 제5책

(1) 與猶堂集 文集 제5책 제1권

曉坐의 경우, 배열순서상 1804년(43세) 여름 7월 3일 이전에 지은 것으로 추정된다. 바로 뒤에 7월 3일 작이 있다.

七月三日寫景의 경우, 제목으로 보아 1804년 7월 3일에 지은 것임을 알 수 있다.

獨笑의 경우, 배열순서상 1804년(43세) 여름 7월 7일 이전에 지은 것으로 추정된다.[34] 따라서 1804년 7월 3일에서 7월 7일 사이에 지은 것이다.

憂來의 경우, 배열순서상 1804년(43세) 7월 7일 이후 8월 9일 이전의 작이다. 뒤에 8월 9일에 지은 시가 있다.[35]

遣憂의 경우, 배열순서상 1804년(43세) 7월 7일 이후 8월 9일 이전의 작이다. 뒤에 8월 9일 지은 시가 있다.

---

33) 이하 『與猶堂全書』에는 夏日對酒(甲子夏 在康津 ; 1804년 여름)이 있으나 필사본에는 빠져 있다.

34) 『與猶堂全書』에는 있으나 필사본에는 蛾生(甲子 七夕)이 빠져 있다. 원주로 보아 아생은 7월 7일 칠석날에 지은 것임을 알 수 있다.

35) 제목 아래에 "時 箋易"이라고 원주가 붙어 있는 것으로 보아 이때 주역에 주석을 달고 있었음을 알 수 있다.

久雨의 경우, 배열순서상 1804년(43세) 7월 7일 이후 8월 9일 이전의 작이다. 바로 뒤에 8월 9일 지은 시가 있다.

八月十九日夢得一詩唯第七第八句未瑩覺而足之의 경우, "夢中自以爲效白香山體"라고 원주가 붙어 있다. 제목으로 보아 1804년(43세) 8월 9일에 지은 것임을 알 수 있다.

九月一日天氣甚佳將遊金谷或登北山旣而無與共者悵然懷舊遂止不往率爾成篇의 경우, 제목으로 보아 1804년(43세) 9월 1일에 지은 것임을 알 수 있다.36)

送別의 경우, 1804년 9월 1일 이후에서 9월 5일 사이의 작품으로 생각된다. 바로 뒤의 시가 9월 5일 작이다.37)

九月五日復游金谷作의 경우, 제목으로 보아 1804년(43세) 9월 5일에 지은 시임을 알 수 있다. 이 시 다음에 9월~12월에는 시가 없다.

[1805년] (44세)

春日游寶恩山房의 경우, "乙丑春 在康津" 및 "余舊與釋有一游 今見詩在壁"의 주가 붙어 있다. 1805년(44세) 봄에 지은 것임을 알 수 있다. 바로 뒤의 시가 이른 봄의 작품이므로 이 역시 이른 봄의 작품이라고 추정된다.38)

---

36) "憶在明禮坊 親交日相對 每遇晴好天 折簡走傔价 溪南速韓李 溪西要尹蔡"라는 구절이 있다. 명례방 정약용 집 근처에 개울이 있고 그 남쪽에 한치응, 이주신의 집이 있었으며 개울 서편에 윤무구, 채홍원의 집이 있었음을 알 수 있다.

37) 이 시는 『與猶堂全書』에는 빠져 있으며 유배가 풀려 돌아가는 金履喬를 전송하는 시로 알려져 있다. "驛亭秋雨送人遲"라는 구절로 보아 가을이었으며 강진역의 정자에서 전송하였다고 추정된다.

38) 원주에는 예전 有一과 보은산방에서 노닌 적이 있고 유일의 시가 지금 절의 벽에 있으며 "一公詩句在 臨檻有遙吟"이라는 구절도 있다. 예전에 보은산방에서 노닌 적이 있다는 것은 2년 전 42세 때의 시 九日登寶恩山絶頂에 언급된 보은산 등반을 가리키는 것이 아닌가 여겨진다. 그렇다면 정약용의 九日

過野人村居의 경우, 1805년(44세) 이른 봄에 지은 것이다. "小圃未舒花"라는 구절로 보아 아직 이른 봄이었음을 알 수 있다.

對雨用前韻의 경우, 1805년(44세) 꽃피는 시기 즉 봄에 지은 것이다. "留僧議訪花"라는 구절이 있다. 바로 뒤의 시가 4월 17일 작이므로, 이 시는 1805년 봄 4월 17일 이전 작이다.

四月十七日游白蓮寺의 경우, 제목을 보면 1805년(44세) 4월 17일 지은 것임을 알 수 있다.

贈惠藏上人의 경우, 1805년 4월 17일 백련사에서 혜장을 만나 지은 시로 생각된다.

次韻寄惠藏의 경우, 1805년 4월 17일 백련사에서 혜장을 만난 이후 지은 시로 생각된다.

寄贈惠藏上人乞茗의 경우, 1805년 4월 17일 백련사에서 혜장을 만난 이후 지은 시로 생각된다.

藏旣爲余製茶 適其徒賾性有贈遂止不予 聊致怨詞 以徼卒惠의 경우 1805년 4월 17일 백련사에서 혜장을 만난 이후 지은 시로 생각된다.

謝賾性寄茶의 경우, 배열순서상 대략 1805년 4월 17일~한여름 사이에 지은 것으로 생각된다. 바로 뒤의 시가 한여름에 지은 것이기 때문이다.

山居雜興二十首의 경우, 배열순서와 시의 내용으로 보아 1805년(44세) 한여름에 지은 것이다. 뒤에 6월 3일 작이 있으므로 6월 3일 이전 작이다.[39]

登寶恩山絶頂의 주에서 말한 함께 갔다는 승려는 有一을 말하는 것으로 추정된다. 그리고 그 앞의 시 贈甫里子의 보리자 역시 유일을 말하는 것으로 생각된다. 또 위의 시구로 보아 有一을 一公이라고도 한 것으로 여겨진다.

[39] "余令惠藏 賦山居雜興 旣而意想馳騖 遂代爲禪語 援筆書之 凡二十篇 盖自窮居以來 常忽忽思蘭若隱居 非謂道好 顧日暮途窮 厭處喧卑 中聞鷄鳴犬吠聲 故羨慕在被也 時當仲夏 故所記皆夏景云"이라고 설명이 붙어 있다. 여기서 보면 계절이 仲夏였음을 알 수 있다. 따라서 이 시는 1805년(44세) 한여름에 지은 것이다.

憶昔行寄惠藏의 경우, 배열순서로 보아 대략 1805년(44세) 여름(6월 3일 이전)에 지은 것으로 추정된다. 뒤에 6월 3일 지은 시가 있다.

和蘇長公東坡八首의 경우, 배열순서로 보아 대략 1805년(44세) 여름(6월 3일 이전)에 지은 것으로 추정된다.[40]

懷檜七十韻寄惠藏의 경우, 1805년(44세) 여름(6월 3일 이전)에 지은 것으로 추정된다.[41]

惠藏至高聲寺遣其徒相報 予遂往逆之 値小雨留寺作의 경우, 배열순서로 보아 대략 1805년 여름(6월 3일 이전)에 지은 것으로 추정된다. 뒤에 6월 3일에 지은 시가 있다

送惠藏의 경우, 배열순서로 보아 대략 1805년(44세) 여름(6월 3일 이전)에 지은 것으로 추정된다. 바로 뒤에 6월 3일에 지은 시가 있다.

滯寺六月三日値雨의 경우, 제목으로 보아 1805년(44세) 여름인 6월 3일에 지은 것임을 알 수 있다.

病鍾의 경우, 배열순서로 보아 1805년 6월 3일 이후 여름에 지은 것이다. 뒤의 시 次韻寄黃裳寶恩山房이 내용으로 보아 여름에 지은 것이다.

晚晴의 경우, 배열순서로 보아 1805년 6월 3일 이후 여름에 지은 것이다. 뒤의 시 次韻寄黃裳寶恩山房이 내용으로 보아 여름에 지은 것이다.

次韻寄黃裳寶恩山房의 경우, 1805년 여름 6월 3일 이후에서 9월 16

---

40) "余雅好治圃 流落以來 益以無事 久有想願 顧地窄力拙 迄今未就 然心勿忘
也 鄰人有治小圃者 時往而觀 亦復怡然 其性好可知已 昔馬正卿請地 予長
公使得躬稼 厥有八篇之詩 世卑義巽 不可冀遇 悵然有述 以昭其志"라고 원
주가 붙어 있다. 배열순서로 보아 대략 1805년 여름, 6월 3일 이전에 지은 것
으로 추정된다. 뒤에 6월 3일에 지은 시가 있다.

41) "余始見藏公 眞率不矯飾 無脂韋態 知者貴之 不知者 以爲憍 旣莫戶說 莫如
自修 此處高名之道也 詞卑意厚 庶幾存持"라고 序가 붙어 있다. 배열순서로
보아 대략 1805년 여름, 6월 3일 이전에 지은 것으로 추정된다. 뒤에 6월 3일
에 지은 시가 있다.

일 이전 작이며 계절은 아직 여름이었다.[42]

九月十六日 携兩少年(金世俊, 黃裳) 游淨水寺過南城作의 경우, 제목으로 보아, 1805년(44세) 9월 16일에 지은 것임을 알 수 있다.

過南塘浦의 경우, 배열순서로 보아 1805년(44세) 9월 16일 이후에 지은 것이다. 시에 秋雲이라는 구절이 있으므로 계절은 가을이었다.

暮踰椵嶺作의 경우, 배열순서로 보아 1805년(44세) 9월 16일 이후에 지은 것이다.

抵寺의 경우, 배열순서로 보아 1805년(44세) 9월 16일 이후에 지은 것이다.[43]

絶句의 경우, 배열순서로 보아 1805년(44세) 9월 16일 이후에 지은 것이다.[44]

題石峯賢長老房의 경우, 배열순서로 보아 1805년(44세) 9월 16일 이후에 지은 것이다. 바로 뒤의 시가 10월 9일 작이므로 1805년 9월 16일 ~10월 9일 이전 작이다.

學稼來 携至寶恩山房有作의 경우, 1805년 10월 9일의 작이다.[45]

題寶恩山房의 경우, 배열순서상 1805년 10월 9일 이후의 작이며 이로부터 내용으로 보아 며칠 이내의 것으로 생각된다.

立春後三日 余在寶恩山房 藏上人見過 小雪初霽 山夜淸寂 戲爲聯

---

42) 시의 내용으로 보아 아직 여름이었음을 알 수 있다. 따라서 이 시의 시기는 여름이다. 바로 뒤의 시가 9월 16일 작이므로, 이 시는 9월 16일 이전 작이다.
43) 이 시에서 말하는 절이 淨水寺라면 이 시, 그리고 이 시 앞에 있는 두편의 시 過南塘浦, 暮踰椵嶺作은 9월 16일 작일 가능성이 있다.
44) 이 시에서 말하고 있는 절이 정수사라면 이 시의 저작 시기는 9월 16일이었을 가능성이 있다.
45) 10월 3일, 큰아들 丁學淵이 강진에 도착하여 10월 9일 함께 보은산방으로 갔다. 열수전서 속집 6에 "嘉慶乙丑冬十月 學淵來覲于康津謫中(九月十九日 自酉山離發 就路自京 十月初三日 來至康津) 旣數日而謂之曰 余所不朽 唯 禮與易 余其授汝 然喧卑不可以專精 汝其從我 初九日至寶恩山房(高聲菴) 居僧只九人 學易學禮 夜以繼日 或有疑晦 隨有質問 錄其所答 名之曰 僧菴 禮問 僧菴在縣北五里"라는 언급이 있다.

句 以述其事 學稼與焉의 경우, 1805년(44세) 12월 입춘 3일 뒤에 지은 것이다. 다음해에 입춘이 전 해 1805년 12월에 든 것이다.

將學稼在寶恩山院 遂値歲除 除之夜 心緒怊悵 率爾成篇示兒의 경우, 제목으로 보아 1805년 12월 말일 除夜에 지은 것임을 알 수 있다.

(2) 與猶堂集 文集 제5책 제2권

[1806년] (45세)

丙寅歲春日山房述懷示兒의 경우, 제목으로 보아 1806년(45세) 봄에 지은 것임을 알 수 있다.[46]

過山陰書屋의 경우, 1806년(45세) 늦봄(3월 18일 이전) 작이다.[47]

宿修道菴 惠藏不期而至의 경우, 배열순서상 1806년(45세) 늦봄 3월 18일 이전에 지은 것이다.[48]

山行雜謳 二十首의 경우, "三月 十八日"이라고 원주가 붙어 있으므로 1806년(45세) 3월 18일에 지은 것임을 알 수 있다.

靈山刺失職也 按察之臣 游豫匪度 勞者弗息焉의 경우, 배열순서로 보아 1806년 3월 18일 이후의 작이다. 뒤에 봄의 작품이 있으므로 저작 시기는 아직 봄이었다고 생각된다.

采薪求道也 求道者不可辭難焉의 경우, 배열순서로 보아 1806년 3월 18일 이후의 작이다. 뒤에 봄의 작품이 있으므로 저작 시기는 아직 봄이었다고 생각된다.

滿江紅의 경우, 배열순서로 보아 1806년 3월 18일 이후의 작이다.

---

46) 적어도 1806년 봄까지는 정학연이 함께 머무르고 있었음을 알 수 있다. 이하의 시들은 1806년에 지은 것이다.

47) "春盡有餘芳"이라는 구절로 보아 계절은 늦봄이었다고 생각된다. 따라서 이 시는 1806년(45세) 늦봄에 지은 것이다. 뒤에 3월 18일 지은 시가 있으므로 3월 18일 이전이다.

48) 바로 뒤에 3월 18일 지은 시가 있다.

바로 뒤의 작품 浪淘沙가 봄 작품으로 생각되므로 이 시 역시 1806년 봄의 작이라고 추정된다.

浪淘沙의 경우, "春意"라는 구절이 있으므로 봄의 작품임을 알 수 있다. 따라서 이 시 역시 1806년 3월 18일 이후 봄의 작이라고 추정된다.

長相思의 경우, "春雲"이라는 구절이 있으므로 봄의 작품임을 알 수 있다. 따라서 이 시 역시 1806년 3월 18일 이후 봄의 작이라고 추정된다.

菩薩蠻의 경우, "春城"이라는 구절이 있으므로 봄의 작품임을 알 수 있다. 따라서 이 시 역시 1806년 3월 18일 이후 봄의 작이라고 추정된다.

浣溪沙의 경우, 제목 아래 "春景"이라고 원주가 붙어 있으므로, 1806년(45세) 3월 18일 이후 봄에 지은 것으로 추정된다.

水調歌頭의 경우, 확실하지는 않으나 배열순서나 양식으로 볼 때, 앞의 시들과 마찬가지로 1806년(45세) 봄에 지은 것으로 추정된다. 배열순서로 보아 물론 3월 18일 이후 작일 것이다.

如夢令의 경우, 앞의 시들과 마찬가지로 1806년(45세) 봄에 지은 것으로 추정된다.[49] 배열순서로 보아 물론 3월 18일 이후 작일 것이다.

又(寄內)의 경우, 1806년(45세) 봄 아내에게 부친 시이다.[50] 배열순서로 보아 물론 3월 18일 이후 작일 것이다.

一半兒의 경우, "詠紅桃"라고 원주가 붙어 있다. 배열순서나 양식 및 시의 내용으로 보아, 앞의 시들과 마찬가지로 1806년(45세) 봄에 지

---

49) "憶乙卯春 賞花釣魚宴事"라고 원주가 붙어 있다. 확실하지는 않으나, 배열순서나 양식 및 시의 내용으로 보아, 앞의 시들과 마찬가지로 1806년 봄에 지은 것으로 추정된다.

50) 정학연이 돌아갈 때 써서 함께 보낸 것일 수도 있다. 확실하지는 않으나, 배열순서나 양식 및 시의 내용으로 보아, 앞의 시들과 마찬가지로 1806년 봄에 지은 것으로 추정된다.

은 것으로 추정된다. 배열순서로 보아 물론 3월 18일 이후 작일 것이다.

又의 경우, "詠梨花"라고 주가 붙어 있다. 확실하지는 않으나 배열순서나 양식 및 시의 내용으로 보아, 앞의 시들과 마찬가지로 1806년(45세) 봄에 지은 것으로 추정된다. 배열순서로 보아 물론 3월 18일 이후 작일 것이다.

又의 경우, "賦垂楊"이라고 주가 붙어 있다. 확실하지는 않으나 배열순서나 양식 및 시의 내용으로 보아, 앞의 시들과 마찬가지로 1806년 봄에 지은 것으로 추정된다. 배열순서로 보아 물론 3월 18일 이후 작일 것이다.

更漏子의 경우, "牆西有一小園 園翁喜打腦 謂之腦翁 二月晦 適游腦翁園 鄰人饋酒殽 聊述其事"라고 원주가 붙어 있다. 따라서 1806년(45세) 2월 그믐 이웃집 정원에서 노닌 것을 읊은 것임을 알 수 있다.51)

五月七日 余在寶恩山房 藏公携酒相過 厚意也 拈周易坎六四韻 與之酬酌의 경우, 제목으로 보아 1806년(45세) 5월 7일에 지은 것임을 알 수 있다.

久雨次聯上九韻의 경우, 배열순서상 1806년(45세) 5월 7일 이후에 지은 것이다. 뒤의 뒤 시가 8월 17일 지은 것이므로 8월 17일 이전 작이다.

贈賀鎰上人의 경우, 배열순서상 1806년(45세) 5월 7일 이후에 지은 것이다. 바로 뒤의 시가 8월 17일 지은 것이므로 1806년 5월 7일~8월 17일 이전 작이다.

登月出山絶頂의 경우, 제목 아래에 "八月 十七日"이라고 원주가 붙

---

51) 앞에 있는 山行雜謳가 3월 18일 작이므로 更漏子가 2월 그믐 작품이라면 배열순서가 틀린다. 위의 다른 것들과 같이 詞이므로 덧붙여 여기에 넣지 않았나 여겨진다. 또는 2월 그믐에 놀던 일을 회상하여 나중에 지은 것일 수도 있다.

어 있다. 따라서 1806년(45세) 8월 17일에 지은 것임을 알 수 있다.

暎湖亭八景爲長興丁氏作의 경우, 배열순서상 1806년(45세) 8월 17일 이후에 지은 것이다.[52]

[1807년] (46세)

惠藏至의 경우, "丁卯春 在康津"이라고 원주가 붙어 있다. 1807년(46세) 봄에 강진에서 지은 것임을 알 수 있다. 이하의 시들은 1807년 작이다.

黃裳之父仁聃輓詞의 경우, 배열순서로 보아 1807년(46세) 봄에 강진에서 지은 것으로 추정된다. 바로 뒤의 시가 봄에 지은 것이다.

賦得菜花蛺蝶의 경우, "春風"이라는 구절로 보아 계절이 봄이었음을 알 수 있다. 따라서 1807년 봄에 지은 시이다.

對雨示逵典의 경우, "春深"이라는 구절로 보아 계절이 봄이었음을 알 수 있다. 따라서 1807년 봄에 지은 시이다.

奉簡巽菴의 경우, 내용으로 보아 봄에 지은 시이다. 따라서 1807년 봄에 지은 시이다.

和東坡過嶺韻의 경우, 배열순서상 1807년 봄에 지은 시로 추정된다. 뒤에 있는 시 和子由初秋韻에 "送春"이라는 주가 붙어 있으므로 뒤의 시가 봄의 작이기 때문이다.

和寄餾合刷餠韻의 경우, "余宿疾瘡疥 近益熾苦 手製神異膏以療之 分寄玆山"이라고 원주가 붙어 있다. 배열순서상 1807년 봄에 지은 시로 추정된다. 뒤에 있는 시 和子由初秋韻에 "送春"이라고 주가 붙어 있다.

和子由新修汝州龍興寺吳畫壁韻의 경우, "觀李道甫 題額白蓮寺"라고 원주가 붙어 있다. 배열순서상 1807년 봄에 지은 시이다. 바로 뒤의

---

52) 이하에 1807년 가을, 겨울의 시들이 있어야 하는데 없다. 이 시기에 시를 짓지 않았거나 누락되었을 가능성이 있다.

시 和子由初秋韻에 "送春"이라고 주가 붙어 있다.

和子由初秋韻의 경우, 제목 아래에 "送春"이라고 원주가 붙어 있다. 1807년(46세) 봄을 보내며(대략 3월 하순경) 지은 시임을 알 수 있다. 뒤에 4월 1일의 시가 있으므로 3월 작이다.

和寄諸子姪韻의 경우, 바로 뒤의 시가 1807년 4월 1일 지은 것이므로 이 시는 1807년(46세) 4월 1일 이전에 지은 것이다. 바로 앞의 시가 3월 하순경의 작으로 생각되므로 이 시의 저작 시기 역시 배열순서상 3월 하순경으로 생각된다.

四月一日 惠藏至 欲偕游白蓮社 爲念供具已之 悵然有作의 경우, 제목으로 보아 1807년 4월 1일에 지은 것임을 알 수 있다.

四月三日游白蓮社의 경우, 제목으로 보아 1807년(46세) 4월 3일 지은 것임을 알 수 있다.

池上絶句의 경우, 배열순서상 1807년 4월 3일 이후에 지은 것이다. 뒤에 있는 시, 南浦行次杜韻이 4월 15일 지은 것이므로 1807년(46세) 4월 3일 이후 4월 15일 이전의 작이다.

淡泊의 경우, 배열순서상 1807년 4월 3일 이후에 지은 것이다. 뒤에 있는 시, 南浦行次杜韻이 4월 15일 지은 것이므로 4월 15일 이전의 작이다. 따라서 저작 시기는 1807년(46세) 4월 3일에서 4월 15일 사이에 지은 것이다.

琴湖尹(奎濂)至의 경우, 배열순서상 1807년 4월 3일 이후에 지은 것이다. 뒤에 있는 시, 南浦行次杜韻이 4월 15일에 지은 것이므로 4월 15일 이전의 작이다. 따라서 저작 시기는 1807년(46세) 4월 3일에서 4월 15일 사이에 지은 것이다.

喜尹弟滯雨의 경우, 배열순서상 1807년 4월 3일 이후에 지은 것이다. 바로 뒤의 南浦行次杜韻이 4월 15일 지은 것이므로 4월 15일 이전의 작이다. 따라서 저작 시기는 1807년 4월 3일~4월 15일 사이에 지은 것이다.

南浦行次杜韻의 경우, "丁卯四月之望 邑中數人 携至九十浦 汎舟晚泊越姑浦 乘月而還"이라고 원주가 붙어 있다. 따라서 1807년(46세) 4월 15일에 지은 것임을 알 수 있다.

種竹의 경우, 제목 아래에 "五月 一日"이라고 원주가 붙어 있다. 따라서 1807년(46세) 5월 1일의 작품임을 알 수 있다.

八月一日作의 경우, 제목으로 보아 1807년(46세) 8월 1일의 작품임을 알 수 있다.

小雨對菊花示公潤의 경우, 제목으로 보아 저작 시기는 1807년(46세) 가을 국화가 핀 때이다. 배열순서상 8월 1일 이후 작이다.

又贈公潤의 경우, 배열순서상 1807년 가을, 8월 1일 이후의 작이다.

題西湖浮田圖의 경우, 배열순서상 1807년 가을, 8월 1일 이후의 작이다.

題東施效顰圖의 경우, 배열순서상 1807년 가을, 8월 1일 이후의 작이다.

[1808년] (47세)

三月十六日游尹文擧(名奎魯)茶山書屋 公潤調息在此 因仍信宿 遂踰旬日 漸有終焉之志 聊述二篇 示公潤의 경우, 제목으로 보아 1808년(47세) 3월 26일 이후에 지은 것임을 알 수 있다. 이하의 시들은 1808년에 지은 것이다.

絶句의 경우, 배열순서로 보아 1808년 3월말 이후 봄에 지은 것으로 생각된다.

茶山八景詞의 경우, 내용으로 보아 1808년 봄 다산으로 이주한 이후 지은 것으로 생각된다. 사암선생연보에 의하면 1808년 봄에 강진의 다산으로 이거한 것으로 되어 있다.[53] 앞의 앞 시를 보면 이주 시기는 1808년 3월 26일경 이후로 추정할 수 있다.

---

53) 『年譜』, 149쪽.

茶山花史二十首의 경우, 역시 1808년 봄 3월 26일경 이후에 다산으로 이주한 뒤, 지은 것으로 생각된다.

越鷰巢於堂上 屢塗屢毀 退丙屋榻 憐而許之 感作一詩의 경우, 시의 내용으로 보아 봄에 지은 것이다. 따라서 1808년 봄의 작으로 볼 수 있다. 바로 뒤의 시가 4월 20일 작이므로 1808년 봄 4월 20일 이전의 작이며 배열순서상 다산 이주(3월 26일경 이후) 뒤의 작이다.

四月二十日 學圃至相別已八周矣의 경우, 제목으로 보아 1808년(47세) 4월 20일 작이다. 헤어진지 8년만에 둘째 아들 學游가 왔을 때 지은 것이다.

羣甫攜酒相過의 경우, 배열순서로 보아 1808년 4월 20일 이후의 작이다. 뒤의 뒤 시 龍穴行이 5월 11일 작이므로, 이 시는 5월 11일 이전의 작이다. 즉 저작 시기는 1808년(47세) 4월 20일~5월 11일 사이이다.

池閣月夜의 경우, 배열순서로 보아 1808년 4월 20일 이후의 작이다. 바로 뒤의 시 龍穴行이 5월 11일 작이므로, 이 시는 5월 11일 이전의 작이다. 즉 저작 시기는 1808년(47세) 4월 20일~5월 11일 사이이다.

龍穴行의 경우, "五月十一日 與尹文擧諸人游 圃兒從"이라고 원주가 붙어 있다. 따라서 1808년(47세) 5월 11일 작임을 알 수 있다.

僧拔松行의 경우, 배열순서상 1808년 5월 11일 이후의 작이다. 뒤에 여름의 시가 있으므로 여름 작이다. 따라서 이 시의 저작 시기는 1808년(47세) 5월 11일 이후 여름이다.

獵虎行의 경우, 배열순서상 1808년(47세) 5월 11일 이후의 작이다. "五月山"이라는 내용으로 보아 5월에 지은 것임을 알 수 있다. 따라서 이 시의 저작 시기는 1808년(47세) 5월 11일 이후 5월 어느 날이다.

(3) 與猶堂集 文集 제5책 제3권

夏日의 경우, 제목 아래에 "戊辰夏 在茶山"이라고 원주가 붙어 있다. 1808년 여름 다산에서 지은 것임을 알 수 있다. 앞에 5월 11일 작이 있으므로 1808년(47세) 5월 11일 이후, 여름 어느 날 작이다.

採藥詞의 경우, 배열순서상 1808년(47세) 여름 이후에 지은 것이다.

種蓮詞의 경우, 배열순서상 1808년 여름 이후에 지은 것이다.

牛腹洞歌의 경우, 배열순서상 1808년 여름 이후에 지은 것이다.

游尹氏山莊의 경우, 배열순서상 1808년 여름 이후에 지은 것이다.

敗荷의 경우, "野外新秋色"이라는 구절로 보아 1808년(47세) 초가을에 지은 것임을 알 수 있다.

試步東林의 경우, "淸秋"라는 구절로 보아 1808년(47세) 가을에 지은 것임을 알 수 있다.

燠卿至의 경우, "秋色"이라는 구절로 보아 1808년(47세) 가을에 지은 것임을 알 수 있다.

將游淨水寺晚過粤姑津의 경우, "野菊"이라는 구절로 보아 1808년(47세) 가을에 지은 것임을 알 수 있다.

轉游水精寺의 경우, 배열순서로 보아 1808년 가을에서 겨울 사이에 지은 것이다.

讀帝典의 경우, 배열순서로 보아 1808년 가을에서 겨울 사이에 지은 것이다.

[1809년] (48세)

梅花開憶公潤(二月初六日)簡寄其兄弟의 경우, "己巳春 在茶山"이라고 원주가 붙어 있다. 1809년(48세) 봄 2월 6일 다산에서 지은 것임을 알 수 있다. 이하의 시들은 1809년 지은 것들이다.

梅花三首의 경우, 제목 아래에 "二月十五日"이라고 원주가 붙어 있다. 1809년 2월 15일에 지은 것임을 알 수 있다.

忽漫의 경우, "春氷"이라는 구절로 보아 1809년 봄에 지은 것임을 알 수 있다. 배열순서상 2월 15일 이후 작품이다. 따라서 이 시의 저작 시기는 1809년(48세) 봄, 2월 15일 이후이다.

春日游白蓮寺의 경우, 제목으로 보아 1809년 봄에 지은 것임을 알 수 있다. 배열순서상 2월 15일 이후 작품이다. 따라서 이 시의 저작 시기는 1809년(48세) 봄 2월 15일 이후이다.

再游白蓮寺의 경우, 바로 뒤의 시가 늦봄에 지은 것이므로 1809년 봄에 지은 것임을 알 수 있다. 배열순서상 2월 15일 이후 작품이다. 따라서 이 시의 저작 시기는 1809년(48세) 봄 2월 15일 이후이다.

晩春의 경우, 제목으로 보아 1809년(48세) 늦봄에 지은 것임을 알 수 있다. 대략 3월 이후로 추정된다.

凡八十韻의 경우, 앞에 긴 설명이 붙어 있어 제목이 매우 길게 되어 있으나 마지막 구절만 따서 凡八十韻이라고 하였다. 이 시의 경우, 내용으로 보아 봄에 지은 것임을 알 수 있다. 내용과 배열순서에 따라 생각하여 보면 1809년(48세) 늦봄 3월경에 지은 것으로 추정된다.

簡寄南皐尹(持範)持平의 경우, 1809년(48세) 봄의 작품으로 추정되며 배열순서로 보아 늦봄의 시이다.54)

寄惺叟의 경우, 마지막에 "獨坐聞秋蟲"이라는 구절이 있으므로 가을에 지은 것임을 알 수 있다. 따라서 1809년(48세) 가을의 작품이다.

十一月六日於茶山東菴淸齋獨宿　夢遇一姝來而嬉之　余亦情動少頃辭而遣之　贈以絶句　覺猶了了　詩曰의 경우, 제목에서 1809년(48세) 11월 6일에 지은 것임을 알 수 있다.

[1810년] (49세)

元日書懷의 경우, "庚午　在茶山"이라고 원주가 붙어 있다. 제목과 주에 따라서 1810년(49세) 1월 1일에 지은 것임을 알 수 있다.

---

54) 원주 가운데 서문 가운데 "今年春　寄書來……爲寄此篇"이라는 구절이 있으므로 봄에 지은 것으로 추정된다. 이하 1808년 여름의 시가 없는 점이 주목된다.

簡寄皆甫의 경우, 배열순서로 보아 1810년(49세) 봄과 초여름 사이에 지은 것이다. 바로 뒤의 시가 초여름에 지은 것이다.

皆甫饋梅實竹笋以山田新瓜謝之의 경우, 제목으로 보아 계절은 새로 참외가 나는 초여름이다. 따라서 이 시는 1810년(49세) 초여름 경에 지은 것으로 생각된다.

狸奴行의 경우, 배열순서로 보아 1810년(49세) 초여름 이후 여름 사이에 지은 것이다. 바로 뒤의 시가 여름에 지은 것이다.

山翁의 경우, "碧樹凉蟬藕花開"라는 구절로 보아 여름에 지은 것으로 추정된다. 따라서 이 시는 1810년(49세) 여름에 지은 것이다.

寄穉敎의 경우, "邇來菊有華"라는 구절이 있으므로, 가을 국화가 피던 때이었음을 알 수 있다. 따라서 이 시는 1810년(49세) 가을에 지은 것이다.[55]

松風樓雜詩의 경우, 내용만으로는 구체적 계절을 알기 어렵다. 배열순서 상으로 볼 때 1810년 작이다.

采蒿의 경우, 제목 아래의 주에 "六月初 流民塞路"라는 구절이 있으므로 이 시는 1810년(49세) 6월 초에 지은 것으로 추정된다.[56]

拔苗의 경우, 내용으로 보아 앞의 시에 연결되는 것으로, 비슷한 시기인 1810년(49세) 6월경에 쓴 것으로 생각된다.

蕎麥의 경우, 내용으로 보아 앞의 시들 采蒿·拔苗에 연결되는 것으로, 비슷한 시기인 1810년(49세) 6월경에 쓴 것으로 생각된다.

熬麩의 경우, 내용으로 보아 앞의 시들 采蒿·拔苗·蕎麥에 연결되는 것으로, 비슷한 시기인 1810년(49세) 6월경에 쓴 것으로 생각된다.

---

55) 순서상 뒤에 가야 할 것이나 뒤의 采蒿 이하의 시들을 함께 묶어 뒤에 배치하고자 하여 이 시가 앞에 오게 되었다고 생각된다.

56) 앞의 시, 寄穉敎가 가을에 지은 것이므로 이 시보다 저작 시기가 뒤라는 문제점이 있다. 아마도 이 采蒿 이하의 시들이 상호 연결되는 것이므로 한꺼번에 모아 말미에 둔 것으로 생각된다. 원주에 "久而成篇 名之曰 田間紀事"라고 하였다.

豺狼의 경우, 내용으로 보아 역시 앞의 시들 采蒿·拔苗·蕎麥·熬
麩에 연결되는 것으로, 비슷한 시기인 1810년(49세) 6월경에 쓴 것으로
생각된다.

有兒의 경우, 내용으로 보아 역시 앞의 시들 采蒿·拔苗·蕎麥·熬
麩·豺狼에 연결되는 것으로, 비슷한 시기인 1810년(49세) 6월경에 쓴
것으로 생각된다.

龍山吏의 경우, 제목 아래에 "庚午 六月"이라고 원주가 붙어 있으므
로 1810년(49세) 6월에 쓴 것임을 알 수 있다.

波池吏의 경우, 내용상 龍山吏에 연결되는 것으로 1810년(49세) 6월
같은 시기에 쓴 것으로 생각된다.

海南吏의 경우, 내용상 龍山吏·波池吏에 연결되는 것이므로 1810
년 6월(49세) 같은 시기에 쓴 것으로 생각된다.

이후 1818년 마재 귀환 때까지 시가 없다.

3. 與猶堂集 文集 제7책[57]

(1) 與猶堂集 文集 제7책 제1권

「歸田詩集」

----

57) 1810년 6월에서 1818년 9월 해배 때까지의 시들이 바로 여유당집 문집 제6책
   부분에 있었을 가능성이 있다. 하지만 앞서 언급한 바와 같이, 정약용 자신이
   묘지명체제를 편집할 때, 의도적으로 뺀 것으로 생각된다. 여유당집 문집 제6
   책이 누락되므로 제5책에 이어 바로 제7책으로 연결시켰다. 현존 규본 여유
   당집 제6책은 원래 묘지명체제에 속하지 않는 것이며 연대순서상, 회갑 이후
   에 지어진 시들이다. 그러나 빠진 부분의 분량이 6권이라면 1책 분량(3권)이
   될 수 없는 문제점이 있다. 그렇다면 이 부분이 한 책 분량이었고 다른 시기
   의 누락된 부분들이 합쳐져 3권(1책) 분량이 되었을 수도 있다. 이 시기 1810
   ~1818년 외의 시기에도 누락 부분이 있기 때문이다.

携尹(書有)監察巖下小泛의 경우, 1818년(57세) 9월 14일 귀환 이후 가을에 지은 것으로 추정된다.58)

東皐夕望의 경우, 역시 1818년(57세) 가을작으로서 9월 14일 귀환 이후에 지은 것이다. "百死歸來意惘然……日苞黃葉深村雨"라는 구절로 보아 계절이 가을이었음을 알 수 있다.

東皐曉望의 경우, 역시 1818년(57세) 가을작으로서 9월 14일 귀환 이후에 지은 것이다. "黃葉"이라는 구절로 보아 가을에 지었음을 알 수 있다.

冬日陪伯氏過一鑑亭夕乘舟還의 경우, 제목으로 보아 1818년(57세) 겨울에 지은 것임을 알 수 있다.

次韻二子與三友分賦의 경우, 1818년(57세) 겨울에 지은 것이다. "玆筵復都雅 豈不冬宵短"이라는 구절로 보아 겨울에 지었음을 알 수 있다.

奉簡堂叔父霞川幽居의 경우, 1818년(57세) 겨울에 지은 것이다. "春來筋力好 重肯到江亭"이라는 구절로 보아 계절이 겨울이었음을 알 수 있다.

[1819년] (58세)

四月五日同禮安金(商儒)布衣泛舟鈔鑼潭轉至藍子洲亨鮮의 경우, 제목으로 보아 한강 사라담에서 4월 5일에 지은 시임을 알 수 있다. 따라서 저작 시기는 1819년(58세) 4월 5일이다.

四月十五日陪伯氏乘漁家小艇向忠州效錢起江行絶句의 경우, 제목으로 보아 4월 15일 지은 시임을 알 수 있다. 따라서 저작 시기는 1819

---

58) 사암선생연보에 따르면 1818년 9월 강진을 출발하여 9월 14일에 비로소 마재의 집으로 돌아온 것으로 되어 있다(『年譜』, 204~205쪽). 이 시는 집에 돌아온 이후에 지은 것이다. 뒤의 시 東皐夕望과 東皐曉望이 내용상 가을에 지은 것이며(뒤의 두 시 참조 요) 9월 14일 귀환 이후의 저작이므로, 이 시 역시 가을에 지은 것으로 추정할 수 있다.

년(58세) 4월 15일이다. 아마도 초천 정약현의 집에서 4월 9일 부친 정
재원의 제사를 지낸 다음 성묘를 위해 배를 타고 충주로 가는 중에 지
은 시로 생각된다.

上墓의 경우, 하담의 선영에 참배하고 지은 시이다. 4월 15일 출발하
였다면, 하담에는 대략 4월 17일경에 도착한 것으로 생각된다. 따라서
이 시의 저작 시기는 1819년(58세) 4월 17일경이다.

閏四月十二日同李約菴游文巖山莊舟中作의 경우, 제목으로 보아
1819년(58세) 윤4월 12일에 李載毅와 함께 문암산장으로 가는 배 안에
서 지은 시이다.[59]

到莊舍의 경우, 문암산장에 도착하여 지은 시이다. 문암산장은 양근
에 있으므로 초천에서는 당일 거리라고 생각된다. 따라서 이 시도
1819년 윤4월 12일 지은 것으로 추정된다.

經鼎坡의 경우, 1819년 봄 윤4월경에 지은 것으로 생각된다.[60]

七月七日一鑒亭申丈攜二瞽能吹者乘舟相過의 경우, 제목으로 보아
1819년 7월 7일 지은 시이다. 申丈은 申綽을 가리키는 것으로 생각된
다.

金正言(商雨)爲米廩主簿旣五日棄而歸次韻送行의 경우, 배열순서
로 보아 1819년 7월 7일 이후의 작으로 추정된다.[61] 뒤에 8월 28일 작
이 있으므로 8월 28일 이전의 작이다.

送韓(益相)正言赴鏡城判官의 경우, 배열순서로 보아 1819년 7월 7
일 이후의 작으로 추정된다. 바로 뒤에 8월 28일 작이 있으므로 1819년
(58세) 7월 7일~8월 28일 이전의 작이다.

---

59) 約菴은 李載毅의 호이며 文山 역시 그의 호이다.
60) 문암산장에서 돌아오는 길에 鼎坡를 지나며 지은 시이기 때문이다. "場苗"라
    는 구절로 보아 봄임을 알 수 있고 "萬壑龍門北 中條作鼎坡"라는 구절로 보
    아 정파가 용문산 북쪽에 있음을 알 수 있다.
61) "回水路餘三百"이라는 구절로 보아 김상우의 고향집이, 서울에서 수로로 300
    리 되는 곳에 있었음을 알 수 있다. 대략 충주 부근이 된다.

八月卄八日乘舟宿楊根郡의 경우, 제목 아래에 "金老人廷基家"라고 원주가 붙어 있다. 제목과 원주로 보아 1819년(58세) 8월 28일, 金廷基의 집에 묵으며 지은 시이다.62)

卄九日同趙(可敎)李(時泰)二翁游斜川寺의 경우, 제목으로 보아 1819년(58세) 8월 29일 조가교, 이시태와 함께 (용문산) 斜川寺에 놀러 갔다. "携水暮山中"이라는 구절로 보아 때가 저녁이었음을 알 수 있다.

登龍門白雲峯의 경우, 배열순서로 보아 1819년 8월 29일(혹은 9월 1일), 지은 시이다.63)

留題李淵心艸堂의 경우, 배열순서상 1819년(58세) 9월초에 지은 것으로 생각된다.64)

留題李(舜卿)艸堂의 경우, 배열순서상 1819년 9월초에 지은 것으로 생각된다.65)

簡寄沙谷尹(養謙)의 경우, 배열순서상 1819년 9월초 이후의 시이다.66)

獻呈西鄰李叟의 경우, 1819년(58세) 가을 국화가 질 무렵 지은 시이다. "瘦損黃花半已傷"이라는 구절이 있다. 뒤의 시가 10월 13일 작이므로 1819년 가을 10월 13일 이전 작이다.

---

62) 용문산 유람 길에 양근 김정기의 집에 묵은 것으로 생각된다.

63) 사천사에 해질녘에 있었으므로 그날 당일로 백운봉에 오르기는 어려웠으리라 생각된다. 이날 밤에는 혹 사천사에서 묵었을지 모르겠다.

64) 백운봉에서 내려와 사천사 부근에 있는 이연심의 집에 들러 지은 시이다. "龍門山下號斜川　學士命莊九世傳"이라는 구절이 있다.

65) 이 역시 백운봉에서 내려와 사천에 있는 李舜卿의 집에 들러 지은 시로 보인다. 이순경은 정약용의 성균관 유생 시절의 친구로 보이며 그의 집이 사천에 있었다. "歷歷芹坊事　回頭四十霜……斜川好煙景　羨爾卜鄰芳"이라는 구절이 있다.

66) 사곡에 사는 윤양겸의 회갑을 축하하는 시이다. "重回甲子設芳筵"이라는 구절이 있다.

十月十三日夜의 경우, 제목으로 보아 1819년(58세) 10월 13일 밤에 지은 시임을 알 수 있다.

江村賞雪懷申學士兄弟走筆寄呈의 경우, 제목과 배열순서로 보아 1819년(58세) 겨울에 지은 시이다. 신작 형제에게 보낸 시가 아닌가 생각된다.

旣歸數日追述鄙懷奉呈申學士兄弟의 경우, 제목과 배열순서로 보아 1819년(58세) 겨울에 지은 시이다.67)

簡寄尹(永僖)校理江居의 경우, 1819년(58세) 겨울 歲暮에 지은 시이다.68)

對雪重寄申學士兄弟의 경우, 제목으로 보아, 1819년(58세) 겨울에 지은 시이다.69)

夜의 경우, 배열순서로 보아 1819년(58세) 겨울에 지은 것으로 추정된다. 앞의 시와 뒤의 시가 모두 겨울 작이다.

簡寄鄭(元善)正言의 경우, 역시 1819년(58세) 겨울 작으로 추정된다. "雪滿寒江業釣魚"라는 구절로 끝나고 있다.

簡寄呂知縣(東根)井邑官居의 경우, 역시 1819년(58세) 겨울 작으로 추정된다.70)

徂年惜衰暮也尤悔積衷遷改無日愍然自悼冀友相憐의 경우, 역시 1819년(58세) 겨울 작으로 추정된다. "駸駸徂年欻焉旣暮"라는 구절로 보아 세모에 지었다.

石林李禮卿(魯和)月夜來訪次韻蘇東坡定慧院月夜步出의 경우, 역

---

67) 1819년 겨울, 신작의 집을 방문하고 돌아온 며칠 뒤에 신작 형제에게 지어 보낸 시로 생각된다.

68) "今歲忽云暮"라는 구절로 시작되고 있다. 윤영희에게 보낸 시이다.

69) 신작 형제에게 보낸 시로 생각된다.

70) 여동식의 형 여동근이 보낸 편지에 대한 답으로 부친 시이다. "遠寄封緘到洌川……寒山拾橡友相憐"이라는 구절이 있다. 당시 여동근은 정읍 현감으로 있었던 것으로 생각된다.

시 1819년(58세) 겨울 작으로 추정된다. "雪後山閣懸孤月 一年無多此
淸夜"라는 구절로 시작되고 있다.

(2) 與猶堂集 文集 제7책 제2권

[1820년] (59세)

「穿牛紀行卷」(春川)[71]

「穿牛紀行卷」에 처음으로 실려 있는, 和杜詩十二首의 경우, 배열순
서로 보아 1820년(59세) 3월 24일 이후의 작이다.

昭陽亭懷古의 경우, 배열순서로 보아 1820년(59세) 3월 24일 이후의
작이다.

野宿淸平寺和東坡蟠龍寺의 경우, 배열순서로 보아 1820년 3월 24
일 이후의 작이다.

淸平寺觀瀑四首의 경우, 배열순서로 보아 1820년 3월 24일 이후의
작이다.

出淸平洞口의 경우, 배열순서로 보아 1820년 3월 24일 이후의 작이
다.

贈李(粲)參奉丈의 경우, 배열순서로 보아 1820년 3월 24일 이후의
작이다. "門前水岸漲春蕪"라는 구절을 통해 봄이었음을 알 수 있다.

贈尹(鍾遠)唯靑의 경우, 배열순서로 보아 1820년 3월 24일 이후의
작이다.

---

71) "幷序 庚辰三月卄四日 陪伯氏領淳兒委禽之行乘小葉溯汕水將向春川(山濕
二水會于龍津西汕者山谷之水也 濕自原濕之水也 故以北派爲汕南派爲濕)
前年忠州之行 作五言而紀之 效錢起江行百絶句 七十五首而止 今作七言得
二十五首以足之 又得若干首 共爲一卷".
위의 서문으로 보아 「穿牛紀行卷」의 경우, 1820년(59세) 3월 24일 이후 춘천
으로 향하는 여정을 시로 기록한 것임을 알 수 있다. 천우기행권에 대하여는
심경호, 『다산과 춘천』, 강원대출판부, 1996이 참고된다.

出峽의 경우, 배열순서로 보아 1820년 3월 24일 이후의 작이다.[72]

(3) 與猶堂集 文集 제7책 제3권

이하의 시들은 필사본(규본) 여유당집에서 「菜花亭詩草」 뒤에 있는 것이다. 그러나 연대 상 그 앞에 있어야 한다. 필사본에 양근 도중작의 저작 연도를 "庚寅秋"라고 한 것은 "庚辰秋"의 잘못이다. 아래의 글을 보면 이하의 시들은 1820년 가을에 지은 것임을 알 수 있다. 與猶堂全書에는 庚辰秋라 되어 있다. 따라서 菜花亭詩草 앞으로 옮기기로 한다.[73]

楊根道中作의 경우, 1820년(59세) 9월 14일의 작품으로 추정된다.[74] 竹節領의 경우, 1820년(59세) 9월 14일의 작으로 추정된다. 용문산 용문사로 가는 도중에 지은 시로 추정된다.

船嶺의 경우, 1820년(59세) 9월 14일의 작으로 추정된다. 용문산 용

---

72) 북한강의 협곡을 빠져 나오면서 지은 시로 추정된다. 이상 出峽까지가 穿牛紀行卷에 속하는 시였다고 생각된다.

73) 이들 시 앞에는 다음과 같은 서문(설명)이 붙어 있다.
龍門山 本名彌智山 龍門其寺名也 畿內諸山 皆單龍短支 無磅礴雄深之氣 唯龍門爲山 厖厚重疊……余家洌水之上 東行數里 已見龍門之一二峯 顧少也多事 中歲流落 旣歸而衰且病 不能恣所游歷 旣歸之越明年己卯秋 遊斜川寺 由絶壁上水月菴 遂登白雲峯 卽龍門之南絶頂也 又以時遊檗溪銅店 龍門之西麓也 今年秋再遊龍門九月十五日 宿龍門寺 闕明日遊鳳凰臺而還 二載所經 不能半一山之勝 筋力所短 不可以强之也 若夫雪菴上院之幽 潤筆竹杖之峻 尙待來年 如愛財者節用云

74) 제목 아래에 "庚寅秋"라고 원주가 붙어 있다. "庚辰秋"의 잘못이다. 용문산을 유람하기 위해 양근으로 가는 도중에 지은 시로 추정된다. 위에 인용된 설명에 의하면 용문산에 유람하여 용문사에 숙박한 것이 9월 15일이다. 그러나 정약용의 건강상 당일 바로 용문사에 오르기는 어려웠으리라 생각된다. 집에서 출발은 하루 먼저 하고 용문산 입구에서 하루를 묵었다. 산행은 다음날 9월 15일 하고 그날 밤 용문사에 숙박하기로 계획하지 않았을까 추정된다.

문사로 가는 도중에 지은 시로 추정된다.

堂叔父山居次韻去年之作의 경우, 1820년(59세) 9월 14일의 작으로 추정된다. 용문산 용문사로 가는 도중에 지은 시로 추정된다.

第八弟鍵山居의 경우, 1820년(59세) 9월 14일의 작으로 추정된다. 용문산 용문사로 가는 도중에 지은 시로 추정된다.[75]

閔伯善山居戱題의 경우, 1820년(59세) 9월 14일의 작으로 추정된다. 여행 첫날 민백선의 집을 방문하였으며 그의 집이 용문산 입구 근처에 있었다고 생각된다.

陪叔父遊龍門寺의 경우, 1820년(59세) 9월 15일의 작으로 추정된다.[76]

龍門寺의 경우, 1820년(59세) 9월 15일의 작으로 추정된다. 앞서 살핀 서문에서 1820년(59세) 9월 15일 용문사에 유람했다고 하였다.

鷴村趙丈要余先遊鳳凰臺中路相招 待之不至의 경우, 1820년(59세) 9월 15일 해질 무렵의 작품이다.[77]

趙丈至追話前年斜川之遊의 경우, 1820년(59세) 9월 15일의 작으로 생각된다.[78]

寺夜饗菽乳의 경우, 1820년(59세) 9월 15일 밤의 작품으로 생각된

---

75) 여유당전서에는 六弟로 되어 있다. 9월 14일 이 정약건의 집이나 당숙부의 집에 묵지 않았을까 생각된다.

76) 이때 이미 숙부는 사망한 뒤이므로 이 시에서 말하는 숙부란 당숙부를 말하는 것이 아닌가 생각된다. 뒤에 보면 봉황대에 당숙부와 같이 올라간 것으로 되어 있다.

77) 같이 먼저 봉황대를 오르고 용문사에 가기 위해 趙杖을 기다리며 지은 시이다. "木末招呼日已斜 先龍後鳳計還差"라는 구절이 있으며 여기에 "余遣趙丈書曰 吾將善龍而後鳳"이라는 원주가 붙어 있다. 이날 기다리다가 일단 용문사로 가서 묵은 것이 아닌가 한다.

78) 조장이 도착한 뒤 전년 사천사 유람에 대하여 이야기한 것에 대하여 지은 시이다. "月在盈虛際 山今表裏翻"이라는 구절에 "是夕十五夜 龍門寺在山內 斜川寺在山外"라는 원주가 붙어 있다. "斜川杳何許"라는 구절로 이 절이 사천사가 아니라 용문사임을 알 수 있다.

다. 龍門寺에서 묵으며 지은 시로 추정된다.

出寺의 경우, 1820년(59세) 9월 16일 지은 것으로 추정된다. 용문사를 나서며 지은 시이다.

登鳳凰臺의 경우, 1820년(59세) 9월 16일 지은 시이다.[79]

鳳凰臺望趙逸人新居遂與共往의 경우, 1820년(59세) 9월 16일 작이다.[80]

馬谷尹逸人山居의 경우, 1820년(59세) 9월 16일의 작이다.[81]

過尹逸人(善戒)牛川新居의 경우, 1820년(59세) 가을 이후의 작으로 추정된다.[82]

簡寄閑村趙逸人의 경우, 1820년(59세) 가을 이후의 작으로 추정된다.[83]

---

79) 원래 조장과의 약속이 9월 15일 봉황대를 먼저 보고 그날 용문사에 묵기로 되어 있었으나 조장이 늦어져 먼저 용문사에서 9월 15일 묵은 뒤 그 다음날 9월 16일 봉황대에 오른 것으로 추정된다. 1820년 용문산 유람에 대한 앞의 기록에도 9월 15일 용문사에서 묵은 뒤 그 다음날 봉황대에 오른 것으로 되어 있다.

80) 여기서 조일인이란 조장을 말한다. "趙丈之言 移居爲鳳凰溪山之勝 堂叔戲云 本意在麥田之良 趙丈訟於余 診曰金剛山食後景"이라는 원주가 붙어 있다. 봉황대에 당숙부가 함께 갔음을 알 수 있다.

81) 봉황대를 내려와 지은 시로 보인다. "尹友與弟鍵婚姻 隔嶺而居"라는 원주가 붙어 있다. 윤일인(이름은 尹善戒, 다음 시 참조 요)은 정약건의 사돈이었으며 집이 서로 고개 너머에 있었음을 알 수 있다. 봉황대를 내려와 윤선계의 집에 들른 것이 아닌가 생각된다.

82) 정약용이 자신의 집에서 가까운 牛川에 새로 이사한 윤선계의 집에 들러 지은 것으로 추정된다. 이것은 1820년 가을 용문산 유람에서 돌아온 뒤의 일로 추정된다.

83) 이 시는 함께 용문산을 유람한 조장에게 부친 시이다. 용문산 유람의 시들과 함께 있어야 할 것이다. 필사본(규본)에는 채화정시초 바로 뒤에 있으나 용문산 유람의 시들을 잘못하여 뒤로 돌리고 채화정시초를 앞으로 가져오면서 이 시만을 원위치에 두어 위치가 그렇게 되었다. 원래는 용문산 유람시 가운데 맨 마지막에 위치하였을 것이라 생각되어 이 위치로 옮겼다.

[1821년] (60세)

「菜花亭詩草」에 실린 시들은 辛巳(1821년 : 60세) 5월 5일에 지은 것들이다. 용문산 기행시 다음에 있어야 한다. 二疊 가운데 "君來適値 天中日"이라는 구절이 있다. 菜花亭이란 정약용이 자신의 채소밭에 지은 정자가 아닌가 생각된다. 용문산 遊覽詩와 字義詩 사이에 있는 것이 타당하다고 생각되어 이 위치로 옮겼다.

菜花亭新成權左衡適至次韻東坡聊試老筆의 경우, 1821년(60세) 5월 5일 작이다.
　二疊의 경우, 1821년 5월 5일 작이다.
　三疊의 경우, 1821년 5월 5일 작이다.
　四疊의 경우, 1821년 5월 5일 작이다.
　五疊의 경우, 1821년 5월 5일 작이다.
又令左衡作隨試老筆次韻東坡의 경우, 1821년 5월 5일 작이다.
　二疊의 경우, 1821년 5월 5일 작이다.
　三疊의 경우, 1821년 5월 5일 작이다.
　四疊의 경우, 1821년 5월 5일 작이다.
　五疊의 경우, 1821년 5월 5일 작이다.

[1822년] (61세)

字義詩의 경우, "仁字二首, 恕字二首, 敬字二首, 性字四首"라고 원주가 붙어 있다. 1822년(61세) 상반기 작으로 추정된다.[84]

---

84) 묘지명체제에 속하는 여유당집 詩律을 재구성해 보면 字義詩와 經義詩로 끝나고 있음이 주목된다. 회갑을 맞이하면서 지은 자찬묘지명에서 자신의 학문을 총정리, 요약하였는데 詩에서도 마찬가지로 자신의 학문의 기본 개념과 경전 해석의 입장을 요약, 정리하여 보여주는 시로 끝맺고 있다. 이 시들은 자찬묘지명을 저술하던 때, 동시에 지은 것이 아닌가 추정된다. 그렇다면 저작 시기는 1822년이며 정약용의 생일이 6월 16일이므로 적어도 그 이전에 완

經義詩의 경우, 제목 아래에 "詩五首, 書五首, 禮五首, 樂五首, 易五首, 春秋五首"라고 원주가 붙어 있다. 1822년(61세) 상반기 작으로 추정된다.[85]

성하지 않았나 생각된다.

[85] 회갑을 맞이하면서 시로써, 자신의 학문 가운데 經學을 총정리한 것으로 생각된다.

제4장 非墓誌銘體制
─詩律 前編·後編 漏落詩 및 回甲以後 詩 再編輯─

詩律 前編과 後編에 수록된 시들은 回甲 이전의 시들이다. 그러나 회갑 이전의 시 가운데, 詩律 前編·後編에 없는 것들이 있다. 이들은 비록 회갑 이전의 것들이지만, 묘지명체제의 詩律 부분을 정리할 때 누락된 것으로 생각된다. 대체로 與猶堂全書補遺 1에 수록되어 있다. 여기에는 茶盒詩帖, 竹欄遺蛻集, 眞珠船, 桐園手鈔, 洌水文簧 등이 수록되어 있다. 이 가운데 眞珠船, 桐園手鈔의 경우 필자로서는 정약용 작이라는 확신이 없으므로 일단 제외하기로 한다.

茶盒詩帖의 경우, 차에 대하여 정약용이 지은 시들 뒤에, 그의 아들 정학연이 차운하여 지은 것들을 덧붙여 놓은 것이다. 발문의 끝에 "不肖男學淵謹拔 咸豊四年 七月之望 在松風館書 七十二歲也"라고 기록된 것으로 보아 이 책의 편집이 완료된 것은 1854년 7월 15일이다. 정약용은 이미 1836년 타계하였다.

竹欄遺蛻集의 경우, 제목으로 보아 여유당집에서 누락된 시들 가운데, 대체로 정약용의 집이 서울 명례방에 있을 적의 시들, 그 중에서도 1795년에서 1797년 사이의 작품들이 많다. 다만 이 시기에 속하지 않는 시들도 있다. 여기에는 過淸淮驛, 昔在康熙……余又謫補金井感作一篇, 耐寒, 過烏棲山, 夜登永保亭, 前湖泛月, 宿烏棲山天井菴, 自皐蘭寺泛舟順流至淸風亭, 與許子翁, 題尹兄弟裓軒, 紀行絶句, 題蠡石

樓(庚子三月), 再題(辛亥三月), 走筆酬南皐, 寄南皐, 酬金員外, 奉簡海左, 城上觀漲, 次韻南皐, 竹欄月夜(九月十一日), 竹欄菊花盛開同數子夜飮(九月十五日), 六言詩寄南皐, 秋興雜題(丙辰秋), 春日遊水鍾寺, 次果川, 癸卯春爲進士陪家大人舟還苕川作, 鴨鷗亭, 過分湖亭, 水鍾寺, 簡邀南皐, 聞鶴麓尙滯城南, 陪伯氏出都門作, 天眞菴作, 鬻朝衣, 絶句, 夜游資孝寺, 代人祭其姑文, 代人祭其妻兄文 등이 수록되어 있다.

처음 두 편의 시, 過淸淮驛와 昔在康熙……余又謫補金井感作一篇 가운데 전자의 경우, 저작 시기를 알기 어려우나 금정으로 가는 길에 지은 것일 가능성이 있고,[1] 후자의 경우 내용으로 보아 1795년 가을 금정으로 좌천되어 가서 지은 것이다.

耐閑, 過烏棲山, 夜登永保亭, 前湖泛月, 宿烏棲山天井菴, 自皐蘭寺泛舟順流至淸風亭 등은 1795년 가을 이후 금정 시절에 지은 것이 분명하다. 耐閑는 내용으로 보아 금정에 도착한 이후에 지은 것이다. 한편 금정 시절 정약용이 오서산, 영보정, 고란사 등을 유람하며 지은 것이 過烏棲山, 夜登永保亭, 前湖泛月, 宿烏棲山天井菴, 自皐蘭寺泛舟順流至淸風亭 등이다.

이들 시로써 금정 시절의 행적을 정리하는 데 도움을 받을 수 있다.

過烏棲山의 경우, 금정일록에 따르면 1795년 9월 3일 오서산에 갔다.[2] 따라서 일단 1795년 9월 3일 작으로 추정해 둔다.[3]

夜登永保亭의 경우, "中秋十三夜"라는 구절을 보면 8월 13일 작이다. 따라서 1795년 8월 13일 작임을 알 수 있다.[4]

---

1) 내용상 남쪽으로 유배 가는 길에 지은 것으로 보인다. 가을날 지은 것이므로 1790년 봄 해미로 유배 가는 길에 지은 것일 수는 없다.

2) 『여유당전서보유』 2, 14쪽.

3) 그러나 바로 뒤의 시가 8월 13일 작이라는 문제점이 있다. 따라서 8월 13일 이전 작일 가능성도 없지 않다. 여기에 수록된 금정 시절의 시들은 반드시 순서대로 기록하지 않았을 수도 있다.

前湖泛月의 경우, 1795년(34세) 8월 13일 지은 시로 추정된다. 바로 앞에서 언급한 바와 같이 8월 13일 밤 신종수와 같이 한산사로 배타고 가면서 지은 시로 생각된다.

宿鳥棲山天井菴의 경우, 1795년(34세) 9월 3일 밤 지은 시로 추정된다. 앞서 언급한 바와 같이 이날 오서산에 갔으며 금정일록에 따르면 이날 밤 천정암에서 묵은 것으로 보인다.[5]

自皐蘭寺泛舟順流至淸風亭의 경우, 금정일록에 따르면 부여 고란사 등에서 노닌 것은 9월 14일이다.[6] 따라서 이 시의 저작 시기는 1795년(34세) 9월 14일로 보아야 할 것이다.

與許子翁, 題尹兄弟裑軒, 紀行絶句 등의 경우, 저작 시기를 확실히 알기 어려우나 이들은 1795년 가을에서 1796년 사이에 지어진 것이 아닌가 생각된다. 紀行絶句의 경우, 용문산에 대한 언급이 있으므로 1795년 12월말 금정에서 서울에 돌아온 이후의 시가 아닌가 생각된다. 1796년(35세) 4월 초순에서 4월 중순 사이에 고향 초천과 충주(하담의 선영)를 찾는데 이때 지은 시가 아닌가 생각된다.

題矗石樓·再題의 경우, 제목 아래 각기 庚子三月, 辛亥三月이라고 원주가 붙어 있는 것으로 보아 전자는 1780년(19세) 3월 작, 후자는 1791년(30세) 3월 작임을 알 수 있다. 이 두 시에 날짜를 기록하여 놓은 것은 다른 시들과 시기적으로 구별되기 때문이 아닌가 생각된다.

走筆酬南皐, 寄南皐, 酬金員外, 奉簡海左, 城上觀漲, 次韻南皐, 竹欄月夜(九月十一日), 竹欄菊花盛開同數子夜飮(九月十五日), 六言詩

---

4) 금정일록에 따르면 8월 12일에 영보정에 유심원과 함께 오른 것이 기록되어 있고(『여유당전서보유』 2, 9쪽), 8월 13일 밤에는 신종수와 더불어 달밤에 한산사로 배를 타고 간 것으로 되어 있다(10쪽). 8월 13일 寒山寺 가는 길에 영보정에도 올랐고 이 시는 바로 이날 8월 13일 밤에 지은 것으로 보아야 할 것이다.

5) 다만 9월 4일에도 천정암에서 묵으므로 9월 4일 작일 가능성도 있다(九月……初四日……夕還宿寺, 『여유당전서보유』 2, 15쪽).

6) 『여유당전서보유』 2, 17쪽.

寄南皐, 秋興雜題(丙辰秋, 1796년 가을) 등의 시는 배열순서로 보아, 대략 1796년(35세) 작으로 추정된다.[7]

春日遊水鍾寺, 次果川, 癸卯春爲進士陪家大人舟還苕川作, 鴨鷗亭, 過分湖亭, 水鍾寺, 簡邀南皐, 聞鶴麓尙滯城南, 陪伯氏出都門作, 天眞菴作, 饗朝衣 등의 경우, 배열순서상 대체로 1797년 봄에서 이 해 가을 곡산부사로 가기 전까지의 시가 많다고 생각된다. 陪伯氏出都門作의 경우 1797년 5월 1일 작일 가능성이 크다. 앞에서 1797년 봄의 시를 살필 때 보았듯이, 이때의 시 將游苕川陪伯氏晚出纛洲作이 1797년(36세) 5월 1일 큰형님 정약현을 모시고 고향 초천으로 가기 위해 纛洲(뚝섬)를 나오며 지은 시이기 때문이다.

그러나 癸卯春爲進士陪家大人舟還苕川作의 경우는 간지로 보아 명확히 1783년 작(22세, 이 해 봄 진사가 되어 고향에 돌아갈 때 지은 시)이다. 따라서 다른 시들도 저작 시기가 다른 때일 가능성이 없지 않다. 특히 鴨鷗亭은 癸卯春爲進士陪家大人舟還苕川作과 같은 시기에 지었을 가능성이 크다.

다음으로 絶句의 경우는 곡산으로 떠나기 전인지, 후인지 확인되지 않는다.

夜游資孝寺의 경우, 이 절이 곡산에 있으므로 곡산 시절의 시로 생각된다.[8]

竹欄遺蛻集의 끝에 있는 代人祭其姑文, 代人祭其妻兄文의 경우, 시가 아니지만 죽란 시절의 글로서, 묘지명체제에서 누락되어 앞의 시들과 함께 기록해 놓은 것이 아닌가 생각된다.

---

7) 특히 竹欄月夜와 竹欄菊花盛開同數子夜飮은 각기 제목 아래에, "九月十一日" 및 "九月十五日"이라고 원주가 붙어 있다. 전자는 1796년 9월 10일 작이고 후자는 1796년 9월 15일 작으로 추정된다. 秋興雜題의 경우, "丙辰秋"라고 원주가 붙어 있으므로 1796년 가을 작임을 확실하게 알 수 있다.

8) 앞에서 곡산 시절의 시를 살필 때에도 夜游資孝寺라는 시가 있었다. 이 시는 저작 시기가 1798년(37세) 겨울이었다.

이어 洌水文簧 속에 들어 있는 시들에 대하여 생각해 보기로 한다. 洌水文簧의 서두에 있는 叙文의 말미에 "當宁 二十六年 丙戌孟冬(道光六年) 洌水 丁鏞"이라고 기록되어 있다. 이 洌水文簧의 편집이 1826년 한겨울에 완료되었음을 알 수 있다. 그러나 여기에는 대체로 大科 급제 이후 규장각 초계문신으로서, 규장각 閣課로서 지은 글들 가운데 시에 해당하는 것들과 성균관 유생으로서 시험을 위해 지은 것들이 많이 수록되어 있다.9)

다만 洌水文簧의 끝 부분에 있는 乙卯九月廿一日大殿誕日陳賀箋文(在金井時 代忠淸監司作), 乙卯冬至忠淸監司陳賀箋文, 丙辰正朝忠淸監司陳賀箋文, 丁巳冬至黃海兵使陳賀箋文(在谷山時 作) 등은 모두 다른 사람을 위해 지은 것으로 생각된다.

이들 가운데 乙卯九月廿一日大殿誕日陳賀箋文의 경우, 제목 아래에 "在金井時 代忠淸監司作"이라고 원주가 붙어 있으므로 1795년(34세) 9월 21일 정조의 생일을 축하하기 위해 충청감사를 대신하여 지은 것임을 알 수 있다. 다만 늦어도 9월 21일 조정에 도착해야 할 것이므로, 실제로 지은 날짜는 9월 21일 이전으로 보아야 할 것이다.

乙卯冬至忠淸監司陳賀箋文의 경우, 1795년 동지에 충청감사를 대신하여 지은 것으로 추정된다. 역시 실제로 지은 날짜는 동지보다 며칠 앞서는 것으로 보아야 할 것이다.

丙辰正朝忠淸監司陳賀箋文의 경우, 1796년 1월 1일 충청감사가 조정에 신년 축하로 보내는 것을 대작한 것이라고 생각된다. 정약용은 1795년 12월 25일에는 이미 서울에 도착해 있었다. 12월 22일 금정을 떠나기 직전에 쓴 것이라고 추정된다.10)

丁巳冬至黃海兵使陳賀箋文의 경우, "在谷山時 作"이라고 원주가

---

9) 이 가운데 날짜가 기록되어 정확하게 시기를 알 수 있는 것들이 적지 않다. 열수문황에 실려 있는 시들에 대하여는 본고에서 일일이 시기를 밝히지 않기로 한다.

10) 『여유당전서보유』 2, 34쪽.

붙어 있다. 제목과 원주로 보아, 1797년 동지에 황해 병사를 대신하여 조정에 보내는 축하 전문을 지은 것으로 추정된다. 다만 실제로 지은 시기는 동지보다 얼마간 앞이었을 것으로 생각된다.

洌水文簧의 맨 마지막에는 貽兒菴禪子乞茗疏가 있다. 제목 아래에 "乙丑冬 在康津作"이라고 원주가 붙어 있으므로 1805년 강진에서 지은 것임을 알 수 있다.

다음으로 현재 與猶堂全書에 들어 있으며 필사본(규본)에도 들어 있으나 묘지명체제에는 속할 수 없는, 회갑 이후의 시들에 대하여 정리해 보기로 한다. 1822년 상반기의 시까지는 정약용 자신이 편집을 완료하고 자찬묘지명 체제에 넣었던 것으로 보인다. 그러나 이후의 작품은 묘지명체제에 속할 수 없다. 1823년 이후의 것들은 체계적으로 연대에 따라 편집된 것이 아니라 매우 무질서하게 모아 놓은 것에 불과하며 저작 시기를 알아보기 어려운 것들도 많다. 정약용 자신이 편집한 것으로 보기 어렵다. 따라서 1823년 이후의 시들은 필자 나름으로, 가능한 한 연대순으로 재편집하기로 한다.[11]

[1823년] (62세)

「汕行日記」[12]

---

11) 이들 시는 현존 규본 필사본 여유당집 제8책에 수록되어 있다. 與猶堂全書에 도 1823년 이후의 시들이 수록되어 있다.

12) 시 부분 기록만을 따르면 정약용이 1823년에는 시를 짓지 않은 것이 된다. 그 러나 1823년 이 해에 지은 시가 여유당집 시집에는 없으나 1823년 4월 춘천 으로의 기행을 기록한 汕行日記(『全書』에 汕水尋源記 뒤에 수록)에는 그때 의 시 및 돌아온 직후의 시가 들어 있다. 산행일기는 출발한 날 4월 15일자로 시작하고 있으며 집에 돌아온 것은 4월 25일이나 그 직후의 일까지 기록하여 5월 4일자로 끝나고 있다. 이 산행일기의 전반부에는 1820년 춘천기행의 시 를 다시 기록하고 있으나 4월 21일(1823년)부터는 새로 지은 시가 기록되고 있으며 돌아온 직후 5월 4일에 지은 시도 수록되어 있다. 이 산행일기에 대하

又詩의 경우, 1823년(62세) 4월 21일 작이다.[13]

下曲葛灘又得一聯의 경우, 1823년 4월 24일 작이다.[14]

金墟曉發의 경우, 1823년 4월 25일 작이다.[15]

和谷雲九曲詩의 경우, 1823년 5월 4일 작이다.[16]

[1824년] (63세)

「天眞消搖集」

病伏十有二旬 適逢玄溪令公從龍門水鍾而至將南游天眞菴 勉而從之 仍訪石泉翁偕適 三家少年及季林聖九規伯亦從焉 到水南作의 경우, 1824년(63세) 4월 21일 작이다.[17]

夜宿天眞寺寺破無舊觀余盖三十年重到也의 경우, 1824년(63세) 4월 21일 밤, 천진암에 묵으면서 지은 시이다.

山木의 경우, "時四月之末 樹葉新吐"라고 원주가 붙어 있다. 1824

여는 심경호, 『다산과 춘천』, 강원대 출판부, 1996이 참고된다.

13) 「산행일기」, "宿文嚴書院, 踰梣木嶺, 過芝巖亭, 牟津渡……過梨谷, 倉村小憩, 踰畫牛嶺, 踰蒜嶺, 入洞口, 又詩"(4월 21일조).

14) 「산행일기」, 4월 24일 조.

15) 「산행일기」, 4월 25일 조.

16) 「산행일기」, 5월 4일 조.

17) 천진소요집에 수록된 정약용의 시 가운데 夜宿天眞寺寺破無舊觀余盖三十年重到也가 있고 1797년 단오에 정약용이 천진암을 찾은 적이 있으므로 천진소요집의 저작 시기는 1827년경이 된다. 김상홍은 천진소요집의 저작 시기를 1827년으로 보았으며 정해렴은 1828년으로 보았다. 그러나 신작의 일기에 따르면 1824년이다. 천진소요집에는 정약용의 시 외에 함께 간 다른 사람들의 시도 실려 있다. 함께 간 사람으로는 여동근, 신작과 정약용 자신 및 이 세 집안의 소년들도 있다. 나중에는 윤영희가 합류하였다. 이하 일단 정약용의 시만 정리하기로 한다. 이 천진소요집에 정약용의 시로 四月卄一日上寺卄二日出寺宿江村 卄三日泛舟斗尾擧網不得魚 悵然有作이 실려 있다. 이에 따르면 4월 21일 밤에 천진암에 갔으며 4월 22일 절을 나서 그날 밤은 강촌에서 잤으며 23일 두미에서 고기잡이를 하고 놀았음을 알 수 있다. 맨 앞의 시는 출발 첫날 지은 것이므로 4월 21일 작으로 추정된다.

년 4월 22일 아침, 즉 천진암에서 잔 다음날 아침에 지은 시이다. "嫩葉含朝暉"라는 구절이 있다.

出山門의 경우, 1824년 4월 22일 천진암을 나서며 지은 시이다.

次韻憩鈸鈷潭의 경우, 1824년 4월 22일 작으로 추정된다. 천진암을 나선 뒤 노고담에 도착해 지은 시로 생각된다.

次韻題石泉屋壁의 경우, 1824년 4월 22일 작으로 추정된다.[18]

四月卅一日上山卅二日出山宿江村 卅三日泛舟斗尾擧網不得魚 悵然有作의 경우, 제목으로 보아 1824년(63세) 4월 23일에 斗尾에서 고기를 잡다가 실패하여 지은 시이다.

次韻斗尾舟中의 경우, "賀石泉與淞翁相見"이라고 원주가 붙어 있다. 1824년 4월 23일 작으로 생각된다.[19]

斗尾舟中聞松坡尹學士至 相與來會 又用前韻의 경우, 1824년 4월 23일 밤의 작품으로 추정된다.[20]

戲爲俳體示楊山又用前韻三疊의 경우, 1824년 4월 23일 작으로 추정된다. 농으로 윤영희를 놀리는 내용이 있다.

臨別又示玄溪의 경우, 1824년 4월 23일의 작으로서, 여동식과 헤어지며 지은 시이다.

次韻酬石泉의 경우, 1824년 4월 23일 이후 작으로 추정된다.[21]

---

18) 앞의 시 "病伏十有二旬 適逢玄溪令公從龍門水鍾而至將南游天眞菴 勉而從之 仍訪石泉翁偕適 三家少年及季林聖九規伯亦從焉 到水南作"과 뒤의 시 "四月卅一日上寺卅二日出寺宿江村 卅三日泛舟斗尾擧網不得魚 悵然有作"을 보면 정약용이 신작의 집을 방문한 것은 4월 21일로 추정할 수 있다. 그러나 4월 22일에 혹 신작의 집에 들렀을 수도 있다. 한편 다음 시 "四月卅一日上寺卅二日出寺宿江村 卅三日泛舟斗尾擧網不得魚 悵然有作"을 보면 4월 22일 밤은 강촌에 묵었음을 알 수 있다.

19) 신작과 윤영희의 만남을 축하하는 시이다. "賢豪相見禮"라는 구절이 있다.

20) 두미의 배 안에서 윤영희가 왔다는 소식을 듣고서, 서로 만나 그날 밤 함께 자며 지은 시로 생각된다. 위의 시와 연결된다. "炎宵剪燭何能盡 來日同乘下峽舟"라는 구절이 있다.

21) 신작이 집에 돌아가 정약용에게 보낸 시에 차운한 것이다. 이상 次韻酬石泉

아래의 시, 五月十二日乘舟到松坡擬題尹又屋壁에서 尹正言挽詞까
지 8편의 시는 「천진소요집」에 수록된 시들에 이어 지은 것들로 생각
된다. 배를 타고 송파에 있는 윤영희의 집에 가서 지은 시이다. 앞의
시 戱爲俳體示楊山又用前韻三疊에 "淞翁止酒 云不復酤"이라고 원주
가 붙어 있는데 이 5월 12일의 시에는 "酒日離開亦細斟"이라는 구절
이 있고 당시 윤영희가 송파에 살고 있었으므로 5월 12일 정약용이 찾
아간 尹友는 윤영희임을 알 수 있다.

五月十二日乘舟到松坡擬題尹又屋壁의 경우, 1824년(63세) 5월 12
일 작으로 추정된다.

臨別又題의 경우, 1824년 5월 12일 이후(5월 13일경)의 작으로 추정
된다. 윤영희와 작별하며 지은 시이다. 윤영희의 집에서 하루 묵었다면
5월 13일 작이 된다.

舟過夢烏亭의 경우, 1824년 5월 12일 이후(5월 13일경), 송파에서
돌아오는 도중에 몽오정을 지나며 지은 시로 생각된다.

斗尾値逆風의 경우, 1824년 5월 12일 이후(5월 13일경), 송파에서
돌아오다가 두미에서 역풍을 만나 지은 시로 생각된다.

斗尾値驟雨의 경우, 1824년 5월 12일 이후(5월 13일경), 두미에서
역풍을 만난 다음에, 소나기를 만났다.

斗尾値大雷의 경우, 1824년 5월 12일 이후(5월 13일경), 두미에서
역풍과 소나기를 만난 뒤, 다시 천둥까지 만난 것으로 생각된다.

아래의 贈西鄰韓生員과 尹正言挽詞 두 시는 원래 필사본(규본) 여
유당집 시집 제8책 제1권 뒷부분에, 1824년 작으로 생각되는 斗尾値大
雷(1824년 5월 정약용이 윤영희를 만나고 오다가 두미에서 大雷를 만
나 지은 시) 바로 뒤에 이어지는 것이어서 1824년 5월 이후의 작품으

까지가 천진소요집에 들어 있던 정약용의 시라고 생각된다.

로 추정된다.

　　贈西鄰韓生員의 경우, 1824년 작으로 추정된다.
　　尹正言挽詞의 경우, 1824년 가을 작으로 추정된다(혹은 1828년 이후 가을).22)

　　이하 消暑八事에서 賦得山北讀書聲까지의 시는 원래 필사본(규본) 여유당집 시집 제6책 제3권의 뒷부분에 있던 것이다. 저작 시기를 보아 이 곳에 위치하도록 하였다. 1824년 여름에서 겨울에 이르는 시기에 지어진 것으로 보인다.

　　消暑八事의 경우, "甲申夏"라고 원주가 붙어 있으므로 1824년(63세) 여름의 작품이다.
　　再疊의 경우, 배열순서상 1824년 여름 작으로 추정된다.
　　三疊의 경우, 배열순서상 1824년 여름 작으로 추정된다.
　　又消暑八事의 경우, 배열순서와 제목 상 1824년 여름 작으로 추정된다.
　　新秋八詠의 경우, 배열순서와 제목 상 1824년 가을 작으로 추정된다.
　　題寒岸聚市圖의 경우, 배열순서와 제목 상 1824년 겨울 작으로 추정된다.23)

---

22) "秋風衰草赴高原"이라는 구절이 있으므로 때가 가을이었음을 알 수 있다. "龍穴嬉春事隔晨　絡蹄如玉鱠呂銀"이라는 구절로 봄날 같이 노닐면서 생선회까지 먹은 일을 회상하고 있다. 윤영희는 正言 벼슬을 하였다. 위의 구절은 1824년 4월 하순 두미에서 같이 만나 지낸 일을 말하는 것으로 생각할 수도 있겠다. 다만 정약용과 윤영희가 시를 주고 받은 송파수작은 1828년 작이다. 이 시, 尹正言挽詞가 1824년 가을 작이라면 여기서 말하는 尹正言은 윤영희가 아니다. 만일 윤정언이 윤영희라면 이 시의 저작 시기는 1828년 이후 가을이 되어야 한다.

寒溪返樵圖의 경우, 배열순서와 제목 상 1824년 겨울 작으로 추정된다.

寒江泛舟圖의 경우, 배열순서와 제목 상 1824년 겨울 작으로 추정된다.

寒厓遠騎圖의 경우, 배열순서와 제목 상 1824년 겨울 작으로 추정된다.

寒庵煮菽圖의 경우, 배열순서와 제목 상 1824년 겨울 작으로 추정된다.

寒房燒肉圖의 경우, 배열순서와 제목 상 1824년 겨울 작으로 추정된다.

寒潭浴鳧圖의 경우, 배열순서와 제목 상 1824년 겨울 작으로 추정된다.

寒山嗾鷹圖의 경우, 배열순서와 제목 상 1824년 겨울 작으로 추정된다.

獨臥三首戲爲放翁體의 경우, 배열순서 및 내용으로 보아 1824년 겨울 작으로 추정된다.

두 번째 시에 "雪滿寒山落照黃"이라는 구절이 있으므로 계절이 겨울이었음을 알 수 있다.

賦得山北讀書聲의 경우, 배열순서 및 내용으로 보아 1824년 겨울 작으로 추정된다. "天地何聲第一淸 雪山深處讀書聲"이라는 구절로 보아 저술 시기가 겨울이었음을 알 수 있다.

---

23) 이번 시 題寒岸聚市圖 및 아래 7수의 시, 도합 8수는 한 묶음이라고 여겨지는 8점의 그림 각각에 대한 題詩이다. 8점의 그림 모두 겨울 풍경(마재 주변이라 생각됨)을 그린 것이다. 그림 제작과 동시에 題詩를 쓴 것이 아닌가 여겨지기도 한다. 그렇다면 정약용 자신이 이 그림을 그리고 題詩를 직접 붙인 것이 아닌가 생각되기도 한다. 그렇다면 이들 8편 시의 저술 시기 모두 겨울이다. 그러나 그림을 그린 사람이 정약용이 아닐 수도 있다.

[1825년] (64세)[24]

[1826년] (65세)

이하 淞翁至(丙戌九月卄三日)에서 次韻山中對月簡寄玄溪까지는 모두 1826년 작으로 추정된다.[25]

淞翁至의 경우, 제목 아래에 "丙戌九月卄三日"이라고 원주가 붙어 있다. 1826년(65세) 9월 23일 작임을 알 수 있다.

淞翁以病還의 경우, 1826년 9월 23일 이후에서 9월 28일 이전의 작으로 추정된다. 송옹 윤영희가 마재(초천) 정약용의 집에 와서 며칠 묵다가 병으로 돌아갈 때 지은 시라고 여겨진다.

九月卄八日夜復用前韻의 경우, 제목으로 보아 1826년(65세) 9월 28일 작임을 알 수 있다.

贈愚山崔斯文의 경우, 1826년 늦가을의 작품으로 추정된다. "滿空黃葉竹扉低"라는 구절로 보아 때가 늦가을이었음을 알 수 있으며 바로 위의 시, 九月卄八日夜復用前韻의 다음에 위치하고 위의 시 九月卄八日復用前韻과도 절기 상으로 잘 연결된다.

弟鍵無家漂泊用前韻의 경우, 1826년 늦가을의 작품으로 추정된다. "凍屋看妻白首低"라는 구절이 있으므로 추운 때 지어진 것으로 여겨진다. 절기 상 앞의 시 贈愚山崔斯文 및 뒤의 시 酬靑灘과 잘 연결된다. 앞의 시는 늦가을의 작품이고 뒤의 시는 늦가을에 지어진 것이므로 이 시 역시 늦가을에 지어졌다고 추정된다. 세 시가 서로 연속적으로 지어진 것이라면 弟鍵無家漂泊用前韻은 1826년 늦가을에 지어진 것으로 추정할 수 있다.

酬靑灘의 경우, 1826년 늦가을의 작으로 추정된다. "秋事在籬東…

---

24) 1825년에 지은 시를 찾지 못하였다.
25) 이들은 규본 여유당집 제6책 제2권 중간에 배치되어 있다.

…暮天含雪意 聊坐聽松風"이라는 구절이 있으므로 이 시 酬靑灘은 늦가을에 지어진 것이라고 할 수 있겠다. 靑灘은 呂東近의 호이다. 위의 시 弟鍵無家漂泊用前韻과 절기 상 잘 연결된다.

夕坐의 경우, 1826년(65세) 늦가을의 작품으로 추정된다. "寒巖對落暉……飄葉上人衣"라는 구절이 있으므로 늦가을의 시이다. 위의 酬靑灘과 절기 상 잘 연결된다.

次韻陳后山雪意의 경우, 1826년 늦가을의 작으로 추정된다. 뒤의 뒤의 시 靑灘聞余有下堂之疾以詩相慰次韻却寄의 시기가 가을로 되어 이 시의 계절은 겨울이 아니고 늦가을이라고 추정해 둔다. 위의 시 夕坐와도 절기 상으로 잘 연결된다.

次韻呂榮川江亭의 경우, 1826년 늦가을의 시로 추정된다. 이 시만을 갖고는 계절과 연도를 알기 어려우나 위의 시 次韻陳后山雪意가 늦가을의 시이고 뒤의 시 靑灘聞余有下堂之疾以詩相慰次韻却寄의 내용이 가을(따라서 늦가을)이므로, 세 시가 연속된다는 가정에서 그렇게 추정하였다.

靑灘聞余有下堂之疾以詩相慰次韻却寄의 경우, 1826년(65세) 늦가을의 작으로 추정된다. 2편으로 이루어진 이 시의 첫째 편에 "玄谷澗邊秋"라는 구절이 있고 둘째 편에 "孤雲萬里秋"라는 구절이 있으므로 가을이었음을 알 수 있다. 위의 두 시 次韻陳后山雪意 및 次韻呂榮川江亭과 이 시, 靑灘聞余有下堂之疾以詩相慰次韻却寄가 연속적으로 지어졌다는 가정 하에, 저작 시기를 1826년 늦가을로 추정하였다.

幽事의 경우, 1826년 늦가을에서 초겨울 사이에 지어진 것으로 추정된다. "怕凍花"라는 구절로 보아 늦가을이나 초겨울이었음을 알 수 있다. 위의 시 靑灘聞余有下堂之疾以詩相慰次韻却寄와 절기 상으로 잘 연결된다.

次韻劉元煇方萬里初寒夜坐의 경우, 1826년 초겨울의 작품으로 추정된다. "初寒獨夜同情緖"라는 구절이 있고 위의 시와도 계절적으로 잘 연결되는 것으로 보아 1826년(65세) 초겨울의 시로 추정하였다.

淞翁以詩寄我未和者三年今始追和의 경우, 1826년(65세) 겨울 작으로 추정된다.[26]

冬溫의 경우, 1826년 겨울 작으로 추정된다.[27]

十一月六日 大風雪猝寒의 경우, 1826년(65세) 11월 6일 작으로 추정하였다.[28]

擬贈契東樊의 경우, 1826년 겨울 11월 6일~8일 사이의 작품으로 추정된다.[29]

十一月八日 舍弟鑛與東樊黃坡浦洲至泊翁有抵兒書感而有述의 경우, 저작 시기가 1826년 11월 8일의 작으로 추정된다.[30]

次韻山中對月簡寄玄溪의 경우, 배열순서상 저작 시기가 1826년 겨

---

26) 윤영희가 보낸 시에 대하여 3년이 되어 비로소 화답한 시이다. 바로 앞의 시 次韻劉元煇方萬里初寒夜坐가 초겨울 작이고 바로 뒤의 시 冬溫이 겨울 작품이다. 세 시가 서로 연속된다는 가정 하에 1826년 겨울 작으로 추정하였다. 그렇다면 여기서 말하는 윤영희의 시는 1824년 작이다. 1824년 4월 하순에서 5월 사이에 정약용과 윤영희의 내왕이 있어서 이때 시를 주고받았는데 그때 윤영희가 정약용에게 준 시 가운데 하나였을 것으로도 생각된다.

27) 바로 위의 두 시 次韻劉元煇方萬里初寒夜坐 및 淞翁以詩寄我未和之三年今始追和와 연속된다는 가정 하에, 저작 시기를 1826년 겨울로 추정하였다.

28) 바로 위의 시 冬溫과 절기 상으로 잘 연결된다. 두 시가 연속된다는 가정 하에 1826년 11월 6일 작으로 추정하였다. 구체적 내용 상으로도 잘 연결된다. 冬溫은 겨울인데도 따뜻하다는 것이고 十一月六日大風雪猝寒은 따뜻하다가 갑자기 추워지고 큰 눈이 왔다는 내용이다.

29) 바로 위의 시는 十一月六日大風雪猝寒이라는 제목에서 보듯이 11월 6일 작이고 바로 뒤의 시는 十一月八日 舍弟鑛與東樊黃坡浦洲至泊翁有抵兒書感而有述이라는 제목에서 보듯이 11월 8일 작이다. 세 시가 연속된다는 가정 하에 가운데 있는 시 擬贈契東樊의 저작 시기를 1826년 11월 6일~11월 8일 사이로 추정하였다. 이 시에서 東樊은 李晚用이고 李明五가 그의 아버지이다.

30) 이 시가 바로 앞의 두 시와 더불어 서로 연속되어 있다는 가정 하에 이 시의 저작 시기를 1826년 11월 8일로 추정하였다. 이 시에서 泊翁은 이만용의 부친 李明五의 호이다.

울 11월 8일 이후로 추정된다.[31)]

次韻山雪中讀書簡寄玄溪의 경우, 저작 시기가 1826년 겨울 11월 8일 이후로 추정된다. 제목으로 보아도 이 시를 지은 때가 겨울이었음을 알 수 있다.[32)]

규본 여유당집에는 위의 시 次韻山雪中讀書簡寄玄溪에 이어 文山李汝弘回甲之詩, 玄谷雜詠和呂承旨, 又玄溪雜詠十節, 族弟公睿回甲之作이 날짜 없이 수록되어 있으며 4편 바로 뒤에 庚寅除夕同諸友分韻(1830)이 수록되어 있다. 庚寅除夕同諸友分韻(1830) 앞에 있는 文山李汝弘回甲之詩 이하 4편이 일견 次韻山雪中讀書簡寄玄溪에 연속된다고 추정할 수 있지만 文山 李汝弘(여홍은 자, 이름은 載毅)의 생년이 1772년이므로 회갑은 1832년이다. 따라서 文山李汝弘回甲之詩는 바로 앞의 玄谷雜詠和呂承旨, 又玄溪雜詠十節에 이어지는 것이 아니다. 그러나 玄谷雜詠和呂承旨와 又玄溪雜詠十節은 그 내용을 보면 모두 봄에 지은 것이어서 계절적으로 次韻山雪中讀書簡寄玄溪에 이어지는 것이고 次韻山雪中讀書簡寄玄溪와 마찬가지로 玄溪 여동식과 관련되는 것이다. 세 시의 연속성을 인정할 수 있다면 玄谷雜詠和呂承旨와 又玄溪雜詠十節은 1827년 봄에 지은 것으로 보아야 할 것이다.

[1827년] (66세)

玄谷雜詠和呂承旨의 경우, 앞서 언급한 바와 같이, 1827년(66세) 봄

---

31) "江邊欲雪滿天雲"이라는 구절이 있으므로 계절이 겨울이었음을 알 수 있다. 바로 위의 시 十一月八日 舍弟鑽與東樊黃坡浦洲至泊翁有抵兒書感而有述와 절기 상 잘 연결되므로 바로 위의 시에 연속된다는 가정 하에 저작 시기를 1826년 겨울 11월 8일 이후로 추정하였다.

32) 절기상으로 앞의 두 시 十一月八日 舍弟鑽與東樊黃坡浦洲至泊翁有抵兒書感而有述 및 次韻山中對月簡寄玄溪와 잘 연결된다. 앞의 두 시에 연속된다는 가정 하에 저작 시기를 1826년 겨울 11월 8일 이후로 추정하였다.

의 작으로 추정된다.[33]

又玄溪雜詠十節의 경우, 1827년(66세) 봄의 작으로 추정하였다. "舍人應復種芙蕖"라는 구절로 보아 봄에 지은 것이다. 위의 시 玄谷雜詠和呂承旨(1827년 봄 추정) 바로 뒤에 위치하므로 저작 시기를 1827년 봄으로 추정하였다.

族弟公睿回甲之作의 경우, 배열된 위치로 보아 대략 1827년 작으로 추정된다.[34]

아래 七月既望於蔘亭候月晚有小雨(丁亥秋)에서 簡寄玄溪까지 9편의 시는 필사본(규본) 여유당집 시집에는 원래 제6책 제2권 가운데에 있었다. 연대에 맞추어 이곳에 위치하도록 하였다.

七月既望於蔘亭候月晚有小雨의 경우, 제목 아래에 "丁亥秋"라고 원주가 붙어 있다. 따라서 1827년(66세) 가을 7월 16일의 작품이다.[35]

少焉諸友並至和其舟中韻의 경우, 1827년(66세) 가을 7월 16일 작으로 추정된다.[36]

---

33) 여승지는 여동식을 가리킨다. "靑灘亦閒溪 玄谷更深居"라는 구절이 있으며 玄溪가 여동식의 호이다. 玄谷에 살았으므로 호가 玄溪였을 것이다. "春夜峰峰火"라는 구절로 보아 봄에 지은 시이다. 앞서 언급한 바와 같이 次韻山雪中讀書簡寄玄溪(1826년 겨울 추정)에 이어지는 작품이므로 저작 시기를 1827년 봄으로 추정하였다.

34) 다만 확언할 수는 없다. 필사본(규본) 여유당집 시집에서 바로 위의 시 又玄溪雜詠十節 다음에 위치하므로 1827년 작으로 일단 추정하였으나 확실한 근거는 없다. 이 시에서 族弟가 누구를 말하는지 확실하지 않으나 혹 丁若鍵을 말하는지도 모르겠다. 만년 정약용과 왕래가 있는 사람 가운데 족제로서는 정약건이 눈에 띈다. 정약용이 1820년 가을 용문산 기행을 할 때 정약건의 집에 들른 일이 있다.

35) 이때 정약용이 삼포를 경영하였다고 여겨진다. 삼포에 있는 정자에서 지은 시이고 이것이 정약용의 소유로 느껴지기 때문이다.

36) 蔘亭으로 친구들이 놀러 와 지은 시로 생각된다. 또 앞의 시 七月既望於蔘亭

五葉亭歌의 경우, 1827(66세) 가을 작으로 추정된다.[37]

再疊의 경우, 1827년(66세) 가을 작으로 추정된다.[38]

蔘亭十詠의 경우, 1827년(66세) 가을 작으로 추정된다.[39]

題卞尙壁母鷄領子圖의 경우, 1827년(66세) 가을 작으로 추정된다.[40]

簡寄閒村趙逸人의 경우, 1827년(66세) 가을 작으로 추정하였다.[41]

侯月晩有小雨(丁亥秋)와 바로 뒤의 五葉亭歌가 모두 확실히 1827년 작이고 모두 蔘亭과 관련 관련된 시이다. 따라서 이 시도 1827년 작임이 거의 확실하다. "綠驍秋水雨餘多"라는 구절이 있어 가을이었으며 제목에서 비가 갠 직후였음을 알 수 있고 제목에서 "少焉"이라고 하였으므로 七月旣望於蔘亭侯月晩有小雨(丁亥秋)와 같은 날 지었다고 생각된다. 따라서 저작 시기를 1827년 가을 7월 16일로 추정하였다.

37) "一笠之亭扁五葉 白鴉谷口當山脅"이라는 구절로 보아 정약용이 삼포에 있는 정자의 이름을 五葉亭이라고 하였으며 白鴉谷의 입구에 있었음을 알 수 있다. 저작 시기를 알 수 있게 해 주는 구절로 "大兒今年洛書數 小兒年今貝經叩"이라는 구절이 있다. 큰 아들 정학연의 출생연도는 사암선생연보에 의하면 1783년이고 작은 아들 정학유가 태어난 것이 1786년이다. 낙서의 수는 45이고 貝經의 수는 佛經을 말하는 것으로 四十二章經과 관련되어 42이다. 따라서 이 시의 저작 연대는 정확히 1827년이다. 내용 상 시기가 위의 시에 바로 이어지는 것으로 여겨지므로 계절을 가을로 추정하였다.

38) 내용 상 위의 시 五葉亭歌에 바로 이어 지어진 것으로 생각되므로 시기를 위와 같이 추정하였다. "年來大計在種蔘"이라는 구절이 있다. 이를 통해서 정약용이 당시 삼포를 경영하였음을 알 수 있다.

39) 蔘亭에서 바라보는 경치를 읊은 것이어서 내용 상 위의 시 五葉亭歌와 再疊에 잘 연결되므로 이들과 마찬가지로 같은 시기에 삼정에 머무르면서 지은 것으로 추정된다.

40) 위의 시 蔘亭十詠에 바로 이어지며 바로 뒤의 시 簡寄閒村趙逸人이 1827년 작으로 추정되므로(뒤의 시 참조 요) 가운데에 있는 題卞尙壁母鷄領子圖 역시 1827년 작으로 추정하였다. 바로 앞의 시 蔘亭十詠의 저작 시기가 1827년 가을로 추정되고 뒤의 뒤 시 寄弟六弟鍵의 시기가 가을이므로 이 시 題卞尙壁母鷄領子圖의 저작 시기도 가을이라고 추정하였다.

41) 바로 위의 시에 이어지므로 일단 1827년 작으로 추정하였다. "彈指分攜七載餘"라는 구절이 있다. 여기서 7년 전의 일을 회상하므로 趙逸人을 1820년 가을 용문산을 같이 유람한 趙丈으로 보면 이 시 簡寄閒村趙逸人의 저작 시기

寄第六弟鍵의 경우, 1827년(66세) 가을 작으로 추정된다.[42]

簡寄玄溪의 경우, 1827년(66세) 가을 작으로 추정된다.[43]

[1828년] (67세)

廣州判官李公(鼎民)金(相喜)敎官同泛藍子洲의 경우, 제목 아래에 "戊子 五月 初三日"이라고 원주가 붙어 있다. 1828년(67세) 5월 3일 작임을 알 수 있다.

藍子洲打魚의 경우, 배열순서로 보아 1828년(67세) 5월 3일 이후의 작으로 추정된다.

贈惺叟의 경우, 배열순서로 보아 1828년(67세) 5월 3일 이후의 작으로 추정된다.

1827년과 잘 부합된다. 1820년 가을 용문산을 유람할 때 지은 시로 鳳凰臺望趙逸人新居遂與共往(9월 16일)가 있는데 여기서 조장에 대하여 趙逸人이라는 표현을 사용하였다. 앞의 두 시 蔘亭十詠과 題卞尙壁母鷄領子圖의 저작 시기가 가을로 추정되고 뒤의 시 寄弟六弟鍵의 저작 시기가 가을이므로 이 시 簡寄閒村趙逸人의 저작 시기도 가을이었음을 알 수 있다. 이 시가 1820년 가을 용문산 유람을 같이 한 趙丈을 회상하는 것이라면 역시 "彈指分攜七載餘"라는 구절과 잘 부합된다.

42) 丁若鍵에게 부친 시로서 다른 시(題八弟鍵山居, 1820년 가을 8월 14일경 용문산 유람시 작)에서는 八弟라 하였는데 여기서 第六弟라고 한 것은 같은 항렬의 친척 가운데 여섯 번째이며 촌수로는 八寸이었기 때문이 아닌가 생각된다. 위의 시 簡寄閒村趙逸人에 이어지므로 일단 1827년 작으로 추정하였다. "四隣喧打稻 憐爾獨無秋"라는 구절이 있으므로 때가 가을 추수기이었음을 알 수 있다. 정약용이 1820년 가을 용문산을 유람할 때 정약건의 집을 방문한 바 있다. 위의 시 簡寄閒村趙逸人이 1820년 가을 용문산을 같이 유람한 조장을 회상하는 시이어서 이 시와 잘 연결된다.

43) 바로 위의 시 寄弟六弟鍵에 이어지므로 일단 1827년 작으로 추정하였다. "黃葉風中病眼擡 秋之爲氣信悲哉"라는 구절로 보아 때가 가을이었음을 알 수 있다. 이 시에서도 "龍門煮菽何年事"라고 하여 용문산에서의 일을 회상하고 있다.

이상 廣州判官李公(鼎民)金(相喜)敎官同泛藍子洲, 藍子洲打魚, 贈惺叟의 3수는 원래 송파수작 가운데 삽입되어 있었으나 이곳으로 옮겼다. 이하에 松坡酬酌의 첫 부분이 배치된다면 시기적으로 잘 맞는다.

「松坡酬酌」

端午日次韻陸放翁初夏閒居八首寄淞翁의 경우, "戊子五月五日"이라고 원주가 붙어 있으므로 1828년(67세) 5월 5일 작임을 알 수 있다.

이하의 작품들은 松坡酬酌에 속하는 시들이다. 송파수작은 원래 필사본(규본)에는 제6책 맨 앞 제1책에 있었으나 시기상 이곳에 두어야 시기적으로 맞다.

又次陸放翁農家夏詞六首의 경우, 송파수작에 속하므로 1828년(67세) 5월 5일 이후의 작이다.
南城志感六首簡寄淞翁의 경우, 송파수작에 속하므로 1828년(67세) 5월 5일 이후의 작이다.
次韻范石湖丙午書懷十首簡寄淞翁의 경우, 송파수작에 속하므로 1828년(67세) 5월 5일 이후의 작이다.
次韻范石湖病中十二首簡示淞翁의 경우, 송파수작에 속하므로 1828년(67세) 5월 5일 이후의 작이다.
六月無花唯木槿擅場使人感念率爾有作遂次東坡定惠院海棠韻奉示淞翁의 경우, 송파수작에 속하며 제목으로 보아 1828년(67세) 6월 작임을 알 수 있다.

규장각본 필사본에 따르면 이하에 원래 廣州判官李公(鼎民)金(相喜)敎官同泛藍子洲(戊子 五月 初三日 : 67세, 1828년 5월 3일), 藍子

洲打魚, 贈惺叟의 3수가 있었다. 그러나 송파수작에 속할 수 없고 시기가 송파수작 바로 앞에 있다고 생각되어 앞에서와 같이 바로 송파수작 앞으로 옮겼다.

次韻洌水書懷十首의 경우, 淞翁 윤영희가 정약용에게 화답한 시이다.

又次韻病中十二首의 경우, 淞翁 윤영희가 정약용에게 화답한 시이다.

和洌水詠木槿花의 경우, 淞翁 윤영희가 정약용에게 화답한 시이다.[44]

久雨傷稼次韻東坡久旱甚雨之作三首奉示淞翁의 경우, 배열순서상 1828년(67세) 6월 이후, 5일 이전의 작으로 추정된다.[45]

次韻洌水久雨傷稼의 경우, 배열순서상 1828년 6월 1일에서 5일 사이의 작으로 추정된다.[46]

病中對雨次韻楊誠齋秋雨十絶句戲效其體鈍劣可哂又寄淞翁의 경우, 제목 아래에 "六月 初五日"이라고 원주가 붙어 있다. 1828년(67세) 6월 5일 작이라고 생각된다.

病中苦熱次韻楊誠齋雪聲十絶句以當赤脚層氷之想又寄淞翁의 경우, 배열순서상 1828년(67세) 6월 5일 이후의 작으로 추정된다.

바로 위의 시, 病中苦熱次韻楊誠齋雪聲十絶句以當赤脚層氷之想又

---

44) 위의 세 시는 윤영희가 정약용에게 화답한 시로서 정약용의 시는 아니지만 참고로 정리해 두었다.

45) 앞의 시, 六月無花唯木槿擅場使人感念率爾有作遂次東坡定惠院海棠韻奉示淞翁(6월 작)의 바로 뒤에 위치하는 것이 되기 때문이다. 뒤의 시에 6월 5일 작이 있으므로, 6월 5일 이전 작이다.

46) 앞의 시, 六月無花唯木槿擅場使人感念率爾有作遂次東坡定惠院海棠韻奉示淞翁(6월 작)의 뒤에 위치하는 것이 되기 때문이다. 바로 뒤의 시에 6월 5일 작이 있으므로, 6월 5일 이전 작이다.

寄淞翁까지가 「송파수작」에 속한다고 생각된다. 이하 贈稷山李斯文祖延(戊子冬)에서 幼孫於洛渭二妙席上賦詩而還 是夕兩家二翁又與景儒兄弟會 吾衰至此 感而有作仍次幼孫韻까지의 시는 원래 필사본(규본) 여유당집 제6책 제3권 중간에 있던 것이나, 저작 시기로 보면 송파수작의 뒤에 두어야 한다고 생각된다.

贈稷山李斯文祖延의 경우, 제목 아래에 "戊子冬"이라고 원주가 붙어 있다. 1828년(67세) 겨울 작품임을 알 수 있다.[47]

次韻山陰申逸人敎書의 경우, 1828년(67세) 겨울의 작으로 추정된다.[48]

簡寄春川李參奉棨의 경우, 1828년 작으로 추정된다.[49]

秋晚金友喜香閣寄水仙花一本其盆高麗古器也의 경우, 1828년 늦가을(또는 겨울)의 작으로 추정된다.[50]

---

47) 내용상으로 보아도 "蘆荻蕭蕭雪意邊"이라는 구절이 있어 때가 겨울이었음을 알게 한다. 직산의 李祖延에게 준 시이다.

48) 위의 시 贈稷山李斯文祖延(戊子冬)에 바로 이어져 있으므로 1828년으로 저작 시기를 추정하였다. "歲暮申丁嶺 新留踏雪痕"이라는 구절이 있으므로 겨울임이 확실하고 바로 앞의 贈稷山李斯文祖延(戊子冬)의 절기와 잘 연결된다.

49) 위의 시 贈稷山李斯文祖延(戊子冬)과 次韻山陰申逸人敎書에 이어져 있으므로 저작 시기를 일단 1828년으로 추정하였다. 李棨이 누구인지는 미상이나 "文巖草木知生色 地主南來惠此紡"이라는 구절이 있으므로 남쪽에서 이주해 文巖에 살고 있었던 것이 아닌가 생각된다.

50) "秋史今移洌水衙"라는 구절이 있으므로 여기서 "金友 喜"는 秋史 金正喜를 가리킴을 알 수 있다. 이기양이 사신으로 갔다가 1800년 봄 돌아오는 길에 정약용에게 수선화를 선물하였다. 이에 대한 시, 水仙花歌(復次蘇韻)를 정약용이 1801년 장기에서 지은 일이 있다. 그 시에는 "庚申春(1800년 봄) 茯菴李公 回自燕京 金繒無所私 唯帶水仙化一根 揷之盆水 余與小陵 環坐賞玩 流落以來 朔南遼……而此亦已槁矣 感念疇昔 惻然有述"이라고 원주가 붙어 있다. 이 시 秋晚金友喜香閣寄水仙花一本其盆高麗古器也에서 "仙風道骨水仙花 三十年過到我家"라는 구절이 있으므로 이 시의 저작 시기를 1828년으로 한다면 대략 시기가 맞는다. 다만 이 시의 계절은 늦가을인데 앞의 두 시

[1829년] (68세)

이하 追和文山綠陰卷, 賦得水中新苗, 八卦峰詩題趙正言山亭額, 朴景儒擧第五男詩以賀之逸復次前韻示景儒 및 再疊 5편의 저작 연도를 잠정적으로 1829년(68세)으로 추정해 보았다. 배열순서로 보면 자연스럽게 잘 연결되기 때문이다.

追和文山綠陰卷의 경우, 일단 1829년(68세) 봄으로 추정하였다.[51]

賦得水中新苗의 경우, 일단 1829년 봄의 작으로 추정하였다.[52]

八卦峰詩題趙正言山亭額의 경우, 일단 1829년 봄의 작으로 추정하였다.[53]

朴景儒擧第五男詩以賀之逸復次前韻示景儒의 경우, 1829년(68세) 봄의 작품으로 추정하였다.[54]

贈稷山李斯文祖延(戊子冬)과 次韻山陰申逸人敎書에 비해서는 약간 계절이 앞서는 문제점이 있지만 계절적으로 거의 같은 시기라고 볼 수 있으며 이 시를 지은 것은 김정희에게서 수선화 화분을 받고 조금 지난 때인 겨울일 수도 있다.

51) 앞의 시 秋晚金友喜香閣寄水仙花一本其盆高麗古器也(1828년 늦가을 또는 겨울 작)에 연이어 있으므로 일단 저작 시기를 일단 1829년으로 추정하였다. "石田收麥了 長夏保平安"이라는 구절이 있으므로 계절이 봄에 보리 수확을 할 때였음을 알 수 있다.

52) 賦得水中新苗라는 제목과 "淺綠新苗帶晚風"이라는 구절에서 이 시를 지은 계절이 봄(모내기 철)이었음을 알 수 있다. 따라서 앞의 시와 계절적으로 잘 연결된다. 만약 위의 시, 追和文山綠陰卷을 1829년 봄의 작품으로 추정할 수 있다면, 이 시 追和文山綠陰卷도 역시, 1829년 봄의 작품으로 보아야 할 것이다.

53) 이 시도 위의 追和文山綠陰卷 및 賦得水中新苗와 마찬가지로 저작 시기를 일단 1829년으로 추정하였다. 위의 시 賦得水中新苗의 계절이 봄이며, 뒤의 시 朴景儒擧第五男詩以賀之逸復次前韻示景儒의 계절 역시 봄이므로 이 시의 八卦峰詩題趙正言山亭額 계절 역시, 내용상 확실한 근거는 없으나, 일단 봄으로 추정해 둔다.

54) 이 시 역시 위의 시, 追和文山綠陰卷 및 賦得水中新苗와 마찬가지로 봄에 지은 시이다. "忽已報新春"이라는 구절이 있으므로 역시 봄에 지은 것임을

再疊의 경우, 1829년 봄의 작으로 추정하였다.[55]

戱示朴景儒兄弟乞署月簡禮(己丑) 이하 蟬唫三十絶句까지는 원래 필사본(규본)에서는 제6권 제1책에 송파수작(1828년 작)의 마지막 작품 病中苦熱次韻楊誠齋雪聲十絶句以當赤脚層氷之想又寄淞翁에 이어져 있었던 시들이다. 앞에서도 언급하였듯이, 追和文山綠陰卷, 賦得水中新苗, 八卦峰詩題趙正言山亭額, 朴景儒擧第五男詩以賀之逸復次前韻示景儒 및 再疊을 1829년 봄의 시로 보아 1829년 여름의 시, 戱示朴景儒兄弟乞署月簡禮(己丑) 바로 앞에 위치시킨다면 朴景儒擧第五男詩以賀之逸復次前韻示景儒(및 이와 연결되는 再疊과 戱示朴景儒兄弟乞署月簡禮(己丑)) 등과 계절 상 잘 연결된다.

戱示朴景儒兄弟乞署月簡禮의 경우, "己丑"이라고 간지가 붙어 있다. 제목과 간지로 보아, 1829년(68세) 여름, 6월 24일 이전의 작품이다.[56]

알 수 있다. 저작 연도를 위의 시 追和文山綠陰卷과 賦得水中新苗 및 朴景儒擧第五男詩以賀之逸復次前韻示景儒를 따라 일단 1829년으로 하였다. 위 세 시의 저작 연도를 1829년으로 한다면 朴景儒擧第五男詩以賀之逸復次前韻示景儒의 저작 연도 역시 1829년이 되어야 한다.

55) 再疊이므로 당연히 위의 시, 朴景儒擧第五男詩以賀之逸復次前韻示景儒와 같은 때 지은 것이다. 따라서 朴景儒擧第五男詩以賀之逸復次前韻示景儒의 연도가 1829년이 된다면 이 시의 저작 연도도 1829년이 되어야 한다. "鄰棲未一弓 往來如織緯 歡戚略相似 同歈復同喟"라는 구절로 보아 박경유는 정약용의 집과 아주 가까운 곳에 살았으며 서로 아주 가까운 사이였음을 알 수 있다. 또 "長懷石泉翁 傾寫昔無諱"라는 구절로 보아 박경유가 석천 신작과 관련 있는 인물임을 짐작할 수 있다. 신작은 1828년 5월 작고하였는데 위 구절은 신작을 과거의 사람처럼 말하고 있다. 그렇다면 이 시의 저작 시기는 1829년 봄일 가능성이 더 커진다.

56) "申尹逝矣親交絶"이라는 구절로 시작되는데 申尹은 혹시 申綽과 윤영희를 가리키는 것이 아닌가 생각된다. 신작은 석천유집의 일승에 의하면 1828년 5월 계해일(25일)에 졸하였다. 윤영희도 1828년에 졸한 것으로 생각되고 있다.

再疊爲悶旱作의 경우, 1829년(68세) 여름, 6월 24일 이전의 작으로 추정된다.[57]

六月廿四日坤方現奇雲竟亦不雨의 경우, 제목과 위치로 보아 1829년(68세) 6월 24일 작으로 추정된다.

雲月의 경우, 위치로 보아 1829년(68세) 6월 24일 이후 작으로 추정된다.[58]

楚堂鄭美元至의 경우, 배열순서로 보아 1829년 6월 24일 이후 작으로 추정된다.[59]

喜朴大卿回次山亭雅集韻의 경우, 배열순서로 보아 1829년(68세) 6월 24일 이후 작으로 추정된다. 바로 뒤의 시가 7월 2일 작이므로 7월 2일 이전의 시이다.

七月二日甚熱見放翁初秋驟涼之詩因共次韻以祈驟涼의 경우, 제목과 배열순서로 보아 1829년(68세) 7월 2일 작으로 추정된다.

山亭雅集又次韻의 경우, 배열순서로 보아 1829년(68세) 7월 2일 이후의 작으로 추정된다.[60]

金衛率古宅雅集又次韻의 경우, 배열순서로 보아 1829년(68세) 7월

어쨌든 이 시로 보아 윤영희는 1829년 여름 이전에 졸한 것으로 볼 수 있다. 朴鍾休와 朴鍾儒 형제가 신작의 생질로서 1823년 정약용의 이웃으로 이사하여 신작과는 이들을 통한 간접 교유도 활발하였다. 그렇다면 이 제목에서의 '朴景儒'는 혹시 '朴鍾儒'의 잘못 또는 異名同人이 아닐까도 생각된다. 뒤의 시, 六月廿四日坤方現奇雲竟亦不雨가 6월 24일 작이므로, 이 시는 6월 24일 이전 작이다.

57) 이 해 여름에 크게 가뭄이 든 것으로 여겨진다. 바로 뒤의 시가 6월 24일 작이므로, 이 시는 6월 24일 이전 작이다.

58) "頑雲度了無餘翳 領得靑天到曉明"이라는 구절이 있으므로 아직도 가뭄이 계속되는 것이라고 하겠다.

59) "友到霖成事却奇……瓦瀑聲中臥可嬉 已道歸程如地網 行看平陸作天池"라는 구절로 보아 한참 가물다가 비가 왔을 때 지은 시이다.

60) "炎天無力竦吟肩"이라는 구절로 보아 계절은 한여름이었다. "長篇次韻懷淞水 小札談經泣石泉"이라는 구절이 있는데 윤영희 및 신작과의 시 교환 및 경전 토론을 회고하는 것이다.

2일 이후의 작으로 추정된다.[61]

次韻呂榮川友晦懷其弟友濂之作의 경우, 1829년 여름 7월 2일 이후의 여름의 시이다.[62]

次韻呂友晦贈李友(時泰)之作의 경우, 배열순서상 1829년 여름 7월 2일 이후 작으로 추정된다. 뒤의 시 蟬唉三十絶句가 여름 시이므로, 이 시 역시 여름 작이다.

次韻呂友晦江上草亭之作의 경우, 배열순서상 1829년 7월 2일 이후, 여름 작으로 추정된다. 바로 뒤의 시 蟬唉三十絶句가 여름 시이므로, 이 시 역시 여름 작이다.

蟬唉三十絶句의 경우, 배열순서상 1829년 7월 2일 이후의 작으로 추정된다.[63]

아래 두 시는 원래 필사본(규본) 여유당집 제6책 제2권에 있던 것이다. 1829년 가을 작품이므로 이곳에 위치시켰다.

八月十九日待玄溪의 경우, 1829년(68세) 8월 19일의 작이다.[64]
九月十六日待玄溪의 경우, 1829년 9월 16일 작이다.[65]

---

61) "朱炎不敢到仙扉"라는 구절이 있으므로 저작 시기가 한여름이었음을 알 수 있다. 이 시에서 언급된 김위솔은 "丞相池臺尙有輝"라는 구절이 있으므로 정승이 배출된 가문 출신이었음을 알 수 있다.

62) 呂友晦는 이름이 呂東根이다. 友濂은 呂東植의 자(호는 玄溪)이다. 여동근이 여동식의 형이며 이들의 부친은 呂春永이다. 여동식은 謝恩 副使로 청나라에 갔다가 1829년 楡觀에서 죽었다. 여동근이 청나라에 간 동생 여동식을 생각하며 지은 시에 정약용이 다시 차운한 것이다. "遼薊……雁亦稀 海關何日款銅扉"라는 구절이 있다. 또 "金拈不月吹華蓋"라는 구절로 보아 계절이 여름이었다고 추정된다.

63) "菜花亭畔數枝蟬……藉使暑天無此物 廖廖六合只如眠"이라는 구절로 보아 여름에 菜花亭에서 매미 소리를 들으며 지은 시이다.

64) "悠悠滯上京 孤燈深客館 秋雨滿歸程"이라는 구절로 보아 중국에 사신으로 간 여동근을 기다리며 지은 시이다.

아래의 세 시, 炭村金(始漢)共賦(九月十六日)와 十二月三日文山至越三日也設饅頭侑以長句와 幼孫於洛渭二妙席上賦詩而還(겨울) 是夕兩家二翁又與景儒兄弟會 吾衰至此 感而有作仍次幼孫韻(겨울) 을 모두 1829년 작으로 추정하는 것이 타당하다고 생각된다. 그렇다면 九月十六日待玄溪 바로 뒤에 둘 수 있다. 이렇게 되면 날짜가 정확히 맞게 되고 1829년 겨울에 시의 공백이 없게 된다.

炭村金(始漢)共賦의 경우, "九月十六日"이라고 원주가 붙어 있다. 1829년(68세) 9월 16일 가을의 작으로 추정된다.66)

十二月三日文山至越三日也設饅頭侑以長句의 경우, 1829년(68세) 12월 5일 겨울 작으로 추정된다.67)

幼孫於洛渭二妙席上賦詩而還 是夕兩家二翁又與景儒兄弟會 吾衰至此 感而有作仍次幼孫韻의 경우, 일단 1829년(68세) 歲暮의 작으로 추정해 둔다.68)

---

65) 이 시 역시 중국에 사신으로 간 여동근을 기다리며 지은 시이다. 그러나 여동근은 사행길에서 사망하였다.

66) 위의 시들, 追和文山綠陰卷, 賦得水中新苗, 八卦峰詩題趙正言山亭額, 朴景儒擧第五男詩以賀之逸復次前韻示景儒 및 再疊 5편과 같이 저작 시기를 일단 1829년으로 잡았다. 이들 시 5편이 1829년 작이라면 이 시 炭村金(始漢)共賦(九月十六日)의 저작 시기 역시 1829년으로 보아야 할 것이다.

67) 문산 이재의가 정약용을 방문하여 만두를 만들어 먹으면서 함께 시를 지었다. 위의 시 炭村金(始漢)共賦(九月十六日)에 이어지므로, 위의 시들과 마찬가지로 일단 1829년 작으로 추정하였다.

68) 歲暮라는 구절로 보아 이 시를 지은 때가 歲暮였음을 알 수 있다. 제목에서 말하는, 幼孫이란 정약용의 어린 손자를 말하는 것으로 생각된다. 제목과 시의 내용으로 보아 정약용의 친손과 외손이 모여 시를 짓고 놀았던 것이 아닌가 여겨진다. 이날 저녁 때에는 '兩家 二翁'이 박경유 형제와 만났는데 여기서 二翁이란 누구를 가리키는 것인지 확실하지는 않으며 하나는 정약용 집안의 어른을 가리키는 것일 것이다. 다른 한 翁은 정약용의 사돈 尹書有일 수는 없다. 윤서유는 1821년 이미 작고하였기 때문이다. 그 집안의 어른을 가리키는 것이 아닌가 생각된다. 이 시 역시 일단 1829년 작으로 추정하였다.

[1830년] (69세)

아래의 海居都尉洪公(顯周)偕東樊至(庚寅)에서 冽水故多鱸漁菡莽不知其爲鱸今檢本草及古人詩句始正其名海尉亟欲見之僅捕一枚膾之戱爲長句까지의 시 11편은 원래 필사본(규본) 여유당집 제6책 제3권 뒷 부분에 있던 것이다. 연대순에 따라 이곳 1829년 시의 뒤에 위치하게 하였다. 庚寅除夕同諸友分韻은 원래 규본 여유당집 시집 제6권 제2책 중간에 族弟公睿回甲之作 바로 다음에 있던 것이다. 그러나 원주와 제목에 따라 1830년 除夜의 작품임을 알 수 있으므로 1830년도의 시 가운데, 맨 마지막에 위치하도록 하였다. 또 謝桑村朴逸人惠桑葉四絶句(庚寅春)와 送金直閣(邁淳)入蘗溪次三淵韻의 두 시가 규본 여유당집 시집 제8책 제1권 끝 부분 근처에 1830년대의 다른 시들과 뒤섞인 채 연이어 있다. 앞의 시 謝桑村朴逸人惠桑葉四絶句(庚寅春)는 원주에 의해 1830년 봄의 작품임을 알 수 있고 送金直閣(邁淳)入蘗溪次三淵韻도 확실한 근거는 없으나 謝桑村朴逸人惠桑葉四絶句(庚寅春)에 연이어 있으므로 일단 1830년 작으로 추정하여 1830년의 다른 시들과 함께 두었다. 謝桑村朴逸人惠桑葉四絶句(庚寅春)는 1830년 작 가운데 맨 앞에 두었고 送金直閣(邁淳)入蘗溪次三淵韻은 冽水故多鱸漁菡莽不知其爲鱸今檢本草及古人詩句始正其名海尉亟欲見之僅捕一枚膾之戱爲長句의 바로 뒤, 庚寅除夕同諸友分韻 바로 앞에 위치하도록 하였다.

謝桑村朴逸人惠桑葉四絶句의 경우, "庚寅春"이라고 원주가 붙어 있다. 따라서 1830년(69세) 봄의 작품이다.

海居都尉洪公(顯周)偕東樊至의 경우, 역시 "庚寅"이라고 원주가 붙어 있다. "漲綠春蕪不見涯"라는 구절로 보아 1830년(69세) 봄의 작품이다.[69]

---

69) 東樊는 李晩用으로 추정된다. 1830년 봄 동번이 해거도위 홍현주와 함께 정

次韻示海居의 경우, 역시 1830년(69세) 봄의 작으로 추정된다.70)

嘲絅堂尹承旨(正鎭)有約不至의 경우, “尹時爲長湍府使 獲先世已失之塚 以故不能來”라고 원주가 붙어 있다. 1830년(69세) 봄의 작으로 추정된다.71)

爲海尉餉漁人網鱸僅得一魚의 경우, 1830년 봄의 작으로 추정된다.72)

海尉將游水鍾寺以雨而止의 경우, 1830년 가을 작으로 추정된다.73)

海尉游練帶亭余不能從 令小童傳韻賦詩의 경우, “其二, 其三, 其四, 其五, 其六”이 연달아 있다. 1830년(69세) 가을에 지은 것으로 추정된다.74)

약용을 방문하였을 때 그들을 위해 지은 시로 생각된다. “帶方太守樊川子 摠有巴塘夙昔期”라는 구절이 있으므로 동번이 대방의 태수(郡守라는 의미로 생각됨)를 하였고 그는 오래 전부터 이곳에 올 약속이 있었던 듯하다.

70) 바로 위의 시 海居都尉洪公(顯周)偕東樊至(庚寅)에 이어지므로 일단 1830년 작으로 추정하였고 “晚蠶崔上馬 高麥恰藏牛”라는 구절로 보아 때가 봄이었음을 알 수 있다. 위의 시 海居都尉洪公(顯周)偕東樊至(庚寅)와 같은 때 지었다고 추정된다.

71) 위의 두 시, 海居都尉洪公(顯周)偕東樊至(庚寅)와 次韻示海居에 대하여, 해거도위 홍현주가 1830년 봄 정약용의 집을 방문하였을 때 정약용이 지은 시로 앞서 추정하였다. 이때 嘲絅堂尹承旨(正鎭)有約不至도 함께 지은 것으로 생각된다. “尹時爲長湍府使 獲先世已失之塚 以故不能來”라는 원주와 “海翁今作尾生高”(해거도위가 약속을 믿고 끝까지 기다린다는 뜻)라는 이 시의 구절에 따르면 승지 尹正鎭도 정약용의 집에서 함께 만나기로 약속되어 있었으나 그가 마침 장단부사가 되어서 예전 잃어버린 선대의 묘를 찾은 일 때문에 오지 못하였음을 알 수 있다.

72) 위의 세 시 海居都尉洪公(顯周)偕東樊至(庚寅), 次韻示海居, 嘲絅堂尹承旨(正鎭)有約不至와 같은 때 지은 것으로 추정된다.

73) “秋來欇欇紅如染”이라는 구절이 있으므로, 위의 네 시 海居都尉洪公(顯周)偕東樊至(庚寅), 次韻示海居, 嘲絅堂尹承旨(正鎭)有約不至, 爲海尉餉漁人網鱸僅得一魚와 달리 가을에 지은 것이다. 다만 위의 네 시에 이어져 있으므로 저작 연도를 1830년으로 추정하였다.

74) 其二에 “田園歲熟”라는 구절이 있으므로 때가 가을이었음을 알 수 있다. 위의 다섯 시 海居都尉洪公(顯周)偕東樊至(庚寅), 次韻示海居, 嘲絅堂尹承旨

題永明尉書帖四絶句의 경우, 1830년(69세) 가을로 추정된다.[75]

同永明尉山亭小集의 경우, 1830년(69세) 가을에 지은 것으로 추정된다.[76]

秋日海尉至前江泛月의 경우, 제목으로 보아 가을에 지은 것이다. 1830년(69세) 가을에 지은 것으로 추정된다.[77]

次韻酬海尉의 경우, 1830년(69세) 가을 시로 추정된다.[78]

洌水故多鱸漁薗菾不知其爲鱸今檢本草及古人詩句始正其名海尉亟欲見之僅捕一枚膾之戲爲長句의 경우, 1830년 가을의 시로 추정된다.[79]

(正鎭)有約不至, 爲海尉飭漁人網鱸僅得一魚 및 海尉將游水鍾寺以雨而止와 연이어 있으므로 이 시 역시 저작 연도를 일단 1830년으로 추정하였으며 바로 위의 시 海尉將游水鍾寺以雨而止와 같은 때(가을) 지어진 것이 아닌가 생각된다.

75) 위의 시들에 이어지므로 역시 1830년 작으로 추정하였다. 영명위는 해거도위 홍현주를 가리킨다. 바로 위의 시 海尉游練帶亭余不能從 令小童傳韻賦詩와 바로 뒤의 시, 同永明尉山亭小集의 저작 시기가 가을로 추정되므로 이 시 역시 가을에 지어진 것이 아닌가 생각된다.

76) 위의 시 題永明尉書帖四絶句에 이어지므로 일단 1830년 작으로 추정하였다. "山亭本意逐吾初……勸君明日莫回車"라는 구절로 보아 이곳은 정약용의 山亭이었다고 생각된다. 확실하지는 않으나 위의 위 시, 海尉游練帶亭余不能從 令小童傳韻賦詩의 계절이 가을이고 이 시의 "晩凉披示枕中書"라는 구절로 보아 때가 가을인 것처럼 여겨진다. 정약용이 1830년을 전후해서는 봄에서 가을에 걸쳐 별장처럼 이 山亭에 머무르지 않았나 생각된다. 바로 위의 시 題永明尉書帖四絶句와 같은 때 지어진 것처럼 느껴진다.

77) 앞의 시 題永明尉書帖四絶句 및 同永明尉山亭小集에 연이어 있으므로 1830년 작으로 추정하였다. 계절은 제목에서도 알 수 있는 바와 같이 가을이었다. 그렇다면 홍현주가 1830년 가을에 두 번째로 방문하였을 때가 아닌가 생각되기도 한다.

78) 위의 시 秋日海尉至前江泛月에 연이어 있어 저작 연도를 1830년으로 추정하였다. "水鄕秋色雨餘凉"이라는 구절로 보아 때가 가을이었음을 알 수 있다. 위의 시 秋日海尉至前江泛月와 같은 때 지어진 것으로 추정된다(1830년 가을 두 번째 방문이었을 가능성이 큼).

79) 위의 두 시 秋日海尉至前江泛月 및 次韻酬海尉에 연이어 있어서 이들과 같

送金直閣(邁淳)入檗溪次三淵韻의 경우, 1830년(69세) 가을에 지은 시로 추정된다.[80]

庚寅除夕同諸友分韻의 경우, 제목으로 보아 1830년(69세) 12월 除夜에 지어졌음을 알 수 있다.[81]

[1831년] (70세)

이하 賀棠沙(若鍵)回甲之宴(辛卯春)에서 贈鄭美元까지는 원래 필사본(규본) 여유당집 시집 제6책 제1권 말미와 제2권 앞 부분에 실려 있던 것이다. 또 필사본(규장각본) 여유당집 시집 제8책 제1권의 끝 부분에는 夏日田園雜興效范楊二家體二十四首(辛卯)라는 시가 수록되어 있다.

賀棠沙(若鍵)回甲之宴의 경우, 제목 아래에 "辛卯春"이라고 원주가 붙어 있다. 1831년(70세) 봄에 지은 것임을 알 수 있다.[82]

一鑑亭申丈(景玄)輓詞의 경우, 1831년(70세) 봄에 지은 시로 추정된다.[83]

은 때, 1830년 가을-혹은 두 번째로-홍현주가 정약용을 방문하였을 때 지은 시로 추정된다.

80) 이 시는 "宮燕敢悲秋"라는 구절로 보아 저작 시기가 가을이었음을 알 수 있다. 원래 필사본(규본) 여유당집에서는, 본고에서 1830년(69세) 맨 앞에 위치시킨 謝桑村朴逸人惠桑葉四絶句(庚寅春) 바로 뒤에 위치하므로 일단 1830년 작으로 추정해 둔다.

81) 이 시의 원주에서 眞齋가 다른 곳으로 이거할 뜻이 있다는 언급이 있다. 진재는 강진 시절의 제자로 생각되므로 이때 강진 시절의 제자들도 일부 있었던 것으로 생각된다.

82) "弟弟堂堂又老人"이라는 구절로 보아 若鍵은 丁若鍵으로 추정된다. 그는 정약용의 집안 아우이다.

83) 바로 위의 시 賀棠沙(若鍵)回甲之宴(辛卯春)에 연속되므로 일단 1831년 작으로 추정하였다. "荷亭廖落鎖塵局 又見春歸一鑑亭"이라는 구절로 보아 계절이 봄이었음을 알 수 있다. 여기서 하정은 신작을 가리키고 일감정 신경현

아래의 시, 次韻兒輩送客부터 贈鄭美元까지는 필사본(규장각본) 여
유당집 시집 제6책 제2권에 실려 있다. 바로 위의 시, 一鑑亭申丈(景
玄)輓詞에 바로 이어져 있으므로 일단 1831년 작으로 추정하였다.

次韻兒輩送客의 경우, 1831년(70세) 봄의 작으로 추정된다. "已識鵑
啼用處無"라는 구절로 보아 계절이 봄이었다고 생각된다.
次韻兒輩赴安許諸友之會의 경우, 1831년(70세) 가을의 시로 추정된
다.84)
九月十二日淵子弧辰示靑歆館의 경우, 1831년(70세) 9월 12일 작으
로 추정된다.85)
贈金斯文始漢의 경우, 1831년(70세) 가을 작으로 추정된다.86)
喜文山李進士至의 경우, 일단 1831년(70세) 가을 작으로 추정된
다.87)
寄題李而遠屋壁八首의 경우, 1831년(70세) 가을의 작으로 추정된
다.88)

은 그의 동생 신현을 가리키는 것이 아닌가도 생각된다. 말미에 "惟有後曹承
世好 屋頭小嶺湖申丁"이라는 구절이 있다.

84) 위의 시 次韻兒輩送客에 바로 이어져 있으므로 저작 연도를 일단 1831년으
로 추정하였다. "詞客悲秋更寂廖"라는 구절로 보아 때가 가을이었음을 알 수
있다.

85) 위의 시, 次韻兒輩赴安許諸友之會에 이어지므로 저작 연도를 일단 1831년으
로 추정하였다. 정학연은 사암선생연보에 따르면 1793년 9월 12일 출생하였
다(『年譜』, 8쪽).

86) 위의 시 九月十二日淵子弧辰示靑歆館에 바로 이어지므로 저작 연도를 일단
1831년으로 추정하였다. "黃花對酒惜儒酸"이라는 구절로 보아 때가 가을이
었음을 알 수 있다.

87) 위의 시, 贈金斯文始漢에 바로 이어져 있으므로 저작 연도를 일단 1831년으
로 추정하였다. "津亭衰柳暮蟬聲"이라는 구절로 보아 초가을이 아니었을까
생각된다. 文山은 李載毅(1772-1839)의 호이며, 자는 汝弘이다. 정약용과 경
학에 대하여 토론하였다.

88) 위의 시, 喜文山李進士至에 바로 이어지므로 저작 연도를 일단 1831년으로

獨立의 경우, 1831년(70세) 가을의 시로 추정된다.[89]

九月十二日憶子淵示子游令次韻의 경우, 1831년(70세) 9월 12일의 시로 추정된다.[90]

酬李淸風의 경우, 제목 아래에 "德鉉"이라고 원주가 붙어 있다. 1831년(70)세 9월 12일 이후에 지은 것으로 추정된다.[91]

酬崔虞山의 경우, 1831년(70세) 9월 12일 이후 작으로 추정된다. 바로 위의 시에 이어지므로 저작 연도를 1831년(70세) 9월 12일 이후 작으로 추정하였다.[92]

歲暮의 경우, 1831년(70세) 늦가을(10월경)의 작으로 추정된다.[93]

贈鄭美元의 경우, 시의 내용과 배열순서로 보아 1831년(70세) 늦가

추정하였다. 시의 내용에서 계절은 알기 어려우나 위의 시 喜文山李進士至의 계절이 가을로 추정되고 뒤의 시, 獨立의 계절이 가을이므로, 寄題李而遠屋壁八首의 계절 역시 가을로 추정된다.

89) 위의 시 寄題李而遠屋壁八首에 바로 이어지므로 저작 연도를 일단 1831년으로 추정하였다. "秋山衰颯暮湍哀"라는 구절로 보아 때가 가을이었음을 알 수 있다.

90) 바로 위의 시, 獨立에 이어지므로 저작 연도를 일단 1831년으로 추정하였다. 사암선생연보에 의하면 정약용이 22세(1783년) 때 정학연이 출생하였다. 앞에도 九月十二日淵子弧辰示靑歃館이라는 시가 있다. 그렇다면 이 둘 사이에 있는 贈金斯文始漢, 喜文山李進士至, 寄題李而遠屋壁八首 및 獨立의 저작 시기도 역시 1831년 9월 12일일 가능성이 크다.

91) 바로 위의 시, 九月十二日憶子淵示子游令次韻에 이어지므로 저작 연도를 일단 1831년 9월 12일 이후 작으로 추정하였다.

92) "捲來黃憻一陂雲 菊花糕煖開芳宴"이라는 구절이 있으므로 때가 가을이었음을 알 수 있다.

93) 바로 위의 시, 酬崔虞山에 이어져 있으므로 저작 연도를 일단 1831년으로 추정하였다. 제목에서 알 수 있듯이, 때는 歲暮이며 또 "歲暮江聲急"이라는 구절로 시작되고 있다. 그러나 여기서 歲暮는 12월말을 가리키는 것이 아니라, 해가 저물고 있다는 뜻으로 보는 것이 타당하다고 생각된다. 뒤에 늦가을의 시 및 12월 3일의 시가 있기 때문이다. 대략 늦가을 음력 10월경이 아니었나 생각된다. 그러나 배열이 시기대로 되지 않아 이곳에 배치되었을 가능성도 있다.

을의 작품으로 추정된다.

   이하 酬朴聖宗(辛卯十二月初三日)에서 又疊前韻까지는 원래 필사본(규본) 여유당집 제6책 제3권 중간에 실려 있던 것이다.

   酬朴聖宗의 경우, "辛卯十二月初三日"이라고 원주가 붙어 있다. 따라서 1831년(70세) 12월 3일 작임을 알 수 있다. "殘燈惜歲暮"라는 구절이 있으며 "朝起取詩看"이라는 구절에서 아침에 지었음을 알 수 있다.
   酬許仲明의 경우, 1831년(70세) 12월 3일 이후의 작으로 추정된다.94)

   순서로 보면 酬朴聖宗, 酬許仲明의 두 시는 1831년도 말미에 배치하는 것이 맞을 수도 있다. 뒤에 나오는 시들이 이 두 시보다 시기적으로 다소 앞서는 것처럼 보이기 때문이다.

   送朴季林(鍾儒)南游의 경우, 1831년(70세) 늦가을(10월경)의 시로 추정된다.95)

---

94) 바로 위의 시 酬 朴聖宗(1831년 12월 3일)에 연결되므로 저작 연도를 일단 1831년으로 추정하였다. 배열순서로 보아서, 12월 3일 이후로 추정하였다. "園柯雪潤枯"라는 구절로 보아 때가 겨울이었음을 알 수 있다.

95) "木棉裘薄板橋霜 南浦秋雲遠送將"이라는 구절로 보아 때가 서리가 내리는 늦가을(10월경)이었음을 알 수 있다. 배열순서가 문제인데, 이곳에 위치하게 된 것은 나중에 추가되었기 때문일 가능성, 또는 원래 만년의 시는 제대로 저작 시기 순으로 정리되지 않았기 때문일 가능성이 있다고 여겨진다. 雲寶李(輝永)至의 경우, 역시 1831년 늦가을의 시로 추정된다. "百花已向愁中盡……秋來"라는 구절이 있으므로 때는 늦가을이었음을 알 수 있다. 배열순서가 문제인데, 이곳에 위치하게 된 것은 나중에 추가되었기 때문일 가능성이 있다. 또는 원래 만년의 시는 제대로 정리되지 않았기 때문일 수 있다고 여겨진다. 이휘영이 누구인지 알 수 없으나 "舊約空抛黃葉寺 病魂猶繞白雲峯"이라

效詠物體賦得浴鳧의 경우, 바로 위의 시 雲寶李(輝永)至에 이어지므로 일단 1831년(70세) 늦가을의 작으로 추정하였다.

辛卯歲十月十六日 海居都尉至次其平丘道中韻의 경우, 제목으로 보아 저작 시기는 정확히 1831년(70세) 10월 16일이었음을 알 수 있다.

都尉將游水鍾寺余老不能從의 경우, 역시 1831년(70세) 10월 16일 작으로 생각된다.[96]

山閣夜集의 경우, 1831년 10월 16일 밤의 작품으로 추정된다.[97]

次韻送都尉以下諸人上水鍾寺의 경우, "十七日"이라고 원주가 붙어 있다. 따라서 1831년(70세) 10월 17일 작이다.[98]

夜臥無聊戲爲十絶以抒幽鬱의 경우, 1831년 10월 17일 밤에 지은 것이다.[99]

十八日曛墨都尉一行始下來次韻東樊의 경우, 1831년 10월 18일 저녁에 지은 시이다.[100]

는 구절로 보아 혹시 용문산 근처에 사는 사람이 아닌가도 여겨지며 정약용과는 용문산 일대를 같이 유람하고자 한 약속이 있었는데 정약용의 병 때문에 하지 못한 것으로 생각된다.

96) 바로 위의 시, 辛卯歲十月十六日 海居都尉至次其平丘道中韻(10월 16일 작)은 해거도위 홍현주가 왔을 때 지은 것이고, 이 시에서 그와 같이 수종사에 갈 수 없음을 말하고 있다. 바로 뒤의 시 山閣夜集을 10월 16일 밤에 지어진 것으로 보아야 하므로(뒤의 시 참조 요), 이 시 都尉將游水鍾寺余老不能從은 1831년 10월 16일 홍현주가 방문한 당일, 수종사를 유람하려는 홍현주의 계획을 듣고 지어졌음을 알 수 있다.

97) 홍현주가 정약용에게 온 것이 10월 16일이고 다음 시, 次韻送都尉以下諸人上水鍾寺(홍현주 등을 수종사로 보내며 지은 시)가 10월 17일 지어진 것이므로, 山閣夜集은 당연히 10월 16일 밤에 지어진 것이다. "大家元自有賢兄"이라는 구절이 있는데 여기서 賢兄이라는 洪奭周를 가리키는 것으로 생각된다.

98) 都尉將游水鍾寺余老不能從와 山閣夜集에 내용 상, 순서상 연결되어 있어 1831년 10월 17일 작임이 확실하다.

99) 이 시의 내용으로 보아 홍현주 등을 10월 17일 수종사로 보내고 그날 밤 무료하여 지은 시로 추정된다.

100) 이 시의 제목과 내용으로 보아 1831년 10월 18일 홍현주 일행이 돌아왔을 때 지은 시이다.

再疊의 경우, 내용과 배치순서로 보아 1831년 10월 18일 지은 것이다.

三疊의 경우, 내용과 배치순서로 보아 1831년 10월 18일 지은 것이다.

四疊의 경우, 내용과 배치순서로 보아 1831년 10월 18일 지은 것이다.

對海尉有懷洪判書(奭周)燕槎之行의 경우, 앞의 시에 이어지므로 저작 연도를 일단 1831년으로 추정하였다.[101]

又疊前韻의 경우, 1831년(70세) 겨울의 시로 추정된다. 바로 위의 시, 對海尉有懷洪判書(奭周)燕槎之行과 같은 때 지은 것이다.

[1832년] (71세)

이하 次韻蕉翁朴參判(著壽)秋日見過之作(壬辰春)에서 次韻靑歙金在崑潭上夕泛까지는 원래 규본 여유당집 제6책 제3권에 실려 있던 것이다.

次韻蕉翁朴參判(著壽)秋日見過之作의 경우, "壬辰春"이라고 원주가 붙어 있다. 1832년(71세) 봄에 지은 것임을 알 수 있다.[102]

次韻雲寶李(輝永)禱雨之作의 경우, 제목 아래에 "壬辰五月之晦"라고 원주가 붙어 있다. 1832년(71세) 5월 그믐에 지은 것임을 알 수 있

---

101) 이 시는 내용으로 보아 홍석주가 연경에 사신으로 갔을 때, 정약용이 홍현주를 마주 대하고 홍석주를 생각하면서 지은 시이다. "天畔醫巫雪色匀"이라는 구절로 보아 때가 겨울이었음을 알 수 있다. 따라서 1831년 겨울에 지은 것이다. 1831년 10월 16일에서 18일 사이, 홍현주가 정약용을 방문하였던 때 지은 것인지, 그 뒤에 다시 정약용을 방문하여 지은 것인지는 확실하지 않다.

102) 여유당전서에는 제목이 '次韻蕉翁朴參判(著壽)秋日見過之作'이라고 되어 있으나 '壬辰春'라고 원주가 붙어 있다. 여유당전서본에서의 秋日은 春日의 잘못이라고 생각된다. "百花深處是吾家 綠肥紅瘦無消息"이라는 구절로 보아 이 시를 지은 계절은 봄이었음이 확실하다.

다.103)

久雨撥悶의 경우, 제목 아래에 "壬辰七月"이라고 원주가 붙어 있다. 1832년(71세) 7월에 지은 것임을 알 수 있다.

始晴의 경우, 1832년(71세) 7월경 작으로 추정된다.104)

平康縣令洪(吉周)至山齋夜話二首의 경우, 1832년(71세) 가을 작으로 추정된다.105)

送惺叟還山의 경우, 제목 아래에 "壬辰秋"라고 원주가 붙어 있다. 따라서 1832년 가을에 지은 시이다.106)

潭上夕泛의 경우, "壬辰秋"라고 원주가 붙어 있다. 따라서 1832년 (71세) 가을 작이다. "半世客游消瘴海 晩來叟號襲煙波"라는 구절로 보아 이 시 역시 정약용을 방문한 이학규에게 주는 시로 생각된다. 따라서 바로 위의 시 送惺叟還山(壬辰秋)과 같은 때 지어졌다고 생각된다.

이하 次韻漫吟三首呈泊翁에서 寄平陵察訪族人志鶴까지 8편의 시기를 일단 1832년으로 하였으나 1833년일 가능성도 있다고 생각된다.

---

103) "寄語龍門諸長老"라는 구절로 보아 李輝永은 龍門山 부근에 살고 있었던 사람으로 여겨진다.

104) 바로 위의 시 久雨撥悶(壬辰七月)이 계속 비가 오는 것을 근심하는 내용이다. 始晴이 오랜만에 비가 개는 내용이므로 위의 시 직후에 지었다고 생각되어 저작 시기를 1832년 7월경으로 추정하였다.

105) 바로 뒤의 시, 送惺叟還山(壬辰秋)의 저작 시기가 1832년 가을이고 바로 앞의 시, 始晴의 시기가 1832년 7월로 추정되기 때문이다. "産樊下馬秋蘿捲"이라는 구절을 보면 계절이 가을이었음이 확실하다. "太宰遠充賓奏使 季方逐上練光亭"이라는 구절로 보아 홍길주의 형인 홍석주가 사신으로 가고 있던 시기였다고 추정된다. 평양 연광정까지 홍길주가 홍석주를 배웅하러 갔다가 돌아오는 길에 마재 정약용의 집에 들른 것이 아닌가 생각된다.

106) 惺叟는 李學逵의 호이다. 이학규는 신유사옥에 연루되어 1801년에서 1824년까지 24년간이나 김해에서 귀양살이를 하였다. 그가 정약용을 방문한 뒤 떠날 때, 정약용이 전송하는 시이다.

次韻漫吟三首呈泊翁의 경우, 일단 1832년(71세) 초봄의 시로 추정하였다(혹은 1833년 초봄).107)

次韻呈泊翁의 경우, 일단 1832년 초봄의 작으로 추정하였다(혹은 1833년 초봄).108)

偶成一首의 경우, 일단 1832년 초봄의 작으로 추정해 둔다(혹은 1833년 초봄).109)

肩輿歎(改人作)의 경우, 바로 위의 시 偶成一首에 연이어 있으므로 일단 1832년 작으로 추정하였다.110)

老人一快事六首效香山體의 경우, 其一에서 其六까지로 되어 있다. 偶成一首와 肩輿歎에 이어 있으므로 1832년(71세) 작으로 추정하였다.111)

---

107) 바로 위의 시 潭上夕泛(壬辰秋)이 1832년 가을의 시이므로 次韻漫吟三首呈泊翁의 저작 시기는 1832년으로 추정된다. "七十年光鳥影過"라고 하므로 대략 70세 전후의 시임을 알 수 있다. 1832년에 정약용이 71세이므로 1832년이라는 추정이 대략 맞는다. 다만 "新春回首潸含悲"라는 구절로 보아 시를 지은 계절은 초봄이었다. 위의 시 潭上夕泛(壬辰秋)의 계절이 가을이므로 두 시의 순서가 계절 상 잘 맞지 않는 문제점이 있다. 따라서 계절의 순서로 보면 1833년 초봄 작일 수도 있다.

108) 泊翁이 누구인지는 알 수 없으나 "絶世文章經左海……八十有三童子氣"라는 구절로 보아 대단한 문장가였으며 이 시를 지을 당시 83세였음을 알 수 있다. 또 "春風思殺廣陵舟"라는 구절에서 때가 바로 위의 시 次韻漫吟三首呈泊翁과 같이 봄이었음을 알 수 있다. 바로 위의 시 次韻漫吟三首呈泊翁과 같은 때 지어졌다고 간주하여 일단 1832년 초봄 작으로 추정하였다. 그러나 次韻漫吟三首呈泊翁의 저작 시기가 1833년 초봄이 된다면 이 시 次韻呈泊翁의 시기도 1833년 초봄이 되어야 할 것으로 생각된다.

109) "新春日暑長"이라는 구절로 위의 두 시 次韻漫吟三首呈泊翁과 次韻呈泊翁과 같이 거의 같은 초봄 때 지어진 시로 추정된다. 次韻漫吟三首呈泊翁, 次韻呈泊翁, 偶成一首 세 시는 潭上夕泛(壬辰秋) 다음, 1833년 초 새봄을 맞이하면서 지은 것일 가능성이 있다.

110) 그러나 확실한 근거는 없으며 偶成一首가 1833년 작이라면 이 肩輿歎도 1833년 작일 수 있다.

111) 확실한 근거는 없으며 偶成一首가 1833년 작이라면 이 시도 肩輿歎과 더불

先朝紀事의 경우, 정조 때의 일을 회고하는 시이다. 偶成一首, 肩輿歎 및 老人一快事六首效香山體에 이어져 있으므로 일단 1832년 작으로 추정하였다.[112]

寄三陟都護李廣度의 경우, 바로 위의 시 先朝紀事에 이어져 있으므로 일단 1832년 작으로 추정하였다.[113]

寄平陵察訪族人志鶴의 경우, 바로 앞의 시 寄三陟都護李廣度에 이어져 있으므로 이 시 寄平陵察訪族人志鶴의 저작 시기를 일단 1832년으로 추정하였다.[114]

이상 次韻漫吟三首呈泊翁에서 寄平陵察訪族人志鶴까지 8편의 저작 시기를 일단 1832년으로 하였으나 1833년일 가능성도 크다고 생각된다. 이 8편을 빼면 潭上夕泛(壬辰秋)에서 八月十四日蒸雲始晴(壬辰秋)으로 직결되어 연도와 계절 상의 연결이 매우 자연스럽다.

八月十四日蒸雲始晴의 경우, 1832년(71세) 8월 14일에 지은 시이다. "壬辰秋"라고 원주가 붙어 있다.

秋夕鄕村記俗의 경우, 1832년(71세) 8월 15일의 시로 추정된다.[115]

夜凉의 경우, 1832년 가을 8월 15일 밤에 지은 것으로 추정된다.[116]

어 1833년 작일 수 있다.

112) 肩輿歎과 老人一快事六首效香山體가 1833년 작이라면 이 시 先朝紀事 역시 1833년 작일 수 있다.

113) 근거는 확실하지 않으며 先朝紀事가 1833년 작이라면 이 시, 寄三陟都護李廣度도 1833년 작일 수 있다.

114) 寄三陟都護李廣度의 저작 시기가 1833년이라면 이 시, 寄平陵察訪族人志鶴의 시기도 1833년일 수 있다.

115) 위의 시 八月十四日蒸雲始晴(壬辰秋)과 바로 이어지므로 1832년 8월 15일(추석) 작으로 보았다. 날짜의 연결이 매우 자연스럽다.

116) 이 시의 내용이 바로 위의 시, 八月十四日蒸雲始晴과 매우 잘 부합된다. 이 夜凉에는 "今世支離溽署長"이라는 구절이 있기 때문이다. 이 시도 바로 앞의 시 秋夕鄕村記俗과 마찬가지로 8월 15일 밤에 지은 것으로 생각된다. 이

到山亭의 경우, 1832년 가을 8월 16일 낮에 지은 것으로 추정된다.117)

八月十六日月色最淸의 경우, 1832년(71세) 8월 16일에 지은 시로 추정된다. 바로 위의 시 到山亭과 시기적으로 연결이 매우 자연스러우므로 1832년 8월 16일 작으로 추정하였다.

默數의 경우, 배열순서상 1832년(71세) 가을 8월 16일 이후 작으로 추정된다.118)

酬葛山尹逸人喆健의 경우, 1832년(71세) 가을 9월 2일 이전 작으로 추정된다.119)

次韻李淸風(復鉉)秋日相過之作의 경우, 1832년(71세) 가을 작으로 9월 2일 이전 작으로 추정된다.120)

江天半晴圖의 경우, 1832년(71세) 가을 작으로 추정된다. "颯若山欲秋"라는 구절로 보아 이 시의 저작 시기 역시 가을이었음을 알 수 있다. 바로 뒤의 시가 9월 2일 작이므로 9월 2일 이전에 지은 것이다.

시 夜凉은 바로 밤에 지은 시이고 뒤의 시, 到山亭은 山亭으로 가는 것을 읊은 시이다. 그 뒤의 시 八月十六日月色最淸은 8월 16일 밤에 지은 시이다. 8월 16일 밤에 八月十六日月色最淸을 지었으며 그 앞의 到山亭은 내용 상 낮에 지은 것이고 到山亭 위의 시 夜凉은 밤에 지어졌으며 夜凉 위의 시 秋夕鄕村記俗은 8월 15일 작이다. 到山亭을 지은 날짜는 8월 16일이라고 추정할 수 있다. 그렇다면 到山亭과 秋夕鄕村記俗(8월 15일 작) 사이에 있는 夜凉은 8월 15일 밤에 지은 것이 되어야 한다.

117) "路傍荒塚秋花碧"이라는 구절이 있으므로 때가 가을이었음은 확실하다. 위의 시 夜凉과 계절적으로 연결이 자연스럽다. 앞의 시 夜凉의 시기를 고찰할 때 살펴보았듯이, 8월 16일 지은 시이다.

118) 뒤의 시 酬葛山尹逸人喆健의 저작 시기는 가을이다. 뒤의 시에 9월 2일 작이 있으므로 9월 2일 이전에 지은 것으로 생각된다.

119) "寒花籬內三椽屋 黃葉堆中一眼泉"이라는 구절로 보아 저작 시기가 가을이었음을 알 수 있다. 뒤의 시에 9월 2일 작이 있으므로 9월 2일 이전에 지은 것으로 생각된다.

120) "一林黃葉牛行路 萬片寒雲"이라는 구절이 있다. 뒤의 시에 9월 2일 작이 있으므로 9월 2일 이전에 지은 것으로 생각된다.

九月二日惺叟至의 경우, 1832년(71세) 9월 2일에 지은 것으로 추정된다.121)

次韻靑歈金(在崑)潭上夕泛의 경우, 배열순서로 보아 1832년(71세) 9월 2일 이후의 작품이다.122)

文山李汝弘回甲之詩의 경우, 1832년 작으로 추정된다. 문산 李載毅의 생년은 1772년이다. 따라서 그의 회갑은 1832년이다.123)

[1833년] (72세)

荒年水村春詞十首(癸巳春), 練帶亭十二絶句, 耄甚自嘲五絶句(癸巳春), 癸巳六月卄七日東樊至 4편의 시는 원래 필사본(규본) 여유당집 제8책 제1권의 말미에 있는 시들이다. 耄甚自嘲五絶句(癸巳春)는 본래 練帶亭十二絶句의 다음에 있는 시이나, 저작 시기가 다소 앞선다고 생각되어 荒年水村春詞十首(癸巳春)의 앞으로 옮겼다.

耄甚自嘲五絶句의 경우, "癸巳春"이라고 원주가 붙어 있다. 원주에 의해 이 시의 저작 시기가 1833년(72세) 봄이었음을 알 수 있다.

荒年水村春詞十首의 경우, "癸巳春"이라고 원주가 붙어 있다. 제목과 "癸巳春"이라는 원주로 보아 1833년 봄의 작품임을 알 수 있다.

練帶亭十二絶句의 경우, 1833년(72세) 초여름의 시로 추정된다.124)

---

121) 惺叟 李學逵가 1832년 9월 2일 정약용을 찾아 와 하루 머무른 것으로 보인다. "黃昏柔櫓過藍洲……草蟲同語山窓夕"이라는 구절로 보아 정약용이 사는 곳을 藍洲라고도 한 것으로 생각되며 이학규가 하룻밤 정약용 집에 머무른 것으로 여겨진다.

122) "秋水幽然沙半沒"이라는 구절로 보아 이 시의 저작 시기가 아직 가을이었음을 알 수 있다.

123) 文山李汝弘回甲之詩의 경우, 원래 필사본(규본) 여유당집 제6책 제2권 가운데 혼자 따로 떨어져 있던 것이다. 1832년 작이므로 1832년도 시들의 말미에 두었다.

124) 바로 위의 시 荒年水村春詞十首(癸巳春)에 연이어 있으므로 저작 연도를 일

癸巳六月卄七日東樊至의 경우, 제목에 의하여 이 시가 1833년(72
세) 6월 27일에 지어졌음을 알 수 있다.

[1834년] (73세)[125]

[1835년] (74세)[126]

[1836년] (75세)

回쫄詩丙申二月回쫄前三日의 경우, 1836년(75세) 2월 19일의 작이
다. 정약용의 혼례일은 1776년 2월 22일이다.[127]

[연대 추정이 어려운 시들][128]

呂榮川(東根)回甲日兼寄席上諸友의 경우, 1831년 작일 가능성이
있다.[129]

　　　단 1833년으로 추정하였으며 "首夏濃然黃鳥世"라는 구절에서 계절이 초여름
　　　이었음을 알 수 있다.
125) 1834년의 시는 찾지 못하였다.
126) 1835년의 시는 찾지 못하였다.
127) 『年譜』, 5쪽. 제목에서 이 시는 60주년 결혼기념일 3일 전에 지어진 것임을
　　　알 수 있다. 따라서 이 시의 저작 시기는 1836년 2월 19일이며 정약용의 마지
　　　막 시이다.
128) 위의 시들에 대한 시기 추정 가운데 어느 정도 무리가 따를 수 있다. 하지만
　　　적지 않은 근거를 갖고 그렇게 비정하였다. 그러나 연대를 추정하기가 매우
　　　어려운 것들이 있다. 아래의 시들이 바로 그것이다. 이 시들은 원래 필사본
　　　(규본) 여유당집 시집 제6권 제2권의 끝 부분에 있던 것들이다. 연대를 추정
　　　하기가 어려워 끝에 따로 두었다. 하지만 어느 정도 짐작이 가능한 것에 대하
　　　여는 가능성이 있는 연대를 표시하였다.
129) 이 시는 원래 庚寅除夕同諸友分韻(1830년 除夜)의 아래에 있던 것이다. 따
　　　라서 순서를 보면 1831년도 작일 가능성이 있다. 그러나 보다 확실한 근거는
　　　없다.

學山草堂의 경우, 연대를 추정하기가 매우 어렵다.

山中值雨의 경우, 연대를 추정하기가 어렵다.

南湖詞三首寄玄詞伯의 경우, 1829년(68세) 작일 가능성이 있다.[130]

七月四日欲與數子泂游蓼亭因兒輩緩圖不果行　厥明日復雨遂止之戲爲長句示汝成의 경우, 1831년(또는 1827년) 7월 4일의 작일 가능성이 없지 않다.[131]

朝與數子讀禮箋又用前韻의 경우, 1831년(또는 1827년) 7월 4일 작일 가능성이 있다.[132]

夏日鄭美元至鄰友皆會의 경우, 1831년(또는 1827년) 여름의 시일 가능성이 있다.[133]

---

130) 원래 이 시는 九月十六日待玄溪(1829년 9월 16일 추정)라는 시에 바로 이어져 있었다. 따라서 이 시도 1829년 작일 가능성은 있다. 여기서 玄詞伯이 누구인지는 미상이다. 그러나 원래 바로 뒤에 놓여 있던 시 "七月四日欲與數子泂游蓼亭因兒輩緩圖不果行 厥明日復雨遂止 戲爲長句示汝成"과 어떤 연결성을 찾기 어렵다. 1829년이라고 단정하기는 다소 무리이다.

131) "丁年失學者已及"이라는 구절이 있으므로 이것을 70세가 된다는 뜻으로 해석하면 정약용이 1762년생이므로 70세가 되는 해는 1831년이다. 그러나 70이라는 수치는 개략적인 것으로 볼 수도 있다. 또 정약용이 지은 시 가운데 七月旣望於蓼亭候月晚有小雨(丁亥秋 : 1827)라는 시가 있다. 이 시와 七月四日欲與數子泂游蓼亭因兒輩緩圖不果行 厥明日復雨遂止 戲爲長句示汝成을 연결시켜 볼 수 있다면, 후자도 1827년 작이라고 볼 수 있다. 즉 7월 4일에 蓼亭에 가려다가 못 갔고 그 다음날에도 비 때문에 못 갔는데 7월 16일에 이르러 비로소 갔다는 추정도 할 수는 있다. 그러나 삼정에 가려고 한 것이 꼭 1827년 7월만이 아니고 다른 해 7월일 가능성도 얼마든지 있다.

132) 바로 위의 시 七月四日欲與數子泂游蓼亭因兒輩緩圖不果行 厥明日復雨遂止 戲爲長句示汝成의 韻을 사용하고 있으므로, 두 시를 같은 때 지은 것이라고 할 수 있다. 7월 4일 삼정에 놀러가는 것을 그만두고 집에서 禮에 관한 글을 다른 사람들과 같이 읽은 것이라고 생각된다. "健菴授之自亭林 淹貫千年賴有此……鈍翁蕙田徒捃拾 愛君足跡來荒塢 會事況值林塘雨"라는 구절이 정약용 禮學의 핵심을 짐작하게 한다.

133) 이 시 역시 위의 시, 七月四日欲與數子泂游蓼亭因兒輩緩圖不果行 厥明日復雨遂止 戲爲長句示汝成 및 朝與數子讀禮箋又用前韻에 이어져 있고 계절이 같으므로 같은 해 여름에 지어진 것이 아닌가 생각된다.

苦雨示美元의 경우, 1831년(또는 1827년) 여름의 시일 가능성이 있
다.134)

和寄陟州都護李(廣度)見寄之作의 경우, 연대를 추정할 수가 없
다.135)

三月卄七乘小艓赴忠州中雜吟의 경우, 어느 해 3월 27일 작인지 알
수 없다.

次韻答寄李獻納(南奎)長連謫中의 경우, 연대를 추정할 수가 없
다.136)

---

134) 이 시 역시 위의 세 시들과 같이 계절이 여름이다. 내용 상 바로 위의 시와
　　 같이 美元과 관련된 것이므로 위의 세 시에 연이어 지어진 것이라고 생각된
　　 다.
135) 다만 이광도가 삼척부사로 재직한 시기를 찾으면 상대적인 연대 추정이 가능
　　 할 것이다.
136) 다만 이남규가 장연으로 유배가 있던 시기를 찾으면 상대적인 연대 추정이
　　 가능할 것이다.

제2부 與猶堂集 雜文 收錄 作品의 年代考證

제5장 丁若鏞 著作體系와 與猶堂集 雜文

앞서 언급한 바와 같이, 현존 與猶堂全書는 잡문 전편과 잡문 후편의 구별을 무시하고 뒤섞여 있어 연대 고증에 혼란을 가져오는 한 원인이 되었다. 제2부에서는 여유당집 잡문 전편과 잡문 후편의 여러 저작들의 연대를 하나하나 고증하기에 앞서 먼저 묘지명체제에 따른, 여유당 잡문 전편과 잡문 후편의 구성이 어떻게 되어 있는지 살펴보기로 한다.[1] 이것은 잡문에 속하는 여러 형식의 글들이 각기 어디에 위치하는지 아는 데에 도움이 될 것이며 또한 이를 통해 연대고증도 수월해질 것이다. 왜냐하면 원래 묘지명체제는 대체로 연대순으로 배열되었기 때문이다. 묘지명체제에 속하는 잡문 전편과 잡문 후편으로서, 현존하는 필사본 가운데 정본 與猶堂集 제1~12책과 규본 與猶堂集 잡문 제1~11책은 잡문 전편에 해당한다. 또 정본 洌水全書(續集) 제1~10책과 규본 與猶堂集(續集) 제1~10책이 잡문 후편에 해당한다. 규본과 정본에는 각기 순서의 착오와 결질 등이 있으나 양자를 대조하여 다음과 같이 묘지명체제 잡문 전편과 잡문 후편을 복원할 수 있었다.

　　雜文 前編
　제1책
　제1권(講) 戶籍議, 身布議, 度量衡議, 還餉議, 錢幣議, 公服議, 庶人

---

1) 이하의 논의는 졸고, 「정약용 저작의 체계와 여유당집 잡문의 재구성」(32쪽 이하)에 기초하였다.

服議, 通塞議, 考績議, 修因山築城議.

제2권(疏) 辭翰林疏, 辭翰林再疏, 辭翰林三疏, 辭正言兼陳科幣疏, 辭持平兼陳科幣疏, 辭副校理疏, 成均館直講時論照訖講疏, 辭校理兼陳所懷疏, 京圻御史復命後論事疏, 引嫌辭同副承旨疏(乙卯春 今不錄), 辨謗辭同副承旨疏, 辭刑曹參議疏.

제3권(疏・劄子) 應旨論農政疏, 玉堂進考課條例劄子(附 貼黃・考課條例・襃貼題目式).

제2책

제1권(原・說) 原敎, 原政, 原德, 原赦, 原舞, 原怨, 原牧, 誠字說, 釁鬴出火圖說, 漆室觀畵說, 碗浮靑說, 梳端滑車說, 觀雞雛說, 用人理財說, 地毬圖說, 字說, 醫說, 種痘說, 居官四說.

제2권(說) 城說, 甕城圖說, 砲樓圖說, 漏槽圖說, 起重圖說, 總說.

제3권(啓・狀) 京畿暗行御史論守令臧否啓(附 別單), 進史記選纂注啓, 論椒島屯牛事啓, 論支勅勘簿事啓, 論咸奉連獄事啓, 神德王后康氏谷山本宮形止啓, 論文城鎭牙兵事狀, 論各樣價布以錢上納事狀, 捉虎將吏砲布手等不得捉上狀, 論文城鎭牙兵聚點退定事狀, 載寧郡疏堰時鉛軍不得起送事狀, 李仁華仁蕃等菴僞譜情節論報狀, 李仁華等取招狀, 關西小米不得作錢事狀.

제3책

제1권(論) 田論(1~7), 職官論(1~2), 樂論(1~2), 軍器論(1~2), 技藝論(1~3), 脈論, 相論, 立後論(1~2).

제2권(論) 新羅論, 高句麗論, 百濟論, 遼東論, 日本論, 廢四郡論, 汲黯論, 拓跋魏論, 東胡論, 俗儒論, 庶孽論, 還上論, 奸吏論, 監司論.

제3권(辨) 皐繇執瞽瞍辨, 慶興宋帝爐辨, 鷄林玉笛辨, 松廣寺古鉢辨, 宗動天辨, 東海無潮辨, 靈石辨, 金相谷讀書辨, 理發氣發辨(1~2), 致良知辨, 部脇産子辨, 鐵馬辨, 重瞳辨, 押海政丞墓辨, 石岬山丁氏六塚辨, 己亥邦禮辨, 辛巳服制辨, 八大君辨, 雨泉辨, 田結辨.

제4책

제1권(箴·銘·頌·贊) 和己齋箴, 敬己齋箴, 怠箴, 奢箴, 睦親箴, 遠勢箴, 克己箴, 閉邪箴, 遯世箴, 四卦箴, 不律銘, 枕銘, 藥罏銘, 蠅拂銘, 觚銘, 烟袋銘, 筍銘, 燈檠銘, 梳匣銘, 摺疊扇銘, 李忠武鬼刀銘, 洪節度七星劍銘, 李虞候箭筒銘, 藥筵銘, 回巹宴壽樽銘, 宣城獲麟頌, 毛羅貢橘頌, 故領議政梧里李公畫像贊, 故領議政漢陰李公畫像贊, 故左議政藥

圃鄭公畫像贊, 星翁畫像贊, 普照國師畫像贊, 故平安道觀察使延陵君李公畫像贊, 調中六夫子畫像贊, 奉和朱文公易五贊.

제2권(序) 鼎谷溪亭讌游詩序, 矗石樓讌游詩序, 快賓樓讌游序, 宋洞看花詩序, 鳳谷寺述志詩序, 竹欄詩社帖序, 菊影詩序, 詩經講義序, 八子百選序, 金城方略序, 押海家乘序, 東園遺稿序, 嶺南人物攷序, 南荷唱酬集序, 泛齋集序, 詞林題名錄序, 村病或治序, 荷潭禁松帖序, 麻科會通序, 友松集序.

제3권(序) 送李參判(基讓)使燕序, 送韓校理(致應)使燕序, 送朴校理(鍾淳)使燕序, 送沈(奎魯)校理李(重蓮)翰林游金剛山序, 兵曹參判吳公(大鑑)七十一壽序, 兵曹判書葉西權公(襮)七十一壽序, 右副承旨庚塢韓公(光植)七十一壽序, 刑曹判書弘文館提學丁公七十八壽序, 僉知中樞府事韓公(光傳)七十四壽序, 知中樞府事申公(義淸)百歲壽序, 族曾王母朴淑夫人九十五壽序, 尹季淵兄嫂申孺人六十一壽序, 送震澤申公(光河)游白頭山序, 送尹无咎出守祥原序, 送榮川李監察(仁行)還山序, 送鄭瀚赴結城序, 送浮屠海謐遊嶺南序, 贈金生序, 盤山丁氏世稿序, 蒙學義彙序, 雲潭詩集序, 游蓮社觀紅葉詩序.

제5책

제1권(記) 遊勿染亭記, 遊瑞石山記, 東林寺讀書記, 伴鶴亭記, 仙夢臺記, 晋州義妓祠記, 游水鍾祠記, 月波亭夜游記, 晚漁亭記, 秋水亭記, 每善堂記, 無號菴記, 賣心齋記, 有志堂記, 得月堂記, 望荷樓記, 與猶堂記, 品石亭記, 守吾齋記, 四宜齋記.

제2권(記) 南湖汎舟記, 河陽李潑碑記, 海美南相國祠堂記, 丹陽山水記, 洪節度御賜角弓記, 再游矗石樓記, 游洗劍亭記, 北營罰射記,

寄園記, 羽化亭記, 芙蓉亭侍宴記, 梧竹軒記, 永保亭宴游記, 釣龍臺記, 游鳥棲山記, 淸時野草堂記, 奎瀛府校書記, 游天眞菴記, 竹欄花本記, 谷山政堂新建記, 書香墨味閣記, 芙蓉堂記, 紫霞潭汎舟記, 高達窟記, 黃州月波樓記, 蒼玉洞記, 觀寂寺記.

제3권(記·題) 游石林記, 臨淸亭記, 筈上烟波釣叟之家記, 御賜芙蓉扇記, 五客記, 華城五星池記, 谷山北坊山記, 題讀易要旨後, 題山人紙障子, 題毛大司子母易掛圖說, 題申靑泉聞見錄, 題西厓懲毖錄, 題藏上人屛風, 題江陵崔君(秉浩)詩卷, 題兼濟院節目後, 題姜豹菴桃花源圖, 題家藏太極圖說考正本, 題家乘抄略, 題毛奇齡喪禮吾說篇, 題徐乾學喪期表, 題黃裳幽人帖, 題家藏畵帖, 題李琴招詩卷.

제6책

제1권(跋) 跋神宗皇帝墨竹圖障子, 跋箕子井田圖, 跋三釜帖, 跋十世遺墨, 跋平百濟塔, 跋竹南簡牘, 跋夜醉帖, 跋翠羽帖, 跋恭齋朝鮮圖障子, 跋朝鮮地圖帖, 跋荒山大捷碑, 跋神德紀蹟碑帖, 跋龍氏墓碣銘, 跋奇器圖帖, 跋湖州碑, 跋東征二十一錄, 跋曼殊傳, 跋玉音問答, 跋太宰純論語古訓外傳, 跋顧亭林生員論, 跋戰守機宜, 跋李萬頃封事草, 跋東山子貨殖傳注, 跋海槎聞見錄, 跋擇里志, 跋紀年兒覽, 跋海東樂府, 跋光國志慶錄, 跋廣孝錄, 跋畵櫻帖, 跋植木年表, 跋風雅遺秉, 跋乙卯冊實帖, 跋御賜樊巖詩帖, 跋祥刑攷草本, 跋贗載帖, 跋兵學通, 跋梧牕人陣圖解, 跋防禦使朴公(震英)家所藏鎭江游擊府牌, 跋游藝齋銘, 跋竹欄物名攷, 心經疾書跋, 跋小學補箋.

제2권(墓碣銘·墓誌銘·墓表·壙銘·壙志·痤銘·祭文) 咸鏡北道兵馬節度使洪公墓碣銘, 承文院副正尹公(命相)墓誌銘, 上谷崔處士墓誌銘, 太學生鄭公墓誌銘, 尹季軫墓誌銘, 曹台瑞墓表, 丘嫂恭人李氏墓誌銘, 節婦崔氏墓誌銘, 幼子懼牂壙銘, 幼女壙志, 農兒壙志, 幼子三童痤銘, 祭兒菴惠藏文, 祭僉知中樞府事南居韓公文, 祭蔡相國樊巖先生文, 祭金鴻漸文, 祭蘇巖李公文, 谷山厲祭壇慰祭文, 祭族父稷山公文, 祭春甫文, 祭族父刑曹判書文, 祭尹公潤(鍾

河)文, 祭丁氏姑文, 祭侍講院弼善金公(商雨)文, 祭李中樞時升文.
제3권(遺事) 家乘遺事, 先人遺事, 旁親遺事, 海左公遺事, 樊翁遺事, 兵曹參判柳公(誼)遺事.

제7책
제1권(書) 上樊巖相公서(3통), 上海左書(8통), 上權判書(㘽), 答權判書, 上李小陵, 上小陵, 答小陵(2통), 與李判書, 答五沙(2통), 與茯菴李公(基讓), 與茯菴, 答茯菴(4통), 上尹參判(弼秉), 答尹參判, 與李參判(益運), 答李季受, 與李季受(2통), 答李季受(3통), 與李季受(2통), 答李季受, 與李季受, 答李季受, 答崔承旨(獻重 : 3통), 與金承旨(翰東), 答金承旨, 與金承旨, 與金承旨, 答李大司諫, 答茯菴(補遺).
제2권(書) 答李判書(時秀), 與李成仲(晚秀), 與柳觀察(炯 : 3통), 與柳洪洲(誼), 與沈判書, 與李觀察(義駿 : 2통), 答李觀察(4통), 答李判書(祖源), 上李左尹(季夏), 答洪元伯(3통), 與洪元伯, 與成光州(鼎鎭), 與李稚明(翼晉), 答洪博汝(時溥), 答韓徯父(致應), 與韓徯父(3통), 答韓徯父, 與蔡邇叔(弘遠), 答蔡邇叔(3통), 與李周臣(儒修), 答李周臣, 答沈華五(奎魯), 答尹无咎(持訥), 答李輝祖(重蓮), 答申景甫(星模), 答李基慶(2통), 答朴次修(齊家), 與朴次修, 與尹彛叙(持範 : 4통), 答尹彛叙, 上弇園書, 與沈士潤(澮), 與金節度使(火厚).
제3권(書) 上木齋서(李先生 森煥 號木齋 : 6통), 答李羅州(寅燮), 答方山李(道溟), 答方山, 與北溪尹進士(就協), 與申汝魯, 答李文達(2통), 答權堯臣(夔), 與蔡而順(弘逵), 答蔡伯倫(叙恭), 與姜仁伯(履元), 與曹進士(翊鉉), 答蔓溪(2통), 與蔓溪(2통), 答蔓溪(2통), 答李友(沁淵), 與尹季軫(持翼), 答韓齋園(在濂 : 2통), 與權思甫(相學).

제8책
제1권(策) 地理策(乾隆己酉 閏五月 內閣親試 御批居首).
제2권(策) 十三經策(庚戌冬 內閣親試), 文體策(今刪不錄 只錄御批

一節), 人才策(今刪不錄 只錄御批一節), 論語策(今刪不錄 只錄御
批一節), 孟子策(今刪不錄 只錄御批一節).
제3권(策・策問) 農策, 策問律度量衡, 策問錢弊, 策問儒, 策問竹.

제9책
제1권 西巖講學記
제2권 陶山私淑論
제3권 金井日錄(附 竹欄日記)

제10책
제1권 舍珠日錄, 奎瀛日記
제2권 象山錄
제3권 文獻備考刊誤

제11책
제1권 四書擥, 試書擥
제2권 群經瑣言, 諭谷山鄕校勸孝文
제3권(餛飩錄 제1권) 子夏歸文侯(已下 史論), 田單鐵籠, 期年而生子
政, 東周君謀伐秦, 項羽焚書, 蕭何, 賜米肉非先王養老之政, 入粟
拜爵, 後元詔酒醪穀, 改正朔, 通西域, 詀篤, 齋居決事, 楊惲死於
日食, 嶹廣德非直臣, 匡衡劉白, 朱雲, 限田, 福嬰, 一夫百畝, 客星,
馬援, 讖緯, 張儉非善人, 九品中正, 張皇后, 竹林七賢, 郭欽, 魏顯
祖(獻文帝), 瓜滿遷轉, 地窖, 王伽縱囚七十, 關中米貴, 六百四十
三員, 李勣醫指, 秦之帝業, 汎舟積翠池, 陳情表, 縣令試策, 流內
流外, 張巡, 諸王將兵, 李正己李懷光, 甘露之變, 用亡朝紀元, 四
凶非朋, 金麟瑞, 蔡澤論商君, 齊悼公陽生非有二人, 嚴嵩, 皇明科
期, 米直, 吹簫給喪, 史記險句, 貨殖傳, 信陵君, 李將軍傳, 九世同
居, 王丹麓文章九命, 吳晴巖五行問, 韓久菴井田說, 地水火風, 諱
辯誤用治字, 東坡不識石亞字.

제12책

제1권(餛飩錄 제2권) 李博泉, 閔貳相, 吳判書, 柳判書, 吳藥山, 蔡柳世嫌, 洪判書(號 市林), 洪監使酒, 韓公孝行, 申承旨光河, 兪承旨漢寧, 沈徐事, 尼助岳, 洪瘦鄭肥, 文肅唁餅, 李判書(文源), 丁判書, 洪節度, 李獻納, 朴敎官, 金司書, 兪承旨, 金承旨, 李在咸, 丑隱, 沈汝漸, 崔北, 李道甫姜達天, 柳孟養, 翰林史, 鄭守蔓, 英宗帝, 栗谷疏, 成牛溪, 許相公, 金錫胄, 庚申獄, 姜碩實, 李參判, 金三淵詩, 嶺南, 李白洲, 漢陰札, 眉叟筆法, 蔓村經綸, 蔓村奏, 靈城君, 宋德相, 曹兵使.

제2권(餛飩錄 제3권) 大義覺迷錄, 阿桂, 金粒盆, 仁廟被讒, 書香閣, 御將, 開運, 柳慶裕, 李大將, 沈校理(大孚), 樊翁陰施, 堤川處女, 張英眞刎, 李淑達, 李桂溟李周顗事, 丙辰請錢事, 金鄭報應, 翰林薦, 門蔭宰相, 栗谷諸許通, 芝峯亦憂奴婢, 芝峯軍說, 李策本於范疏, 李生必稱伯父叔父, 樊翁詩派(已下詩話), 樊翁詩, 海左詩, 象毛亦, 宋禮, 吹語體, 口字體, 五雜組體, 兩頭纖纖體, 建除體, 藥名體, 人名體, 郡體, 離合體, 回文, 金非詩讖, 童謠, 玉連環, 池閣詩, 澀體, 贈李詩, 惠寰輓詩, 春蓮, 七古音勻格, 圃隱泣僧詩, 唐太宗傷穆, 踏水車謠, 班枝花曲, 祈順詩, 重試詩, 三日五匹, 崔明谷詩, 岳武穆詩.

제3권(餛飩錄 제4권) 東風, 畠, 禊, 綽楔, 范雎, 黏蟬, 儷律, 破日, 朱提, 風月化翁, 鳥喇, 雞口, 洞簫, 罘罳, 千金, 居士, 精舍, 先馬, 馬上逢寒食, 臧獲, 鹵簿, 城雉, 監察, 舍意, 丁科, 模稜, 開阡陌, 冬至寒食, 露布, 衒, 背, 鐥, 籭, 桃李, 督郵, 辱, 鰈, 世室郎眞, 傍若無人, 半胛日出, 宿趼, 牖, 磬, 杜撰, 郎當, 毛施布, 睦氏, 潮汐泉, 砲丸鳴沸, 公兄, 鳥囉, 頻波, 服婆, 服喪三十六日, 彗孛, 窩, 款, 井市, 沔川烏王, 奉安黃丹, 側室子, 齋宿, 同姓不婚, 以帛裹帛, 位版書行, 六部尙書, 濟州無佛寺, 歸之天子, 墨卿司戒, 浮名, 佃夫輸租, 左史右史, 中文尙書.

雜文後編
제1책
제1권(策) 中庸策, 孟子策, 文體策, 人才策.

제2권(策問・策) 策問東西南北, 鹽策, 弊策, 戰船策, 漕運策, 荒政策.

제3권(事大考例題叙) 發凡, 封典考叙, 哀禮考叙, 賀親考叙, 陳奏考叙, 軍務考叙, 倭情考叙, 曆日考叙, 疆界考叙, 海防考叙, 交貿考叙, 徵賜考叙, 禮物考叙, 使价考叙, 表咨考叙, 雜例考叙, 大淸世系略.

제2책

제1권(序) 梅氏尙書平序(巽菴作), 周易四解序(巽菴作), 喪禮四箋序, 樂書孤存序, 春秋考徵序, 小學珠串序, 雅言覺非序, 邦禮艸本序, 牧民心書序, 欽欽新書序, 羅氏(炅)家禮輯語序, 贈別李(重協)虞侯詩帖序, 送富寧都護李(鍾英)赴任序, 江皐鄕射禮序.

제2권(記・跋・題) 沙村書室記, 朝夕樓記, 浮菴記, 醉夢齋記, 一鉢菴記, 重修挽日菴記, 海南政事堂記, 逍遙園記, 於斯齋記, 跋石陽正竹譜, 跋皇明宗室益王所刻定武本蘭亭眞蹟, 跋金生書, 跋安平大君書, 跋慈嘏帖, 跋賢親帖, 跋晶菴尺牘, 跋東南小史, 跋三遷帖, 跋耽津農歌, 題檀弓箋誤, 題疆域考卷耑, 題洗書帖, 題漢書選, 題盤谷丁公亂中日記, 題陳平世家書頂, 題張氏祭屛後, 題家乘撮要, 題霞帔帖, 題天頙國師詩卷, 松京志序(代人作 癸未).

제3권(贈言上) 爲靈巖郡守李(鍾英)贈言, 爲盤山丁修七贈言, 又爲丁修七贈言, 爲尹鍾心贈言, 爲鍾文鍾直鍾敏贈言, 又爲三尹贈言, 爲草衣僧意洵贈言, 爲騎魚僧慈弘贈言, 爲李仁榮贈言, 爲陽德人邊知意贈言, 爲舍弟鑛贈言, 又爲舍弟鑛贈言, 爲李翊衛(仁行)贈言, 爲沙門謹學贈言.

제3책

제1권(贈言下・家誡) 爲尹惠冠贈言, 又爲尹惠冠贈言, 爲尹輪卿贈言, 爲茶山諸生贈言, 示學淵家誡, 示二子家誡, 又示二子家誡, 示二兒家誡, 示二子家誡, 示二子家誡, 贐學游家誡, 示學淵家誡.

제2권(家書) 寄二兒, 答二兒, 寄二兒(2통), 答淵兒, 答二兒, 寄二兒(2통), 寄淵兒, 示二兒.

제3권(家書) 答兩兒, 寄兩兒(9통), 示兩兒(2통), 答兩兒, 寄兩兒, 答
兩兒, 寄游兒.

제4책

제1권(尺牘) 答仲氏, 上仲氏書, 答仲氏, 上仲氏, 答仲氏(4통), 上仲
氏, 答仲氏, 上仲氏(2통), 答仲氏, 上仲氏, 答仲氏(3통).

제2권(巽菴尺牘) 寄茶山(10통), 示茶山, 寄茶山, 答茶山.

제3권(尺牘) 與金德叟(邁淳), 答金德叟(附 別紙), 答金德叟, 與金德
叟, (附見)金德叟書, 又書(附 與紙), 又書(3통), 又書(附 別紙).

제5책

제1권(尺牘) 餘金公厚(履載 4통), 答李節度(民秀 4통), 與尹畏心(永
僖), 與盤山丁修七書, 答尹季容(永輝), 答金元春(正喜), 答韓倐事,
答蔡邇叔, 答洪躍如, 答呂友濂(東植), 答鼎山(金基叙 3통), 與鼎
山(2통).

제2권(尺牘) 答本汝弘(載毅), 與李汝弘, 答李汝弘(4통).

제3권(尺牘) 答李汝弘(2통), 與李汝弘(2통), 答申在中(2통), 與申在
中, 答申在中(2통), 與申在中.

제6책(禮疑問答)

제1권 禮疑問答(52條)

제2권 禮疑問答(34條)

巽菴禮疑(私館亦宜復, 凌籍靷竹笏不必用, 尸南首, 夏葛屨冬白屨,
衣帶下尺, 裳輒

제3권 君喪廢私祭論(2首), 嘉順宮喪禮問答(24條).

제7책

제1권(論) 易論(1~2), 田論(1~7 : [필자] 후기의 수정작), 鄕吏論(1
~3), 立後論(本論 二首 見前編此論 係壬戌七月作), 五學論(1~
5), 湯論.

제2권(論) 海潮論(1~5), 穩城論, 甲乙論, 甲乙論(2), 風水論(1~5),

孝子論, 烈婦論, 忠臣論.

제3권(雜文, 儷文) 黜偏文, 弔蠅文, 擊蛇解, 鹽雨賦, 惜志賦, 耽津對,
其二, 其三, 海潮對, 辱市對, 特賜廐馬謝上箋, 象山政事堂上梁文,
海南縣敏蒲堂上梁文, 鄭寒岡先生夙夜齋重建上梁文, 挽日菴重修
上梁文, 金剛山歇惺樓重修序, 題梁靑溪遺事詩序, 全羅道倡義通
文.

제8책

제1권 貞軒墓誌銘(附見 閒話條).

제2권 茯菴墓誌銘(附見 閒話條), 鹿菴墓誌銘(附見 閒話條), 梅丈墓
誌銘(附見 閒話條), 先仲氏墓誌銘(附見 閒話條).

제3권 自撰墓誌銘(壙中本), 自撰墓誌銘(集中本), 補遺.[2]

---

2) 졸고, 「정약용 저작의 체계와 여유당집 잡문의 재구성」에서는 잡문후편 제9
책과 제10책도 묘지명체제로 하였다. 그러나 잡문 후편이 총24권으로 구성되
므로-즉, 총 8책이 되어야 하므로-잡문 후편 제9책과 제10책은 묘지명체제에
속하지 않아야 할 것이라고 여겨진다. 이들은 자찬묘지명 저술 이후 추가된
것으로 여겨진다. 참고로 잡문 후편 제9책과 제10책의 내용을 제시하면 다음
과 같다.
    잡문 후편
제9책
제1권(墓誌銘) 聱漢先生昌原都護府使孫公起陽墓誌銘, 南皋尹參議墓誌銘,
司憲府持平尹无咎墓誌銘, 司憲府掌令錦里李周臣墓誌銘, 司諫院正言翁山
尹公墓誌銘.
  제2권(行狀·墓誌銘贊·傳贊·傳·紀事諜·碑銘·塔銘偈) 白雲處士李公
遺墟古跡贊, 尹氏三世忠孝傳贊, 竹帶先生傳, 紀趙聖三進士流配事, 紀李大
將遇刺客事, 紀古今島張氏女子事, 張天慵傳, 曹神仙傳, 鄭孝子傳, 尹冕采
諜, 蒙叟傳, 華嶽禪師碑銘, 兒菴藏公塔銘, 袖龍堂偈, 騎魚堂偈, 敏帚喩送美
鑒.
제10책
제1권 耳談續纂
제2권(評) 千文評, 史略評, 通覽節要評, 蘇東坡圓丘合祭六議箚子評, 韓文公
諱辨評, 懲毖錄使事評, 申靑泉聞見錄評, 李雅亭備倭論評, 柳冷齋(得恭)筆
記評, 藍浦書契評.

이상 묘지명체제에 해당하는, 여유당집 잡문 전편 및 잡문 후편 복원에 기초하여 잡문 전편 및 잡문 후편에 수록된 개별 저작들에 대한 연대 고증을 해 나아갈 수 있을 것이다.

다음으로는 묘지명체제에 속하지 않은 잡문들(비묘지명체제)에 대하여도 생각해 보기로 한다. 필자는 비묘지명체제에 속하는 글들을 현존하는 것과 현존하지 않는 것으로 나누어 정리한 적이 있다.[3] 이 가운데 현존하는 것으로서 잡문 형식의 글로 생각되는 것을 다시 추려내어 보면 風水集議, 茶山漫筆, 雅言覺非補遺, 與猶堂雜考, 靑舘物名考, 敎稚說, 不可讀說, 兒學編, 弟經, 大東禪敎考, 挽日庵志, 東言雜識, 押海丁氏家乘(1·2·3), 東南小史 등으로서 風水集議를 제외하면 이들은 현재 모두 與猶堂全書補遺(2)에 수록되어 있다.[4] 이 밖에 잡문 전편에 수록된 작품들 가운데에서도 비묘지명체제에 속해야 할 것이 더러 눈에 뜨이며 잡문 후편 제9~10책은 묘지명체제에 속하지 않는다.

비묘지명체제에 속하는 잡문들의 연대 고증에서는, 먼저 잡문 전편과 잡문 후편 제9·10책에 들어 있는 작품들의 연대를 살펴본 다음, 風水集議, 茶山漫筆, 雅言覺非補遺, 與猶堂雜考, 靑舘物名考, 敎稚說, 不可讀說, 兒學編, 弟經, 大東禪敎考, 挽日庵志, 東言雜識, 押海丁氏家乘(1·2·3), 東南小史 등의 저작 시기를 살펴보기로 한다.

제3권 汕水尋源記, 汕行日記.

3) 졸고, 「정약용 저작의 체계와 여유당집 잡문의 재구성」, 31~32쪽.

4) 위의 제목 가운데 茶山漫筆, 與猶堂雜考, 不可讀說 등의 篇名은 與猶堂全書補遺 2의 편자가 붙인 것을 그대로 따른 것이다.

제6장 與猶堂集 雜文前編

1. 與猶堂集 雜文前編 제1책[1]

（1） 雜文前編 제1책 제1권

잡문 전편 제1책에 수록된 작품은 아래의 표와 같다.

> 戶籍議, 身布議, 度量衡議, 還餉議, 錢幣議, 公服議, 庶人服議, 通塞議, 考績議, 修因山築城議(議).

잡문 전편 제1책 제1권에 수록된 글들의 연대를 고증하기로 한다. 위의 표에서 본 바와 같이 議 범주에 속하는 글들이 戶籍議, 身布議, 度量衡議, 還餉議, 錢幣議, 公服議, 庶人服議, 通塞議, 考績議, 修因山築城議 등의 순서로 수록되어 있다.

첫째로, 戶籍議의 연대를 고증해 보기로 한다. 이 戶籍議에는 "余在谷山府 選吏校詳愼者十人 分遣各坊拈戶……旣反命總之爲縱橫表 名之曰家坐表……余爲此表 雖曰百忙之中 開卷了然易別 行之三年 無一差錯 可見吏校等 本自致愼無所欺詐也"라는 구절이 있다. 곡산부사

---

[1] 잡문 전편과 잡문 후편은 묘지명체제 문집에서 詩律에 이어지는 것이다. 시율이 모두 6책이므로, 잡문 전편 제1책은 묘지명체제 문집 제7책이 된다. 그러나 본서에서는 혼란을 우려하여(즉 잡문 내에서의 책 번호와 혼동될 가능성이 있음), 잡문 전편·잡문 후편에 수록된 책들이 묘지명체제 문집에서 각기 제 몇 책에 해당하는지 밝히지 않았다.

시절을 회고하면서 당시에 家座表를 만들고 이것을 3년 동안이나 사용했다는 언급이 있다. 따라서 이 戶籍議는 정약용이 곡산부사에서 돌아온 이후의 저작임을 알 수 있다. 정약용은 1797년 윤6월 2일 곡산부사로 임명되어 3년 동안(대략 만2년) 근무하다가 1799년 4월 24일 내직으로 옮기라는 명을 받고 5월 5일 서울에 도착하여 刑曹參議에 제수되었다.[2] 따라서 戶籍議의 저작 시기는 1799년(38세) 5월 서울에 돌아온 이후의 글이다. 한편 잡문 전편은 대체로 1801년 유배 이전의 글들을 모아 편집한 것으로 일단 추정된다. 따라서 戶籍議는 1799년 5월 서울 복귀 이후 1801년 2월 유배 이전에 씌어진 글이라고 할 수 있다. 대략 1799년 7월말 형조참의를 물러난 이후 1800년 6월 정조가 승하하기 전 사이가 아닌가 생각된다. 이때 정약용은 곡산시절에서의 일, 그간 조정에서 있었던 일을 정리하는 저술 작업을 하고 있었을 것으로 생각되며 유명한 田論도 대략 1799년 하반기에 완성된 것으로 생각된다.

둘째로, 身布議의 저작 시기를 살펴보기로 한다. 규본(奎章閣本) 身布議에는 누락이 있다. 전서본에는 "臣見海西之俗 每一村有所爲軍布契者"라는 구절이 있다. 신포의는 신하가 임금에게 올리는 글의 형식으로 되어 있으며 황해도 지방에서 軍布契를 본 일에 대하여 언급하였다. 아마도 이 신포의 역시 곡산에서 돌아온 이후 국왕 정조에게 올린 글이라고 생각된다. 물론 직접 올린 글이 아니라 그 형식을 빌어 쓴 글일 가능성도 배제할 수 없다. 어쨌든 이 신포의 역시 1799년 5월 곡산에서 돌아온 이후의 글이며 잡문 전편에 실려 있으므로 1801년 2월 유배 이전에 씌어진 것이다. 戶籍議 뒤에 놓여 있으므로 身布議는 일단 호적의보다는 뒤에 씌어진 것이라고 추정되며 양자는 아마 비슷한 시기에 연이어 씌어진 것이 아닌가 생각된다. 대략 1799년 7월말 형조참의를 물러난 이후[3] 1800년 6월 정조가 승하하기 전 사이가 아닌가 생

---

2) 『年譜』, 104~105쪽.

각된다.

셋째로, 度量衡議의 내용 가운데에는 그 저작 시기를 직접적으로 엿볼 수 있는 언급은 없다. 그러나 정약용은 곡산부사 시절 度量衡 문제를 잘 처리한 적이 있으며 이 글의 내용 가운데 공조에서 標準 尺度를 만들어 서울과 감영에 보내고 지방에서는 감영에서만 표준 척도를 만들도록 하자고 주장한 적이 있다. 이는 곡산에서의 경험이 반영된 것이 아닌가 생각되며 度量衡議 역시 국왕 정조에게 건의하는 형식으로 되어 있다. 곡산에서 돌아온 이후 국왕 정조에게 올린 건의서이거나 아니면 그 형식을 빌어서 쓴 글이 아닌가 생각된다. 따라서 이 글 역시 1799년 5월 서울 귀환 이후의 글이며 잡문 전편에 실린 점에서 1801년 2월 유배 이전의 글이라고 생각된다. 身布議 뒤에 있으므로 일단 身布議보다는 뒤, 그러나 거의 같은 시기에 연이어 씌어진 글일 가능성이 크다. 대략 1799년(38세) 7월말 형조참의를 물러난 이후 1800년(39세) 6월 정조가 승하하기 전 사이의 글이 아닌가 생각된다.

넷째로, 還餉議의 저작 시기를 살펴보기로 한다. 이 還餉議 역시 국왕에게 올리는 건의문의 형식으로 되어 있다. 내용 가운데에도 직접적으로 저작 시기를 알 수 있게 하여 주는 것은 없다. 다만 환곡에 대한 자세하고도 전문적 식견이 들어있는 것으로 미루어 곡산에서 환곡 문제를 직접 경험한 이후에 쓴 글이라고 생각된다. 따라서 還餉議 역시 곡산에서 돌아온 이후 국왕 정조에게 올렸거나 그런 형식을 빌어서 쓴 글이라고 생각된다. 잡문 전편에서 실려 있으므로 물론 유배 이전의 글이다. 따라서 저작 시기가 역시 1799년(38세) 5월 서울 귀환 이후 1801년 2월 유배 이전에 씌어진 글이다. 度量衡議 뒤에 있으므로 일단 度量衡議보다는 뒤에 씌어진 글이라고 추정해 둔다. 그러나 거의 같은 시기에 연이어 씌어진 글일 가능성이 크다. 대략 1799년(38세) 7월말

---

3) 사암선생연보에 의하면 체직이 허락된 것은 정확히 7월 26일이다(『年譜』, 117쪽).

형조참의를 물러난 이후 1800년(39세) 6월 정조가 승하하기 전 사이의 글이 아닌가 생각된다.

다섯째, 錢幣議에 대한 저작 시기를 살펴보기로 한다. 이 글 역시 저작 시기를 직접 알 수 있게 하여 주는 언급은 없다. 그러나 앞의 戶籍議, 身布議, 度量衡議, 還餉議 등에 이어져 있으므로 이 錢幣議 역시 일단 곡산에서 돌아온 이후 저술된 것이 아닌가 추정되며 잡문 전편에 실려 있으므로 1801년 2월 유배 이전의 글로 볼 수 있다. 還餉議 뒤에 있으므로 일단 還餉議보다 나중에 씌어진 것으로 추정해 둔다. 그러나 거의 같은 시기에 연이어 씌어진 글일 가능성이 크다. 대략 1799년 7월말 형조참의를 물러난 이후 1800년 6월 정조가 승하하기 전 사이의 글이 아닌가 생각된다.[4]

여섯째, 公服議의 저작 시기에 대하여 살펴보기로 한다. 역시 국왕에게 건의하는 형식이며 저작 시기를 직접적으로 알 수 있게 하여 주는 것은 없다. 다만 戶籍議, 身布議, 度量衡議, 還餉議, 錢幣議에 이어져 있으므로 일단 이 글 역시 곡산에서 돌아온 이후 씌어진 것으로 추정해 둔다. 잡문 전편에 실려 있으므로 유배 이전의 글로 추정된다. 錢幣議 뒤에 있으므로 일단 錢幣議보다 나중에 씌어진 것으로 여겨진다. 그러나 거의 같은 시기에 연이어 씌어진 글일 가능성이 크다. 대략 1799년 7월말 형조참의를 물러난 이후 1800년 6월 정조가 승하하기 전 사이의 글이 아닌가 생각된다.

일곱째, 庶人服議의 저작 시기에 대하여 살펴보기로 한다. 이 글 역시 신하가 임금에게 건의하는 형식으로 되어 있으며 내용 가운데 저작 시기를 직접 알 수 있게 하여 주는 언급은 없다. 그러나 戶籍議, 身布議, 度量衡議, 還餉議, 錢幣議, 公服議에 이어져 있으므로 일단 곡산에서 돌아온 이후 씌어진 것으로 추정해 둔다. 잡문 전편에 실려 있으

---

4) 이 글에는 후기의 매우 적극적인 貨幣觀에 비하여 보수적, 소극적 화폐관이 표명되어 있다.

므로 물론 유배 이전의 글로 추정된다. 또 公服議 뒤에 있으므로 일단 公服議보다 나중에 씌어진 것으로 추정해 둔다. 그러나 거의 같은 시기에 연이어 씌어진 글일 가능성이 크다. 대략 1799년 7월말 형조참의를 물러난 이후 1800년 6월 정조가 승하하기 전 사이의 글이 아닌가 생각된다.

여덟째, 通塞議의 저작 시기에 대하여 생각해 보기로 한다. 역시 신하가 국왕에게 건의하는 형식으로 되어 있으며 내용 가운데 저작 시기를 직접 알 수 있게 하여 주는 언급은 없다. 다만 戶籍議, 身布議, 度量衡議, 還餉議, 錢幣議, 公服議, 庶人服議, 通塞議에 이어져 있으므로 일단 곡산에서 돌아온 이후의 글로 추정해 둔다. 더욱이 이 글에는 매우 적극적인 신분제 개혁사상 즉 庶孽 차별을 완전히 철폐해야 한다는 생각이 들어 있다. 잡문 전편에 실려 있으므로 유배 이전에 씌어진 것으로 보아야 할 것이다. 또 庶人服議 뒤에 있으므로 일단 庶人服議보다 나중에 씌어진 것으로 추정해 둔다. 그러나 거의 같은 시기에 연이어 씌어진 글일 가능성이 크다. 대략 1799년 7월말 형조참의를 물러난 이후 1800년 6월 정조가 승하하기 전 사이의 글이 아닌가 생각된다.

아홉째, 考績議의 저작 시기에 대하여 생각해 보기로 한다. 이 글 역시 신하가 임금에게 올리는 건의문 형식으로 되어 있으며 저작 시기를 직접적으로 알 수 있게 하여 주는 언급은 없다. 하지만 戶籍議, 身布議, 度量衡議, 還餉議, 錢幣議, 公服議, 庶人服議, 通塞議에 이어져 있으므로 일단 곡산에서 돌아온 이후의 글로 생각된다. 잡문 전편에 실려 있으므로 물론 유배 이전의 글로 추정된다. 또 通塞議 뒤에 있으므로 일단 通塞議보다 나중에 씌어진 것으로 추정해 둔다. 그러나 거의 같은 시기에 연이어 씌어진 글일 가능성이 크다. 대략 1799년 7월말 형조참의를 물러난 이후 1800년 6월 정조가 승하하기 전 사이의 글이 아닌가 생각된다.

열 번째, 修因山築城議의 저작 시기에 대하여 살펴보기로 한다. 이

글 역시 신하가 임금께 올리는 형식이며 저작 시기를 직접적으로 알
수 있게 하여 주는 내용은 없다. 戶籍議, 身布議, 度量衡議, 還餉議,
錢幣議, 公服議, 庶人服議, 通塞議, 考績議에 이어져 있으므로 일단
곡산에서 돌아온 이후 씌어진 글로 생각된다. 잡문 전편에 실려 있으
므로 물론 유배 이전의 글이다. 또 考績議 뒤에 있으므로 일단 고적의
보다 나중에 씌어진 것으로 추정해 둔다. 그러나 거의 같은 시기에 연
이어 씌어진 글일 가능성이 크다. 대략 1799년 7월말 형조참의를 물러
난 이후 1800년 6월 정조가 승하하기 전 사이의 글이 아닌가 생각된다.

(2) 雜文前編 제1책 제2권

잡문 전편 제1책 제2권에는 疏 형식의 글들이 다음과 같이 수록되어
있다.

> 辭翰林疏, 辭翰林再疏, 辭翰林三疏, 辭正言兼陳科幣疏, 辭持平兼
> 陳科幣疏, 辭副校理疏, 成均館直講時論照訖講疏, 辭校理兼陳所懷
> 疏, 京圻御史復命後論事疏, 引嫌辭同副承旨疏(乙卯春今不錄), 辨謗
> 辭同副承旨疏, 辭刑曹參議疏.

잡문 전편 제1책 제2권에는 상소문이 수록되어 있으며 제1책 제3권
에는 상소문 및 箚子가 수록되어 있다. 이 가운데 먼저 제2권에 수록
된 상소문들의 저작 연대에 대하여 고증해 보기로 한다. 제2권에는 辭
翰林疏, 辭翰林再疏, 辭翰林三疏, 辭正言兼陳科幣疏, 辭持平兼陳科
幣疏, 辭副校理疏, 成均館直講時論照訖講疏, 辭校理兼陳所懷疏, 京
圻御史復命後論事疏, 引嫌辭同副承旨疏(乙卯春 今不錄), 辨謗辭同
副承旨疏, 辭刑曹參議疏 등의 순서로 수록되어 있다. 상소문들은 그
연대를 밝히기가 비교적 용이하다. 사암선생연보와 다산연보를 보면
정약용이 언제 무슨 벼슬을 하였는가에 대한 기록이 있으며 상소문 자

체를 통해 연대를 알 수 있는 경우도 있다.

첫째, 辭翰林疏의 저작 시기에 대하여 살펴보기로 한다. 이 상소문에는 "庚戌年"이라고 원주가 붙어 있으므로 1790년 작임을 알 수 있다. 사암선생연보에 의하면 1790년 2월 26일 翰林 會圈(한림원은 예문관의 별칭)에 피선되고 2월 29일 翰林 召試에 피선되어 이날 藝文館 檢閱에 單付 되었다.[5] 이 상소문 辭翰林疏는 바로 藝文館 檢閱에 單付되자 올린 것이라고 생각된다. 따라서 저작 시기는 1790년 2월 29일 이후가 된다. 상소를 올린 정확한 날짜에 대하여 알 수 있게 하는 언급이 바로 다음 글인 辭翰林再疏에 있다. 辭翰林再疏 서두에서 정약용은 "伏以臣於徑出之日 晷陳短章 粗暴衷情"이라고 하였다. 여기서 徑出之日이 바로 辭翰林疏를 올린 날임을 알 수 있다. 이 날짜에 대하여 다산연보에서는 "庚戌……二月(卄九日)……(同日)藝文館檢閱單付(謝恩入直 一宿而徑出 卽三月一日也"라고 하여 구체적으로 3월 1일임을 밝혔다.[6] 2월 29일 예문관 검열에 단부되자 그날 謝恩한 뒤 숙직을 하고서 다음날인 3월 1일 곧바로 나오면서 辭翰林疏를 올린 것임을 알 수 있다. 즉 이 글의 저작 시기는 1790년(29세) 3월 1일이다.

둘째, 辭翰林再疏의 저작 시기에 대하여 고찰해 보기로 한다. 바로 위의 辭翰林疏를 올린 뒤 계속 牌招가 있었는데도 정약용은 이에 응하지 않았다. 이 상소문 辭翰林再疏 말미에 "傳曰 飭敎之下 新進小官 焉敢若此 只推更爲牌招"라는 전교가 붙어 있으며 이 전교에 이어 "又傳曰 新進小官 稱以情勢 優處闕外 已至多日 寧有如許紀綱 擧措極爲無嚴 檢閱丁鏞 湖沿定配"라는 전교가 다시 첨부되어 있다. 정약용이 계속 牌招에 응하지 않으면서 재차 사직 상소를 올린 것이 辭翰林再疏이며 국왕 정조가 계속 명령을 따르지 않는 정약용에게 유배 명령을 내린 것이다. 유배를 명한 것은 3월 8일이다.[7] 따라서 저술 시기는

---

5) 『年譜』, 20~21쪽.
6) 『茶山年譜』, 7쪽.

1790년(29세) 3월 1일에서 3월 8일 사이이다.

셋째, 辭翰林三疏의 저작 시기에 대하여 살펴보기로 한다. 정약용은 유배지 海美에서 1790년 3월 19일 풀려나 바로 서울에 돌아왔다.[8] 돌아오는데 걸리는 시간을 고려하면 서울에 도착한 시기는 대략 3월 22일에서 23일경이었다고 생각된다. 다산연보에 의하면 서울에 돌아온 뒤 5월 3일 다시 예문관 검열에 임명되었으나 여전히 引嫌하고 나아가지 않자 出六(육품으로 내보냄) 5월 5일에 龍驤衛 副司果로 승진시켰다.[9] 따라서 이 辭翰林三疏는 1790년(29세) 5월 3일에서 5월 5일 사이에 씌어진 상소문이다. 이 상소문에 "湖海薄譴 到配旋宥 在謫不滿十日……不意檢閱宿踐 復有新除"라는 구절이 있으므로 유배에서 돌아온 이후 다시 예문관 검열에 임명되자 쓴 것임을 알 수 있다.

넷째, 辭正言兼陳科幣疏의 저작 시기에 대하여 살펴보기로 한다. 다산연보에 의하면 정약용이 사간원에 除授된 것은 1790년 7월 11일, 9월 6일과 1791년 5월 23일, 7월 12일, 9월 3일로서 도합 5번이나 된다.[10] 辭正言兼陳科幣疏에 "出六之後 尚未及歷試郎署 直拜諫官"이라는 구절이 있는 것으로 보아 出六된지 얼마 안된 때였음을 알 수 있다. 과거제도의 폐단을 논하면서 監試의 정원을 정하자는 개혁안이 제시되어 있다. 1790년 9월 6일 임명 때에는 雜科監臺進이 되었다. 이것이 과거와 관련되는 직책이므로 監試의 정원을 정하자는 과거제 개혁론을 이 상소문에서 제시한 것이 아닌가 생각된다. 1790년 9월 6일 除授시에는 9월 7일 바로 遞職되었다.[11] 이 상소문을 그때 쓴 것이라면 저작 시기는 1790년(29세) 9월 6일과 9월 7일 사이이다.

다섯째, 辭持平兼陳科幣疏의 저작 시기에 대하여 살펴보기로 한다.

---

7) 『茶山年譜』, 21쪽.
8) 『茶山年譜』, 7쪽.
9) 『茶山年譜』, 7~8쪽.
10) 『茶山年譜』, 8~9쪽.
11) 『茶山年譜』, 8쪽.

정약용이 사헌부 지평에 제수된 것은 1790년 9월 10일 및 1791년 10월 22일 두 번이다. 여기서는 "於向者 以科弊莫救 請定擧額 固知言實迂妄 不足施行 第其所論率略未備 只論監試 未論文武大科"라 하였다. 바로 앞의 상소문 辭正言兼陳科幣疏에서 監試의 정원을 논한 것의 연장선상에서 이 상소문 辭持平兼陳科幣疏의 科擧制 논의가 진행되는 것임을 알 수 있다. 1790년 9월 10일 처음 사헌부 지평에 除授되었을 적에 武科監臺進이 되었다.[12] 이리하여 문무과 대과의 科弊에 대하여 논한 것이 아닌가 생각된다. 1790년 10월 2일에 체직이 허락되므로[13] 이 상소문 辭持平兼陳科幣疏는 1790년(29세) 9월 10일에서 10월 2일 사이에 씌어진 것이라고 생각된다.

여섯째, 辭副校理疏의 저작 시기에 대하여 살펴보기로 한다. 정약용의 부교리 제수에 대한 기록은 다산연보에 1794년 12월 13일 한 차례밖에 없다. 이 상소문의 바로 뒤에 있는 成均館直講時論照訖講疏는 1794년 7월 23일 成均館 直講이 되므로,[14] 이때 올린 상소문이다. 辭副校理疏는 그보다 앞서 올린 것이 되어야 한다. 따라서 이 辭副校理疏는 1794년 12월 13일 제수에 대한 상소문으로 보기 어렵다. 더욱이 이 상소문에 "伏聞日前堂錄之後 物議未平 臺評已發"이라는 구절이 있다. 여기서 보면 都堂의 會圈이 "日前(얼마 전)"에 있었음을 알 수 있다. 정약용이 피선된 都堂會圈은 1792년 3월 28일에 있었으며 3월 29일 弘文館 修撰에 제수되었고,[15] 이때 사람들의 말이 있어 都堂錄 입록자 모두가 引嫌하였다. 아마도 이 引嫌 뒤에 정약용을 다시 홍문관 부교리에 제수하였고 이에 대하여 사직 상소를 올린 것이 이 辭副校理疏가 아닌가 생각된다. 1792년 4월 9일에는 정약용의 부친 정재원이 임지 진주에서 타계하였다.[16] 따라서 이 상소문은 1792년 3월 29일

---

12) 『茶山年譜』, 8쪽.

13) 위와 같음.

14) 『茶山年譜』, 10쪽.

15) 『茶山年譜』, 9~10쪽.

에서 4월 9일 사이에 지어진 것으로 추정된다.

일곱째, 成均館直講時論照訖講疏의 저작 시기에 대하여 살펴보기로 한다. 앞서도 언급한 바와 같이 정약용이 1794년 7월 23일에 올린 상소문이다. 8월 10일 다시 備邊郎의 啓가 내려왔다.[17] 따라서 이 成均館直講時論照訖講疏의 저작 시기는 1794년(33세) 7월 23일에서 8월 10일 사이이다.

여덟째, 辭校理兼陳所懷疏의 저작 시기에 대하여 살펴보기로 한다. 다산연보에 의하면 1794년 10월 27일 弘文館 校理에 제수되고 10월 28일 홍문관 副修撰에 제수되어 그날 入直하였다가 그날 다시 露梁別將 兼 壯勇營別牙兵將에 제수되었다.[18] 이 상소문 辭校理兼陳所懷疏의 말미에 "疏將成 因嚴敎荐降 促令肅命 不得已入謝直宿玉堂 其夜爲露梁別將 仍爲京圻暗行御使 疏果不上"이라고 원주가 붙어 있다. 따라서 이 상소문을 쓴 것은 1794년(33세) 10월 28일이었음을 알 수 있다.

아홉째, 京圻御史復命後論事疏의 저작 시기에 대하여 살펴보기로 한다. 앞서 1794년 가을~겨울 시부분을 고찰할 때 살폈듯이 정약용이 京畿暗行御史의 임무를 마치고 復命한 것은 1794년 11월 15일이다. 따라서 京圻御史復命後論事疏는 1794년(33세) 11월 15일 復命 직후에 쓴 것이라고 할 수 있다.

열 번째, 引嫌辭同副承旨疏(乙卯春 今不錄)의 저작 시기를 살펴보기로 한다. 이 상소문은 제목만 있고 본문은 없다. 제목 뒤에 붙은 원주를 통해 이 상소문이 1795년 봄에 씌어졌음을 알 수 있다. 1795년 봄 同副承旨에 임명된 것은 1월 23일과 1월 25일 두 차례 있다.[19] 1월 23일 동부승지에 임명되므로 사직 상소를 올려 일단 遞職된 뒤, 1월 25

---

16) 「자찬묘지명」(집중본), 『전서』 시문집 墓誌銘 부분.

17) 『茶山年譜』, 10쪽.

18) 『茶山年譜』, 10~11쪽.

19) 『茶山年譜』, 11쪽.

일에 다시 동부승지에 임명한 것이 아닌가 생각된다. 거듭 임명하므로 동부승지에 나아갔고 그 때문에 이 상소문은 싣지 않은 것이 아닌가 생각된다. 그렇다면 이 상소문의 저작 시기는 1795년 1월 23일에서 1월 25일 사이이다. 그러나 1월 25일 거듭 임명한 것에 대한 辭職 상소문일 가능성도 배제할 수 없다. 이 경우 저작 시기는 1794년 1월 25일 ~2월 17일이 된다. 1794년 2월 17일 정약용은 兵曹參議에 제수되기 때문이다.[20]

열한 번째, 辨謗辭同副承旨疏(丁巳)의 저작 시기에 대하여 살펴보기로 한다. 제목에 "丁巳"라고 원주가 붙어 1797년 저작임을 알 수 있다. 다산연보에 의하면 1797년 동부승지에 제수된 것은 6월 22일과 6월 27일 두 번인데 6월 22일 제수에 대하여 "陳疏自劾痛陳致謗顚末"이라 하고 "善端之萌 藹然若春噓物茁"이라는 정조의 御批를 덧붙였다.[21] 이 상소문 辨謗辭同副承旨疏의 내용이 바로 "陳疏自劾痛陳致謗顚末"한 것이고 말미에 "善端之萌 藹然若春噓物茁"이라는 御批가 붙어 있으므로 이 글이 1797년 6월 22일 동부승지 제수에 대한 사직 상소임을 알 수 있다. 6월 27일 재차 동부승지에 제수되므로 이 상소문의 저작 시기는 1797년 6월 22일에서 6월 27일 사이이다.

다음 辭刑曹參議疏의 저작 시기에 대하여 살펴보기로 한다. 이 상소문에는 "己未六月卄二日 閔命爀疏出之翌日"이라고 원주가 붙어 있으므로 1799년(38세) 6월 22일 저작임을 알 수 있다.[22]

(3) 雜文前編 제1책 제3권

제1책 제3권에는 疏·劄子가 다음과 같이 수록되어 있다.

---

20) 『茶山年譜』, 12쪽.

21) 『茶山年譜』, 14쪽.

22) 형조참의 체직이 허락되는 것은 앞서 언급한 바와 같이 7월 26일이다(『年譜』, 117쪽).

　　應旨論農政疏, 玉堂進考課條例劄子(附貼黃・考課條例・襃貼題目
　　式), (추가)玉堂遇冬雷陳戒劄子, 玉堂請謁聖放榜勿以舞童賜新恩劄
　　子, 擬嚴禁湖南諸邑佃夫輸租之俗劄子.

　첫째, 應旨論農政疏의 저작 시기를 살펴보기로 한다. 應旨論農政疏
의 제목 아래에는 "戊午在谷山"이라고 원주가 붙어 있으므로 1798년
(37세) 작임을 알 수 있다. 1798년 중 언제였는지에 대하여 應旨論農
政疏 자체에서는 살펴볼 수 없으며 다산연보와 사암선생연보에도 이
에 대한 언급이 없다.

　둘째, 玉堂進考課條例劄子(附 貼黃・考課條例・襃貼題目式)의 저
작 시기에 대하여 살펴보기로 한다. 정약용이 홍문관의 관리로 임명된
것은 1792년 3월 29일 홍문관 수찬, 1792년 3월 29일에서 4월 9일 홍문
관 부교리(추정), 1794년 10월 27일 홍문관 교리, 10월 28일 홍문관 부
수찬, 12월 13일 홍문관 부교리에 제수된 것 등 도합 5번이다.[23] 첫 번
째는 引嫌하고 나아가지 않았으며 두 번째도 사직 상소를 올렸는데
1792년 4월 9일 곧 부친의 상을 당하였다. 세 번째와 네 번째의 경우
1794년 10월 29일 경기암행어사로 나아갔으므로 玉堂(홍문관)에 근무
하지 않았다. 따라서 이 玉堂進考課條例劄子(附 貼黃・考課條例・襃
貼題目式)는 1794년 12월 13일 홍문관 부교리에 임명된 뒤 홍문관에
근무하면서 올린 劄子라고 보아야 할 것이다. 바로 뒤에 있는 玉堂遇
冬雷陳戒劄子도 이 시기에 올린 것으로 생각된다. 계절이 겨울이므로
12월 13일이라는 임명 시기와 계절적으로 잘 부합된다. 정약용은 1795
년 1월 17일 司諫院 司諫에 제수되므로 玉堂進考課條例劄子와 玉堂
遇冬雷陳戒劄子의 저작 시기는 1794년(33세) 12월 13일~1795년(34
세) 1월 17일이다.

　셋째, 玉堂遇冬雷陳戒劄子에 대하여 살펴보기로 한다. 바로 위에서

---

23) 『茶山年譜』, 9~11쪽.

언급하였듯이 이 箚子의 저작 시기는 1794년(33세) 12월 13일~1795년 1월 17일이다.

넷째, 玉堂請謁聖放榜勿以舞童賜新恩箚子의 저작 시기에 대하여 살펴보기로 한다. 앞서 언급하였듯이 1794년(33세) 12월 13일에서 1795년 1월 17일 사이가 정약용이 옥당에서 근무한 시기이고 이때 玉堂進考課條例劄子와 玉堂遇冬雷陳戒箚子를 올렸으며 玉堂請謁聖放榜勿以舞童賜新恩箚子는 바로 玉堂進考課條例劄子와 玉堂遇冬雷陳戒箚子에 이어져 있다. 따라서 玉堂請謁聖放榜勿以舞童賜新恩箚子의 저작 역시 1794년(33세) 12월 13일에서 1795년 1월 17일 사이로 보아야 할 것이다.

다섯째, 擬嚴禁湖南諸邑佃夫輪租之俗箚子의 저작 시기에 대하여 살펴보기로 한다. 이 箚子는 "臣竊觀湖南之俗"이라고 시작하여 호남 지역에서 佃戶가 地主를 대신하여 조세를 내는 풍속을 바로 잡을 것을 건의하고 있으며 이 箚子를 보면 정약용이 호남의 사정에 밝음을 알 수 있다. 더욱이 이것은 공식 箚子가 그 형식을 모방하여 지은 글이다. 즉 이 箚子를 쓸 때 정약용이 이 글을 올리기에 적합하지 않은 위치에 있었던 것으로도 볼 수 있다. 따라서 이 차자는 1801년 2월 정약용이 강진에 유배된 이후 저술한 것으로 생각된다. 그렇다면 이것이 왜 유배 이전의 저작들을 수록한 잡문 전편에 수록되어 있는지가 문제이다. 그것은 앞의 네 箚子와 같은 형식의 글이므로 그것들에 이어 함께 두는 것이 적당하다고 생각했기 때문일 수도 있고, 아니면 원래 정약용 자신이 잡문 전편을 편집했을 때는 들어 있지 않았으나 편집 이후 나중에 누군가에 의해 덧붙여졌을 수도 있다.

2. 與猶堂集 雜文前編 제2책

(1) 雜文前編 제2책 제1권

잡문 전편 제2책 제1권에는 原·說 형식의 글들이 아래와 같이 수
록되어 있다.

原教, 原政, 原德, 原赦, 原舞, 原怨, 原牧, 誠字說, 靉靆出火圖說,
漆室觀畵說, 碗浮靑說, 桅端滑車說, 觀雛說, 用人理財說, 地毯圖說,
字說, 醫說, 種痘說, 居官四說.

原 형식의 글들은 저작 시기를 추정하기 매우 어렵다. 이 가운데 맨
마지막에 있는 글이 原牧이다. 原牧은 목민관이 있는 근본 이유를 캐
어 보면서 통치자와 군주의 발생을 그 원리와 이념의 측면에서 고찰한
글이다. 정약용은 원래 자신이 처한 구체적 상황 및 하고 있는 일과 관
련하여 글을 썼다. 따라서 原牧은 목민관으로 재직하던 곡산부사 시절
(1797년 윤6월~1799년 4월)에 지은 것이 아닌가 추정된다. 유배 이후
에 쓴 湯論은 유사한 내용의 原牧보다 더욱 발전된 것이며[24] 그 원리
를 중국 상고의 역사와 결부시켜 역사적 사실로 만들려고 하였다. 이
점에서 원목은 탕론보다 먼저 저작된 것이라고 할 수 있다. 原牧이 곡
산부사 시절 씌어진 것이라면, 그 앞에 있는 原教, 原政, 原德, 原赦,
原舞, 原怨 등은 배열순서상 원목 이전에 저작된 것이므로 역시 곡산
부사 시절 이전에 저작된 것으로 볼 수 있다. 이들 가운데 原赦에 대하
여는 "本入餛飩錄中 升之爲原赦 故文體不類"라는 원주가 붙어 있다.
혼둔록은 원래 젊은 시절에 쓴 짤막한 箚記(노트) 형식의 글들을 모아
놓은 것이다. 따라서 原赦는 젊은 시절 저작된 것임을 알 수 있다. 다

---

24) 湯論의 저작 시기는 1801년 이후 대략 1810년 무렵이다(졸고, 「정약용 저작
　　의 체계와 여유당집 잡문의 재구성」 참조 요).

만 原敎, 原德을 보면 유배 이후의 원숙한 사상의 원형이 젊은 시절에 이미 틀이 잡혀 있었음을 알 수 있다.

다음으로 잡문 전편 제2책 제1권에 수록된 說의 저작 시기에 대하여 살펴보기로 한다. 제2책 제1권에는 原牧에 바로 이어 誠字說, 籈䥴出火圖說, 漆室觀畵說, 硫浮靑說, 桅端滑車說, 觀雞雛說, 用人理財說, 地毬圖說, 字說, 醫說, 種痘說, 居官四說이 수록되어 있다.

첫째, 이것들 가운데 맨 앞에 있는 誠字說은 經傳을 모방하여 誠의 의미에 대한 간략한 글자 풀이이므로 학문을 시작하는 시절의 글이 아닌가 생각된다. 사암선생연보에 의하면 "辛卯 公十歲 受學經史 是時 晉州公 解官家居 親自敎授 公穎悟勤勉 不待督責 倣經史作文 酷類 其體"라고 하므로25) 정약용이 10세(1771년) 이후 부친 정재원에게 經史를 직접 배우는 과정에서 지은 것일 가능성이 있다. 부친이 다시 관직에 나아가는 것은 1776년(15세)이므로26) 이 誠字說을 지은 시기는 1771년부터 1776년 사이일 가능성이 있다.

둘째, 籈䥴出火圖說, 漆室觀畵說, 硫浮靑說, 桅端滑車說은 그 내용이 간략하며 과학과 기술에 관련된 것이다. 정약용은 1776년 서울로 온 이후 성호학파의 사람들과 교유하게 되어 1777년부터는 李瀷의 遺稿를 보게 되었다.27) 이들과의 교유에서 서양의 자연과학과 기술 관련 서적도 아울러 보게 되면서 과학과 기술 문제에 관심을 갖게 되고 이런 과정에서 籈䥴出火圖說, 漆室觀畵說, 硫浮靑說, 桅端滑車說과 같은 글을 쓰게 되지 않았나 생각된다. 따라서 籈䥴出火圖說, 漆室觀畵說, 硫浮靑說, 桅端滑車說의 저작 시기를 일단 1776년(15세) 이후로 추정해 둔다. 이렇게 추정할 수 있는 근거의 하나로 硫浮靑說에 "余友 李德操之言曰"이라는 구절이 있는 것을 들 수 있다. 李德操는 李蘗으

---

25) 『年譜』, 4쪽.
26) 『年譜』, 5쪽.
27) 『年譜』, 5쪽.

로서 정약용이 서울에 와서 사귄 성호학파 인물들 가운데 하나이며, 그를 통해서 천주교에 대하여도 알게 되었다.

셋째, 觀鷄雛說의 경우 "余家京城之中 猶歲養鷄一群"이라는 구절이 있으므로 서울로 이사한 1776년(15세) 이후의 저작임이 분명하다.

넷째, 用人理財說에서는 인재의 고른 등용과 貢納의 錢納化에 대한 주장을 간략하고 소박하게 개진하였다. 이 역시 초기의 저작으로 생각된다. 하지만 배열순서상 觀鷄雛說 뒤에 있으므로 1776년(15세) 서울에 온 다음의 글로 생각되며 내용상으로 보아도 서울에 온 이후 사회의식이 생기면서 쓰게 된 글이 아닌가 생각된다.

다섯째, 地毬圖說에서는 전문적인 천문학 지식을 이용하여 지구가 둥글다는 것을 논증하였다. 여기에는 강진에 대한 언급이 있으므로 1801년 11월 강진 유배 이후에 지어진 것으로 생각된다. 이것이 유배 이후의 글이면서도 여기에 넣은 것은 鑿鑽出火圖說, 漆室觀畵說, 碗浮靑說, 梡端滑車說 등과 같이 과학·기술 문제를 다루었고 또 說 형식의 글이었기 때문일 가능성이 있다. 그러나 일단 편집을 마친 후 나중에 추가되었을 가능성도 배제할 수 없다.

여섯째, 字說, 醫說은 동시에 저술되었다고 생각된다. 醫說의 말미에 "小學廢而文章不作 本草晦而醫技不精"이라고 두 글의 결론을 함께 맺고 있기 때문이다. 두 글의 내용이 모두 원숙한 것이고 순서상 地毬圖說의 뒤에 있으므로 강진 시기에 저술된 것으로 추정된다. 이것이 유배 이후의 글이면서도 여기에 넣은 것은 鑿鑽出火圖說, 漆室觀畵說, 碗浮靑說, 梡端滑車說 등과 같이 과학·기술 문제를 다루었고 같이 說 형식의 글이었기 때문일 가능성이 있다. 그러나 일단 편집을 마친 후 나중에 추가되었을 가능성을 배제할 수 없다.

일곱째, 種痘說에 대하여는 그 저작 시기를 구체적으로 알 수 있는 근거가 있다. 종두설에는 "丁卯 余在康津聞"이라는 구절이 있으므로 1807년 이후의 저술임을 알 수 있다. 따라서 종두설 바로 뒤에 있는 居

官四說 역시 1807년 이후의 저작으로 추정된다. 이 種痘說과 居官四說이 1807년 이후의 저술임에도 잡문 전편에 실린 것은 정약용이 잡문 전편을 편집한 이후에 누군가에 의해 추가되었거나, 또는 같은 종류인 說 형식 글이므로 說을 모아 놓은 말미에 정약용 자신이 배열하였을 두 가지 가능성이 있다.[28]

이상에서 地毬圖說, 字說, 醫說, 種痘說, 居官四說은 일단 강진 시기에 지어진 것으로 추정하였다. 이 가운데 種痘說과 居官四說이 나중에 추가된 것이라면 이들 바로 뒤에 이어지는 城說, 甕城圖說, 砲樓圖說, 漏槽圖說, 起重圖說, 總說이 1792년 겨울 저작이므로[29] 誠字說, 鐵鑽出火圖說, 漆室觀畵說, 碗浮靑說, 桅端滑車說, 觀雛說, 用人理財說, 地毬圖說, 字說, 醫說은 1792년 겨울 이전의 저술일 가능성을 배제할 수 없다.

(2) 雜文前編 제2책 제2권

잡문 전편 제2책 제2권에는 說 형식의 글이 다음과 같이 수록되어 있다.

城說, 甕城圖說, 砲樓圖說, 漏槽圖說, 起重圖說, 總說.

城說, 甕城圖說, 砲樓圖說, 漏槽圖說, 起重圖說, 總說 등은 수원 화성 건설과 관련된 성곽 축조 및 관련 시설, 설비에 대한 계획안이다. 이들에 대하여는 저작 시기를 정확히 알 수 있다. 자찬묘지명(집중본) 1792년 겨울 항목에 "壬子……是年冬 城于水原 上曰 己酉冬 舟橋之

---

28) 여기에는 박제가가 1800년 봄에 정약용의 집을 방문하여 1799년 가을 이기양이 의주에서 돌아오면서 갖고 온 種痘方을 보았으며 다시 박제가 자신의 소장본을 정약용에게 보여주었다는 기록이 있다.
29) 이에 대하여는 바로 뒤에서 언급할 것이다.

役 鏞陳其規制 事功以成 其召之 使于私第 條陳城制 鏞乃就尹畊堡約及柳文忠(成龍)城說 採其良制 凡譙樓敵臺懸眼五星池諸法 疏理以進之"라는 언급이 있다.[30] 즉 1792년 겨울 국왕 정조의 명에 의하여 정약용은 水原의 城制와 관련 부대시설, 설비에 대한 계획안을 올렸음을 알 수 있다. 따라서 城說, 甕城圖說, 砲樓圖說, 漏槽圖說, 起重圖說, 總說의 저작 시기는 1792년 겨울임을 알 수 있다.[31]

(3) 雜文前編 제2책 제3권

잡문 전편 제2책 제3권에는 다음과 같이 狀啓가 실려 있다. 먼저 啓를 싣고 다음으로 狀을 실었다.

　京畿暗行御史論守令臧否啓(附別單), 進史記選纂注啓, 論椒島屯牛事啓, 論支勅勘簿事啓, 論咸奉連獄事啓, 神德王后康氏谷山本宮形止啓, 論文城鎭牙兵事狀, 論各樣價布以錢上納事狀, 捉虎將吏砲手等不得捉上狀, 論文城鎭牙兵聚點退定事狀, 載寧郡疏堰時鉛軍不得起送事狀, 李仁華仁蕃等僞譜情節論報狀, 李仁華等取招狀, 關西小米不得作錢事狀.

우선 啓는 위에서 보듯이 京畿暗行御史論守令臧否啓(附 別單), 進史記選纂注啓, 論椒島屯事啓, 論旨勅勘薄事啓, 論咸奉連獄事啓, 神

---

30) 『전서』 1, 330쪽(쪽수는 경인문화사 영인본의 것을 따름).

31) 사암선생연보에 "壬子(1792)……冬 承王命 進水原城制"(『年譜』, 33쪽)이라고 하였다. 이들은 제2책 제1권 끝부분에 있는 地毬圖說, 字說, 醫說, 種痘說, 居官四說보다 배치 순서상 뒤에 있으면서도 앞서 지어졌을 가능성이 있으며 제1권에 있는 다른 說 형식의 글 가운데에도 城說 이하의 글보다 나중에 지어진 것들이 있을 수 있다. 城說, 甕城圖說, 砲樓圖說, 漏槽圖說, 起重圖說, 總說이 한번에 시리즈로 지어진 것이므로 별도의 한 권으로 따로 편집하여 이렇게 뒤로 돌린 것(제2책 제2권)이 아닌가 생각되기도 한다.

德王后魚氏谷山本宮形止啓의 순서로 실려 있다.

첫째, 京畿暗行御史論守令臧否啓(附 別單)의 저작 시기를 살펴보기로 한다. 이 글은 경기도 암행어사 임무를 수행한 이후 올린 것이다. 이 임무를 마친 뒤 復命한 것이 앞서도 언급하였듯이 1794년 11월 15일이므로 京畿暗行御史論守令臧否啓(附 別單)의 저작 시기는 1794년 11월 15일 직후가 될 것이다.

둘째, 進史記選纂注啓의 저작 시기를 살펴보기로 한다. 여기에는 "戊午春 在谷山"이라는 원주가 붙어 있으며 다산연보에는 "戊午四月 進史記纂注"라는 언급이 있다.[32] 따라서 1798년 4월 곡산부사로 재직할 때 지은 것임을 알 수 있다.

셋째, 論椒島屯牛事啓의 저작 시기에 대하여 살펴보기로 한다. "己未五月"이라는 원주가 붙어 있으므로 1799년 5월에 지어졌음을 알 수 있다. 정약용은 1794년 4월 24일 병조참지를 제수받고 서울로 올라오는 도중에 5월 4일 동부승지를 제수받고 5월 5일 서울에 도착해서는 형조참의에 제수되었다.[33] 論椒島屯牛事啓는 "臣在海西時 椒島屯牛事 旣有所聞 故敢此仰達矣"라는 구절로 시작되고 있다. 이 啓는 황해도 곡산에서 서울에 돌아온 이후 올린 것임을 알 수 있다. 즉 1799년(38세) 5월 5일 서울에 도착한 이후 올린 것이 된다. 앞에서 본 바와 같이 1799년 6월 22일 형조참의 사직 상소를 올리므로 이것은 1799년 5월 귀경 이후 6월 22일 이전의 글이다.

넷째, 論支勅勘簿事啓의 저작 시기에 대하여 살펴보기로 한다. 정약용은 淸나라 高宗 乾隆帝가 서거하여 사신이 오게 됨에 따라 1799년 2월 迎慰使의 명을 받아 黃州로 간 적이 있다.[34] 이 論支勅勘簿事啓는 支勅文書(사신 영접과 관련된 문서)를 마감하는 일에 대한 啓이다.

---

32) 『茶山年譜』, 14쪽.
33) 『年譜』, 104~105쪽.
34) 『年譜』, 102쪽.

"海西支勅文書 今方磨勘"이라는 구절로 보아 아마도 支勅 문서를 마감한 직후에 올린 것임을 알 수 있다. 이 문제에 대해 啓를 올리게 된 것은 정약용이 2월 迎慰使로서 이 일에 관여하였고 곡산부사로서 支勅 文書를 마감하는 일에 직접 참여한 때문일 것이다. 그러나 論椒島屯牛事啓 뒤에 있으므로 1799년 5월 5일 정약용이 서울에 도착한 이후에 올린 것이며 사암선생연보를 보면 이를 확언할 수 있다.35) 앞에서 본 바와 같이 1799년(38세) 6월 22일 형조참의 사직 상소를 올리므로 이것은 6월 22일 이전의 글이다. 곡산에서 지칙 문서를 마감한 일에서 문제점을 느끼고 올린 啓라고 할 수 있다. 여기에는 迎慰使로서의 경험도 작용하였으리라 여겨진다.

다섯째, 論咸奉連獄事啓 역시 1799년 5월 5일 형조참의에 임명된 이후 冤獄을 해결해 주기 위해 올린 啓이다. 사암선생연보에서 형조참의가 된 이후의 활동을 기록한 부분에서 "臨理庶獄 決疑綜明……每蒙奬"이라는 구절 뒤에 "京囚咸奉連者 爲殺獄正犯 七年在囚 上曰疑獄也……公取初檢文案 摘其誤謬 極言奉連寃枉 上卽日白放奉連"이라는 구절이 있다.36) 앞에서 본 바와 같이 1799년 6월 22일 형조참의 사직 상소를 올리므로 이것은 1799년 5월 5일 이후 6월 22일 이전의 글이다.

여섯째, 神德王后康氏谷山本宮形止啓 역시 1799년 5월 5일 형조참의에 임명된 이후의 저작이다. 사암선생연보에 형조참의 임명 후의 활동을 기록하는 부분에 "進神德王后康氏本宮事 特蒙立碑建閣"이라는 구절이 있고37) 이 구절 바로 뒤에 神德王后魚氏谷山本宮形止啓가 인

---

35) 사암선생연보에도 1799년 5월 5일 刑曹 參議에 제수를 언급한 구절 다음에 "―― 黃昏時入對于中熙堂 上曰今日之疏 非刑曹事也 今從海西來 本道邑幣民瘼 其詳言之 於是陳支勅事及屯牛事 皆蒙允"이라는 구절이 있으므로(『年譜』, 105쪽) 서울에 올라와 형조참의에 임명된 뒤에 論椒島屯事啓와 論支勅勘薄事啓를 올렸다고 확언할 수 있다.

36) 『年譜』, 111쪽.

용되어 있다. 따라서 이 역시 1799년 5월 5일 형조참의로 제수된 이후의 글이다. 앞에서 본 바와 같이 1799년 6월 22일 형조참의 사직 상소를 올리므로 이것도 1799년 5월 5일 이후 6월 22일 이전의 글이다.

이상 論椒島屯牛事啓, 論旨勑勘簿事啓, 論咸奉連獄事啓, 神德王后康氏谷山本宮形止啓 4편은 모두 형조참의 시절의 글인데 앞서 언급한 바와 같이 정약용은 1799년 6월 22일 刑曹參議 辭職上疏를 올렸다.[38] 따라서 4편은 모두 1799년(38세) 5월 5일에서 6월 22일 사이에 씌어진 글이다.

일곱째, 論文城鎭牙兵事狀, 論各樣價布以錢上納事狀, 捉虎將吏砲手等不得捉上狀, 論文城鎭牙兵聚點退定事狀, 載寧郡疏堰時鉛軍不得起送事狀, 李仁華仁蕃等僞譜情節論報狀, 李仁華等取招狀, 關西小米不得作錢事狀은 모두 곡산부사 시절 올린 狀이다. 이 가운데 맨 마지막에 있는 關西小米不得作錢事狀에 대하여는 보다 구체적으로 저술 시기를 알 수 있다. 사암선생연보에 보면 1798년 겨울 기사에 "冬乞收本府小米 作錢之令 蒙允"이라 하고서 이 關西小米不得作錢事狀을 인용하였다.[39] 또 자찬묘지명(집중본)에서도 1798년의 일을 기록한 곳에서 이 문제와 관련하여 鄭民始가 정약용을 기강문란으로 처벌해야 한다고 주장하는데 비해 임금이 정약용의 의견을 받아들이도록 하였다는 언급이 있다.[40] 이 關西小米不得作錢事狀의 말미에도 같은 기록이 있다. 따라서 關西小米不得作錢事狀은 1798년 겨울에 작성된 것이 분명하다. 배치순서 상으로 論文城鎭牙兵事狀, 論各樣價布以錢上納事狀, 捉虎將吏砲手等不得捉上狀, 論文城鎭牙兵聚點退定事狀, 載寧郡疏堰時鉛軍不得起送事狀, 李仁華仁蕃等僞譜情節論報狀, 李仁華等取招狀 등은 關西小米不得作錢事狀 이전에 작성된 것으로 생각되므

---

37) 『年譜』, 108쪽.

38) 앞의 辭刑曹參議疏 부분 참조 요.

39) 『年譜』, 110쪽.

40) 『전서』 1, 330쪽.

로 일단 1797년 윤6월 곡산부사 부임 이후 1798년(37세) 겨울 이전에 작성된 것으로 추정할 수 있다.

3. 與猶堂集 雜文前編 제3책

(1) 雜文前編 제3책 제1권

잡문 전편 제3책 제1권에는 論 형식의 글들이 아래와 같이 수록되어 있다.

　　田論(1~7), 職官論(1~2), 樂論(1~2), 軍器論(1~2), 技藝論(1~3),
脈論, 相論, 立後論(1~2).

제3책 제1권에 수록된 論 형식의 글들의 연대를 고증해 보기로 한다. 論 형식의 글들은 잡문 전편 제3책 제1권과 제2권에 수록되어 있다. 먼저 제3책 제1권에 수록된 田論(1~7), 職官論(1~2), 樂論(1~2), 軍器論(1~2), 技藝論(1~3), 脈論, 相論, 立後論(1~2)의 저작 시기를 살펴보기로 한다.

첫째로, 田論에 대하여는 구체적으로 그 저작 시기를 알 수 있다. 잡문 후편에 수록된 수정본 田論에서는 서두에 “此是己未間所作也 與晚來所論不同 今亦錄之”라 하고서 본래의 田論을 다소 수정하여 실었다.[41] 따라서 원래의 田論, 즉 잡문 전편에 수록된 이 田論이 1799년 저술된 것임을 알 수 있다. 1799년 4월말 곡산에서 서울로의 인사 명령을 받아 5월 5일 서울에 오는데 4월말 이전 곡산에서 지은 것인지 서울에 돌아와서 지은 것인지 내용상으로는 알 수 없다. 田論은 제1편에서 제7편에 달하는 비교적 긴 형식의 글이므로 일시가 아니라 비교적

---

41) 규본 여유당집 및 정본 열수전서 속집의 잡문후편 필사본 제7책 참조 요.

장기간에 걸쳐 이루어진 것일 수 있다. "己未間"이라 하여 間자를 붙인 것도 그 때문이 아닌가 생각된다. 다만 이 해 2월과 3월 사이 영위사로서 황주에 50일간 머물렀고 이때 정조의 밀지를 받아 도내 수령의 잘잘못 및 疑獄 등을 살폈으므로,[42] 이 시기에는 田論을 저술하기가 어려웠다고 생각된다. 田論의 집필 시작은 곡산에서 있었다고 하더라도 완성은 이 해 7월말 형조참의에서 물러난 하반기에 이루어진 것이 아닌가 생각된다.[43]

둘째로, 職官論(1~2), 樂論(1~2), 軍器論(1~2), 技藝論(1~3), 脈論, 相論, 立後論(1~2)에 대하여는 구체적 저술 시기를 알 수 있게 하여 주는 다른 자료가 없으며 내용상으로도 시기를 구체적으로 잡기가 어렵다. 田論 다음에 수록되어 있고 잡문 전편에 수록되어 있으므로 일단 1799년 이후 1801년 2월 유배 이전에 저술된 것으로 추정해 둔다. 정약용은 1799년(38세) 7월 26일 刑曹參議에서 遞職된 이후 1801년(40세) 2월 유배될 때까지 관직이 없어 시간적으로 비교적 여유가 있었을 것이다. 이 시기에 田論이 완성되는 한편 다른 論 형식의 글들을 저술한 것이 아닌가 생각된다.

위의 글들 가운데 정약용 사상의 발전 과정을 파악하는데 있어 가장 중요한 자료 가운데 하나인 技藝論(1~3)은 田論보다 뒤의 작품이지만 바로 뒤에서 언급할 新羅論, 高句麗論, 百濟論, 遼東論, 日本論, 廢四郡論보다는 앞에 실려 있다. 배열순서로 보아 이들보다는 앞의 저술로 여겨진다. 이들의 저술 시기는 뒤에서 볼 것처럼 1800년(39세) 무렵

---

42) 『年譜』, 102~104쪽.

43) 대체로 이 1799년 7월 하순에서 연말까지와 1800년 상반기에 걸쳐서 앞서 살핀 바와 같이 戶籍議, 身布議, 度量衡議, 還餉議, 錢幣議, 公服議, 庶人服議, 通塞議, 考績議 등의 저작이 이루어졌다. 이들 저작과 田論은 거의 동 시기에 이루어졌다고 보아야 할 것이다. 정조가 다시 부를 것을 생각하면서, 그간의 관직 및 지방관 경험 등에 기초하여 이런 글들을 저술하고 있었던 것이 아닌가 생각된다.

으로 추정된다. 따라서 技藝論의 시기는 1799년(38세)부터 1800년(39세) 무렵이라고 생각된다. 정약용은 1796년 11월 35세 때 正祖의 명으로 奎章閣에 들어가 도서를 校閱하였다.44) 이때 朴齊家와 교유하면서 北學派의 학문에 접하게 되었으며 1800년에는 서로 내왕하면서 種痘와 관련된 논의를 하기도 하였다.45) 북학파의 영향을 받고 그것이 충분히 소화되어 자기 것으로 내면화된 상태에서 씌어진 것이 技藝論이라고 생각된다.

위의 글들 가운데 立後論(1~2)과 관련하여서는, 이것들과 잡문 전편에 실린 글들이 유배 이전의 것들임을 보여 주는 자료가 있다. 잡문 후편 제7책 제1권에 또 하나의 立後論이 실려 있고 그 제목 아래 원주를 붙여 "二首見前篇 此論係壬戌七月作"이라 하여 임술년(1802) 7월의 작품임을 밝히고 있다. 현재의 與猶堂全書에는 이것을 立後論(3)이라 하여 立後論(1·2) 바로 뒤에 붙여 놓았다. 立後論(1·2)는 유배 이전의 작이므로 잡문 전편에 넣고 세 번째 입후론은 유배 이후의 작품이므로 잡문 후편에 넣은 정약용 자신의 편집 방침, 혹은 의도를 무시한 것이라 하겠다.

(2) 雜文前編 제3책 제2권

잡문 전편 제3책 제2권에는 論 형식의 글들이 다음과 같이 수록되어 있다.

> 新羅論, 高句麗論, 百濟論, 遼東論, 日本論, 廢四郡論, 汲黯論, 拓跋魏論, 東胡論, 俗儒論, 庶孽論, 還上論, 奸吏論, 監司論.

---

44) 앞서도 살핀 바와 같이 사암선생연보에는 10월로 되어 있으나(『年譜』, 70쪽) 규영일기에 따르면 11월 16일이 정확한 날짜이다.

45) 앞의 種痘說 부분 참조 요.

첫째, 이들 가운데 먼저 新羅論, 高句麗論, 百濟論, 日本論, 廢四郡論의 저술 시기에 대하여 생각해 보기로 한다. 이들은 배열순서상, 1799년 저술된 田論(초고본)보다 일단 뒤에 저술된 것으로 추정된다. 이것은 論 형식의 글 역시 다른 형식의 글과 마찬가지로 연대순으로 배열되었을 것이라는 전제 하에서이다. 그렇다면 職官論(1~2), 樂論(1~2), 軍器論(1~2), 技藝論(1~3), 脈論, 相論, 立後論(1~2) 등과 마찬가지로 1799년(38세) 이후에 저술된 것으로 보아야 할 것이다. 또 잡문 전편에 수록되어 있으므로 1801년 2월 유배 이전으로 보아야 할 것이다. 1800년 정약용은 文獻備考刊誤를 저술하였다.[46] 문헌비고간오에는 우리 역사에 관련된 내용이 많다. 이 작업을 수행하면서 동시에 新羅論, 高句麗論, 百濟論, 遼東論, 日本論, 廢四郡論 등을 저술하지 않았나 생각된다. 따라서 이들의 저술 시기를 일단 1800년(39세) 무렵으로 추정해 둔다.

둘째, 汲黯論, 拓跋魏論, 東胡論의 저술 시기에 대하여 살펴보기로 한다. 이들의 저술 시기를 추정할 수 있게 하는 언급은 내용 자체에서는 찾아지지 않는다. 중국 역사와 관련되는 汲黯論, 拓跋魏論, 東胡論은 新羅論, 高句麗論, 百濟論, 遼東論, 日本論, 廢四郡論 등과 같은 시기에 저술하지 않았나 생각된다. 文獻備考刊誤를 작성하는 과정에서 중국의 역사서도 참고해야 하였을 것이고 그런 과정에서 汲黯論, 拓跋魏論, 東胡論 등을 저술하지 않았나 생각된다. 新羅論, 高句麗論, 百濟論, 遼東論, 日本論, 廢四郡論 등에 바로 이어져 있는 것도 그런 생각을 갖게 한다. 따라서 汲黯論, 拓跋魏論, 東胡論의 저작 시기는 일단 1800년(39세) 무렵으로 추정해 둔다.

셋째, 俗儒論, 庶孼論, 還上論, 奸吏論, 監司論의 저술 시기에 대하여 살펴보기로 한다. 俗儒論, 庶孼論, 還上論, 奸吏論, 監司論은 汲黯論, 拓跋魏論, 東胡論 뒤에 위치하며 論 형식의 글로서는 잡문에서 맨

---

46) 『年譜』, 125쪽.

마지막에 있다. 따라서 俗儒論, 庶孼論, 還上論, 奸吏論, 監司論의 저술 시기를 일단 1800년(39세) 이후부터 1801년(40세) 2월 이전으로 추정해 둔다.

(3) 雜文前編 제3책 제3권

잡문 전편 제3책 제3권에는 辨 형식의 글들이 다음과 같이 수록되어 있다.

> 皐繇執瞽瞍辨, 慶興宋帝爐辨, 鷄林玉笛辨, 松廣寺古鉢辨, 宗動天辨, 東海無潮辨, 靈石辨, 金相谷讀書辨, 理發氣發辨(1~2), 致良知辨, 部胳産子辨, 鐵馬辨, 重瞳辨, 押海政丞墓辨, 石岬山丁氏六塚辨, 己亥邦禮辨, 辛巳服制辨, 八大君辨, 雨泉辨, 田結辨.

첫째, 皐繇執瞽瞍辨의 경우 내용상 刑政과 관련되는 것이기는 하지만 정확한 저술 시기를 알기 어렵다. 정약용은 자신이 하고 있는 일과 관련하여 글을 짓는 일이 많고 이것이 잡문 전편에 첫 번째로 수록되어 있다. 혹 1799년 5~6월 형조참의로 있던 시절 지었을 가능성도 없지는 않지만 바로 뒤의 慶興宋帝爐辨이 1796년(35세) 겨울에 지은 것이므로 이보다 앞서 지은 것일 가능성도 크다.

둘째, 慶興宋帝爐辨의 경우 말미에 "嘉慶 丙辰 冬"이라고 날짜가 기록되어 있으므로 1796년(35세) 겨울에 지은 것임을 알 수 있다.

셋째, 鷄林玉笛辨의 경우 본문만으로는 저술 시기를 알기 어려우나 순서 배열 상 慶興宋帝爐辨에 이어 바로 뒤에 있으므로 일단 1796년(35세) 겨울 이후에 지은 것으로 추정해 둔다.

넷째, 松廣寺古鉢辨 역시 저술 시기를 알기 어려우나 慶興宋帝爐辨, 鷄林玉笛辨에 이어 바로 뒤에 있으므로 일단 1796년(35세) 겨울 이후에 지은 것으로 추정해 둔다.

다섯째, 宗動天辨 역시 내용만으로는 저술 시기를 알기 어려우나 慶興宋帝爐辨, 鷄林玉笛辨, 松廣寺古鉢辨에 이어 바로 뒤에 있으므로 일단 1796년(35세) 겨울 이후에 지은 것으로 추정해 둔다.

여섯째, 東海無潮辨의 경우 정본에는 수록되어 있으나 규본에는 누락되어 있다. 정본의 경우 東海無潮辨 제목 위의 난외 여백에 "小時作當刪"이라고 씌어져 있다.[47] 이 추기가 누구의 것인지 확실하지는 않으나, 이것을 따른다면 東海無潮辨은 일단 小時 作이 된다.

일곱째, 靈石辨의 경우 월출산의 靈石에 대하여 논한 것이므로 강진 유배 이후의 작품으로 생각할 수도 있지만 잡문 전편에 실려 있으므로 일단 유배 이전의 작으로 추정해 둔다. 金相谷讀書辨은 내용만으로 저술 시기를 추정하기 어려우나 잡문 전편에 실려 있으므로 일단 유배 이전의 작으로 추정해 둔다.

여덟째, 理發氣發辨(1~2) 역시 저술 시기가 확실하지 않다. 다만 후기에는 本然之性 등에 성리학적 용어와 개념에 대한 비판이 있으나, 이 작품들에는 보이지 않으므로 일단 전기작으로 보아 무리가 없다고 생각된다. 1795년 겨울 西巖講學會가 있어 여기에서 이 문제가 토론되므로 그 이후 지은 것이 아닌가 생각되기도 하지만, 성균관 시절에 이에 대한 글을 쓰므로 성균관 시절 지은 것일 가능성도 배제할 수 없다.

아홉째, 致良知辨 역시 정확한 저술 시기를 알기 어려우나 내용상 젊은 시절 陽明學을 처음 접하고 지은 것이 아닌가 생각된다.

열 번째, 部脇産子辨의 경우 "嘉慶十一年春……"이라는 구절로 시작하고 있으므로 嘉慶 11년, 즉 1806년 봄 이후에 지은 것이 분명하다. 그렇다면 왜 잡문 전편에 실려 있는지 의문이다. 나중에 추가되었거나 辨 형식의 글을 한 곳에 모아 두려 하였기 때문일 가능성이 있다.

열한 번째, 鐵馬辨의 경우 정약용家 근처 철마산의 鐵馬에 대하여 논한 것이다. 해배 이후에 지은 것일 가능성도 없지 않으나 매우 단순

---

47) 이 점에서도 정본이 규본보다 더 원본에 가까운 것임을 추정할 수 있다.

한 내용이므로 젊은 시절 지었을 가능성이 크다.

열두 번째, 重瞳辨은 제주 기생 萬德이 서울에 온 다음 금강산을 구경한 것에 대한 언급이 있다. 이것은 정조 시절 흉년에 만덕이 제주도민을 구휼한 것에 대한 포상이었다. 적어도 그때 이후의 작품임을 알 수 있으며 그 무렵 지은 것으로 추정된다. 만덕이 서울에 오고 나서 금강산을 구경하고 돌아간 시기는 1796년 후반~1797년 상반기가 된다.

열세 번째, 押海政丞墓辨의 경우 내용만으로는 저작 시기를 알기 어려우나 잡문 전편에 실려 있으므로 일단 전기작으로 추정해 둔다. 石岬山丁氏六塚辨의 경우 "辛亥春 先君適知晉州 余旣辭翰林 得謁告 而覲于晉 得而從先君而往審之"라는 구절이 있으므로 1791년(30세) 봄 翰林을 辭職하고 진주로 부친을 방문한 이후에 지은 글임을 알 수 있다. 부친을 모시고 石岬山의 丁氏六塚을 답사한 이후에 지은 것이다.

열네 번째, 己亥邦禮辨의 경우 제목 아래에 "長鬐 作"이라고 원주가 달려 있으므로 1801년(40세) 장기 유배 시절에 지은 것임을 알 수 있다. 다만 이 글의 말미에 "戊寅 秋日"(1818년 가을)이라고 원주가 붙어 있어 제목 아래의 長鬐이라는 것과는 모순된다. 이것은 1818년 가을에 1801년의 원래 작품에 수정을 가했기 때문이 아닌가 추정된다. 유배 이후의 작품이 왜 잡문 전편에 실려 있는지 의문이다. 나중에 추가되었거나 辨 형식의 글을 한 곳에 모아 두려 하였기 때문일 가능성이 있다.[48] 辛巳服制辨과 八大君辨의 경우 내용만으로는 정확한 시기를 알기 어려우나 내용상 己亥邦禮辨과 연결되므로 비슷한 시기에 지은 것이 아닌가 추정된다. 그렇다면 1801년(40세) 장기에서 지었을 가

---

48) 다만 앞의 部脇産子辨은 1806년 이후의 작인데 전기작으로 추정되는 작품들 사이에 섞여 있다. 이유를 알기 어려우나 部脇産子辨을 먼저 넣은 뒤 己亥邦禮辨 이하를 덧붙였거나, 己亥邦禮辨 이하를 덧붙인 뒤 部脇産子辨을 추가하였기 때문이 아닌가 생각된다. 이렇게 본다면 편집 작업은 몇 차례 수정과 추가가 있었을 가능성이 있다.

능성도 있다.

열다섯 번째, 雨泉辨의 경우 내용상 저술 시기를 알기 어려우나, 유배 이후 작품들로 추정되는 己亥邦禮辨, 辛巳服制辨, 八大君辨에 바로 이어져 있으며 뒤에서 살필 田結辨의 저술 시기가 1822년경이므로 雨泉辨 역시 유배 이후의 후기작일 가능성이 크다.

마지막으로 田結辨의 경우 자신을 鐵馬山樵(1818년 해배 이후의 필명)라 부르고 "至孝宗大王四年癸巳 頒遵守冊 頒遵守尺……於今爲一百七十年"이라 하고 있으므로 효종 4년(1653)에서 대략 170년이 되는 시기, 즉 1822년(61세) 무렵임을 알 수 있다.[49]

4. 與猶堂集 雜文前編 제4책

(1) 雜文前編 제4책 제1권

잡문 전편 제4책 제1권에 수록된 작품은 아래 표와 같다. 여기에는 箴·銘·頌·辈 형식의 글들이 다음과 같이 수록되어 있다.

和己齋箴, 敬己齋箴, 怠箴, 奢箴, 睦親箴, 遠勢箴, 克己箴, 閉邪箴, 遯世箴, 四卦箴, 不律銘, 枕銘, 藥鑪銘, 蠅拂銘, 瓠銘, 烟袋銘, 筍銘, 燈檠銘, 梳匣銘, 摺疊扇銘, 李忠武鬼刀銘, 洪節度七星劍銘, 李虞候箭筒銘, 藥筵銘, 回巹宴壽樽銘

宣城獲麟頌, 毛羅貢橘頌

故領議政梧里李公畫像贊, 故領議政漢陰李公畫像贊, 故左議政藥圃鄭公畫像贊, 星翁畫像贊, 普照國師畫像贊, 故平安道觀察使延陵君李公畫像贊, 調中六夫子畫像贊, 奉和朱文公易五贊.

---

[49] 이상 辨 형식의 글들 가운데 말미에 있는 몇 편이 유배 이후에 저작인 이유에 대하여는 앞으로 좀 더 천착을 요한다.

첫째 和己齋箴의 경우 내용만으로 구체적 저작 시기를 알기는 어렵다. 정학연에게 써준 글이다.

敬己齋箴의 경우 내용만으로 구체적 저작 시기를 알기는 어렵다. 정학유에게 써준 글이다.

怠箴의 경우 내용만으로 구체적 저작 시기를 알기는 어렵다.

奢箴의 경우 내용만으로 구체적 저작 시기를 알기는 어렵다.

睦親箴의 경우 내용만으로 구체적 저작 시기를 알기는 어렵다.

遠勢箴의 경우 내용만으로 구체적 저작 시기를 알기는 어렵다.

克己箴의 경우 내용만으로 구체적 저작 시기를 알기는 어렵다.

閉邪箴의 경우 내용만으로 구체적 저작 시기를 알기는 어렵다.

遯世箴의 경우 내용만으로 구체적 저작 시기를 알기는 어렵다.

四卦箴의 경우 내용만으로 구체적 저작 시기를 알기는 어렵다.

이상 箴 형식의 글들은 대체로 매우 짧고 내용만으로는 저작 시기를 알 수 없다.

다음으로 銘 형식의 글들에 대하여 살펴보기로 한다.

不律銘의 경우 내용만으로 구체적 저작 시기를 알기는 어렵다.

枕銘의 경우 내용만으로 구체적 저작 시기를 알기는 어렵다.

藥罏銘의 경우 내용만으로 구체적 저작 시기를 알기는 어렵다.

蠅拂銘의 경우 내용만으로 구체적 저작 시기를 알기는 어렵다.

觚銘의 경우 내용만으로 구체적 저작 시기를 알기는 어렵다.

烟袋銘의 경우 내용만으로 구체적 저작 시기를 알기는 어렵다.

筒銘의 경우 내용만으로 구체적 저작 시기를 알기는 어렵다.

燈檠銘의 경우 내용만으로 구체적 저작 시기를 알기는 어렵다.

梳匣銘의 경우 내용만으로 구체적 저작 시기를 알기는 어렵다.

摺疊扇銘의 경우 내용만으로 구체적 저작 시기를 알기는 어렵다.

李忠武鬼刀銘의 경우 내용만으로 구체적 저작 시기를 알기는 어렵다.

洪節度七星劒銘의 경우 내용만으로 구체적 저작 시기를 알기는 어렵다.

李虞候箭筒銘의 경우 내용만으로 구체적 저작 시기를 알기는 어려우나 강진 시절 李虞候와의 교류로 썼을 가능성도 있다.

藥筵銘의 경우 내용만으로 구체적 저작 시기를 알기는 어렵다.

回巹宴壽樽銘의 경우 1836년 2월 12일 서거 직전 回婚에 즈음하여 지은 것이 아닌가 추정된다.[50]

다음으로 頌 형식 글들의 저작 시기를 살펴보기로 한다.

宣城獲麟頌의 경우 모두에 "今上踐阼 旣二十年矣"라고 하였고 "越明年春(嘉慶二年 丁巳) 麒麟出於宣城"이라는 구절이 있으므로 1777년(16세)에 지은 것임을 알 수 있다.

毛羅貢橘頌의 경우 정조의 덕을 찬미하는 내용으로서 정조 재위 시에 지은 것으로 추정된다. 서울에 있을 때 지은 것으로 생각할 수 있으며 내용에 섣달 그믐이라는 말이 나오므로 정약용이 조정에 있던 어느 해 11월 말일 작으로 생각된다. 사암선생연보에 따르면 1796년 겨울 규장각에 근무할 때 귤을 하사받은 일을 기록하고 있으며,[51] 규영일기에 따르면 11월 16일에서 말일에 걸쳐 규장각에 근무한 것으로 볼 수 있으므로 이 글은 1796년 11월말에 지은 것일 가능성이 매우 크다.

다음으로 贊 형식 글들의 저작 시기를 살펴보기로 한다.

故領議政梧里李公畫像贊의 경우 내용만으로는 저작 시기를 알기 어렵다. 다만 이런 그림을 보는 것은 서울에서 가능하였으리라 여겨지므로, 서울에 있을 때 지은 것이 아닌가 추정된다.

故領議政漢陰李公畫像贊의 경우 역시 내용만으로는 저작 시기를 알기 어렵다. 다만 이런 그림을 보는 것은 서울에서 가능하였으리라

---

50) 『年譜』, 5쪽. 銘 형식의 글을 모으기 위해 여기에 둔 것으로 생각된다. 이상 銘 형식의 글은 특성상 모두 매우 짧고 李虞候箭筒銘 및 回巹宴壽樽銘을 제외하면 저작 시기를 추정할 수 없다.

51) 『年譜』, 71쪽.

생각되므로 서울에 있을 때 지은 것이 아닌가 추정된다.

故左議政藥圃鄭公畵像贊의 경우 내용만으로는 저작 시기를 알기 어렵다. 다만 이런 그림을 보는 것은 서울에서 가능하였으리라 생각되므로 서울에 있을 때 지은 것이 아닌가 추정된다.

星翁畵像贊의 경우 내용만으로는 저작 시기를 알기 어려우나 15세 때 서울에 온 이후부터 강진 유배 이전에 지은 것이 아닌가 추정된다.

普照國師畵像贊의 경우 제목 아래 "在和順萬淵寺"라고 원주가 붙어 있으므로 부친 정재원의 화순현감 시절(1777년 겨울~1779년 봄), 정약용이 화순을 방문하였을 때 지은 것이 아닌가 추정된다. 그러나 다른 시기에 지은 것일 수도 있다.

故平安道觀察使延陵君李公畵像贊의 경우 말미에 "壬子春 陪先君 共肅於靑坡時 亦重摹"라고 원주가 붙어 있으므로 1792년(31세) 봄에 쓴 것임을 알 수 있다.

調中六夫子畵像贊의 경우 정확한 시기를 알기 어려우나, 流配客을 읊은 글이므로 1801년 유배 이후 지은 것이 아닌가 생각되기도 한다. 그러나 그 이전에 지은 것일 수도 있다.

奉和朱文公易五贊의 경우 구체적 저술 시기를 알기 어려우나 글의 내용으로 보아 강진에서 주역사전을 저술할 때 지은 것이 아닌가 생각된다. 그러나 그 이전에 지은 것일 수도 있다.

(2) 雜文前編 제4책 제2권

잡문 전편 제4책 제2권에는 序 형식의 글들이 다음과 같이 수록되어 있다.

鼎谷溪亭讌游詩序, 蠹石樓讌游詩序, 快賓樓讌游序, 宋洞看花詩序, 鳳谷寺述志詩序, 竹欄詩社帖序, 菊影詩序, 詩經講義序, 八子百選序, 金城方略序, 押海家乘序, 東園遺稿序, 嶺南人物攷序, 南荷唱

酬集序, 泛齋集序, 詞林題名錄序, 村病或治序, 荷潭禁松帖序, 麻科
會通序, 友松集序.

첫째, 鼎谷溪亭讌游詩序의 경우 "鼎谷溪亭者 曹君翊殷……己亥春
家君以篨輿巡野 有言溪亭之勝者 遂命余從行" 및 "日旣夕 主人跽而
請……家君……命余爲之序"라는 구절이 있으므로 己亥年(1779년, 18
세) 봄, 부친 정재원의 화순현감 시절 정약용이 부친을 모시고 조익현
의 별장에 가 노닐면서 그날 밤에 지은 것임을 알 수 있다.

둘째, 矗石樓讌游詩序는 정약용이 당시 경상우도 병마절도사였던
장인 홍화보를 모시고 진주 촉석루에서 노닐은 일을 기록한 것이다.
"上之四年春 家君移守醴泉 而外舅洪公爲慶尙右道兵馬節度使 方駐
晉州 余赴醴泉 歷謁洪公于晉"이라는 구절이 있으므로 정조 4년(1780,
19세) 봄에 지은 것임을 알 수 있다.

셋째, 快賓樓讌游序의 경우 "家君莅醴泉之數月……於是設筵于快
賓之樓" 및 "明日 躬駕而造朴公之室"이라는 구절로 보아 1780년 봄
정재원이 예천 군수로 간 지 몇 달 뒤인 그해(19세) 여름경에 지은 것
임을 알 수 있다.

넷째, 宋洞看花詩序는 제목 아래에 "甲辰 春"이라고 원주가 붙어
있으므로 1784년(정조 8, 23세) 봄에 지은 것임을 알 수 있다. 정약용이
성균관 유생 시절 친구들과 松洞에서 노닐다 지은 시이다.

다섯째, 鳳谷寺述志詩序의 경우 1795년 10월말~11월초 온양 봉곡
사에서 서암강학회를 하였는데 이때 강학회 여가에 지은 시에 대한 序
이다. 따라서 이 글 역시 1795년 11월 5일 서암강학회 시기를 마친 뒤,
11월 6일 이후 강학회의 과정을 정리하면서 지은 것으로 추정된다. 앞
서도 언급한 바와 같이 서암강학회를 마치고 금정역에 돌아온 것은 11
월 6일이었다. 따라서 이 글은 1795년(34세) 11월 6일 이후에 지은 것
이라고 할 수 있다.

여섯째, 竹欄詩社帖序의 경우 "聖上二十年來 休養生息 陶鑄作成

之效也"라는 구절이 있으므로 정조 20년(1796, 35세)을 전후하여 지은 것으로 추정된다. 다만 이 글은 서울에서 지은 것이고 1795년 가을에서 겨울 사이에 정약용은 금정찰방으로 외직에 있으므로 이 금정 시기는 저작 시기가 될 수 없다. 순서상 鳳谷寺述志詩序의 뒤에 있으므로 1795년 12월 금정에서 서울로 돌아온 이후의 작품일 가능성이 있다. 대략 1796년(35세) 때의 작품으로 추정된다.

일곱째, 菊影詩序의 경우 역시 내용상 국화꽃이 피는 시기이고 장소는 서울로 추정된다. 1795년 가을에는 금정찰방이었고 1797년 가을에는 곡산부사로서 곡산에 있었으므로 이 작품의 저작 시기가 될 수 없다. 이 작품은 배열순서로 보아 대략 1796년(35세) 가을 작품으로 추정된다.

여덟째, 詩經講義序의 경우 제목 아래에 "辛亥 冬"이라고 원주가 붙어 있으므로 1791년(30세) 겨울에 지은 것임을 알 수 있다. 즉 규장각 초계문신 시절 지은 것이다. 이것이 배열순서상 菊影詩序의 뒤에 있는 것은 책의 서문이므로 뒤의 글들(책의 서문들)과 함께 두려 하였기 때문이라 생각된다.

아홉째, 八子百選序의 제목 아래 "內閣 應敎"라고 원주가 붙어 있으므로 규장각 시절에 지은 것임을 알 수 있다. 사암선생연보에 따르면 1796년 10월 규장각에서 교서하도록 명을 받고 이곳에서 史記英選 교정을 보는 외에 오경백편·팔자백선의 제목을 쓰도록 명령을 받았는데[52] 이때 팔자백선서를 쓴 것이 아닌가 생각된다. 다만 규영일기에 따르면 규장각 교서의 명을 받은 것은 11월 16일이다.[53] 사암선생연보에 따르면 12월 1일에는 병조참지에 제수되었고 12월 3일에는 우부승지가 되었다.[54] 따라서 1796년(35세) 11월 16일~11월 말일 작이 된다.

---

52) 『年譜』, 70~71쪽.
53) 『여유당전서보유』 2, 41쪽.
54) 『年譜』, 72쪽.

열 번째, 金城方略序의 경우도 제목 아래 "內閣 應敎"라고 원주가 붙어 있다. 즉 규장각에서 근무할 때이다. 배치 순서로 보아 이 역시 八子百選序와 비슷한 시기에 지어진 것으로 추정된다. 앞서 보았듯이 사암선생연보에 따르면 12월 1일에는 병조참지에 제수되었고 12월 3일에는 우부승지가 되었다. 이 글 역시 1796년(35세) 11월 16일~11월 말일 작으로 보아야 할 것으로 생각된다.

열한 번째, 押海家乘序는 제목 아래에 "己未 秋"라고 원주가 붙어 있으므로 1799년(38세) 가을, 즉 곡산에서 서울로 돌아와 있을 때 지은 것임을 알 수 있다. 이 해 7월말 형조참의에서 물러났는데 이후 1800년 말까지 비교적 한가한 시간이 계속되어 여러 저술을 하였다.

열두 번째, 東園遺稿序의 경우,55) 제목 아래 "己未 冬"이라고 원주가 붙어 있으므로 1799년 겨울에 지은 것임을 알 수 있다. 이 해 7월말 형조참의에서 물러났는데 이후 1800년말까지 비교적 한가한 시간이 계속되어 여러 저술을 하였다.

열세 번째, 嶺南人物攷序의 본문 가운데 "上之二十二年 命取嶺南 諸聞人言行事蹟 鈔撮爲書 蔡文肅爲總裁 而仲氏與韓侯甫諸人 實掌 斯役 越明年 余自谷山還 仲氏出其草稿而示之"라는 구절이 있으므로 1799년(38세) 5월 곡산에서 돌아온 이후에 지은 것임을 알 수 있다. 이 해 7월말 형조참의에서 물러났는데 이후 1800년말까지 비교적 한가한 시간이 계속되어 여러 저술을 하였다.

열네 번째, 南荷唱酬集序의 경우 "迨先子之歿……又四五年 而韓公 逝"라는 구절이 있다. 정약용의 부친 정재원이 타계한 것은 1792년이므로 이 글은 적어도 1795년 또는 1796년 이후에 지은 것이다. 배열순서상, 바로 앞에 嶺南人物攷序(곡산에서 한양으로 온 이후 저술)가 있

---

55) 제목이 여유당전서본에는 西園遺稿序로 되어 있고, 여유당집 필사본에는 東園遺稿序로 되어 있다. 東園은 정약용의 조상이 되는 丁好善을 가리킨다. 광해군 때의 사람으로 폐모론이 일어나자 병을 핑계로 사임하였다. 西園의 西는 東의 오자라고 생각된다.

고 中書社約序(1800년 겨울 작, 뒤의 中書社約序 항목 참조 요)의 앞
에 있으므로 1799년 5월 곡산에서 돌아온 이후부터 1800년 겨울 사이
에 지은 것이 아닌가 추정된다. 1799년(38세) 7월말 형조참의에서 물러
났는데 이후 1800년(39세)말까지 비교적 한가한 시간이 계속되어 여러
저술을 하였다.

열다섯 번째, 泛齋集序의 경우 구체적으로 시기를 알게 하는 구절은
없으나 嶺南人物攷序와 中書社約序 사이에 있으므로 일단 1799년에
곡산에서 돌아온 이후 1800년 겨울 사이에 지은 것으로 추정해 둔다.
1799년(38세) 7월말 형조참의에서 물러났는데 이후 1800년말까지 비교
적 한가한 시간이 계속되어 여러 저술을 하였다.

열여섯 번째, 中書社約序의 경우 여유당집 필사본에는 저작 시기가
누락되어 있으나 여유당전서본에는 제목 아래 "庚申 冬"이라고 원주
가 붙어 있으므로 1800년 겨울에 지은 것임을 알 수 있다. 내용상으로
도 1800년(39세) 겨울 향리 초천(마재)에 있으면서 지은 것으로 추정된
다.

열일곱 번째, 詞林題名解序의 경우 제목 아래 "戊午"라고 원주가
붙어 있으므로 1798년 곡산에서 지은 것임을 알 수 있다. 본문에서도
"余至谷山之明年"이라는 구절이 있다. 이것이 1800년(39세) 겨울 저작
인 中書社約序의 뒤에 있는 것은 押海家乘序에서 中書社約序까지가
집안, 친지 등과 관련된 글이므로 이 글들을 함께 모으려 하였기 때문
이 아닌가 생각된다. 혹은 나중에 추가되었을 가능성도 있다.

열여덟 번째, 村病或治序는 글의 내용으로 보아 1801년(40세) 여름
장기 유배 시절 지은 것이다. "余至鬐城之數月 家兒寄醫書數十卷及
藥艸一籠"이라는 구절로 시작되고 있다. 나중에 추가되었을 가능성도
있다.

열아홉 번째, 荷潭禁松帖序의 경우 제목 아래에 "庚申 春"이라고
원주가 붙어 있으므로 1800년(39세) 봄에 지은 것임을 알 수 있다. 내

용으로 보아 1800년 봄 4월 하담에 있는 부친의 묘소를 참배하였을 무렵에 지은 것이 아닌가 생각된다.

　스무 번째, 麻科會通序의 경우 여기에는 날짜가 기록되어 있지 않으나 마과화통의 서두에 실린 서문에는 "嘉慶 戊午 孟冬"(1798년 초겨울)이라고 날짜가 기록되어 있다.[56) 사암선생연보에서는 麻科會通을 1797년 겨울에 완성했다고 하였다.[57) 사암선생연보의 기록이 맞다면 일단 1797년 겨울에 마과회통이 완성되고 그후 1년간 수정·보완 작업을 한 뒤에 서문을 쓴 것으로 생각된다. 사암선생연보에서 1년을 착각한 것일 가능성도 있다. 한편 정약용은 종두에 관한 논의를 1800년(39세) 봄 박제가와 하였고 1807년 종두설을 쓰기도 하였다. 앞서 잡문 전편 편지 부분에서 언급한 答李觀察(제4서)에, 마과화통을 보여달라는 당시 황해관찰사 이의준의 부탁을 여러 차례 거절하다가 이제야 보내드리며 지난번 서흥, 해주 수령을 만났는데 인쇄할 생각이 있으나 규장각에서 생생자로 인출할 가능성이 있다고 하였다. 답이관찰(제4서)는 배열순서상 1799년(38세) 봄의 작품으로 추정된다(뒤의 이의준에게 보낸 편지 참조 요). 이것은 1798년말 최종적으로 마과회통이 완성되었다고 보는 것과 잘 들어맞는다. 어쨌든 이 마과회통서는 1798년(37세) 초겨울에 쓴 것으로 보아야 할 것이다.[58)

　스물한 번째, 友松集序의 경우 구체적 시기를 알기 어려우나 본문에 "昔游和順 僅得一人焉"이라는 구절이 있으므로 정재원이 화순현감을 지낸 뒤 상당한 시기가 경과하고 나서 지은 것으로 추정된다.[59)

---

56)『전서』6, 470쪽.

57)『年譜』, 95쪽.

58) 김호,『조선과학자열전』(휴머니스트, 2003)에서도 마과회통이 최종적으로 완성된 것을 1798년으로 보았다(275쪽). 다만 이 책에서는 마과회통과 관련하여 이의준에게 보낸 편지(「답이관찰」 제4서)를 1797년 겨울 작으로 보았다.

59) 詞林題名解序 이하의 글들은 배열순서와 저작 시기가 일치하지 않는 문제점이 있다. 이것은 나중에 삽입 또는 같은 성격의 글들을 함께 모으려는 의도 때문 생긴 것이라고 여겨지지만, 앞으로 이 문제에 대하여 다시 상고해 볼 필

(3) 雜文前編 제4책 제3권

잡문 전편 제4책 제3권에는 序 형식의 글들이 다음과 같이 수록되어
있다.

送李參判(基讓)使燕序, 送韓校理(致應)使燕序, 送朴校理(鍾淳)使
燕序, 送沈(奎魯)校理李(重蓮)翰林游金剛山序, 兵曹參判吳公(大鎰)
七十八壽序, 兵曹判書葉西權公(襏)七十八壽序, 右副承旨庚塢韓公
(光植)七十一壽序, 刑曹判書弘文館提學丁公七十八壽序, 僉知中樞
府事韓公(光傳)七十四壽序, 知中樞府事申公(義淸)百歲壽序, 族曾
王母朴淑夫人九十五壽序, 尹季淵兄嫂申孺人六十一壽序, 送震澤申
公(光河)游白頭山序, 送尹无咎出守祥原序, 送榮川李監察(仁行)還
山序, 送鄭瀚赴結城序, 送浮屠海鑑遊嶺南序, 贈金生序, 盤山丁氏世
稿序, 蒙學義彙序, 雲潭詩集序, 游蓮社觀紅葉詩序.

첫째, 送李參判(基讓)使燕序의 경우 이기양이 중국에 사신으로 갈
때 써 준 글이다. 1799년(38세) 가을(7월) 중국에 사신으로 갔다.

둘째, 韓校理(致應)使燕序의 경우 1799년(38세) 가을(7월) 이기양을
따라 중국에 사신으로 가는 한치응에게 써 준 글이다.

셋째, 送朴校理(鍾淳)使燕序의 경우 1799년(38세) 가을(7월) 이기양
을 따라 중국에 사신으로 가는 박종순에게 써 준 글이다. "余散秩閒居
凡僚友故舊之素嘗拍肩而接武者　莫肯一顧……苕川兼善之所嘗與余
游者也　余已買宅一區　及兼善之未還　而吾將隱矣"라는 구절로 보아
1799년(38세) 7월말 형조참의를 사직한 이후에 쓴 것임을 알 수 있다.

넷째, 送沈(奎魯)校理李(重蓮)翰林游金剛山序의 경우 구체적인 시
기를 알기 어려우나 내용으로 보아 서울에 있을 때 써 준 것으로 추정
된다. 따라서 1799년 곡산에서 서울로 돌아온 이후에 쓴 것일 가능성
이 크다. 배열순서와 내용으로 보아 1799년(38세) 가을 작일 가능성이

요가 있다.

크다.

다섯째, 兵曹參判吳公(大鎰)七十一壽序의 경우 제목 아래에 "己未"라고 원주가 붙어 있으므로 1799년 쓴 것임을 알 수 있다. 배열순서로 보아 1799년(38세) 가을 이후의 작일 가능성이 크다.

여섯째, 兵曹判書葉西權公(襹)七十一壽序 역시 제목 아래에 "己未"라고 원주가 붙어 있으므로 1799년 쓴 것임을 알 수 있다. 배열순서로 보아 1799년(38세) 가을 이후의 작일 가능성이 크다.

일곱째, 右副承旨庚塢韓公(光植)七十一壽序 역시 제목 아래에 "己未"라고 원주가 붙어 있으므로 1799년에 쓴 것임을 알 수 있다. 배열순서로 보아 1799년(38세) 가을 이후의 작일 가능성이 크다.

여덟째, 刑曹判書弘文館提學丁公七十八壽序의 경우 제목 아래에 "庚申"이라고 원주가 붙어 있으므로 1800년(39세) 쓴 것임을 알 수 있다.

아홉째, 僉知中樞府事韓公(光傳)七十四壽序의 경우 제목 아래에 "乙卯 冬"이라고 원주가 붙어 있으므로 1795년(34세) 겨울에 쓴 것임을 알 수 있다. 이것이 앞에 배열된, 1799년 및 1800년에 쓴 壽序들 뒤에 놓인 이유를 확실히 알기는 어려우나 나중에 추가된 것이 아닌가 생각된다.

열 번째, 中樞府事申公(義淸)百歲壽序의 경우 제목 아래에 "壬子 春"이라고 원주가 붙어 있으므로 1792년(31세) 봄에 쓴 것임을 알 수 있다. 이것이 앞에 배열된 1799년 및 1800년에 쓴 壽序들, 그리고 1795년의 僉知中樞府事韓公(光傳)七十四壽序 뒤에 놓인 이유를 확실히 알기는 어려우나 나중에 추가된 것일 가능성이 있다.

열한 번째, 族曾王母朴淑夫人九十五壽序의 경우 제목 아래에 "癸卯"라고 원주가 붙어 있으므로 1783년(22세)에 지은 것임을 알 수 있다. 여기에 배열된 이유를 역시 알기 어려우나 나중에 추가된 것일 가능성이 있다.

열두 번째, 尹季淵兄嫂申孺人六十一壽序의 경우 구체적인 저작 시기를 알기는 어려우나 "又至京司 過余而爲之說"이라는 구절이 있으므로 정약용이 서울에 있을 때 지은 것임을 알 수 있다. 이 작품 역시 이 위치에 배열된 이유를 알기 어려우나 혹시 나중에 추가된 것일 가능성이 있다.

열세 번째, 送震澤申公(光河)游白頭山序의 경우 제목 아래에 "己酉"라고 원주가 붙어 있으므로 1789년(28세) 지은 것임을 알 수 있다.

열네 번째, 送尹无咎出守祥原序의 경우 제목 아래에 "庚戌"이라고 원주가 붙어 있으므로 1790년(29세) 지은 것임을 알 수 있다.

열다섯 번째, 送榮川李監察(仁行)還山序 경우 내용상 서울에 있을 때 쓴 것이다. 送尹无咎出守祥原序와 바로 뒤의 送鄭瀚赴結城序(1800년 봄 작품, 뒤의 항목 참조 요) 사이에 있으므로 1790년(29세)에서 1800년(39세) 봄 사이의 작으로 일단 추정해 둔다.

열여섯 번째, 送鄭瀚赴結城序의 경우 제목 아래에 "庚申 春"이라고 원주가 붙어 있으므로 1800년(39세) 봄에 지은 것임을 알 수 있다.

열일곱 번째, 送浮屠海鎰遊嶺南序의 경우 내용상 강진에서 지은 것이다. 본문에 "嘉慶 癸亥 春"이라는 구절이 있으므로 1803년(42세) 봄 이후에 지은 것임을 알 수 있다. 강진 시기 작품이므로 이 글 역시 나중에 추가된 것일 가능성이 있다.

열여덟 번째, 贈金生序의 경우 제목 아래에 "康津 作"이라고 원주가 붙어 있으므로 강진 시기에 지은 것임을 알 수 있다. 본문 가운데 화순현과 관련하여 "先子之去是縣 今二十有五年"이라는 구절이 있다. 정재원이 화순현감을 마친 시기가 1779년 봄이므로 이로부터 계산하면 1803년이 된다. 따라서 1803년(42세) 작이다.

열아홉 번째, 盤山丁氏世稿序의 경우 장흥의 반산 정씨세고에 대한 서문이고 정약용은 강진 시절 이들과 교유하였다. 강진 시기에 지은 것으로 추정된다. 배열순서로 보아 1803년(42세)~1804년(43세) 작일 가능성이 있다.

스무 번째, 蒙學義彙序의 경우 본문에 "甲子冬 余兄(天全) 自黑山
海中 投余書一卷"이라는 구절이 있으므로 1804년(43세) 겨울 이후에
지은 것임을 알 수 있다.

스물한 번째, 雲潭詩集序의 경우 연담 유일에 대한 언급이 있다. 이
역시 강진 시절에 지은 것으로 추정된다. 배열순서로 보면 1804년(43
세)~1809년(48세) 사이 작일 가능성이 있다.

스물두 번째, 游蓮社觀紅葉詩序의 경우 말미에 "嘉慶十四年 己巳
霜降後三日"이라고 되어 있으므로 1809년(48세) 霜降(음력 9월 중순)
이후 세 번째 되는 날에 쓴 것임을 알 수 있다.[60]

5. 與猶堂集 雜文前編 제5책

(1) 雜文前編 제5책 제1권

잡문 전편 제5책 제1권에는 記 형식의 글들이 다음과 같이 수록되어
있다.

遊勿染亭記, 遊瑞石山記, 東林寺讀書記, 伴鶴亭記, 仙夢臺記, 晋
州義妓祠記, 游水鍾祠記, 月波亭夜游記, 晩漁亭記, 秋水亭記, 每善
堂記, 無號菴記, 賣心齋記, 有志堂記, 得月堂記, 望荷樓記, 與猶堂
記, 品石亭記, 守吾齋記, 四宜齋記.

---

60) 送浮屠海鎰遊嶺南序에서 游蓮社觀紅葉詩序까지의 글들은 강진 시기의 것
   인데 잡문 전편에 놓이게 된 것은 나중에 추가되었거나, 아니면 序 형식의 글
   들을 한 곳에 모으려고 생각하였기 때문일 수 있다. 이 문제에 대하여 다시
   한번 고찰이 필요하다. 한편 여유당전서본의 경우 游蓮社觀紅葉詩序의 아래
   에 宋京志序(癸未 代人作, 1823년)가 있다.

첫째, 遊勿染亭記의 경우 제목 아래에 "亭在同福縣 丁酉秋 家大人 知和順縣……厥明年 余得往遊焉"이라고 원주가 붙어 있다. 따라서 1778년(17세)에 지은 것임을 알 수 있다. 이것은 赤壁에 있다.

둘째, 遊瑞石山記에는 "余旣游赤壁之數日 曹公翊鉉 過余于琴嘯之堂" 및 "於是昆弟四人 復謀所以游瑞石者"라는 구절이 있으므로 물염정에 노닌지 얼마되지 않아 서석산을 유람하고 지은 것임을 알 수 있다. 즉 1778년(17세)에 지은 것이다.

셋째, 東林寺讀書記의 경우 본문에 "家君知縣之越明年冬 余與仲氏 住棲東林" 및 "如是者 凡四十日"이라는 구절이 있으므로 1778년(17세) 겨울 동림사에 40일간 머문 뒤에 지은 것임을 알 수 있다.

넷째, 伴鶴亭記의 경우 "余至醴泉之日 則巡視"라는 구절이 있으므로 부친 정재원이 예천현감이 되었을 적에 그를 따라가 지은 것임을 알 수 있다. 정재원이 예천현감이 된 것은 1779년(18세) 봄이다.

다섯째, 仙夢臺記의 경우 "醴泉之東 十餘里"라는 구절로 시작되므로 이 역시 예천 시절 지은 것임을 알 수 있다. 1779년(18세) 작으로 추정된다.

여섯째, 晋州義妓祠記의 경우 "祠久不葺 風雨漏落 今節度使洪公 爲之補其破觖 新其丹碧 令余記其事 自爲詩 二十八言 題之矗石樓上"이라는 구절로 끝나고 있으므로 장인 홍화보가 경상우도 병마절도사로서 진주에 머물고 있으면서 논개 사당을 보수하였을 때 지은 것임을 알 수 있다. 정약용이 진주에 장인을 방문한 것은 1779년(18세) 봄이지만 그것은 예천 가는 길이었다. 배열순서상 이 시가 예천에 도착한 글들 뒤에 놓인 것이 문제이다. 혹 예천에 도착한 뒤에 이 글을 완성하였을 수도 있다.

일곱째, 游水鍾寺記의 경우 "乾隆癸卯春 余以經義爲進士 將歸苕川……歸苕川之越三日 將游水鍾"이라는 구절이 있으므로 1783년(22세) 봄 정약용이 경의 진사가 된 뒤 고향에 돌아가 수종사에서 노닐고 지은 것임을 알 수 있다.

여덟째, 月波亭夜游記의 경우 "丁未夏 余于李休吉(名基慶)江亭 共治儷文……一日小雨新霽……李君曰……盍載酒浮瓜 爲月波之游"라는 구절이 있으므로 1787년(26세) 여름(성균관 시절)에 지은 것임을 알 수 있다.

아홉째, 晚漁亭記의 경우 내용에 다르면 만어정은 마포에 있었다. "鏞與公之孫永錫善 數至亭而謁于公 今已四五年矣……終未見有幾微不平之色 著乎其外 竊不勝其歎服之私 爲文以獻之如此"라는 구절이 있으므로 정약용이 서울에서 지은 것이며 永錫을 만난지 4~5년은 지난 이후의 글임을 알 수 있다. 배열순서 상으로는 1787년(26세) 여름 이후의 글이다.

열 번째, 秋水亭記의 경우 추수정이 용산 서쪽 마포에 있다고 하였다. 추수정의 주인과 주고 받은 얘기를 기록한 것이므로 역시 서울에 있을 때 지은 것으로 추정된다. 배열순서상 1787년(26세) 여름 이후 1789년(28세) 봄 정약용이 대과에 급제하기 이전의 글이다.

열한 번째, 每善堂記의 서두에 "鏞既通籍于朝 則謁樊巖相公于其第 指堂之額而請之曰 每善何謂也"라는 구절로 시작하고 있으므로 1789년 정약용이 과거에 급제한 직후에 지은 것으로 추정된다. 그가 대과에 급제한 것은 이 해 3월이다. 따라서 이 글의 저작 시기는 대략 1789년(28세) 3월경으로 추정된다.

열두 번째, 無號菴記의 경우 "座客有自號曰與猶堂居士 苕溪丁鏞"이라는 구절로 보아 정약용이 1799년 7월말 형조참의에서 물러난 이후 쓴 것으로 여겨진다. 하한은 1801년 2월 유배가기 이전이다.

열세 번째, 每心齋記의 경우 저작 시기를 확실히 알기 어려우나 "仲氏之歸苕川也 名其齋曰每心 令余記之"라는 구절로 시작되는 것으로 보아 이 역시 1799년 7월말 정약용이 관직을 물러난 후 쓴 것이 아닌가 생각된다. 하한은 1801년(40세) 2월 유배 가기 이전이다.

열네 번째, 有志堂記의 경우 구체적 시기를 알기 어려우나 내용으로 보아 서울에 머물 때 쓴 것이 아닌가 생각된다. 배열순서로는 1799년 (38세) 7월말 정약용이 관직을 물러난 후 쓴 것이어야 한다.[61]

열다섯 번째, 得月堂記의 경우 구체적 시기를 알기 어려우나 잡문 전편에 있는 점 및 "順之卜居龍仁之許門"이라는 구절로 보아 유배 이전에 지은 것으로 생각된다. 배열순서로는 1799년(38세) 7월말 정약용이 관직을 물러난 후 쓴 것이어야 한다.[62]

열여섯 번째, 望荷樓記의 경우 "壬子夏 吾昆弟 遭恤于晉州……服 旣闋扁其樓 曰望荷" 및 "伯氏屬余爲記"라는 구절이 있으므로 정약용이 부친의 복을 벗은 직후, 즉 1794년 여름에 지은 것으로 추정된다. 그러나 1800년(39세) 봄 부친의 기일(4월 9일)을 전후하여 지은 것일 가능성도 있다.[63]

열일곱 번째, 與猶堂記의 경우 "余之得斯義 且六七年 欲以顔其堂 旣而思之 且已之 及歸苕川 始爲書 貼于楣 並記其所以名……"이라는 구절로 마치고 있으므로 1799년(38세) 7월말 관직을 그만둔 뒤, 초천에 돌아와서 지은 것으로 추정된다.

열여덟 번째, 品石亭記의 경우 역시 "余旣歸苕川之別墅 日歟昆弟 親戚 會于酉山之亭"이라는 구절로 보아 1799년(38세) 7월말 관직을 그만둔 뒤, 초천에 돌아와서 지은 것으로 추정된다.

열아홉 번째, 守吾齋記의 경우 "曰子胡爲乎來此哉" 및 "吾仲氏佐 郎公 亦失其吾 而追而至於南海之中"이라는 구절로 보아 정약전이 흑 산도로 유배간 이후로써, 정약용이 강진에 머무르고 있을 때 지은 것

---

61) 그러나 有志堂記 이하 세 편의 글들은 연대순으로 배치된 것이 아닐 가능성 이 있다.

62) 그러나 有志堂記 이하의 세 편의 글들은 연대순으로 배치된 것이 아닐 가능 성이 있다.

63) 이럴 경우 앞의 두 작품은 1799년 이후의 글로 볼 수 있으며 望荷樓記를 포 함한 세 글이 모두 연대순서에 맞게 배열된 것으로 볼 수 있다.

으로 추정할 수 있다. 정약용이 강진에 도착한 것은 1801년(40세) 11월
하순이다. 이것이 잡문 전편에 실린 것은 뒤에 추가되었기 때문일 수
도 있고 같은 성격의 글을 한데 모으려는 생각 때문이었을 수도 있다.

　스무 번째, 四宜齋記의 경우 역시 강진에서 지은 것이다. 말미에
"嘉慶八年　冬十一月辛丑(初十日)　日南至之日　寔唯甲子歲之攸起也
是日讀乾卦"라는 구절이 있으므로 1803년(42세) 11월 10일(동지)에 지
은 것임을 알 수 있다. 이것이 잡문 전편에 실린 것은 뒤에 추가되었기
때문일 수도 있고 같은 성격의 글을 한데 모으려는 생각 때문이었을
수도 있다.

(2) 雜文前編 제5책 제2권

　잡문 전편 제5책 제2권에는 記 형식의 글들이 다음과 같이 수록되어
있다.

　　南湖汎舟記, 河陽李潑碑記, 海美南相國祠堂記, 丹陽山水記, 洪節
度御賜角弓記, 再游矗石樓記, 游洗劍亭記, 北營罰射記, 寄園記, 羽
化亭記, 芙蓉亭侍宴記, 梧竹軒記, 永保亭宴游記, 釣龍臺記, 游鳥棲
山記, 淸時野草堂記, 奎瀛府校書記, 游天眞菴記, 竹欄花本記, 谷山
政堂新建記, 書香墨味閣記, 芙蓉堂記, 紫霞潭汎舟記, 高達窟記, 黃
州月波樓記, 蒼玉洞記, 觀寂寺記.

　첫째, 南湖汎舟記의 경우 "己酉秋　得告覲于蔚　適値仲秋　月夜　與數
客　汎舟游於南湖之上"이라는 구절로 보아 1789년 가을 울산부사로 있
던 부친을 뵙고 마침 추석을 맞아 달밤에 남호에 노닐고서 지은 것임
을 알 수 있다. 즉 저작 시기는 1789년(28세) 8월 15일 직후이다.

　둘째, 河陽李潑碑記의 경우 내용만으로는 저작 시기를 알기 어렵
다.64)

셋째, 海美南相國祠堂記의 경우 말미에 "庚戌春 余以翰林謫居海美 海美之地 有公祠堂……歸而爲之記 如此"라는 구절이 있다. 1790년 봄 해미로 유배 갔다가 바로 풀려 돌아온 뒤에 지은 것임을 알 수 있다. 3월 19일에 해배 명령을 받았으므로 이 글은 1790년(29세) 3월 하순 이후에 쓴 것으로 보아야 할 것이다.

넷째, 丹陽山水記의 경우 "庚戌夏 余旣辭翰林 遂以是秋 謁告省覲 于蔚山之府 取路竹嶺 將歸京師時……遂自丹陽徑趨雲巖"이라는 구절이 있다. 1790년(29세) 여름에 한림을 사직하고 나서 이 해 가을에 부친을 뵈러 울산에 갔다가 귀경하는 길에 단양을 유람하고서 지은 것임을 알 수 있다.

다섯째, 洪節度御賜角弓記의 경우 "余旣隸閣科 每內苑試射 輒以 不中受罰……公曰 我玆御賜之弓 宜傳吾世 而吾兒病矣 子其領之"라 는 구절로 보아 정약용이 1789년 과거에 급제하여 규장각 초계문신이 된 이후의 글임을 알 수 있다. 배열순서로 보면 1790년(29세) 가을 이후 1791년(30세) 봄 사이의 글이다. 바로 뒤의 글이 1791년 봄의 작품 이다. 혹 1791년 봄 진주로 장인을 방문하였을 때 활을 받고서 쓴 글일 가능성도 있다.

여섯째, 再游矗石樓記의 경우 "庚子之春 外舅洪公 爲晉陽節度 嘗 登斯樓而一飮 越十有二年 春 家大人知晉州 余時從翰林作散官 遂謁 告省覲 又登斯樓"라는 구절이 있으므로, 부친이 진주목사로 있었던 1791년 봄(3월) 다시 촉석루를 방문하고 지은 글임을 알 수 있다. 따라 서 이 글의 저작 시기는 1791년(30세) 3월이다.

일곱째, 游洗劍亭記의 경우 "辛亥之夏 余與韓徯父諸人 小集于明 禮坊"이라는 구절로 보아 1791년(30세) 여름에 지은 글임을 알 수 있 다.

---

64) 여유당전서본에는 누락되어 있다. 혹 1789년 가을 정약용이 울산을 왕래하던 길에 하양에 들러 李潑의 비를 본 것이 아닌가 생각되기도 한다.

여덟째, 北營罰射記의 경우 "辛亥之秋九月 上御春塘臺 命閣果諸臣 射熊帿十巡 臣鏞……等 並未滿四矢……於是 臣等赴北營……旣十日 射藝益進 遂蒙放"이라는 구절이 있다. 따라서 1791년 가을(9월) 춘당대에서 활쏘기를 잘 못하여 벌로 북영에서 활쏘기 연습을 열흘 한 뒤에 기록한 글임을 알 수 있다.

아홉째, 寄園記의 경우 "南皐尹彛叙 旣釋褐十有餘年 一秉之祿 未或偶及……適李君是鈘……他以其屋與之彛叙 遂寄于是 而屋後有杏園一區 玆所謂寄園也"라는 구절로 보아 윤이서가 과거에 급제한지 십여 년 뒤의 일을 기록한 것임을 알 수 있다. 배열순서로는 1791년 가을 이후의 작이다. 아마도 1792년 4월 정약용의 부친 정재원의 타계 이전의 글로 보인다.[65] 남고 윤지범은 1777년 과거에 급제하였다.[66] 이 글의 시기를 위와 같이 보는 것이 타당성이 있다.

열 번째, 羽化亭記의 경우 "甲寅首冬 余奉命爲暗行御史 自漳縣徒步北行……忽見石壁削立 當壁之頂有亭……上瞻其額 乃羽化亭也"라는 구절이 있으므로 1794년 초겨울 경기지역 암행어사로 나갔을 때 우화정에 이르러 지은 것임을 알 수 있다. 사암선생연보에 따르면 정약용이 암행어사로 나간 것은 1794년 10월 29일이고 복명한 것은 11월 15일로, 이 사이의 작품이다.[67] 먼저 경기북부를 암행하였으므로 이 시는 11월 초순에 지은 것으로 추정된다.

열한 번째, 芙蓉亭侍宴記의 경우 "當宁十九年春 上設賞花釣魚宴 以臣鏞在奎瀛府撰書 有筆硯之勞 特命與宴"이라는 구절이 있으므로 정조 19년(1795, 34세) 봄 지은 것임을 알 수 있으며 그 가운데에서도 늦은 봄이었다.[68]

---

65) 이후 만 2년의 복상 기간 중에는 정조의 명에 의해 수원 성제에 관한 글을 쓴 것 외에는 글을 쓰지 않았다고 생각된다.

66) 「남고윤참의묘지명」, 『전서』 시문집 묘지명 부분.

67) 『年譜』, 40쪽.

68) 이 잔치가 있었던 것은 이 해 3월이었다.

열두 번째, 梧竹軒記의 경우 본문에 "梧竹軒者 金井驛察訪之所處 也"라고 하므로 1795년 가을 금정찰방으로 갔을 때 지은 것임을 알 수 있다. 금정일록에 따르면 금정에 도착한 것은 7월 29일이므로[69] 이 글 의 저작 시기는 1795년(34세) 7월 29일 이후가 된다. 도착 후 얼마되지 않아 자신을 달래는 뜻으로 쓴 것으로 여겨진다.

열세 번째, 永保亭宴游記의 경우 본문에 "乙卯秋 始從金井 獲登斯 亭"이라는 구절이 있으므로 1795년 가을 금정찰방 때 영보정을 방문하 고 지은 것임을 알 수 있다. 금정일록에 의하면 영보정을 방문한 것은 8월 12일이다.[70]

열네 번째, 釣龍臺記의 경우 "今年秋 余在金井……以九月之望 汎 舟皐蘭寺下 登所謂釣龍臺"라는 구절이 있으므로 1795년 9월 보름 조 룡대를 방문하고 지은 것임을 알 수 있다. 금정일록에 따르면 조룡대 를 방문한 것은 보다 정확하게는 1795년 9월 14일이다.[71]

열다섯 번째, 游烏棲山記의 경우 "余自扶餘還之數日 申進士(宗洙) 過余 言烏棲之勝……方飯……徹食 逐與申公至烏棲之下"라는 구절로 보아 1795년 9월 부여에 갔다가 돌아온 며칠 뒤에 오서산을 방문하고 지은 글임을 알 수 있다. 금정일록에 따르면 부여에서 금정에 돌아온 것은 9월 17일이다.[72] 따라서 游烏棲山記의 저작 시기는 1795년(34세) 9월 20일경이 된다.

열여섯 번째, 淸時野草堂記의 경우 "丙辰春 鏞旣謁告而覲荷潭之塋 歸而訪族父海左翁"이라는 구절이 있으므로 1796년 봄 하담 선영에 참 배하고 돌아오는 길에 당시 원주 법천에 살고 있던 정범조를 방문한 일을 기록한 것이다. 이때는 대략 1796년(35세) 4월 중순경이었다.

열일곱 번째, 奎瀛府校書記의 경우 규장각에서 史記를 교정한 일을

---

69) 『여유당전서보유』 2, 4쪽.
70) 『여유당전서보유』 2, 9쪽.
71) 『여유당전서보유』 2, 17쪽.
72) 『여유당전서보유』 2, 18쪽.

기록한 것이다. 본문에 "丙辰冬 臣鏞……臣齊家(朴檢書) 承召入奎瀛府 校史記"라는 구절이 있으므로 1796년 겨울에 史記 교정에 참여하였음을 알 수 있다. 사암선생연보에 따르면 규장각에서 校書하도록 명을 받은 것은 1796년 10월이었으나,[73] 규영일기에는 11월 16일이다.[74] 또 사암선생연보에 따르면 12월 1일에 병조참지, 12월 3일에 우부승지가 된다.[75] 따라서 이 글은 1796년(35세) 11월 16일~11월 말일 사이의 글이다.

열여덟 번째, 游天眞菴記의 경우 "丁巳之夏 余在明禮坊 石榴初華……遂行至苕川 越翼日……於是 昆弟四人 與宗人三四人 共詣天眞"이라는 구절이 있으므로 1797년(36세) 여름 석류꽃이 필 무렵 천진암을 방문하고서 나서 지은 것임을 알 수 있다. 이때가 정확하게는 오월 단오 전날이었다(앞 시의 저작 연대 부분에서 이때의 시 참조 요). 따라서 이 글의 시기는 1797년(36세) 5월 4일 이후가 된다. 다만 함주일록에 따르면 이 해 6월 20일 동부승지에 제수되었으나 이에 대하여 의논이 분분하여 체직되고 대신 윤6월 2일 곡산부사에 제수된다.[76] 동부승지로 제수된 이후에는 차분히 있을 겨를이 없었다고 생각된다. 따라서 이 글은, 1797년(36세) 5월 4일 이후 6월 20일 동부승지로 제수되기 이전에 쓴 것으로 추정된다.

열아홉 번째, 竹欄花木記의 경우 "余家明禮之坊"이라는 구절이 있다. 죽란은 명례방의 집을 가리키므로 서울 명례방에 있을 때 지은 것임을 알 수 있다. 游天眞菴記와 谷山政堂新建記의 사이에 있으므로 1797년 단오 때 천진암에 갔다 온 뒤, 곡산부사로 임명되기 전에 지은 것으로 추정된다(5월 중순~윤6월초). 석류 이야기를 하고 있으므로 계절은 여름으로 추정된다. 함주일록에 따르면 정약용은 1797년 6월

---

73) 『年譜』, 70쪽.
74) 『여유당전서보유』 2, 41쪽.
75) 『年譜』, 72쪽.
76) 『여유당전서보유』 2, 46~50쪽.

20일 동부승지에 임명되고 윤6월 초2일 다시 곡산부사를 제수받는
다.[77] 이 글 역시 1797년(36세) 5월 4일 이후 6월 20일 동부승지로 제
수되기 이전에 쓴 것으로 추정된다.

　스무 번째, 谷山政堂新建記의 경우 "余至谷山之數月 吏民之請改建
政堂者 以百數" 및 "凡半年而落"이라는 구절이 있다. 함주일록에 따
르면 정약용이 서울에서 곡산으로 출발한 것은 1797년 윤6월 6일이었
다.[78] 곡산에 당도한 것은 대략 윤6월 10일경이었을 것이다. 여기에서
계산해 보면 대략 1798년(37세) 2월경에 이 글을 지은 것으로 추정해
볼 수 있다.

　스물한 번째, 書香墨味閣記의 경우 곡산 정당을 짓고 남은 흙과 돌
로 書香墨味閣을 지은 것을 기록한 글이므로 谷山政堂新建記보다 얼
마 뒤에 지은 것으로 추정할 수 있다. 즉 대략 1798년(37세) 2월 이후
의 글이다.

　스물두 번째, 芙蓉堂記의 경우 해주 감영의 부용당에서의 잔치를 기
록한 것이다. "今荷花盛開"라는 구절이 있으므로 계절은 연꽃이 활짝
필 무렵이었음을 알 수 있다. 書香墨味閣記(1798년 2월경)와 紫霞潭
汎舟記(1798년 8월) 사이에 있으므로 1798년(37세) 여름 연꽃이 활짝
피었을 때(8월 이전)로 저작 시기를 추정할 수 있다.

　스물세 번째, 紫霞潭汎舟記의 경우 "以八月之望 於柳浪村北 乘舟
至紫霞潭"이라는 구절이 있으므로 1798년(37세) 8월 15일 자하담을 방
문한 일을 기록한 것임을 알 수 있다. 1799년 8월에는 서울에 가 있었
다.

　스물네 번째, 高達窟記의 경우 "余至府之數月 因有强盜殺越人 嘗
過此窟 而忽忽有餘戀 越明年春 遂與二兒二客再訪至窟 月夜吹簫 令
山鬼皆驚 歸而記之如此"라는 구절이 있으므로 일단 1798년(37세) 봄

---

77) 『여유당전서보유』 2, 56쪽.
78) 『여유당전서보유』 2, 70쪽.

에 지은 것으로 추정된다. 紫霞潭汎舟記의 뒤에 있으므로, 왜 여기에 배치되었는지가 문제이다. 고달굴을 재차 방문한(1798년 봄) 직후에 짓지 않고 紫霞潭汎舟記를 짓고 나서 지었기 때문일 수도 있다. 즉 1798년 8월 15일 紫霞潭을 방문하고 난 다음 다시 高達窟을 찾고 나서 지은 것일 가능성도 있다.[79]

스물다섯 번째, 黃州月波樓記의 경우 "己未春 詔使至 余以迎慰使 赴黃州 適値月夜"라는 구절이 있으므로 1799년(38세) 봄(2~3월)에 영위사로 황주에 갔을 때 지은 글임을 알 수 있다. 사암선생연보에 따르면 이 해 2월에서 3월 사이 50일간 황주에 머물렀다.[80]

스물여섯 번째, 蒼玉洞記의 경우 "己未春 余携二子"라는 구절이 있으므로 1799년 봄에 지은 것으로 추정된다. 1799년(38세) 봄에 황주에 영위사로 갔다 온 뒤(대략 3월 하순 이후 4월 사이)에 지은 것이 아닌가 생각된다.

스물일곱 번째, 觀寂寺記의 경우 "余從蒼玉洞 還至摩河灘 二子斂袵而請曰 聞觀寂之勝 不減蒼玉"이라는 구절이 있으므로 1799년(38세) 봄 창옥동을 방문한 뒤 다시 관적사에 들른 다음 지은 것으로 생각된다(대략 3월 하순 이후 4월 사이).

(3) 雜文前編 제5책 제3권

잡문 전편 제5책 제3권에는 記 · 題 형식의 글들이 다음과 같이 수

---

79) 앞서 시 부분에서 살핀 바와 같이 곡산부사 시절 지은 시 獨游高達寺懷李察訪再用前韻의 경우 배열순서상, 그 저작 시기는 1798년(37세) 가을이다. 바로 뒤에 8월 15일 지은 시, 八月十五日陪李觀察(義駿)汎舟紫霞潭至烏淵後月汎至文城橋夜還此間山水絶勝而前此無人來游余餘李公實朔爲之가 있다. 8월 15일 당시 황해감사 이의준과 함께 자하연에 노닐었으며, 1789년 8월 15일 얼마 전에도 정약용은 고달굴을 방문한 적이 있음을 알 수 있다. 즉 정약용은 고달굴을 여러 차례 찾은 것이다.

80) 『年譜』, 102~104쪽.

록되어 있다.

> 游石林記, 臨淸亭記, 筶上烟波釣叟之家記, 御賜芙蓉扇記, 五客記,
> 華城五星池記, 谷山北坊山記, 題讀易要旨後, 題山人紙障子, 題毛大
> 司子母易掛圖說, 題申靑泉聞見錄, 題西厓懲毖錄, 題藏上人屛風, 題
> 江陵崔君(秉浩)詩卷, 題兼濟院節目後, 題姜豹菴桃花源圖, 題家藏太
> 極圖說考正本, 題家乘抄略, 題毛奇齡喪禮吾說篇, 題徐乾學喪期表,
> 題黃裳幽人帖, 題家藏畵帖, 題李琴招詩卷.

첫째, 游石林記의 경우 "庚申夏 余閒居旣久"라는 구절로 보아 1800
년(39세) 여름에 지은 것임을 알 수 있다. 초천에 내려와 있다가 정조
의 명을 받고 서울로 돌아와 지은 것이다. 앞의 1800년 여름경의 시 부
분을 보면 "乘小舟捕魚得兒書 知有召命 明日下峽 恭述微忱"이라는
시가 있다. 이 시의 경우 배열순서로 보아 1800년 4월 하순 이후의 작
이다. 정조의 召命이 있다는 소식을 아들로부터 편지로 알고, 다음날
서울로 올라가 예를 차리고 지은 시이다.[81] 따라서 이 글 游石林記는
대략 1800년 4월 하순 이후로, 1800년(39세) 6월 초순경의 작품으로 생
각된다. 늦어도 6월 12일 이전이다.[82]

---

81) 서울에 돌아와서, 규장각에서 교서하고 있으라는 명령을 받았다(『年譜』, 119
   쪽). 이때 규장각이 春坊俟定處所가 되어 있었으므로 장차 정약용에게 동궁
   (후의 순조)의 교육을 맡기려는 생각을 정조가 갖고 있었던 것이 아닌가 생
   각된다.

82) 1800년 6월 12일 작의 시로 六月十二日蒙賜漢書恭術恩念이 있기 때문이다.
   이 시는 6월 12일 밤 정조에게서 漢書를 하사받고 지은 시이다. 한편 乘小舟
   捕魚得兒書 知有召命 明日下峽 恭述微忱에서는 다음날 한강을 내려간 것으
   로 되어 있으나 游石林記에는 "卽日西歸"라고 되어 있어 둘 사이에 차이가
   있다. 그 날로 바로 차비하여 출발하였으나 서울에 당도한 것은 다음날이 아
   니었나 생각된다. 즉 그 날은 육로로 바로 출발하고 다음날 한강 수로로 한양
   에 간 것이 아닌가 생각된다. 사암선생연보에 따르면 초천으로의 귀향 시기
   를 봄이라고 하고 있으나(『年譜』, 119쪽), 이 游石林記 및 다음 筶上烟波釣
   叟之家記의 기록(庚申孟夏)으로 보아 초여름으로 보는 것이 옳다. 정약용이

둘째, 臨淸亭記의 경우도 내용으로 보아 游石林記와 비슷한 시기가 아닌가 생각된다. 1800년(39세) 4월 하순 이후 1800년(39세) 6월 12일 이전 작품으로 여겨진다.

셋째, 苕上烟波釣叟之家記의 경우 "庚申孟夏 率妻子至苕川之墅 方將料理浮家 聖主聞其去 令內閣召還"이라는 구절로 보아 1800년 초여름 고향 초천에 솔가하여 내려온 뒤 다시 임금 정조의 소환명령을 받고 서울에 돌아와 지은 것임을 알 수 있다. 따라서 이 글의 저작 시기도 1800년(39세) 4월 하순 이후로서 1800년(39세) 6월 12일 이전의 작품으로 생각된다.

넷째, 御賜芙蓉扇記의 경우 김홍도가 그림을 그린 부채를 정조가 정약용에게 하사하였는데 이에 대하여 기록한 것이다. 글 내용만으로는 저작 시기를 알기 어려우나 1800년(39세) 여름 정약용이 정조를 생각하면서 쓴 글일 가능성이 없지 않다. 혹은 이보다 이른 시기에 정조로부터 부채를 하사받고 쓴 것이 나중에 추가로 뒤에 덧붙여 진 것일 가능성도 있다.

다섯째, 五客記의 경우 제목 아래에 "內閣應敎"라는 구절이 있으므로 규장각 시절 지은 것이다. 나중에 추가된 것일 가능성이 있다.

여섯째, 華城五星池記의 경우 "今年秋 余謫金井 路由華城 見甕城門上 有五穴橫穿"이라는 구절이 있으므로 1795년 가을 금정찰방으로 좌천되어 가던 길에 수원에서 오성지를 보고 지은 것이다. 금정일록에 의하면 이때 수원을 지난 것은 1795년(34세) 7월 27일이다.[83] 이 작품 역시 나중에 추가된 것일 가능성이 있다.

충주에서 서울에 돌아온 것이 대략 4월 하순경이 된다. 아마도 충주 하담으로의 성묘길에서 귀향을 결심하여 서울에 돌아온 뒤 솔가하여 서울에서 고향에 내려왔던 것이 아닌가 생각된다. 이때가 바로 4월 하순~5월경이 아닌가 생각된다. 사암선생연보에 따르면 초천에 내려온지 며칠 후에 정조의 명령을 받았다(『年譜』, 119쪽).

83) 『여유당전서보유』 2, 3쪽.

일곱째, 谷山北坊山記의 경우 내용을 보면 1798년 3월 27일에서 29일까지의 여정을 기록한 것임을 알 수 있다. 이 역시 나중에 추가된 것일 가능성이 있다.[84]

다음으로 題 형식 글들의 저작 시기에 대하여 살펴보기로 한다.

첫째, 題讀易要旨後의 경우 말미에 "丙午端午日 書于寶恩山房"이라고 되어 있으므로 1806년(45세) 5월 5일 단오날에 강진 보은산방에서 쓴 것임을 알 수 있다.

둘째, 題山人紙障子의 경우 내용만으로는 저작 시기를 알기 어려우나, 전체의 내용이 산중의 은거 생활을 기리는 것이므로 이 역시 보은산방 시절 쓴 것이 아닌가 추정되기도 한다. 山人은 정약용 자신을 가리키는 것 같기도 하다.

셋째, 題毛大可子母易掛圖說의 경우 정확한 시기를 알기는 어려우나, 모기령의 易學에 대한 비판이므로 강진 시절 周易四箋을 지을 때 함께 지은 것으로 추정된다.

넷째, 題申靑泉聞見錄의 경우 내용만으로는 저작 시기를 알기 어렵다.[85]

다섯째, 題西厓懲毖錄의 경우 내용만으로는 저작 시기를 알기 어렵지만 혹 강진 시절 備禦考를 준비하면서 題申靑泉聞見錄과 비슷한 시기에 지은 것이 아닌가 생각되기도 한다.[86]

---

84) 御賜芙蓉扇記에서 谷山北坊山記까지의 글은 나중에 뒤에 덧붙여진 것일 가능성을 배제할 수 없다. 혹은 앞의 游石林記, 臨淸亭記, 苕上烟波釣叟之家記부터 뒤의 題 형식의 글들을 모두 포함하여 이 제3권이 모두 나중에 별도의 편집으로 이루어졌을 가능성도 있다. 뒤의 題 형식 글들 가운데, 강진 유배 이후에 지어진 것들도 있고 또 순서상 뒤에 있는 글이 앞의 글보다 앞선 시기의 것도 있기 때문이다.

85) 여유당전서본에 누락되어 있다.

86) 규본 및 여유당전서본에 누락되어 있고 정본에만 있다. 정본의 경우, 제목 위 여백에 희미하게 "刪"이라는 글자가 보인다. 나중에 삭제해야 된다고 생각한 것이 아닌가 여겨진다.

여섯째, 題藏上人屛風의 경우 정확한 시기를 알기 어렵다.[87]

일곱째, 題江陵崔君(東浩)詩卷의 경우 정확한 시기를 알기 어려우나 내용상 유배 이전의 글로 추정된다.

여덟째, 題耽羅妓萬德所得搢紳大夫贈別詩卷의 경우 "丙辰秋 耽羅妓萬德 驛至京 越明年春 萬德回自金剛 將還其鄕 左丞相蔡公 爲立小傳"이라는 구절이 있으므로 1797년(36세) 봄 채제공이 만덕을 위해 傳을 지은 뒤, 만덕을 위한 贈別詩卷 권두에 제한 것임을 알 수 있다.

아홉째, 題兼濟院節目後의 경우 "及任谷山 適編管至者八九人……訴以苦 蓋主客俱困也……刱兼濟院"이라는 구절로 보아 1797년 가을 곡산부사로 부임한지 얼마되지 않아 지은 것으로 추정된다. 곡산에 당도한 것은 대략 1797년 윤6월 10일경으로 생각된다. 따라서 이 글의 저작 시기는 1797년(36세) 윤6월 중순~하순경이 되리라고 추정된다.

열 번째, 題姜豹菴桃花源圖의 경우, 구체적 시기를 알기 어려우나 정약용이 서울에 살 때 강세황의 집이 가까이 있어 그림을 구경하러 다녔는데 이때 지은 것으로 추정된다.

열한 번째, 題家藏太極圖說考正本의 경우 저작 시기를 구체적으로 알기는 어려우나 태극 문제에 대한 확정된 견해를 갖고 있지 않으므로 젊은 시절에 지은 것이 아닌가 생각된다.

열두 번째, 題家乘抄略의 경우 내용만으로는 저작 시기를 알기 어렵다. 비슷한 내용으로 題家乘撮要가 있다.

열세 번째, 題毛奇齡喪禮吾說篇의 경우 구체적 저작 시기를 알기

---

87) 말미에 "筠菴"이라는 말이 있다. 앞으로 균암이라는 호를 정약용 자신이 언제 썼는지 찾아내야 할 것이다. 다만 정약용의 균암만필(현재 전해지지 않음)에 언급되는 구절이 서울 재조 시의 것이 많다. 이 점은 균암이라는 호를 언제 사용했는지에 대한 시사가 될 수 있지만, 균암만필의 집일본이 만들어져야 보다 확실한 추정을 할 수 있을 것이다. 이 글에서 말하는 장상인은 혹 정약용 자신을 가리키는 것처럼 생각되고 글의 내용으로 보아 계절은 겨울이었다.

어려우나 내용으로 보아 강진에서 喪禮四箋을 지을 때 쓴 것이 아닌가 생각되기도 한다.

열네 번째, 題徐乾學喪期表의 경우 역시 구체적 저작 시기를 알기 어려우나 내용으로 보아 강진에서 喪禮四箋을 지을 때 쓴 것이 아닌가 생각되기도 한다.

열다섯 번째, 題黃裳幽人帖의 경우 강진 시절의 제자 黃裳에게 써 준 것이므로 강진 이후에 지은 것으로 생각할 수 있다.

열여섯 번째, 題家藏畵帖의 경우 저작 시기를 알기는 어려우나 家藏 화첩에 제한 것이므로 강진 시기의 것으로 보기는 어렵다.

열일곱 번째, 題李琴招詩卷의 경우 역시 저작 시기를 알기 어려우나 강진 시절에 지은 것 같지는 않다.

6. 與猶堂集 雜文前編 제6책

(1) 雜文前編 제6책 제1권

잡문 전편 제6책 제1권에는 跋 형식의 글들이 다음과 같이 수록되어 있다.

> 跋神宗皇帝墨竹圖障子, 跋箕子井田圖, 跋三釜帖, 跋十世遺墨, 跋平百濟塔, 跋竹南簡牘, 跋夜醉帖, 跋翠羽帖, 跋恭齋朝鮮圖障子, 跋朝鮮地圖帖, 跋荒山大捷碑, 跋神德紀蹟碑帖, 跋龍氏墓碣銘, 跋奇器圖帖, 跋湖州碑, 跋東征二十一錄, 跋曼殊傳, 跋玉音問答, 跋太宰純論語古訓外傳, 跋顧亭林生員論, 跋戰守機宜, 跋李萬頃封事草, 跋東山子貨殖傳注, 跋海槎聞見錄, 跋擇里志, 跋紀年兒覽, 跋海東樂府, 跋光國志慶錄, 跋廣孝錄, 跋畵櫻帖, 跋植木年表, 跋風雅遺秉, 跋乙卯冊實帖, 跋御賜樊巖詩帖, 跋祥刑攷草本, 跋賮載帖, 跋兵學通, 跋梧膓人陣圖解, 跋防禦使朴公(震英)家所藏鎭江游擊府牌, 跋游藝齋

銘, 跋竹欄物名攷, 心經疾書跋, 跋小學補箋.

첫째, 跋神宗皇帝墨竹圖障子의 경우 말미에 "司空麟 取以示余 乞 余題一言"이라는 구절이 있으므로, 확실하지는 않으나 서울에 있을 때 지은 것이 아닌가 생각된다.

둘째, 跋箕子井田圖 역시 정확한 저술 시기를 알기는 어려우나 한 백겸의 정전도를 보고 발문으로 쓴 것이므로 서울에 있을 때 지은 것이 아닌가 생각된다.

셋째, 跋三釜帖의 경우 정약용이 9세 때, 연천의 허목 집안에서 삼부첩 원본을 얻어 필사하여 둔 것에 자신이 발문을 단 것이다. 구체적 저작 시기는 알기 어려우나 젊은 시절 지은 것으로 추정된다.[88]

넷째, 跋十世遺墨의 경우 역시 구체적 저술 시기를 알기는 어려우나 압해 정씨 집안 10대의 유묵에 대한 跋文이며 바로 뒤의 跋平百濟塔이 1795년(34세) 9월 14일 금정찰방 시절 부여를 방문하고 쓴 것이다. 이 작품은 그 앞에 있으므로 일단 그 이전에 쓴 것으로 추정해 둔다.

다섯째, 跋平百濟塔의 경우 1795년 가을 금정찰방 재직 시에 부여를 방문한 일이 있다. 이때 평제탑(정림사지 탑)을 보고 나서 쓴 것이다. 금정일록에 의하면 1795년 9월 13일에서 15일에 걸쳐서 부여를 유람하였고 9월 14일 평제탑을 지나다가 그 비문을 읽었다.[89] 이 글은 짤막한 것이므로 당일 지은 것일 수도 있다. 跋平百濟塔 앞에 있는 拔 형식의 글들은 일단 금정 시절 이전에 지은 것으로 일단 추정해 둔다.

여섯째, 跋竹南簡牘의 경우 역시 내용만으로는 정확한 시기를 알기 어려우나 跋平百濟塔 뒤에 있으므로 일단 1795년(34세) 가을~겨울

---

88) 이 바로 뒤에 여유당전서본의 경우 拔水雲亭帖이 있다. 규본과 정본에 누락 되어 있다. 1789년 가을 울산에서 부친을 뵙고 오는 길에 정약용이 단양의 雲 巖莊에 들른 일이 있는데(『年譜』, 20쪽) 그때 쓴 것이 아닌가 생각된다.
89) 『여유당전서보유』 2, 17~18쪽.

금정 시절의 이후에 지은 것으로 추정해 둔다.

일곱째, 跋夜醉帖의 경우 이광사의 글씨를 모은 夜醉帖에 발문을 쓴 것인데 내용만으로는 정확한 시기를 알기 어렵다. 강진 유배 당시 강진·해남 등지에 이광사의 영향과 필적이 많이 남아 있었으므로 그때 썼을 가능성이 있다. 그러나 강진·해남 등지에서의 이광사 관련 언급이 없는 것으로 보아 강진 유배 시절 전에 지은 것일 수도 있다.

여덟째, 跋翠羽帖의 경우 해남 윤씨 윤용(공재 윤두서의 손자)의 화첩에 대한 발문이다. 강진 시절 지은 것으로 추정된다. 그러나 정약용의 집에 해남 윤씨가의 유묵이 많이 있었다고 하므로 유배 이전의 글일 수도 있다.

아홉째, 跋恭齋朝鮮圖障子의 경우 역시 강진 시절, 해남 연동에 있는 윤두서의 조선도를 보고 발문을 쓴 것으로 생각된다. 그러나 정약용의 집에 해남 윤씨가의 유묵이 많이 있었다고 하므로 유배 이전의 글일 수도 있다.

열 번째, 跋朝鮮地圖帖의 경우 "余於京畿三南海西 游歷殆遍"이라는 구절이 있는 것으로 적어도 곡산부사 시절 이후, 즉 1799년(38세) 5월 곡산에서의 서울로의 귀환 이후의 글로 추정된다.

열한 번째, 跋荒山大捷碑의 경우 내용만으로는 구체적인 저작 시기를 알기 어렵다.

열두 번째, 跋神德紀蹟碑帖의 경우 "己未夏 臣自谷山歸 適因淸燕奏之 會八月旣望 適値神德忌日 上緬然興感 命於龍淵石柱之傍 建閣立碑 以紀其蹟 此其搨本"이라는 구절이 있으므로 1799년(38세) 8월 16일(신덕왕후 기일) 이후에 지은 것임을 알 수 있다.

열세 번째, 跋龍氏墓碣銘의 경우 "右龍氏墓碣識 其墓在谷山府北八十里"라는 구절로 시작되는 것으로 보아 곡산 시절에 지은 것이 아닌가 추정되지만 바로 앞의 글이 곡산에서 돌아온 이후의 글이므로 이 작품도 곡산에서 돌아온 이후의 글일 가능성도 있다.

　열네 번째, 跋奇器圖帖의 경우 본문에 "丙辰冬 余在奎瀛府校書 得見奇器圖 歸而令工畵者金生移描"라는 구절이 있는 것으로 1796년(35세) 겨울에 쓴 것임을 알 수 있다. 규영일기에 따르면 규장각 교서의 명을 받은 것은 11월 16일이며,[90] 규장각에 근무한 것은 11월말까지이다. 따라서 이 글의 저작 시기는 1796년(35세) 11월 16일~11월말 사이로 추정된다.

　열다섯 번째, 跋湖州碑의 경우 내용만으로는 저작 시기를 알기 어려우나 노골적으로 불교를 비판하고 있는 것으로 보아 강진 시절 이전에 쓴 것이라고 추정된다.

　열여섯 번째, 跋東征二十一錄의 경우 내용만으로는 구체적인 저술 시기를 알기 어렵다.

　열일곱 번째, 跋曼殊傳의 경우 내용만으로는 구체적인 저술 시기를 알기 어렵다.

　열여덟 번째, 跋玉音問答의 경우 내용만으로는 구체적인 저술 시기를 알기 어렵다.

　열아홉 번째, 跋太宰純論語古訓外傳의 경우 내용만으로는 구체적인 저술 시기를 알기 어려우나 일방적으로 太宰純을 공격하고 있는 것으로 보아 강진 시절 論語古今注를 짓기 이전의 글로 생각된다.

　스무 번째, 跋顧亭林生員論의 경우 내용만으로는 구체적으로 저술 시기를 알기 어려우나 젊은 시절에 쓴 것이 아닌가 생각된다.

　스물한 번째, 跋戰守機宜의 경우 "臣於乙卯春 以兵曹參議扈從 至華城 始見城制"라는 구절로 보아 1795년(34세) 윤2월에 있었던 정조의 을묘원행 이후에 쓴 것임을 알 수 있다.

　스물두 번째, 跋李萬頃封事草의 경우 내용만으로는 저작 시기를 알기 어렵다. 혹 성호 이익을 그의 부형이라고 하므로, 1795년 가을~겨울 사이 금정찰방 시절 예산 부근의 여주 이씨들과 교유하면서 李萬頃

---

90)『여유당전서보유』2, 41쪽.

의 封事를 보고 지은 것일 수도 있다.

스물세 번째, 跋東山子貨殖傳注의 경우 "丙辰冬 校書奎瀛府時 上廣求史記諸注 尤於貨殖傳致意 此編遂見採用"이라는 구절로 보아 1796년(35세) 겨울(11월 16일~11월말) 규장각에서 史記를 교정할 때 쓴 것이 아닌가 생각된다.

스물네 번째, 跋海槎聞見錄의 경우 내용만으로는 구체적으로 저작 시기를 알기 어렵다.

스물다섯 번째, 跋擇里志의 경우 역시 내용만으로는 구체적으로 저작 시기를 알기 어려우나 말미에 "余所以眷係遲徊 而不能去苕川也"라는 구절이 있는 것으로 보아 혹 초천에 머무를 때, 즉 1800년 초여름 초천으로 귀향했을 때(또는 해배 이후) 지은 것일 가능성이 없지 않다.

스물여섯 번째, 跋紀年兒覽의 경우 紀年兒覽을 매우 좋게 평가하였다. 그러나 강진 시절 아들에게 보낸 편지를 보면 부정적으로 평가하였다. 따라서 강진 시절 이전에 쓴 것이 아닌가 추정된다.

스물일곱 번째, 跋海東樂府의 경우 이광사의 해동악부를 필사하고 이에 대하여 쓴 발문인데 내용만으로는 구체적 저술 시기를 알기 어렵다. 그러나 강진 유배 이후 이광사에게 관심이 생겨 그의 시를 필사하고 또 그 발문을 쓴 것일 가능성이 없지 않다.

스물여덟 번째, 跋光國志慶錄의 경우 "家藏書籍蕩然 未有此編 今獲之甚奇"라는 구절이 있는 것으로 보아 1801년(40세) 유배 이후 쓴 것으로 추정된다.

스물아홉 번째, 跋廣孝錄의 경우 정조가 1765년 세손 시절 정재원에게 내려 준 광효록에 대한 발문이다. "今上 以世孫進壽"라는 표현이 있으므로 정조 재위 시절 쓴 것이라고 할 수 있다.

서른 번째, 跋畵櫻帖의 경우 "樊翁已沒"이라는 구절이 있으므로 1799년(38세) 봄 채제공이 타계한 뒤에 쓴 글임을 알 수 있다.

서른한 번째 跋植木年表의 경우 "是年夏 爲言者所嗛 秋謫金井 今

其草木在書麓 聊記此"라는 구절이 있다. 1795년(가을에 금정찰방으로 좌천)에 대하여 是年이라는 표현을 사용하여 이에 상대하여 今이라고 표현하므로, 적어도 1795년에서 몇 년 지나서 쓴 것이 아닐까 생각된다.

서른두 번째, 跋風雅遺秉의 경우 내용만으로는 구체적 저술 시기를 알기 어려우나 내용이 詩經과 관련되므로 시경에 관련된 저술을 할 때 쓴 것이 아닌가 생각되기도 한다.

서른세 번째, 跋乙卯冊寶帖의 경우 제목으로 보아 1795년(34세) 이후의 작이다. 上號都監에서 일을 한 뒤에 쓴 것이다. 사암선생연보에 따르면 정약용이 경모궁추상존호도감에서 일하도록 명을 받은 것은 1794년 12월 7일이며 12월 13일 홍문관 부교리에 제수되었다.[91]

서른네 번째, 跋御賜樊巖詩帖의 경우 "今年又抱攀髥之慟"이라는 구절이 있는 것으로 보아 1800년 정조가 서거한 뒤에 쓴 것임을 알 수 있다. 정조가 서거한 것은 1800년 6월 28일이다. 즉 이 글은 1800년(39세) 6월 28일 이후에 쓴 것이다.

서른다섯 번째, 跋祥刑攷草本의 경우 "因山已及期矣"라는 구절이 있는 것으로 보아 1800년 정조의 서거 후 그의 因山이 다가왔을 때 쓴 것임을 알 수 있다. 정조의 인산일은 1800년 11월 3일이다. 즉 이 글은 대략 1800년(39세) 11월초에 쓴 것으로 보인다.

서른여섯 번째, 跋贗載帖의 경우 1795년(34세) 3월 상순 정조와 그 신하들이 화답한 시를 얼마 뒤 출판하게 하였는데 정약용이 이에 대하여 발문을 쓴 것이다. 上이라는 표현이 있으므로 정조가 생전 시의 작품으로 보아야 할 것이다.

서른일곱 번째, 跋兵學通의 경우 말미에 "健陵因山後 十有八日"이

---

91) 『年譜』, 45~48쪽. 홍문관 부교리 제수 뒤에도 상호도감의 일을 계속한 것으로 보인다. 乙卯冊寶는 늦어도 1795년(34세) 2월 정조의 을묘원행 이전에는 완성되었다고 보아야 할 것이다. 따라서 그 발문인 이 글은 1795년 2월 원행 이전 을묘책보의 완성 이후에 쓴 것으로 보아야 할 것이다.

라는 기록이 있으므로 1800년 정조의 인산을 마치고 18일째 되던 날에 쓴 것임을 알 수 있다. 인산은 앞의 언급한 바와 같이 11월 3일이므로 이 글을 지은 시기는 1800년(39세) 11월 20일 작이다.

서른여덟 번째, 跋梧牕人陣圖解의 경우 내용만으로는 구체적 저술 시기를 알기 어렵다.

서른아홉 번째, 跋防禦使朴公(震英)家所藏鎭江游擊府牌의 경우 말미에 "今年嘉慶二年也"라고 기록되어 있으므로 1797년(36세) 지은 것임을 알 수 있다. 황주방어사와 관련된 이야기이므로 이 해 윤6월 곡산부사로 도임한 뒤에 지은 것일 가능성도 없지 않다.

마흔 번째, 跋游藝齋銘의 경우 내용만으로는 구체적 저술 시기를 알기 어렵다.

마흔한 번째, 跋竹欄物名攷의 경우 말미에 "竹欄靜者書"라고 되어 있으므로 서울 명례방의 집(竹欄)에 살 때 지은 것임을 알 수 있다.

마흔두 번째, 心經疾書跋의 경우 정약용 자신의 心經疾書의 발문이므로 심경질서를 완성한 뒤에 쓴 것이다.

마흔세 번째, 跋小學補箋의 경우 정약용 자신의 小學補箋의 발문이므로 소학보전을 완성한 뒤에 쓴 것이다. 이 작업은 1801년(40세) 정월에 시작되었으나 이윽고 신유사옥이 일어나 체포되었다. 정약용은 옥중에서도 이 책에 더 보충할 내용을 생각하였다.

(2) 雜文前編 제6책 제2권

잡문 전편 제6책 제2권에는 墓碣銘, 墓誌銘, 墓表, 壙銘, 壙志, 座銘, 祭文이 다음과 같이 수록되어 있다.

咸鏡北道兵馬節度使洪公墓碣銘, 承文院副正尹公(命相)墓誌銘, 上谷崔處士墓誌銘, 太學生鄭公墓誌銘, 尹季軫墓誌銘, 曹台瑞墓表, 丘嫂恭人李氏墓誌銘, 節婦崔氏墓誌銘, 幼子懼牂壙銘, 幼女壙志, 農兒

壙志, 幼子三童瘞銘, 祭兒菴惠藏文, 祭僉知中樞府事南居韓公文, 祭
蔡相國樊巖先生文, 祭金鴻漸文, 祭蘇巖李公文, 谷山厲祭壇慰祭文,
祭族父稷山公文, 祭春甫文, 祭族父刑曹判書文, 祭尹公潤(鍾河)文,
祭丁氏姑文, 祭侍講院弼善金公(商雨)文, 祭李中樞時升文.

첫째, 咸鏡北道兵馬節度使洪公墓碣銘의 경우 "辛亥爲黃海道兵馬
節度使 四月二十九日 卒于黃州 壽六十六"이라는 구절로 보아 1791년
(30세) 4월 29일 장인 홍화보가 졸한 다음에 쓴 것임을 알 수 있다.

둘째, 承文院副正尹公(命相)墓誌銘의 경우 제목 아래에 "丙辰"이라
고 되어 있으므로 1796년(35세) 지은 것임을 알 수 있다.

셋째, 上谷崔處士墓誌銘의 경우 내용에 따르면 묘지명의 주인공 崔
天柱이다. "公生於萬曆乙卯 享年八十四而卒 卒且百年"이라고 되어
있으므로 1615년생이고 졸년은 1698년이다. 이로부터 백년이라 하므로
대략 1798년(37세) 경에 지은 것임을 알 수 있다.

넷째, 太學生鄭公墓誌銘의 경우 묘지명에 따르면 묘지명의 주인공
鄭文孫의 졸년은 1554년이다. 후손이 정약용에게 묘지명을 부탁한 것
이다. 내용만으로 저술 시기를 알기 어려우나 배치순서상 대략 1798년
(37세) 경에 지은 것이 아닌가 생각된다. 바로 앞의 上谷崔處士墓誌銘
의 시기가 1798년경이고 바로 뒤 尹季軫墓誌銘의 저작 시기가 1798년
이다.

다섯째, 尹季軫墓誌銘의 경우 제목 아래 "戊午"라고 적혀 있으므로
1798년(37세) 지은 것임을 알 수 있다.

여섯째, 曹台瑞墓表의 경우 제목 아래에 "庚申春"이라고 적혀 있으
므로 1800년(39세) 지은 것임을 알 수 있다.92) 이 글은 조태서가 1800
년(39세) 졸한 얼마 뒤에 쓴 것으로 생각된다.

일곱째, 丘嫂恭人李氏墓誌銘의 경우 "歲庚子 隨先君 往醴泉郡 患

---

92) 조태서는 정약용이 부친의 화순현감 시절 사귄 진사 曹翊鉉을 말한다. 그와
　　는 이후에도 교유가 끊어지지 않았다.

疫而歿 四月十五日也 返葬于荷潭"이라고 되어 있으므로 1780년(19세) 4월 15일 타계하여 하담에 반장한 다음에 지은 것임을 알 수 있다. 배열순서상 묘지명은 어쩌면 1800년(39세) 봄(4월 15)일에 20주기를 즈음하여 지은 것일 수도 있다. 이 해 봄 4월경 정약용은 초천에 머물렀고 하담 선영에도 성묘하였는데 그 무렵 지은 것일 가능성이 있다.

여덟째, 節婦崔氏墓誌銘의 내용을 보면 묘지명의 주인공 節婦 최씨는 1801년(40세) 11월 이후에 타계하였다. 따라서 이 묘지명도 그 이후에 쓴 것이다.

아홉째, 幼子懼牂壙銘의 경우 광명에 따르면 구장이 죽은 것은 1791년(30세) 4월 2일이다. 이 광명은 구장을 매장할 때 쓴 것으로 생각된다.

열 번째, 幼女壙志의 경우 광지에 따르면 이 어린 딸이 죽은 것은 1794년(33세) 정월 초하루이다. 이 광지는 어린 딸을 매장할 때 지은 것으로 생각된다. 따라서 이 글은 1794년(33세) 1월초에 지은 것으로 볼 수 있다.

열한 번째, 農兒壙志의 경우 광지에 따르면 농아가 죽은 것은 1802년(41세) 11월 30일이며 이 글은 강진에서 소식을 듣고 지은 것이다. 따라서 이 글은 1802년(41세) 12월 초순경에 지은 것으로 추정된다.

열두 번째, 幼子三童瘞銘의 경우 예명에 다르면 삼동이 죽은 것은 戊午년(1798) 9월 4일이다. 이때 廣州 鳥谷에 매장하였다가 그 이듬해 조부 곁으로 이장하였다고 하므로 이 예명은 이때(1799년, 38세) 지은 것으로 추정된다. 아마도 1799년 7월말 형조참의를 물러난 뒤 가을 무렵 이장이 있지 않았나 추정된다.

다음으로 제문에 대하여 저작 시기를 살펴보기로 한다.

첫째, 祭兒菴惠藏文의 경우 "維年辛未九月"이라고 시작되고 있으므로 1811년(50세) 9월에 지은 것임을 알 수 있다.[93]

---

93) 순서로 보면 뒤에 추가한 것일 가능성도 있다. 여유당전서본의 경우 제문의

둘째, 祭僉知中樞府事南居韓公文의 경우 1797년(36세) 10월 1일 제사를 위해 지은 것이다.[94]

셋째, 祭蔡相國樊巖先生文의 경우 1799년(38세) 봄 정약용이 곡산에 있을 때 채제공이 타계하였다. 이때 곡산에서 지은 것으로 생각된다. "遙薦菲簿"라는 구절이 있다.

넷째, 祭金鴻漸文의 경우 내용만으로는 저술 시기를 알기 어렵다.

다섯째, 祭蘇巖李公文의 경우 제목 아래 "代仲父作"이라고 하였으므로 아마도 유배 이전에 지은 것으로 생각된다.

여섯째, 谷山厲祭壇慰祭文의 경우 제문의 내용으로 보아 곡산부사 시절에 지은 것이다. 배열순서로 보면 1799년(38세) 봄의 작품일 가능성이 있다.

일곱째, 祭族父稷山公文의 경우 제목 아래 "庚申 四月"이라고 되어 있으므로 1800년(39세) 4월에 지은 것임을 알 수 있다.

여덟째, 祭春甫文의 경우 "丙辰秋分之前四日"이라고 시작되므로 1796년(35세) 가을 추분전 4일에 지은 것임을 알 수 있다. 춘보는 李遇春으로서 1790년 봄 유배와 1792년 4월 부친의 죽음으로 진주로 가는 길, 금정찰방 때에도 따라 갔던 사람이다.[95]

아홉째, 祭族父刑曹判書文의 경우 내용상으로 보아 정학연이 강진

가장 뒤에 있다.

94) 제문에 "維歲丙辰十月之朔日"이라고 시작되므로 1796년 10월 1일에 지은 것으로 생각되지만, 제문의 내용을 보면 한남거는 이 제사를 지내기 1년 전에 타계하였고 부친 정재원(1792년 졸) 卒後 5년(5년째)이라고 하므로 한남거가 졸한 것은 1796년이 되어야 한다. 따라서 제문 서두의 丙辰이라는 것은 한남거가 졸한 해를 말하는 것으로 보아야 한다. 따라서 이 제문의 저작 연도는 1797년이 되어야 한다. 한남거는 정재원의 친구 韓光傳을 가리키는 것으로 생각된다. 그렇다면 이 제문은 곡산에서 지은 것이 된다.

95) 여유당전서본의 경우 아래에 祭蕺甫文이 있다. 원주에 "泮村主人 金錫泰"라고 되어 있다. 1783년 성균관 유생 시절부터 정약용을 도와 준 사람으로 생각된다. 아마도 유배 이전에 쓴 것으로 생각된다.

에 있는 정약용을 대신하여 정범조를 위한 제문을 쓴 것이다.

열 번째, 祭尹公潤(鍾河)文의 경우 "維歲庚午 八月甲午"로 시작되므로 1810년(49세) 8월 갑오일에 쓴 것임을 알 수 있다.

열한 번째, 祭丁氏姑文의 경우 내용만으로는 저작 시기를 알기 어렵다.

열두 번째, 祭侍講院弼善金公(商雨)文의 경우 "維歲庚辰三月丁卯"라고 시작되므로 1820년(59세) 3월 정묘일에 쓴 것임을 알 수 있다.

열세 번째, 祭李中樞時升文의 경우 내용만으로는 저작 시기를 알 수 없다.

(3) 雜文前編 제6책 제3권

잡문 전편 제6책 제3권에는 遺事 형식의 글들이 다음과 같이 수록되어 있다.

家乘遺事, 先人遺事, 旁親遺事, 海左公遺事, 樊翁遺事, 兵曹參判柳公(誼)遺事.

첫째, 家乘遺事의 경우 내용만으로는 저작 시기를 알기 어렵다. 1800년(39세) 4~5월경 이후 초천에서 지은 것일 가능성이 없지 않고 혹 해배 후 가문의 역사를 정리하는 과정의 시작으로 쓴 것이 아닌가 여겨지기도 한다.

둘째, 先人遺事의 경우 부친의 遺事이므로 1792년 4월 9일 정재원이 타계한 뒤에 지은 것이다. 이것도 1800년(39세) 4~5월경 이후 초천에서 지은 것일 가능성이 없지 않고 해배 후 가문의 역사를 정리하는 과정에서 쓴 것일 가능성도 있다.

셋째, 旁親遺事의 경우 내용으로 보아 家乘遺事 및 先人遺事와 같은 시기에 저술되었을 가능성이 있다.

넷째, 海左公遺事의 경우 "庚申夏 余與蔡邇叔同至法泉 公歡然握手"라는 구절이 있으므로, 적어도 1800년(39세) 여름 정범조를 방문한 이후에 쓴 것이다. 이 해 4월 정약용은 정범조를 방문하였다.

다섯째, 樊翁遺事의 경우 1799년(38세) 봄 채제공의 타계 이후 쓴 것으로 추정된다.

여섯째, 兵曹參判柳公(誼)遺事의 경우 내용만으로는 구체적인 저작시기를 알기 어려우나 정약용의 금정찰방 시절 애기가 있으므로 적어도 1795년(34세) 가을 이후의 글이다.

7. 與猶堂集 雜文前編 제7책

(1) 雜文前編 제7책 제1권

잡문 전편 제7책 제1권에는 書 형식의 글들이 다음과 같이 수록되어 있다.

> 上樊巖相公書(3통), 上海左書(8통), 上權判書(襛), 答權判書, 上李小陵, 上小陵, 答小陵(2통), 與李判書, 答五沙(2통), 與茯菴李公(基讓), 與茯菴, 答茯菴(4통), 上尹參判(弼秉), 答尹參判, 與李參判(益運), 答李季受, 與李季受(2통), 答李季受(3통), 與李季受(2통), 答李季受, 與李季受, 答李季受, 答崔承旨(獻重 : 3통), 與金承旨(翰東), 答金承旨, 與金承旨, 答金承旨, 余金承旨, 答李大司諫, 答茯菴(補遺).

첫째, 上樊巖蔡相公濟恭書(제1서)의 경우 제목 아래에 "乙卯冬 在金井"이라고 날짜가 기록되어 있으므로 1795년(34세) 겨울 금정에서 보낸 편지임을 알 수 있다. 편지의 수신자는 번암 채제공이다.

둘째, 上樊巖相公書(제2서)의 경우 제목 아래에 "丁巳冬 在谷山"이라고 날짜가 기록되어 있으므로 1797년 겨울 곡산에서 보낸 편지임을 알 수 있다. 서두에 "離違門屏 居然一百三十有三日矣"라 하고 있으므로 서울에서 곡산으로 출발한지 133일 되는 때에 보낸 편지이다. 사주 일록에 따르면 서울을 출발한 것이 윤6월 6일이므로[96] 대략 1797년 10월 10일경으로 추정된다. 편지의 수신자는 첫 번째 편지 上樊巖蔡相公濟恭書(제1서, 乙卯冬 在金井)와 마찬가지로 번암 채제공이다.

셋째, 上樊巖相公書(제3서)의 경우 정확한 날짜는 알기 어려우나 "鏞以孤根弱植 久處下邑 群吹衆嘈 必欲乘虛 莫如從近解還"이라는 구절이 있으므로 곡산에 도착하여 상당한 기일이 지난 뒤에 쓴 글임을 알 수 있으며 수신자는 역시 채제공이다. 배열순서로 보아 대략 1797년(36세) 10월 10일 이후의 편지이다.[97]

넷째, 上海左書(제1서)의 경우 해좌 정범조에게 보낸 편지이다.[98] 편지의 내용만으로는 정확한 시기를 알기 어려우나 잡문 전편에 실려 있으므로 유배 이전의 편지로 추정된다. 이 편지 서두에 지난 밤 정범조를 방문하였다는 기록이 있다. 앞의 1789년 봄의 시 가운데 訪族父承旨法泉山居라는 것이 있다. 1789년(28세) 3월 과거 급제 후, 4월 초 천에 돌아 간 다음, 원주 법천에 살고 있던 정범조를 방문하고 지은 시이다(대략 1789년 4월경의 시, 충추 하담으로 성묘가는 길에 방문하고 지은 시). 바로 이 방문 다음날 즉 1789년 4월경에 쓴 편지일 가능성이 없지 않다.

다섯째, 上海左書(제2서) 역시 편지의 내용만으로는 정확한 시기를 알기 어렵다. 이 편지 역시 잡문 전편에 실려 있으므로 유배 이전의 편지로 추정되며 배열순서상 제1서보다는 뒤에 쓴 것으로 생각된다. 배

---

96) 『여유당전서보유』 2, 70쪽.
97) 편지의 내용으로 보아 沈某가 양강의 목노인(목만중으로 추정됨)에게 정약용과 李台(이가환으로 추정됨)를 이간하였음을 家兄(정약전으로 추정됨)에게서 듣고서 보낸 편지이다.
98) 여유당전서본에는 제목이 '上族父海左範祖書'로 되어 있다.

열순서에 따른다면 대략 1789년에서 1794년 사이의 편지로 생각된다.

여섯째, 上海左書(제3서)는 잡문 전편에 있으므로 유배 이전의 편지로 추정된다. 배열순서상 제2서보다는 뒤에 썼을 것이다. "有實病自合違牌……聖旨必欲令一番開政 病患少差 恐不免出脚……幸而解職 卽須移住此中 以便調養 何如 日氣漸凉 鄕船雖至 恐不可觸冒水風 自然濡滯城中 早加商度焉"이라는 내용이 있으므로 정범조가 법천에서 조정의 부름을 받고서도 병환으로 서울에 오지 않은 다음에 보낸 편지로, 정약용은 당시 서울에 살고 있었음을 알 수 있다. 편지 내용상으로 계절은 늦가을에서 초겨울로 가는 시기였다. 정약용이 조정에 출사한 이후로 생각되며 늦가을에서 초겨울 사이 정약용이 서울에 있은 해는 1794년, 1796년, 1799년이다. 1799년 늦가을~초겨울 사이는 시기상 좋지 않은 때였다. 乙卯 園行(1795년 봄) 직전 정조가 의욕적으로 정치를 추진하고 있었으므로 이 上海左書(제3서)는 저작 시기가 1794년(33세) 늦가을에서 초겨울 사이일 가능성이 크다. 그러나 1796년 작일 가능성도 배제할 수 없다.

일곱째, 上海左書(제4서)의 경우 정확한 시기를 알기 어려우나 내용상 제3서에 연결되는 것처럼 여겨진다. 그렇다면 제3서 직후에 쓴 것으로 추정할 수 있다. 즉 1794년(33세) 또는 1796년(35세) 늦가을~초겨울 사이 작으로 추정된다.

여덟째, 上海左書(제5서)의 경우 정확한 시기를 알기 어려우나 일단 제4서 다음에 쓴 것으로 추정해 둔다.

아홉째, 上海左書(제6서)의 경우 "永保亭詩 終未見其爲佳作"이라는 구절이 있으므로 1795년 가을 금정찰방으로 간 이후의 글일 가능성이 있다. 영보정은 금정 근처의 水營에 있었다.[99]

---

[99] 금정일록에 의하면 정약용은 1795년 11월 29일 해좌 정범조에게서 편지를 받고 있으므로(『여유당전서보유』 2, 28쪽) 금정 시절 정범조와 문통이 있었음을 알 수 있다. 따라서 1795년 금정 시절의 작품일 수도 있으나 반드시 그 이전과 이후에도 이에 대하여 논하였을 가능성도 있다.

열 번째, 上海左書(제7서)의 경우 "三日陪歡 乃在深居淸寂之中 歸而耿顧不敢已也 樊翁碑文 已獲脫稿否"라는 구절이 있으므로 1799년 봄 채제공 서거 후의 글임을 알 수 있다. 채제공 서거 후 정약용은 1800년 봄(아마도 4월 9일 이후) 채홍원(채제공의 양자)과 함께 원주 법천으로 정범조를 찾아간 일이 있다. 아마도 이때 3일 머물렀던 것으로 생각되고 그로부터 얼마 지나지 않아 쓴 편지로 생각된다. 따라서 대략 1800년(39세) 4월 중순경에 쓴 것으로 생각된다.[100)]

열한 번째, 上海左書(제8서)의 경우 제목 아래에 "庚申秋"라고 날짜가 기록되어 있으므로 1800년(39세) 가을에 쓴 것임을 알 수 있다. 전날 정범조가 대궐에 나아가 곡을 하였다는 기록 및 정약용 자신은 동쪽으로 고향으로 돌아갈까 생각한다는 언급이 있으므로 정약용이 이때 서울에서 초천에 돌아갈 것을 생각하면서 쓴 편지이다.

열두 번째, 上權判書(襕)書(제1서)의 경우 "新恩墨塗之戲 其來久矣 高麗之末 貴宦子弟 幼年擢科輒用 紅粉飾面 久而爲戲 遂代以墨 蓋蔽俗耳 然墨面進退 由不得自已 鏞亦嘗安而受之 至於仰天大 鼇行拾蟹 鵂鶹之鳴 此由我所爲 雖欲黽勉奉承 奈天性拙縮 聲不敢出……何嘗有一毫半釐怠忽不恭之志哉……今旣釋然矣 玆有瀆冒 無任悚仄"이라는 내용이 있다. 정약용이 1789년(28세) 봄(3월) 과거에 급제한 이후 축하 유희의 관례를 잘 따르지 않아 權襕을 화나게 한 일이 있어 그에게 사과하는 뜻으로 보낸 편지임을 알 수 있다.

열세 번째, 答權判書(제2서)의 경우 정약용이 당시 1789년(28세) 가을 울산부사를 지내던 부친을 뵙고 안동을 거쳐 오다가, 곤경에 처한 吳侍郎(吳大益)을 구출하여 단양에 머무르게 한 일이 있다. 이때 권엄이 오대익에게 식량을 공급한다는 말을 듣고 보낸 편지이다.

---

100) 앞의 1800년 봄의 시 부분을 보면 到法泉判書宅次韻이라는 시가 있다. 원주 법천으로 정범조를 찾아 뵙고 지은 것으로 생각된다. 이 시는 배열순서로 보아 대략 1800년 4월 9일 이후의 작이다.

열네 번째, 上李少陵(제1서)의 경우 제목 아래에 "乙卯秋 余在金井 李丈在忠州"라고 원주가 붙어 있다. 금정에서 충주의 이가환에게 보낸 편지임을 알 수 있다. "山郵寂寞 都無俗物"이라는 구절로 시작하고 있다. 금정일록에 따르면 정약용은 12월 10일 이가환에게서 편지를 받는다.[101] 12월 10일 받은 이가환의 편지는 내용상 上李少陵(제1서)의 답서로 보인다. 따라서 上李少陵(제1서)은 금정에서 1795년(34세) 12월 10일 이전에 쓴 것이다.

열다섯 번째, 上少陵(제2서)의 경우 구체적으로 시기를 알기 어려우나 申生 矣測이 이가환의 추천을 받아 정약용에게 와서 詩評을 부탁했다는 내용으로 보아 금정에서 서울에 돌아온 이후의 편지가 아닌가 생각된다. 배열순서상 1795년(34세) 12월 10일 이후에 쓴 것이다.

열여섯 번째, 答少陵(제1서)의 경우 내용상으로는 저작 시기를 알기 어려우나 上李少陵(제1서)의 뒤에 있으므로 일단 1795년 가을 금정찰방 이후의 글로 추정해 둔다. 배열순서상 1795년(34세) 12월 10일 이후에 쓴 것이다.

열일곱 번째, 答少陵(제2서)의 경우 "嶺儒 雖布衣少年 所秉執 皆極天無改之義理 其肯從吾輩數人之言 而弛然退去耶 若以聖旨言之 又非道理"라는 내용이 있으므로 영남 선비들이 서울에 올라와 무언가를 항의할 때 쓴 것으로 추정된다. 따라서 배열순서상, 일단 1795년(34세) 12월 금정에서 서울로 돌아온 이후의 편지로 추정해 둔다.[102]

열여덟 번째, 與李判書의 경우 제목 아래에 "鼎運 辛亥冬"이라고

---

101) 『여유당전서보유』 2, 32~33쪽.

102) 사도세자 문제와 관련한 영남만인소가 1792년 4월과 5월 2차례 있었다. 이런 사태의 연장 위에서 1793년 화성유수에서 영의정으로 임명된 채제공은 5월 28일에 사도세자의 무고 문제 해결을 본격적으로 주장하였다. 이 문제로 채제공이 파직되었으나 논란은 계속되어 정조가 8월 8일 이른바 금등 문서를 공개함으로써 결국 1795년 1월 사도세자 추존이 가능하게 되었다(박현모, 『정치가 정조』, 푸른역사, 2001, 50~60쪽). 그러나 배열순서상 이때 쓴 편지는 아닌 것으로 여겨진다.

원주가 붙어 있으므로 1791년(30세) 겨울에 李鼎運에게 보낸 편지임을 알 수 있다.

열아홉 번째, 答五沙(제1서)의 경우 제목 아래에 "李公鼎運 號五沙"라고 원주가 붙어 있으므로 李鼎運에게 보낸 편지이며 이정운의 호가 五沙임을 알 수 있다. "寄示畫仙 恐非大陵諸公之筆 無乃從廣通橋上買來也"라는 구절이 있으므로 1791년 황해도에 지방관으로 나갔던 이정운이 서울에 돌아온 뒤에 쓴 편지로 추정된다. 배열순서로 보아 1791년(30세) 겨울 이후의 편지이다.

스무 번째, 答五沙(제2서)의 경우 "乙卯冬 在京"이라고 원주가 붙어 있고 금정에서 있었던 일을 이정운에게 말하는 내용이므로 1795년(34세) 12월 정약용이 금정에서 서울에 돌아온 직후 쓴 편지로 추정된다. 앞서도 언급하였듯이 금정일록에 따르면 서울에 돌아온 날짜가 12월 25일이다. 이날 일정으로 보아 서울에 도착한 것은 매우 늦었고 피곤하였을 것이므로[103] 편지를 이날 당일 밤에 썼다고 보기는 어렵다. 따라서 이 편지의 시기는 1795년 (34세) 12월 26일~12월 말일이다.

스물한 번째, 與吳沙(제1서)의 경우 규장각에서 杜詩를 교정하는 것과 관련된 내용이므로 1796년 겨울(11월) 규장각에서 두시를 교정하고 있을 때의 편지로 생각된다.

스물두 번째, 與五沙(제2서)의 경우 제목 아래에 "李公時爲咸鏡道觀察使"라는 원주가 있다. 당시 이정운이 함경도 관찰사였음을 알 수 있다. "九月九日 泛舟文成江 登鳥淵絶頂"이라는 구절로 보아 9월 9일 이후에 곡산에서 보낸 편지임을 알 수 있다. 앞의 1797년 가을의 시 부분을 보면 九日游文城堡라는 시가 있다. 따라서 문성보에 노닌 것이 1797년 9월 9일이었음을 알 수 있다. 이 편지의 저작 시기를 1797년(36

---

103) 금정일록에 따르면 이날 일정은 새벽에 수원 유천점을 출발하여 40리를 가서 과천 갈산점에서 쉬었고 30리를 가서 동작나루를 건넜으며 10리를 더 가서 명례방 집에 도착하였다(『여유당전서보유』 2, 35쪽).

세) 9월 9일 이후로 추정할 수 있다. 한편 九日游文城堡라는 시 다음에는 烏淵汎舟五首라는 시가 있는데 "烏淵秋水碧沈沈"이라는 구절로 보아 9월 9일 烏淵에 갔다고 한 이 편지의 기록과 일치한다.

스물세 번째, 與茯菴李公의 경우 제목 아래에 "基讓"이라고 원주가 붙어 있으므로 李基讓에게 보낸 편지이며 이기양의 호가 茯菴임을 알 수 있다. "疾書校正之役 不可不及今商度 須分取一經 派授諸盆 令其刻日竣寫 諸有疑晦 馳書質問於木翁 庶有汗靑之日 苟欲團聚一處 面前評訂 誠恐海塵已揚耳"라는 구절이 있으므로 1795년(34세) 겨울 서암강학회에서 성호 이익의 질서를 함께 교정하는 일을 경험한 뒤에 쓴 것으로 추정된다.

스물네 번째, 與茯菴의 경우 말미에 "時茯菴爲檢詳 議尹相國蓍東之諡"이라고 원주가 붙어 있으므로 윤시동의 시호를 논하는 일에 이기양이 참여하고 있을 때 쓴 것임을 알 수 있다.

스물다섯 번째, 答茯菴(제1서)의 경우 제목 아래에 "余在谷山 茯庵在義州"라고 원주가 붙어 있으므로 1797년(36세) 윤6월 정약용이 곡산부사로 도임한 이후 쓴 편지임을 알 수 있다.

스물여섯 번째, 答茯菴(제2서)의 경우 幅巾에 대하여 언급하였고 석암사에서의 강학회(서암강학회)를 회상하였다. 서암강학회 이후에 쓴 것임을 알 수 있다. 바로 앞의 제1서가 곡산부사 도임 이후에 쓴 것이므로 그 이후의 저작으로 추정할 수 있다. 바로 뒤의 제3서에서는 이기양이 攪車를 사온 것에 논하였다. 1799년 가을 이기양이 사신으로 갔다가 1800년 봄 교거를 사온 직후의 일이라 하겠다. 따라서 이 제2서는 1797년(36세) 윤6월 곡산부사 도임 이후, 1799년(38세) 가을 이기양이 북경에 사신으로 가기 이전에 씌어진 것으로 생각된다.

스물일곱 번째, 答茯菴(제3서)의 경우 "攪車之妙 專在十字風輪……恨不能買取新造者來也 聞左相已令軍門 依樣造作"이라는 구절이 있으므로 1799년 가을 이기양이 북경에 사신으로 갔다가 攪車를 사고

1800년(39세) 봄 돌아온 이후의 편지임을 알 수 있다.

스물여덟 번째, 答荻菴(제4서)의 경우 이기양이 수선화를 보내 준 일에 대하여 언급하였다. 수선화 역시 이기양이 1799년 가을 사신으로 갔다가 돌아올 때 사온 것이다. 제3서와 같이 1800년(39세) 봄 이기양이 돌아온 이후에 쓴 것으로 추정된다.

스물아홉 번째, 上尹參判(弼秉)의 경우 "昨到林洞 聞鏞日前之疏 多爲先輩之所憂歎……蓋進取之意 日以縮"이라는 구절이 있으므로 정약용이 辭職 上疏를 올린 뒤의 편지라고 생각된다. 정약용이 사직소를 올린 것은 1790년 봄, 1795년 봄, 1797년 6월, 1799년 6월 등 모두 4가지가 있다. 1795년(34세) 또는 1797년(36세) 사직 상소와 관련하여 윤필병에게서 우려하는 편지가 오자 답장으로 쓴 것이 아닌가 생각된다. 정약용은 1799년에도 형조참의 사직소를 올린 적이 있으나 바로 뒤의 答尹參判의 시기가 내용상 1799년보다는 앞선 시기로 생각된다. 또 1790년에는 사직소를 올리고 곧 해미로 유배갔다. 이런 글을 윤필병에게 보낼 계제가 아니었다고 생각된다.

서른 번째, 答尹參判의 경우 윤필병이 오사 이정운 등과 그림 그리기로 서로 내기를 하고 있는 것에 대한 언급이 있다. 이것은 대략 1797년(36세) 윤6월 곡산부사로 가기 전이 아닌가 추정된다.[104]

서른한 번째, 與李參判(益運)의 경우, 정약용이 병조참의에 임명되고 聖上이 곧 능원에 거둥한다는 언급이 있다. 정약용은 1795년 2월 17일 병조참의에 임명되었고[105] 얼마 후 정조의 을묘 원행이 있었다. 따라서 이 편지는 1795년(34세) 2월 17일 정약용이 병조참의에 임명된 직후에 보낸 것임을 알 수 있다.[106]

서른두 번째, 答李季受의 경우 어제 부용정에서 임금의 명에 의해

---

104) 정본에는 이것이 누락되어 있다.
105) 『年譜』, 48쪽.
106) 정본 필사본에는 누락되었다.

취중에 시를 지었다는 언급이 있다. 1795년(34세) 봄 3월 부용정 연회에 있었다. 그 다음날 쓴 것으로 생각된다.[107]

　서른세 번째, 與李季受(제1서)의 경우, 바로 뒤의 제3서가 1795년 여름 쓴 것이므로 이 제2서는 1795년(34세) 봄과 여름 사이에 쓴 것으로 추정된다.[108]

　서른네 번째, 與李季受(제2서)의 경우 1795년 여름 천주교 신부 주문모 사건과 관련하여 박장설의 상소가 있었는데 이에 대한 언급이 있다. 따라서 1795년(34세) 여름에 쓴 것임을 알 수 있다.

　서른다섯 번째, 答李季受(제1서)의 경우 제목 아래에 "乙卯冬"이라고 원주가 붙어 있으므로 1795년 겨울에 쓴 것임을 알 수 있다. "近日陪木翁　雪中至溫陽之西巖寺……校星翁遺書還　纔數日耳"라고 하여 서암강학회에서 돌아온지 겨우 며칠 되었다는 구절이 있으므로 1795년(34세) 11월 초순(9일 또는 10일)에 쓴 것이다. 금정일록에 의하면 정약용이 서암강학회에서 돌아온 것은 11월 6일이다.[109]

　서른여섯 번째, 答李季受(제2서)의 경우 "鏞近得退陶李先生遺集 潛心紬繹"이라는 구절이 있다. 금정일록에 의하면 정약용이 매일 퇴계 이황의 편지를 읽기 시작한 것은 1795년 겨울 11월 19일부터이다.[110] 따라서 이 편지 제2서는 1795년 겨울 11월 19일 이후에 쓴 것임을 알 수 있다.

　서른일곱 번째, 答李季受(제3서)의 경우 "歲暮"라는 구절이 있고 조정을 그리워하는 내용이 있다. 1795년 겨울 연말 가까운 시기에 보낸 편지이지만 아직 금정에서 보낸 것임을 알 수 있다. 금정일록에 의하면 금정을 출발한 것은 12월 22일이므로,[111] 배열순서상 1795년(34세)

---

107) 정본 필사본에는 누락되어 있다.
108) 정본 필사본에는 누락되어 있다.
109) 『여유당전서보유』 2, 26쪽.
110) 『여유당전서보유』 2, 28쪽.
111) 『여유당전서보유』 2, 34쪽.

11월 19일 이후(제2서 이후) 12월 22일 이전에 쓴 것으로 추정된다.

서른여덟 번째, 與李季受(제4서)의 경우 朱書에 대한 언급이 있다. 정조가 주서백선을 편찬하게 하는 일과 관련하여 보낸 편지로 생각된다. 이 편지만으로는 그 시기를 구체적으로 알기 어렵다. 與李季受(제3서)의 경우 1795년 여름에 쓴 것이고 바로 앞의 答李季受(제3서)가 1795년 연말 금정에 쓴 것이므로 이 편지는 1795년(34세) 연말 12월 25일 서울에 돌아온[112] 이후의 것으로 추정된다.

서른아홉 번째, 與李季受(제5서)의 경우 편지 자체만으로는 구체적인 시기를 알기 어려우나 "苟台之不自言 台必負謗於嶺南也"라는 구절이 있으므로 영남 선비들과 관련된 편지임을 알 수 있다. 제4서가 1795년 12월 25일 연말 서울에 돌아온 이후에 쓴 것으로 추정되므로 이 역시 1795년(34세) 연말 12월 25일 이후에 쓴 것으로 생각된다.

마흔 번째, 答李季受(제4서)의 경우 "金令疏 令人瞠然"이라는 구절이 있는데 여기서 金令이 김한동을 가리키는 것이라면 영남 선비들과 관련된 문제일 가능성이 있다. 그렇다면 바로 앞의 與李季受(제5서)와 바로 연결되는 편지라고 할 수 있다.

마흔한 번째, 與李季受(제6서)의 경우 제목 아래에 "辛酉春"이라고 원주가 붙어 있으므로 1801년 봄의 것임을 알 수 있다. "今日政目見之矣……知義禁(吏判尹行恁) 昨日所傳 果然矣"라는 구절이 있으므로 1801년(40세)초, 새 인사발령이 있던 날 보낸 것이며 이때 이조판서 윤행임이 의금부를 맡게 되었음을 알 수 있다.

마흔두 번째, 答李季受(제5서)의 경우 편지의 내용으로 보아 1801년(40세) 2월 8일, 신유사옥과 관련하여 체포되기[113] 직전 급박한 상황에서 보낸 것이다.

마흔세 번째, 答崔承旨(제1서)의 경우 제목 아래에 "獻重"이라고 원

---

112) 『금정일록』, 35쪽.
113) 『年譜』, 127쪽.

주가 붙어 있으므로 최헌중에게 보낸 편지임을 알 수 있다. "此來再得 手書……鏞始出都門 在銅雀江舟中 默念南來後措置"라는 구절이 있 으므로 1795년(34세) 7월말 금정에 도착한 이후 두 번째로 최헌중의 편지를 받고 보낸 답서임을 알 수 있다.

마흔네 번째, 答崔承旨(제2서)의 경우 편지만을 갖고는 구체적인 시 기를 알기 어려우나 "近都下知舊 翩翩出宰……尹彛叙擅魚鹽之利 令 公之得仁同"이라는 구절이 있으므로 윤지범과 최헌중이 지방관으로 나가게 되었을 때 쓴 편지임을 알 수 있다. 남고 윤참의 묘지명에 따르 면 윤이서(윤지범)가 어염의 이익을 천단하게 되었다는 것은 그가 1797년 봄 임천군수로 나간 것을 말하는 것으로 생각된다.114) 따라서 이 편지는 대략 1797년(36세) 봄에 쓴 것으로 생각된다.

마흔다섯 번째, 答崔承旨(제3서)의 경우 "夙夜齋上樑文 謹玆搆呈 第寒岡先生道學節義之盛 却形容一半分不得 慚恐慚懼 舊聞智異山産 蛇……可訪問得七六箇寄來"라는 구절이 있으므로 최헌중이 지리산 근처 고을에서 지방관을 하고 있을 때 보낸 편지이며 이때 최헌중을 위하여, 寒岡 鄭逑의 숙야재 상량문을 지어 보냈음을 알 수 있다. 이것 은 1797년(36세) 봄 이후, 인동군수로 재직하고 있는 최헌중에게 보낸 편지이다.

마흔여섯 번째, 與金承旨(제1서)의 경우 제목 아래에 "翰東"이라고 원주가 붙어 있으므로 金翰東에게 보낸 것임을 알 수 있다. 편지의 내 용만으로는 구체적인 시기를 알기 어려우나 丹陽一別 今已再經序矣 라는 구절로 보아 김한동과 단양에서 헤어진 지 2년 뒤에 보낸 편지임 을 알 수 있다. 정약용이 단양에 간 것은 1789년 가을이다. 따라서 이 편지는 일단 1791년에 쓴 것으로 추정해 둔다.115)

---

114) 『전서』 시문집, 묘지명 부분.

115) 그러나 다른 시기일 가능성도 배제할 수 없다. 그리고 이 편지를 통해 당시 太極에 대한 논쟁이 있었음을 알 수 있다. 이것도 저작 시기를 추정하는 한 단서가 될 수 있다.

마흔일곱 번째, 答金承旨(제1서)의 경우 제목 아래에 "癸丑"이라고 원주가 붙어 1793년(32세)에 쓴 편지임을 알 수 있다. "承書 兼荷敷示 日前疏語之本意"라는 구절로 시작되는 것으로 보아 김한동이 상소문을 올린 뒤 정약용에게 그 뜻을 부연하는 편지를 보내자 이에 대한 답서로 쓴 것임을 알 수 있다. 시기적으로 김한동의 사도세자 문제와 관련된 상소일 가능성이 없지 않다.

마흔여덟 번째, 與金承旨(제2서)의 경우 제목 아래에 "甲寅 正月十三日"이라고 원주가 붙어 있으므로 1794년(33세) 1월 13일에 보낸 편지임을 알 수 있다. 당시 무슨 시끄러운 문제, 혹은 오해가 있었는데 이와 관련하여 정약용이 편지를 보낸 것이다. "前日儀羽之上京也 未嘗不源源陪懽 今者過蓬華而不賜賁臨"이라는 구절로 보아 정약용이 이때 부친 상중에 있었지만 서울에 머무르고 있었음을 알 수 있다. 이때의 시끄러운 문제 역시 사도세자와 관련된 문제일 가능성이 없지 않다.

마흔아홉 번째, 答金承旨(제2서)의 경우 편지의 내용으로 보아 바로 앞의 편지에 연결되는 것이다. 따라서 대략 1794년(33세) 1월 13일 이후 얼마 되지 않아 쓴 것으로 추정된다.

쉰 번째, 與金承旨(제3서)의 경우 제목 아래에 "戊午 余在谷山 金公在成川"이라고 원주가 붙어 있으므로 1798년(37세) 윤6월 중순 이후 곡산부사로 있을 때 보낸 편지임을 알 수 있다.

쉰한 번째, 答李大司諫의 경우 제목 아래에 "鼎德"이라고 원주가 붙어 있으므로 이정덕에게 보낸 편지임을 알 수 있다. "鶴台札奉完 不必示人"이라는 구절에서 鶴台란 李益運을 가리킨다. 1795년 연말 정약용이 금정에서 돌아오자 이익운이 정약용이 다시 기용될 수 있도록 노력하였다. "禍色迫頭"라는 구절로 보아 1801년(40세) 초 신유사옥 직전일 가능성도 있다. 정약용이 피체된 것은 2월 8일이므로 1801년 초 2월 8일 이전의 편지로 보아야 할 것이다.

쉰두 번째, 答茯菴의 경우 여유당집 잡문 전편 제7책 제1권의 말미에 있다. 제목 아래에 "補遺"라고 주가 붙어 있다. 원래 편집에는 없었으나 후에 권말의 여백에 추가로 쓴 것으로 생각된다. 구체적인 저작 시기는 알기 어렵다.[116]

(2) 雜文前編 제7책 제2권

잡문 전편 제7책 제2권에 수록된 작품은 다음과 같다.

　　答李判書(時秀), 與李成仲(晩秀), 與柳觀察(炯 : 3통), 與柳洪洲(誼), 與沈判書, 與李觀察(義駿 : 2통), 答李觀察(4통), 答李判書(祖源), 上李左尹(季夏), 答洪元伯(3통), 與洪元伯, 與成光州(鼎鎭), 與李稚明(翼晉), 答洪博汝(時薄), 答韓徯父(致應), 與韓徯父(3통), 答韓徯父, 與蔡邇叔(弘遠), 答蔡邇叔(3통), 與李周臣(儒修), 答李周臣, 答沈華五(奎魯), 答尹无咎(持訥), 答李輝祖(重蓮), 答申景甫(星模), 答李基慶(2통), 答朴次修(齊家), 與朴次修, 與尹彝叙(持範 : 4통), 答尹彝叙, 上弇園書, 與沈士潤(潚), 與金節度使(火厚).

첫째, 答李判書의 경우 제목 아래 "時秀"라고 원주가 붙어 있어 이 시수에게 보낸 편지임을 알 수 있다. "痲疹方 姑未脫稿 兼又新獲數種新書 須添入各門 方可成書 到彼當卽就編"이라는 구절로 보아 1897년 윤6월 6일에 곡산으로 떠나기 직전에 쓴 것으로 추정된다. 곡산으로 출발한 것은 윤6월 6일이었다. 정약용은 1797년 겨울 곡산에서 痲科會

---

116) "承示贈濟州妓"라는 구절이 연대 추정의 단서가 될 수 있으리라고 생각된다. 이것은 만덕을 가리키는 것으로 생각되는데 만덕은 1796년 가을 왕명으로 서울에 왔다가 금강산을 유람한 후 1797년 봄에 제주로 돌아갔다. 복암이기양 묘지명에 의하면 이기양은 1796년 10월 의주부윤이 되었다(『전서』 시문집, 묘지명 부분). 따라서 이 편지는 대략 1796년 10월 의주부윤으로 나가지 직전에 지은 것으로 보인다.

通을 완성하였다.117) 마진방이란 마과회통을 가리키는 것이고 到彼란
곡산에 도착하는 것을 가리키는 것으로 생각된다.

둘째, 與李成仲의 경우 제목 아래에 "晩秀"라고 원주가 붙어 있어
이만수에게 보낸 것임을 알 수 있다. "史記纂注之役 近始卒業 謹玆封
進"이라는 구절로 보아 1798년(37세) 4월의 편지이다. 곡산에서 사기
찬주 작업을 완료하여 올린 것이 1798년(37세) 4월이기 때문이다.118)

셋째, 與柳觀察(제1서)의 경우 제목 아래에 "爛 ○乙卯秋 在金井"
이라고 원주가 붙어 1795년 가을 금정에서 당시 충청관찰사 유강에게
보낸 편지임을 알 수 있다. 말미에 "頓得病 留俟巡到水營之日 先此書
稟恭候指導 不備"라는 구절이 있는 것으로 보아 충청도 수영에서 유
강을 만나기 전에 보낸 편지이다. 금정일록에 보면 이 편지의 답장을 8
월 4일 받았으므로119) 이 편지는 도착 직후 8월 4일 이전 인사차 보낸
편지이다. 금정에 도착한 것이 7월 29일이므로120) 이 편지를 보낸 것
은 1795년(34세) 7월 29일에서 8월 4일 사이이다. 편지가 오고가는 기
간을 생각하면 7월 30일이나 8월 1일에 보내지 않았을까 추측된다.

넷째, 與柳觀察(제2서)의 경우 "湖亭陪歡 誠亦天涯勝事……鏞還坐
驛樓"라는 구절이 있으므로 1795년 충청도 수영의 영보정에서 유강을
만나고 금정에 돌아온 뒤에 보낸 편지임을 알 수 있다. 금정일록에 따
르면 수영에서 유강을 만난 것은 8월 13일이고 금정에 돌아온 것은 8
월 14일이다.121) 따라서 이 편지는 1795년(34세) 8월 14일 이후에 쓴
것이다.

다섯째, 與柳觀察(제3서)의 경우 "歲華遒暮"라는 구절로 시작되고

---

117) 『年譜』, 95쪽. 그러나 앞서도 언급하였듯이 그 서문을 쓴 것을 이듬해 1798년
    (37세) 초겨울이었다.
118) 『年譜』, 96쪽.
119) 『여유당전서보유』 2, 5쪽.
120) 『여유당전서보유』 2, 4쪽.
121) 『여유당전서보유』 2, 10쪽.

자신을 驛丞이라고 부르고 있으므로 1795년(34세) 12월 22일 연말 아직 금정을 떠나기 전에 쓴 것임을 알 수 있다.

여섯째, 與柳洪州의 경우 제목 아래에 "誼"라고 원주가 붙어 있으므로 홍주목사 柳誼에게 보낸 편지이다. "騎曹忝僚之後 好緣未盡 歷落一官 又寄於仁風百里之內"라는 구절로 시작하고 있고 자신을 "郵官"이라 부르고 있으므로 1795년 가을 금정에 가서 보낸 편지임을 알 수 있다. 정약용이 금정에 온 뒤 柳誼를 찾아간 것은 금정일록에 따르면 8월 24일이다.[122] 이 편지는 내용상 그를 만나기 전에 보낸 것이므로 1795년 8월 24일 이전에 보낸 것이다. 아마도 1795년(34세) 7월 29일~8월 24일 사이, 금정에 도착한지 얼마 안된 때 보낸 것이라고 생각된다.

일곱째, 與沈判書의 경우 "拜別時 承認谷山山水 曾經賞覽 數月來 朱墨有暇 輒消搖溪嶂間"이라는 구절이 있으므로 1797년 윤6월에 곡산부사로 도임한 이후 적어도 몇 달이 지난 뒤에 보낸 편지임을 알 수 있다. 앞의 시 부분에 보면 1797년(36세) 9월 9일 문성보 등을 유람한 기록이 있으므로 아마도 그 직후에 보낸 것이 아닌가 생각된다. 편지에 심판서가 경연에서 여러 번 정약용을 위해 좋게 주청하였다는 언급이 있으므로 여기서 심판서란 심환지를 가리킨다. 사주일록에 따르면 정약용은 1797년 윤6월 5일, 곡산으로 떠나기 직전 심환지댁을 인사차 방문하였다.[123] 심환지는 노론의 당색이면서도 정치적으로 여러 차례 정약용을 변호하여 주었다.

여덟째, 與李觀察(제1서)의 경우 제목 아래에 "義駿 ○丁巳冬 余在谷山 李公爲黃海監司"라고 원주가 붙어 있으므로 1797년 겨울 곡산부사 시절 당시 황해감사 李義駿에게 보낸 편지임을 알 수 있다.[124]

---

122) 『여유당전서보유』 2, 12쪽.

123) 『여유당전서보유』 2, 67쪽.

124) 여기에 史記纂注 저술과 관련된 언급이 있다. 앞서 언급한 바와 같이 사기찬주가 완성되어 조정에 올린 것은 1798년 4월이다.

아홉째, 與李觀察(제2서)의 경우, "鋪暑病作苦"라는 구절이 있으므로 여름에 쓴 편지로 생각된다. 1798년(36세) 여름으로 추정된다.

열 번째, 答李觀察(제1서)의 경우 역시 곡산부사 시절 황해감사 이의준에게 보낸 편지이다. 金川, 兎山의 일을 논하였다. 사암선생연보에 따르면 감사의 關文에 따라 이 문제를 정약용이 조사하여 해결한 것은 1797년 겨울이다.[125]

열한 번째, 答李觀察(제2서)의 경우 이 역시 곡산부사 시절 황해감사 이의준에게 보낸 편지이다. 배열순서상 1797년 겨울 이후의 편지이다. 椒島 屯牛와 관련 언급을 하고 있으므로 이 일의 시기를 알 수 있으면 보다 구체적으로 저작 시기를 추정할 수 있다. 사암선생연보에 따르면 椒島 屯牛에 관한 啓를 올린 것을 1799년 5월 서울에 돌아온 이후이다.[126] 따라서 이의준과 편지로 이 일을 논의한 것은 서울로 돌아오기 얼마 전, 즉 1799년(38세) 봄이 아닐까 생각된다.[127]

열두 번째, 答李觀察(제3서)의 경우 이 역시 곡산부사 시절 황해감사 이의준에게 보낸 편지로 추정되지만 내용만으로는 구체적인 시기를 알기 어렵다. 다만 이 편지에서 정현의 주역 주에 대하여 논하였다. 배열순서 상으로 보면 1799년 봄 이후의 편지로 생각된다. 이 해 1799년(38세) 봄 3월, 영위사를 마치고 돌아온 뒤의 편지로 생각되기도 한다.

열세 번째, 答李觀察(제4서)의 경우 역시 곡산부사 시절 황해감사 이의준에게 보낸 편지로 추정되지만 내용만으로는 구체적인 시기를 알기 어렵다. 마과회통을 보낸다는 구절이 있으므로 마과회통을 완성한(1797년 겨울) 이후에 보낸 편지임을 알 수 있다. 배열순서 상으로 보면 1799년(38세) 봄 이후의 편지로 생각된다. 이 해 봄 3월 영위사를

---

125)『年譜』, 92쪽 이하.

126)『年譜』, 107쪽.

127) 또 이 편지에서는 송화옥사에 대한 언급도 있으므로 이 옥사의 시기를 찾으면 보다 확실한 추정이 가능할 것이다.

마치고 돌아온 뒤의 편지로 생각되기도 한다.[128]

열네 번째, 答李判書의 경우 제목 아래에 "祖源 ○丁巳秋 在谷山"
이라고 원주가 붙어 있으므로 1797년(36세) 가을 곡산에서 李祖源에게
보낸 편지임을 알 수 있다.

열다섯 번째, 上李左尹의 경우 제목 아래에 "秀夏"라고 원주가 붙어
있어 李秀夏에게 보낸 편지이다. 이 편지 속에 포함된, 이정운에게 보
낸 편지의 내용에 "鏞纍在金井"이라는 구절이 있고 이좌윤에게 쓴 내
용에 "聖明處分 出於意外 顧不敢濡滯 所以卽日就途"라는 구절이 있
어 1795년(34세) 12월 25일 금정에서 서울로 돌아온 이후에 쓴 글임을
알 수 있다.

열여섯 번째, 答洪元伯(제1서)의 경우 제목 아래에 "仁浩 ○辛亥春"
이라고 원주가 붙어 있으므로 1791년(30세) 봄 洪仁浩에게 보낸 편지
임을 알 수 있다.

열일곱 번째, 答洪元伯(제2서)의 경우 喪中에 있다는 말이 있으므로
1792년 부친 정재원이 죽은 이후 1794년 탈상 이전의 시기일 것이다.
영남 유림들이 오래 머물러 있다는 이야기와 내일 시골집으로 돌아간
다는 말이 있다. 대략 1793년 여름에 화성유수로 있다가 영상이 된 채
제공이 임오년 사도세자 일로 상소를 올렸고 이를 둘러싸고 홍인호가
채제공을 공격하였으며 논란이 1794년까지 계속되었다.[129] 이 무렵 보
낸 편지가 아닌가 생각된다. 이때 홍인호의 오해로 정약용과 홍인호의
사이가 소원해졌으나 다시 회복되었다. 이것은 다음의 편지를 보면 알

---

128) 앞서 언급하였듯이 이 편지를 1797년 겨울 작으로 보는 견해도 있다(김호,
『조선과학인물열전』, 275쪽).

129) 『年譜』, 39~40쪽. 사도세자 문제와 관련한 영남만인소가 1792년 4월과 5월 2
차례 있었다. 이런 사태의 연장 위에서 1793년 화성유수에서 영의정으로 임
명된 채제공은 5월 28일에 사도세자의 무고 문제 해결을 본격적으로 주장하
였다. 이 문제로 채제공이 파직되었으나 논란은 계속되어 정조가 8월 8일 이
른바 금등 문서를 공개함으로써 결국 1795년 1월 사도세자 추존이 가능하게
되었다(박현모, 『정치가 정조』, 푸른역사, 2001, 50~60쪽).

수 있다.

열여덟 번째, 答洪元伯(제3서)의 경우 제목 아래에 "丁巳"라고 원주가 붙어 있으므로 1797년 쓴 편지이다. "어제는 찾아 주셨고 오늘은 또 편지를 보내주셔서 위로가 된다"는 언급(昨蒙臨顧 今又手書)과 아무리 임금의 批旨가 융중하더라도 벼슬에 나갈 수 없다는 말이 있다. 1797년 정약용의 관직 임명과 관련된 얘기이다. 이 해 6월 22일 동부승지에 제수됨에 따라 사직 상소를 올리면서 비방이 있게 된 전말을 말하였는데 6월 27일 다시 동부승지에 제수되었다. 이 편지는 1797년(36세) 6월 23일에 쓴 것이다. 함주일록에 따르면 6월 22일 홍인호가 정약용의 집을 방문하였다.130)

열아홉 번째, 與洪元伯의 경우 歲暮에 첩첩산중에 앉아 창덕궁 부용정과 규장각에서의 일을 회상하고 있으며 殷山의 수재들을 만났다는 구절이 있으므로 아마도 곡산에서 보낸 편지로 추정된다. 곡산에

---

130) 『여유당전서보유』 2, 49쪽. 이때 마침 蔡弘遠이 정약용의 집을 방문해 있었는데 홍인호가 오자 바로 떠나버렸다. 채제공 가문과 홍인호와의 관계는 이 때에도 회복되지 않았던 것으로 보인다. 정조 말년에 기호남인이 채제공 중심의 채당과 홍인호를 중심으로 한 홍당으로 나누어지는데, 후자가 천주교 공격에 앞장섰다(「황사영백서」 및 李在璣 『訥菴記略』 참조). 그럼에도 홍당의 영수와 정약용의 사이가 적어도 표면적으로는 좋은 점이 문제되며 정약용은 홍당에 속하는 목만중에 대하여도 끝까지 예의는 지켰다. 또 이때 곡산부사로 나가기 직전 정약용이 노론의 이병모, 심환지 등을 찾아가 장시간 대화를 나누는 것, 특히 심환지와는 서로 매우 가까운 정의를 표시하는 점도 주목된다. 아마도 채제공 이후 채당의 영수가 이가환이 되는 것을 막기 위해, 혹은 채당을 분열시키기 위해-우선은 채제공과 이가환의 이간, 다음으로는 정약용과 이가환의 이간 시도- 홍당과 노론 벽파가 정약용을 포섭하려 하였던 것이 아닌가 생각된다. 그러나 결국 정약용은 그 쪽으로 기울지 않았고-1800년 4월경 채홍원과 함께, 정범조에게 채제공을 위한 글을 받으러 원주 법천을 찾아감- 이리하여 신유사옥에서 공격을 당하였다고 여겨진다. 신유사옥 무렵 기호남인의 노장 그룹에 속하는 윤필병 등은 천주교를 이유로 채당을 공격하는 입장에 서게 되는 것으로 여겨진다. 신유사옥 이후 정치적으로 정약용에게 도움을 주는 것은 안동김씨(노론 시파) 김조순, 김리교 등이었다.

온 뒤 시간이 많이 흐른 것 같지는 않으므로 곡산에 온 해(1797년, 36세) 연말이라고 생각된다. 곡산도호부사에 도임한 것은 대략 1797년 윤6월 10일이다.

스무 번째, 與成光州의 경우 "鼎鎭 ○在金井"이라고 원주가 붙어 있는 것으로 보아 1795년(34세) 가을~겨울 사이, 금정찰방 시절 成鼎鎭에게 보낸 편지이다. 성정진은 당시에 광주에 살고 있었던 것이 아닌가 여겨지며 이 편지에서 정약용은 화순의 曹翊鉉에게 보내는 편지를 전해달라고 그에게 부탁하였다(정약용이 금정에서 조익현에게 보내는 편지가 뒤에 있다). 또 이 편지에는 호남에는 사람들 사이에 선동이 아주 심하다는 얘기가 실려 있다. 이것은 천주교와 관련된 것이 아닌가 여겨진다.

스물한 번째, 與李稚明의 경우 제목 아래에 "翼晉 ○丁巳"라고 원주가 붙어 있으므로 1797년 李翼晉에게 쓴 편지임을 알 수 있다. 매우 짧은 편지이고 "在谷山"이라고 제목 아래 장소를 밝히지 않고 있으므로 1796년 윤6월 6일 곡산부사로 가기 전 서울에서 쓴 편지로 추정된다.

스물두 번째, 答洪博汝(時溥)의 경우 이 편지에서 정약용이 "郵丞으로 보직받아 그대와 동행하게 된 것은 참으로 기이한 일이었다"라고 한 것으로 보아 洪時溥는 정약용이 금정찰방에 부임할 때 충청도 지역으로 같이 발령받아 함께 내려 온 사람으로 생각된다. "그대는 즉시 면직되어 돌아가게 되었으니 감격함이 한이 없을 것으로 여겨집니다"라고 하였으므로 이 편지는 정약용이 1795년 가을 금정에 도착한지(7월 29일) 얼마 안된 때 서울로 돌아가는 홍시보에게 보낸 것으로 추정된다. 대략 1795년(38세) 8월경의 편지로 생각된다.

스물세 번째, 答韓傒父(致應)의 경우 정확한 날짜를 알기는 어렵다. 다만 "乙巳雅樂譜序 謹玆搆架"라는 말이 나오므로 적어도 1785년 이후의 일이며 "不足以仰塵乙覽"이라는 구절이 있으므로 1789년(28세)

봄에 출사한 이후의 글이 아닌가 생각된다.

　스물네 번째, 與韓徯父(제1서)의 경우 "樊翁在長湍村舍 雪夜讀此疏"라는 구절로 보아 채제공이 장단에 물러나 있을 때이고 계절은 겨울이었음을 알 수 있다. 1793년(32세) 사도세자 문제로 일시 물러날 있었을 때로 생각된다.

　스물다섯 번째, 與韓徯父(제2서)의 경우 "聞南皐昨夕 自華城至 直走大陵宿 今日亦不令吾輩知"라고 하므로 정약용이 서울에 있을 때 쓴 것이다. 대략 죽란시사를 하면서 한치응, 윤지범 등과 교유할 무렵 쓴 것이 아닌가 추정된다. 1794(33세)~1796년(35세) 무렵이 아닌가 생각된다.

　스물여섯 번째, 與韓徯父(제3서)의 경우 "霖雨浹旬 兄乃不巾不襪科頭坐快閣" 및 "洗劍之遊 不可不豫先料理 若待邇叔出院 已水落石出矣"라는 구절이 있으므로 계절은 여름이었으며 당시 채홍원이 승정원에 근무하고 있었음을 알 수 있다. 이 역시 서울에서 죽란시사를 할 때로서 1794년(33세)이나 1795년 또는 1796년(35세) 여름이 아닌가 생각된다. 다만 1795년 여름에는 주문모 사건이 있었으므로 남인들은 다소 근신하고 있었을 가능성도 있다.

　스물일곱 번째, 答韓徯父(제4서)의 경우 "鞠影試序"에 대한 언급이 있으므로 죽란시사 모임을 서울에서 하였을 때가 아닌가 생각된다. 계절은 가을이다. 1795년 가을에는 금정에 있었으므로 1794년 가을이나 1796년 가을에 지은 것이 아닌가 추정된다. 앞의 시 부분을 보면 夜與尹彝叙韓徯父飮酒賦菊花(1794년 10월 2일 윤규범(윤지범), 한치응 등과 음주하다가 국화를 읊은 시)라는 시가 있으므로 이 편지는 1794년(33세) 10월 2일의 모임 이후에 보낸 편지일 가능성이 크다.

　스물여덟 번째, 與蔡邇叔(弘遠)의 경우 "苦苦吏曹參議 尙未解否"라는 구절로 보아 채홍원(채제공의 양자)이 이조참의였을 때 보낸 편지임을 알 수 있다. 편지의 내용으로 보아 계절은 여름이었다. 뒤 편지

答蔡邇叔(제1서)이 1795년(34세) 가을 7월말 금정에 도착한 이후에 쓴 것이므로 이 편지는 그보다 다소 앞선 시기일 수 있다.

스물아홉 번째, 答蔡邇叔(제1서)의 경우 1795년 가을 7월말 금정에 도착한 뒤, 채홍원(채제공의 양자)에게 보낸 편지이다. 이 편지에서 금정에 도착하여 이곳이 채씨촌임을 알았으며 채홍원이 어린 시절 놀던 곳들도 알게 되었다고 하면서 시사에 대하여는 듣고 싶지 않다는 말을 덧붙였다. 금정일록에 따르면 금정 부근 채씨들이 정약용을 찾아온 것은 1795년 8월 5일이므로[131] 이 편지는 1795년(34세) 8월 5일 이후에 보낸 것으로 생각된다.

서른 번째, 答蔡邇叔(제2서)의 경우 "七月旣望 暑熱如此"라는 구절이 있으므로 7월 16일에 쓴 것임을 알 수 있다. 答蔡邇叔(제1서)보다 뒤에 있으므로 금정에서 돌아온 이후의 편지로 추정된다. 저작 시기는 1796년(35세) 7월 16일일 가능성이 크다. 1797년 윤6월 중순경부터 1799년 5월까지 정약용은 곡산에 있었고 1799년 봄(1월) 이후 채홍원은 상중이었다.

서른한 번째, 答蔡邇叔(제3서)의 경우 1800년(39세) 봄(4월경)에 지은 것으로 추정된다. 정약용은 이때 채제공의 遺事와 관련해 채홍원과 함께 원주 법천의 정범조를 방문한 적이 있다. 이 편지에는 그 일을 미리 상의하는 내용이 있으므로 법천 방문 얼마 전의 것으로 생각된다.

서른두 번째, 與李周臣(儒修)의 경우 편지의 내용만으로는 구체적 시기를 알기 어렵다. 그러나 "韓俟甫尙不還 豈可堪耶"라는 구절로 보아 1799년(38세) 가을 한치응이 서장관으로 청나라에 간 이후에 쓴 것일 가능성도 있다.

서른세 번째, 答李周臣의 경우 편지의 내용만으로는 구체적 저작 시기를 알기 어렵다. 내용상 서울에 있을 적에 쓴 것으로 생각되며 "聖明必當照燭"이라는 구절로 보아 적어도 1800년 여름(6월) 정조의 승하

---

131) 『여유당전서보유』 2, 6쪽.

전이었음을 알 수 있다.

서른네 번째, 答沈華五(奎魯)의 경우 제목 아래에 "己未夏"라고 원주가 붙어 있어 1799년 여름에 쓴 것임을 알 수 있다. 편지의 내용에 황주목사 조영경과 황주에서 文肅이라는 시호를 놓고 대화했던 내용을 채홍원에게 전한 내용이 있다. 1799년(38세) 5월 서울에 돌아온 이후의 편지로 추정된다.

서른다섯 번째, 答尹无咎(持訥)의 경우 구체적 저작 시기를 알기 어려우나 편지의 내용으로 보아 윤지눌이 평양에 관리로 갈 때 쓴 것이다.

서른여섯 번째, 答李輝祖(重蓮)의 경우 구체적 저작 시기를 알기 어려우나 편지의 내용으로 보아 이중련이 금강산에서 돌아왔을 때 쓴 것이다. 정약용은 아마 이때 서울에 있었던 것으로 추정된다.

서른일곱 번째, 答申景甫의 경우 제목 아래에 "星模 ○在金井"이라고 원주가 붙어 있으므로 1795년(34세) 가을 또는 겨울 금정에서 신성모의 편지를 받고 보낸 답서임을 알 수 있다. 신성모가 정약용의 서울 명례방 집 근처로 이사왔다는 것과 그가 동료들과 계 모임을 갖고 있다는 내용이 있다.

서른여덟 번째, 答李基慶(제1서)의 경우 금정일록에 따르면 정약용이 금정에서 이기경의 9월 28일 편지를 1795년 10월 9일 받고,[132] 보낸 답서이다. 따라서 이 편지는 1795년(34세) 10월 9일 이후에 보낸 것이다.

서른아홉 번째, 答李基慶(제2서)의 경우 "方浩然遠適 聞是峽邑 得數年休息"이라는 구절이 있으므로 1797년(36세) 곡산부사로 가기(윤6월 6일) 전에 이기경의 편지를 받고 보낸 답서임을 알 수 있다.

마흔 번째, 答朴次脩(齊家)의 경우 "承書知自粵溪還"이라는 구절로 시작되므로 박제가가 월계에서 돌아왔다는 편지를 받고 보낸 답서임

---

132)『여유당전서보유』2, 21~22쪽.

을 알 수 있다. 이것은 1800년(39세) 봄일 가능성이 있다. 이 해 박제가
가 지방 수령으로 나갔다가 바로 돌아오기 때문이다.

마흔한 번째, 與朴次脩의 경우 기년아람을 빌려달라는 내용이다. 유
배 이전의 편지라고 할 수 있다. 그렇다면 1800년(39세)의 편지일 가능
성이 있다.

마흔두 번째, 與尹彝叙(제1서)의 경우 구체적인 저작 시기는 알기
어려우나 편지의 내용으로 보아 서울에서 죽란시사를 할 무렵 보낸 편
지가 아닌가 생각된다. 제목 아래에 "持範"이라고 원주가 붙어 있다.
제2서의 저작 시기가 1796년 1월이므로 1795년(34세) 가을 금정찰방으
로 가기 이전의 편지로 생각된다.

마흔세 번째, 與尹彝叙(제2서)의 경우 제목 아래에 "丙辰 正月"이라
고 원주가 붙어 있으므로 1796년(35세) 1월 보낸 편지임을 알 수 있다.
이때 정약용은 금정에서 돌아와 서울에 머무르고 있었다.

마흔네 번째, 與尹彝叙(제3서)의 경우 구체적인 저작 시기를 알기는
어려우나 "今欲作詩 祭震澤之靈"이라는 구절로 보아 申光河(號 震
澤)가 죽은 이후에 쓴 것으로 추정된다.

마흔다섯 번째, 與尹彝叙(제4서)의 경우 "今朝有人傳得南來信"이라
는 구절이 있는 것으로 보아 곡산부사(1797년 윤6월~1799년 4월) 시
절에 쓴 것으로 생각된다.

마흔여섯 번째, 答尹彝叙의 경우 제목 아래에 "庚申 六月"이라고
원주가 붙어 있어 1800년(39세) 6월 쓴 것임을 알 수 있다. 복제 논의
를 하고 있는 것으로 보아 정조의 서거 직후가 아닌가 생각된다. 정조
가 서거한 것은 6월 26일이다. 따라서 이 글은 1800년(39세) 6월 26일
~6월 말일 사이에 쓴 것이다.

마흔일곱 번째, 上弇園書의 경우 제목 아래 "丙辰"(1796년, 35세)이
라고 원주가 붙어 있다. 弇園이 누구인지 확실하지 않다. 정약용이 상
당히 높이고 있으며 대학에 대하여 수준 높은 토론을 하고 있고 鑑湖

가 양근 일대를 가리키므로 혹시 權哲身을 가리키는 지도 모르겠다. 한편 이 편지의 중간 부분, 즉 "○弇園論大學書日……狂僭大矣(甲寅二月初九日)"의 부분은 앞(1794년 2월 9일)의 편지가 삽입된 것일 가능성이 있다.

마흔여덟 번째, 與沈士潤의 경우 제목 아래에 "汲"라고 원주가 붙어 있다. 편지의 내용이 정조가 朱書를 구하는 것으로 되어 있다. 심유는 정약용과 사돈 관계가 된다. 정약용이 정조의 명에 따라 주서백편을 편집할 때 쓴 것이 아닌가 생각된다. 주서백편(주서백선)이 간행된 것은 1794년(33세)이다.

마흔아홉 번째, 與金節度使의 경우 제목 아래에 "火厚 在谷山"이라고 원주가 붙어 있다. 곡산부사 시절 보낸 것임을 알 수 있다. 편지의 내용에 보면 1780년 봄에 진주 촉석루에서 놀고 19년이 지났다고 하므로 1798년(37세)에 쓴 것으로 추정된다.

(3) 雜文前編 제7책 제3권

잡문 전편 제7책 제3권에 수록된 작품은 다음과 같다.

> 上木齋書(李先生 森煥 號木齋 : 6통), 答李羅州(寅燮), 答方山李(道溟), 答方山, 與北溪尹進士(就協), 與申汝魯, 答李文達(2통), 答權堯臣(虁), 與蔡而順(弘遠), 答蔡伯倫(叙恭), 與姜仁伯(履元), 與曹進士(翊鉉), 答蔓溪(2통), 與蔓溪(2통), 答蔓溪(2통), 答李友(沁淵), 與尹季軫(持翼), 答韓齋園(在濂 : 2통), 與權思甫(相學).

첫째, 上木齋書(제1서)의 경우 제목 아래에 "李先生森煥號木齋 ○乙卯秋 在金井"이라고 원주가 붙어 있다. 금정일록을 참조하면 금정에 도착한 뒤 1795년(34세) 8월 5일에 목재 이삼환에게 보낸 편지로 추정할 수 있다.133)

둘째, 上木齋書(제2서)의 경우 금정일록에 따르면 8월 24일 정약용이 이삼환을 방문하였다.[134] "日者得造門屛"이라는 언급이 있으므로 8월 24일 방문 뒤에 쓴 것으로 생각된다. 금정일록 9월 5일 조에는, 이 편지에 대한 이삼환의 답장이 있다. 이 편지에는 여기에 烏棲山 유람(9월 3~4일) 이야기가 있으므로 그 이후에 쓴 것이다. 9월 4일에 정약용이 이 제2서를 편지로 썼다고 하더라도 9월 5일에 답장을 받기는 어렵다고 생각된다. 이삼환의 답장을 9월 5일조에 기록한 것은 아마도 이 제2서를 정약용이 1795년(34세) 9월 5일 썼기 때문이 아닌가 생각된다.

셋째, 上木齋書(제3서)의 경우 편지의 내용과 금정일록을 참고하면 정약용이 1795년(34세) 9월 17일 공주에서 돌아온 이후 보낸 편지로 생각된다.[135]

넷째, 上木齋書(제4서)의 경우 "向來校書之會 歸而思之"라는 구절이 있다. 1795년(34세) 11월 6일 서암강학회에서 돌아온[136] 이후 보낸 것임을 알 수 있다.

다섯째, 上木齋書(제5서)의 경우 금정일록을 보면 이삼환의, 정약용의 물음에 대한 답서는 12월 1일 도착하였다.[137] 이 제5서는 1795년 12월 1일 받은 편지에 대한 답서라고 여겨진다. 따라서 1795년 12월 1일 이후 작이다.

여섯째, 上木齋書(제6서)의 경우 편지의 내용을 보면 금정에서 1795년 12월 25일 서울에 돌아와[138] 며칠 뒤 보낸 편지이다. 즉 1795년(34세) 12월 27일 또는 28일경이 아닌가 생각된다.

---

133) 『여유당전서보유』 2, 6쪽.
134) 『여유당전서보유』 2, 12쪽.
135) 『여유당전서보유』 2, 18쪽.
136) 『여유당전서보유』 2, 26쪽.
137) 『여유당전서보유』 2, 29쪽.
138) 『여유당전서보유』 2, 35쪽.

일곱째, 答李羅州(寅燮)의 경우 금정일록을 보면 금정에 도착한 뒤에, 1795년 8월 7일 이인섭에게서 편지를 받았다.139) 이 편지는 그에 대한 답서로 보낸 것이다. 따라서 이 편지는 1795년(34세) 8월 7일 이후 작이다.

여덟째, 答方山李(제1서)의 경우 금정일록을 보면, 1795년(34세) 8월 23일 정약용이 이도명을 방문하였다.140) 이 편지를 쓴 것이 그 이전인지 이후인지 편지의 내용만으로는 확실하지 않다. 대략 그 전후라고 생각된다. 제목 아래에 "道溟"이라고 원주가 붙어 있다.

아홉째, 答方山(제2서)의 경우 "山深日短 校役過期 歸騎忽忽 不能 歷叩門屛"이라는 구절로 1795년(34세) 11월 6일 서암강학회에서 돌아온 이후에 쓴 편지로 생각된다.

열 번째, 與北溪尹進士의 경우 지난번 서암강학회에 참여하였다는 언급이 있으므로 1795년(34세) 11월 6일 서삼강학회에서 돌아온 이후에 쓴 편지로 생각된다. 제목 아래에 "就協"이라고 원주가 붙어 있다.

열한 번째, 與申汝魯의 경우 편지의 내용으로 보아 1795년(34세) 12월 25일 금정에서 서울로 돌아온 이후 보낸 편지이다.

열두 번째, 答李文達(제1서)의 경우 "疊雪未融 萬山遼落 群居譁笑 之餘"라는 구절로 시작되고 있고 지난 번 서암강학회에 대한 언급이 있다. 1795년(34세) 11월 6일 서암강학회에서 돌아온 이후로서, 아직 12월 서울로 떠나기 이전에 금정에서 쓴 것으로 생각된다.141)

열세 번째, 答李文達(제2서)의 경우 편지의 내용으로 보아 아직 금정에 머무르고 있을 때 쓴 것으로 추정된다. 배열순서상 1795년(34세)

---

139) 『여유당전서보유』 2, 7쪽.

140) 『여유당전서보유』 2, 11쪽.

141) 금정일록에 따르면 강학회에서 돌아온 후 이문달의 편지를 받은 것은 11월 13일이다(『여유당전서보유』 2, 27쪽). 정약용의 이 답서가 11월 13일 받은 편지에 대한 것이라면 이하 이문달에게 보낸 답서는 모두 11월 13일 이후 작이 된다.

11월 6일 이후 작이다. 11월 13일 이후 작일 수도 있다.

열네 번째, 與李文達의 경우 "鏞蒙被聖恩 得至京度歲 兄弟妻子 會合爲樂"이라는 구절로 보아 1795년 12월 25일 서울에 돌아오고 나서 새해(1796년, 35세)가 된 다음(1월)에 보낸 편지로 생각된다.

열다섯 번째, 答權堯臣의 경우 제목 아래에 "夔"라고 원주가 붙어 있다. 정약용이 1795년 가을 9월 15일 공주를 방문하였으며 그 다음날 권기를 만났으며 이 편지는 이후 권기가 정약용에게 편지를 보낸 데 대한 답서이다. 정약용이 금정에 돌아온 것은 9월 17일이다.[142] 권기에 대한 답서는 1795년(34세) 9월 17일 이후 작이 된다.

열여섯 번째, 與蔡而順의 경우 제목 아래에 "弘達"라고 원주가 붙어 있다. 편지의 내용으로 보아 정약용이 1795년(34세) 12월 25일 금정에서 서울로 돌아온 이후 보낸 편지로 생각된다. "使金井而無德鄰……雖歸心似矢不能濡滯在道"라는 구절이 있다.

열일곱 번째, 答蔡伯倫의 경우 제목 아래 "敍恭"이라고 원주가 붙어 있다. 편지의 내용으로 보아 1795년(34세) 겨울 금정에서 쓴 편지로 생각된다.

열여덟 번째, 與姜仁伯의 경우 제목 아래에 "履元"이라고 원주가 붙어 있다. "此來不得一字書" 및 "鏞之得飽南烹"이라는 구절로 보아 1795년(34세) 7월말 금정에 도착한 이후 쓴 편지로 추정된다.

열아홉 번째, 與曹進士의 경우 제목 아래에 "翊鉉 ○和順人"이라고 원주가 붙어 있다. "鏞蒙被國恩 得避身湖海之上"이라는 구절로 보아 1795년(34세) 7월말 금정에 온 이후 쓴 편지로 추정된다.

스무 번째, 答蔓溪(제1서)의 경우 제목 아래에 "乙卯 十一月 二十七日"이라고 원주가 붙어 있다. 1795년(34세) 11월 27일 쓴 편지임을 알 수 있다. 금정에서 보낸 것이다. 여기서 蔓溪란 이승훈을 가리키며 정약용이 금정찰방으로 갈 때 중간에서 만나 예산까지 함께 갔다. 이승

---

142) 『여유당전서보유』 2, 18쪽.

훈은 蔓川이라는 호도 사용한 것으로 여겨진다.

스물한 번째, 答蔓溪(제2서)의 경우 아직 금정에 있을 때 쓴 편지로 생각된다. 배열순서로 보아 1795년(34세) 11월 27일 이후 작이다.

스물두 번째, 與蔓溪(제1서)의 경우, 배열순서로 보아 1795년 11월 27일 이후 작이다. 편지의 내용으로 보아 아직 금정에 있을 때로 생각되며 계절은 겨울이었다. 정약용이 금정을 출발한 것이 12월 22일이므로 이 편지의 하한은 1795년(34세) 12월 22일이 된다.

스물세 번째, 與蔓溪(제2서)의 경우 "歷路辭別 不禁屛營 同來而不同歸"라는 내용으로 보아 정약용이 1795년 12월 금정에서 귀환하는 도중에 이승훈을 만났음을 알 수 있다. 정약용이 귀로에 예산에 도착한 것은 금정일록에 따르면 12월 23일이다.[143] "鋪遞投闃闠中"이라는 구절로 보아 편지는 1795년(34세) 12월 25일 서울에 도착한 이후에 쓴 것으로 추정된다.

스물네 번째, 答蔓溪(제3서)의 경우 구체적인 저작 시기를 알기는 어렵다. 그러나 죽란일기에 의하면 이승훈이 해배 명령을 받은 것은 1796년 2월 21일이다.[144] 이 편지는 1796년(35세) 2월말 쯤 이승훈이 서울에 돌아온 뒤에 쓴 것이 아닌가 생각된다. 편지의 내용으로 보아 이때 정약용이 마과회통의 집필을 위하여 자료 수집을 하고 있었음을 알 수 있다.

스물다섯 번째, 答蔓溪(제4서)의 경우 편지의 내용만으로는 구체적인 저술 시기를 알기 어렵다. 편지의 내용으로 보아 금정에서 서울에 돌아온 이후 서울에서 쓴 것처럼 보이고, 내용 가운데 내년 2월이 고례와 잘 맞는다는 언급이 있다. 아마도 1796년(35세) 2월말 이승훈이 서울에 돌아온 뒤, 정약용이 1796년 윤6월 곡산부사로 가기 전 사이에 쓴 것으로 생각된다.

---

143) 『여유당전서보유』 2, 34쪽.
144) 『여유당전서보유』 2, 39쪽.

스물여섯 번째, 答李友의 경우 제목 아래에 "泌淵 ○故監司義駿之子"라고 원주가 붙어 있다. 이의준은 정약용의 곡산부사 시절 황해감사로서 정약용과 친분이 있었다. 이의준의 사후 그의 아들 이필연이 이의준의 문집 편집을 부탁하였고 이에 대한 경과를 정약용이 답장으로 보낸 것으로 생각된다. 아마도 1799년(38세) 5월 곡산에서 서울에 돌아온 이후의 일로 생각된다.

스물일곱 번째, 與尹季軫의 경우 제목 아래에 "持翼 ○在谷山"이라고 원주가 붙어 있다. 곡산 시절 보낸 편지임을 알 수 있다. 편지의 내용으로 보아 1797년(36세) 세모에 쓴 것으로 생각된다.

스물여덟 번째, 答韓僑園(제1서)의 경우 제목 아래에 "在濂"이라고 원주가 붙어 있다. 여기에 "鏞近不向大酉齋校書 却自在與猶堂鈔書"라는 구절로 보아 향리에 돌아가 與猶堂에 있던 때, 즉 1800년 여름경 아닐까 여겨진다. 편지의 내용으로 보아 계절은 여름이었다. 따라서 이 편지는 1800년(39세) 여름의 글로 추정된다.

스물아홉 번째, 答韓僑園(제2서)의 경우 내용만으로는 구체적 저작 시기를 알기 어려우나 제1서에서 얼마되지 않은 때 보낸 것이 아닌가 생각된다. 즉 1800년(39세) 여름의 글로 추정된다.

서른 번째, 與權思甫의 경우 제목 아래에 "相學"이라고 원주가 붙어 있다. 편지 내용만으로는 구체적 저술 시기를 알기 어렵다. 말미에 "諸文之在家兄者 固已朝夕觀省矣"라는 구절이 있으므로 1800년(39세) 여름 고향에 돌아와 있을 때(4~5월경) 쓴 것이 아닌가 생각된다. 여기서 가형이란 문맥으로 보아 큰형님 정학현을 가리키기 때문이다.

8. 與猶堂集 雜文前編 제8책

(1) 雜文前編 제8책 제1권

地理策

잡문 전편 제8책 제1권에는 地理策만이 실려 있다. 제목 아래에 "乾隆己酉 閏五月 內閣親試 御批居首"라고 원주가 붙어 있으므로 1789년(28세) 윤5월 지은 것임을 알 수 있다.

(2) 雜文前編 제8책 제2권

잡문 전편 제8책 제2권에 수록된 작품은 다음과 같다.

十三經策(庚戌冬 內閣親試), 文體策(今刪不錄 只錄御批一節), 人才策(今刪不錄 只錄御批一節), 論語策(今刪不錄 只錄御批一節), 孟子策(今刪不錄 只錄御批一節).

첫째, 十三經策의 경우 "庚戌冬 內閣 親試"라고 원주가 제목 아래 붙어 있다. 정조 14년(1790, 29세) 겨울 규장각 초계문신 시절에 지은 것임을 알 수 있다.

다음으로 위의 표에서 보는 바와 같이, 잡문 전편 제8책 제2권에는 십삼경책에 이어서 문체책, 인재책, 맹자책이 실려 있다. 잡문 후편 제1책 제1권에도 맹자책, 문체책, 인재책이 실려 있는 점이 문제이다. 왜, 같은 제목의 글이 잡문 전편과 잡문 후편에 중복되어 나오는지 의문이다. 여기에는 여유당집 편집자의 편집자적 의도가 있다고 생각된다. 이것은 전편에 실린 문체책, 인재책, 맹자책의 제목 아래 모두 "今刪不錄 只錄御批一節"이라고 하고 御批 외에 본문의 내용을 삭제하였으나 잡문 후편에 실린 문체책, 인재책, 맹자책에는 본문을 싣고 있는 점에서도 그렇게 생각된다. 잡문 전편 맹자책, 문체책, 인재책의 본문은 나중에 경학 연구가 심화됨에 따라 정약용 자신이 불만을 느껴 본문을 삭제하였으나, 御批는 정조의 글이므로 없앨 수 없어 그대로 두었고 잡문 후편에 실린 맹자책, 문체책, 인재책은 나중에 새로이 쓴 것으로 여겨진다.

둘째, 이 잡문 전편에 실린 문체책(1)은 일단 정조 13년(1789, 28세) 11월로 볼 수 있다.[145]

잡문 전편에 실린 인재책(1)의 경우 제목 아래에 저술 시기에 대한 언급이 없으나 弘齋全書 권50에 수록된 책문들과 대조하면 庚戌年(정조 14년, 1790, 29세) 저작임이 확인된다.

셋째, 이 잡문 전편 제8책 제2권에 실린 論語策의 경우, 대략적으로 보아 문체책(1), 인재책(1) 등과 비슷한 시기에 씌어진 것으로 생각된다.

넷째, 잡문 전편 孟子策(1)의 경우 홍재전서 권50에 수록된 정조의

---

145) 한편 여유당전전서 시문집 對策에는 십삼경책, 문체책(1), 인재책(1), 맹자책(1), 중용책, 맹자책(2), 문체책(2), 인재책(2) 등 여러 對策이 실려 있다(문체책과 인재책, 맹자책은 각기 두 종류가 수록되어 있다. 편의상 앞에 실린 것을 (1), 뒤에 실린 것을 (2)라고 하기로 한다). 문체책(1)의 경우 원래 주석에 "今刪不錄 只錄御批一節"이라고만 되어 있을 뿐 저술 연대가 기록되어 있지 않다. 이것은 인재책(1)의 경우도 마찬가지이다. 문체책(1)과 인재책(1)에 대하여 御批를 받은 한 구절만을 기록하고 다 삭제한 것은 문체책(2)와 인재책(2)를 새롭게 지음으로써 앞의 것은 폐기되어야 할 것으로 생각하였기 때문이 아닌가 생각된다. 그렇다면 문체책(1)과 인재책(1)의 저술 시기는 각기 문체책(2)와 인재책(2)의 저술 시기보다 앞선 것이 된다. 문체책(2)는 제목 아래에 있는 원주에 "己酉冬 十一月 親試"라고 되어 있으므로 저술 시기는 일단 정조 13년(1789) 11월로 볼 수 있다. 정조 13년 11월로 저작 시기를 써 놓은 것은 원래 정조가 책문을 출제한 시기가 이 때임을 보이는 것이라고 하겠다. 그러나 문체책(2)와 동일한 내용은 잡문 후편 제1책 제1권에 들어 있다. 잡문 후편에 실린 맹자책, 문체책, 인재책은 여유당전서본의 맹자책(2), 문체책(2), 인재책(2)에 해당되며 잡문 전편에 실린 문체책, 인재책, 맹자책은 각기 여유당전서본의 문체책(1), 인재책(1), 맹자책(1)에 해당된다.

책문 孟子와 대조해 본 결과 이에 대한 답변이다. 홍재전서에 "孟子"라는 제목 아래 "戊申 ○到記儒生秋試 及文臣親試"라고 되어 있으므로 무신년(정조 12년, 1788, 27세) 가을의 저술임이 확인된다.

(3) 雜文前編 제8책 제3권

잡문 전편 제8책 제3권에 수록된 작품은 다음과 같다.

農策, 策問律度量衡, 策問錢弊, 策問儒, 策問竹.

첫째, 農策은 정조의 물음에 대한 답변이다. 농책의 경우 연대 기록이 없으나 홍재전서와 대조해보면 정조 14년(1790) 정약용 29세 때의 저술임이 확인된다. 홍재전서 권5에 農이라는 제목 아래 "庚戌 抄啓文臣 課試三試 及上齋生應製"라고 되어 있다. 농책에 실린 정조의 물음과 홍재전서 農의 기록이 같다.

둘째, 策問律度量衡, 策問錢弊, 策問儒, 策問竹의 경우 구체적 저술 시기를 알기 어려우나 대략 농책과 비슷한 무렵 씌어진 것으로 여겨진다.

9. 與猶堂集 雜文前編 제9책

(1) 雜文前編 제9책 제1권

西巖講學記

잡문 전편 제9책 제1권에는 西巖講學記만이 실려 있다. 西巖講學記의 경우 서두에 "乾隆末年乙卯 十月卄有四日 余自金井 赴禮山坎舍 木齋李先生 先已來會 卄六日 至閑谷……又十里 卽溫陽西巖之鳳谷

寺 厥明日 木翁來臨 於是近邑諸士友次第來會……木齊手自校訂 夜則與諸友 講學論道……如是者 十日"이라고 되어 있다. 즉 정약용이 강학회를 위해 출발한 1795년(34세) 10월 24일부터 기록을 시작하였으며 강학회가 시작한 것은 10월 27일부터 열흘 간 지속되었음을 알 수 있다. 본문에 따르면 강학회가 끝나 목재 이삼환이 하산한 것은 11월 5일이라고 하였다. 열흘 간 지속되었다는 것은 대략적 수치라고 생각된다. 또 하산한 뒤 이삼환이 정약용의 질문에 답하여 12월 7일에 보낸 편지 및 12월 28일에 보낸 편지가 붙어 있다. 따라서 이 서암강학기의 저술은 1795년(34세) 12월 28일 이후에 완료된 것으로 생각할 수 있다. 다만 11월 초5일 하산 이후 일단 정리되었다가 12월 7일 및 28일 편지가 나중에 추가된 것일 수도 있다.

(2) 雜文前編 제9책 제2권

陶山私淑錄

잡문 전편 제9책 제2권에는 陶山私淑錄만이 실려 있다. 陶山私淑錄의 경우 서두에 "乙卯冬 余在金井 適因鄰人 得退溪集半部 每日晨起盥濯訖 卽讀其與人書一篇……至午間 隨錄演義一條 以自警省 歸而名之曰 陶山私淑錄"이라고 되어 있으므로 각 조목은 1795년 겨울 금정에서 매일 아침 기록한 것이며 12월 25일 서울에 돌아온 이후 陶山私淑錄이라고 명명하였음을 알 수 있다. 서울에 돌아와 이름을 붙일 때 다소의 수정과 보완이 있었을 가능성이 없지 않다. 한편 금정일록에 따르면 정약용이 금정에서 도산사숙록을 읽기 시작한 것은 1795년 11월 19일부터이다.[146] 즉 서암강학회에서 돌아온 뒤에 읽기 시작하였음을 알 수 있다.

---

146) 『여유당전서보유』 2, 28쪽.

(3) 雜文前編 제9책 제3권

金井日錄(附 竹欄日記)

잡문 전편 제9책 제3권에는 金井日錄(附 竹欄日記)만이 실려 있다. 金井日錄의 경우 1795년 가을 금정찰방으로 가기 위해 서울을 출발한 7월 26일부터 서울에 돌아온 12월 25일까지 금정찰방 시절의 일기이다. 부록으로 되어 있는 竹欄日記는 서울 집에 돌아온 이후 1796년(35세) 1월 17일부터 2월 30일까지의 일기이다.[147]

10. 與猶堂集 雜文前編 제10책

(1) 雜文前編 제10책 제1권

奎瀛日記, 含珠日錄

잡문 전편 제10책 제1권에는 奎瀛日記, 含珠日錄이 실려 있다.[148]
첫째, 奎瀛日記의 경우 1796년(35세) 11월 규장각에 들어가 일하던 때의 일기이다. 현존 필사본으로는 11월 16일과 17일 기록만 있다. 사암선생연보에 의하면 1796년 12월 1일 병조참지에 제수된 것으로 되어 있다.[149]
둘째, 含珠日錄의 경우 1797년(36세) 6월 20일 동부승지에 임명되고부터 윤6월 6일 곡산부사로 도임하기 위해 서울을 출발할 때까지의 기록이다.

---

147) 아마도 원래는 뒤에 이후의 기록이 더 있었을 가능성을 배제할 수 없다.
148) 奎瀛日記, 含珠日錄은 현재 與猶堂全書에는 수록되어 있지 않고 與猶堂全書補遺 2에 수록되어 있다.
149) 『年譜』, 72쪽.

(2) 雜文前編 제10책 제2권

象山錄

잡문 전편 제10책 제2권에는 象山錄이 수록되었던 것으로 추정된다.
象山錄의 경우 현재 존재 여부가 확인되지 않는다. 곡산부사 시절의
기록으로 생각된다(1797년(36세) 윤6월 중순~1799년 4월말). 이 상산
록의 여기저기 다른 곳에 부분적으로 인용되어 있는 것으로 여겨진다.

(3) 雜文前編 제10책 제3권

文獻備考刊誤

잡문 전편 제10책 제3권에는 文獻備考刊誤가 수록되었던 것으로
추정된다. 사암선생연보에 의하면 文獻備考刊誤는 1800년에 완성되었
다.[150] 문헌비고간오는 현재 與猶堂全書에 수록되어 있다.

11. 與猶堂集 雜文前編 제11책

(1) 雜文前編 제11책 제1권

잡문 전편 제11책 제1권에는 다음의 작품들이 수록되어 있다.

四書攟, 詩書攟.

四書攟, 詩書攟은 현존 정신문화연구원본과 규장각본의 겉표지에
제목만이 있을 뿐이다. 이들이 있을 자리에 雅言指瑕가 대신 들어 있

---

150) 『年譜』, 125쪽.

다. 젊은 시절에 四書와 詩書를 읽으면서 메모하여 놓았던 사서군·시서군의 내용에 대하여 나중 경학 연구가 많이 진척된 다음 불만을 느껴서 삭제하고 이 자리에 아언지하를 대신 넣은 것이 아닌가 생각된다.

(2) 雜文前編 제11책 제2권

잡문 전편 제11책 제2권에는 다음의 작품들이 수록되어 있다.

群經瑣言, 諭谷山鄕校勸孝文.

첫째, 群經瑣言의 경우 역시 현존 정신문화연구원본과 규장각본의 겉표지에 제목만이 있을 뿐이다. 다만 雅言指瑕 말미의 杜氏曰 이하 "學記曰……不離齬乎"까지의 글은 군경쇄언의 일부가 남겨진 것일 가능성을 배제할 수 없다.

둘째, 諭谷山鄕校勸孝文의 경우 내용상 곡산부사 시절 지은 것이다.

(3) 雜文前編 제11책 제3권

잡문 전편 제11책 제3권에는 다음의 작품들이 수록되어 있다.

子夏歸文侯(已下 史論), 田單鐵籠, 期年而生子政, 東周君謀伐秦, 項羽焚書, 蕭何, 賜米肉非先王養老之政, 入粟拜爵, 後元詔酒醪穀, 改正朔, 通西域, 鮚篤, 齋居決事, 楊惲死於日食, 崋廣德非直臣, 匡衡劉白, 朱雲, 限田, 福嬰, 一夫百畝, 客星, 馬援, 讖緯, 張儉非善人, 九品中正, 張皇后, 竹林七賢, 郭欽, 魏顯祖(獻文帝), 瓜滿遷轉, 地窖, 王伽縱囚七十, 關中米貴, 六百四十三員, 李勣齧指, 秦之帝業, 汎舟積翠池, 陳情表, 縣令試策, 流內流外, 張巡, 諸王將兵, 李正己李懷光, 甘露之變, 用亡朝紀元, 四凶非朋, 金麟瑞, 蔡澤論商君, 齊悼公陽

生非有二人, 嚴嵩, 皇明科期, 米直, 吹簫給喪, 史記險句, 貨殖傳, 信
陵君, 李將軍傳, 九世同居, 王丹麓文章九命, 吳晴巖五行問, 韓久菴
井田說, 地水火風, 諱辯誤用治字, 東坡不識石亞字(이상 餛飩錄 제1
권).

이상 혼둔록 제1권은 史記·漢書 등 중국의 역사서와 관련된 글이
대부분이다. 글 하나하나에 대하여는 구체적 저술 시기를 알기 어렵다.
다만 1796년 겨울(11월)에 정약용은 규장각에서 史記 교정 작업을 하
였고 1797년 윤6월 곡산부사로 가서는 史記纂注 작업을 하였다(1798
년 4월 완료). 위의 글들은 대체로 이 시기에 씌어진 것이 아닌가 생각
된다. 다만 唐·宋과 관련된 글도 있다. 중국의 역사와 인물에 대한 정
약용의 견해를 이 혼둔록 제1권에서 엿볼 수 있다.
　또 위의 글들 가운데 어느 정도 구체적으로 저작 시기를 짐작할 수
있게 하는 것은 吹簫給喪과 韓久菴井田說이다. 吹簫給喪의 경우 "○
余在長鬐……"이라는 구절이 있다. 따라서 이에 따르면 1801년(40세)
장기 유배 이후의 글이 되지만, 이 구절이 앞 문장과 별도로 되어 있으
므로 바로 이 구절이 나중에 삽입되었을 가능성도 없지 않다. 韓久菴
井田說의 경우는 "乾隆之末 勅使求井田說 盖皇旨也 久菴說及柳磻溪
諸說 得進"이라는 구절이 있으므로 乾隆 末年 이후의 글임을 알 수
있다. 건륭제가 승하한 것은 1799년(38세) 초이다.

12. 與猶堂集 雜文前編 제12책

(1) 雜文前編 제12책 제1권

잡문 전편 제12책 제1권에는 다음의 작품들이 수록되어 있다.

　李博泉, 閔貳相, 吳判書, 柳判書, 吳藥山, 蔡柳世嫌, 洪判書(號 市

林), 洪監使酒, 韓公孝行, 申承旨光河, 兪承旨漢寧, 沈徐事, 尼助岳,
洪瘦鄭肥, 文肅啗餠, 李判書(文源), 丁判書, 洪節度, 李獻納, 朴敎官,
金司書, 兪承旨, 金承旨, 李在咸, 丑隱, 沈汝漸, 崔北, 李道甫姜達天,
柳孟養, 翰林史, 鄭守蔓, 英宗帝, 栗谷疏, 成牛溪, 許相公, 金錫冑,
庚申獄, 姜碩實, 李參判, 金三淵詩, 嶺南, 李白洲, 漢陰札, 眉叟筆法,
夢村經綸, 夢村奏, 靈城君, 宋德相, 曹兵使(이상 餛飩錄 제2권).

잡문 전편 제12책 제1권(혼둔록 제2권)에 실린 글들은 대체로 조선
의 인물들에 대한 언급이며 그 중에서도 기호남인계 인물이 많은 것으
로 생각된다. 또 조선후기의 중요한 정치적 사건에 관련된 언급들이
있다. 나름대로 조선후기의 인물과 정치에 대하여 남인 인물을 중심으
로 그때그때 하나씩 써 놓았던 것들을 혼둔록 제2권에 모아 놓았다고
생각된다. 조선후기 정치사와 당쟁에 관한 정약용의 견해를 혼둔록 제
2권에서 살펴볼 수 있다.

혼둔록 제2권에 실린 글들은 대체로 유배 이전 시기에 조정에 있을
적에 기록한 것이 아닌가 생각된다. 위의 글들 가운데 구체적 저작 시
기를 짐작할 수 있는 언급이 있는 것은 金錫冑·夢村奏이다. 金錫冑
의 경우 "乙巳七月十八日 引見時"라는 구절이 있으므로 적어도 1785
년(24세) 이후의 글로 생각된다. 夢村奏의 경우 "丙辰正月初四日 奉
朝賀金(鍾秀) 登筵奏曰……左相於極層義理 與臣無異"라는 구절이
있으므로 1796년(35세) 1월 4일 이후에 쓴 것임을 알 수 있다.

(2) 雜文前編 제12책 제2권

잡문 전편 제12책 제2권에 실린 작품은 편의상 가)와 나)로 나누어
정리하였다.

가) 大義覺迷錄, 阿桂, 金粒盆, 仁廟被讒, 書香閣, 御將, 開運, 柳

慶裕, 李大將, 沈校理(大孚), 樊翁陰施, 堤川處女, 張英眞刎, 李淑達,
李桂溟李周奭事, 丙辰請錢事, 金鄭報應, 翰林薦, 門蔭宰相, 栗谷諸
許通, 芝峯亦憂奴婢, 芝峯軍說, 李策本於范疏, 李生必稱伯父叔父.

위 혼둔록 제3권 가)에 수록된 글들은 대체로 조정에 있을 때 직접
경험하였거나 견문한 일, 독서한 것 등을 모아 놓은 것으로 생각된다.
이들 가운데에는 보다 구체적으로 저술 시기를 알 수 있는 것이 阿桂,
金粒盆, 書香閣, 御射, 開運, 柳慶裕, 李大將, 樊翁陰施, 李桂溟李周奭
事, 丙辰請錢事, 金鄭報應, 翰林薦, 芝峯軍說 등으로 비교적 많다.
  첫째, 阿桂의 경우 "及己未以後 阿桂便作定策國老"라는 구절이 있
는 것으로 보아 1799년 이후에 쓴 것임을 알 수 있다. 己未以後라는
표현으로 보아 1799년(38세)에 5월 곡산에서 서울에 돌아온 이후 쓴
것이 아닌가 생각된다.
  둘째, 金粒盆의 경우 "余知谷山府時" 및 "至己未春 乾隆皇帝旣崩"
이라는 구절로 보아 1799년(38세) 5월 곡산에서 서울로 돌아온 이후에
쓴 것이 아닌가 생각된다.
  셋째, 書香閣의 경우 "壬子春 寶算望五 新摹御眞" 및 "後三年而浚
果敗死"라는 구절로 보아 1794년(33세) 이후에 쓴 것으로 추정된다.
  넷째, 御射의 경우 "健陵射藝神妙"라는 구절로 보아 1800년(39세) 6
월 정조 서거 후에 쓴 것이다. 정조의 능이 바로 健陵이다.
  다섯째, 開運의 경우 "文肅參焉"이라는 구절이 있는 것으로 보아 채
제공 사후의 글이다. 채제공은 1799년(38세) 봄에 졸하였다. 文肅은 채
제공의 시호이다.
  여섯째, 柳慶裕의 경우 "丙辰三月卄五日 白虹貫一 上下敎求言"이
라는 구절로 보아 1796년(35세) 3월 25일 이후의 글이다.
  일곱째, 李大將의 경우 "英廟晚年 酒禁大嚴"이라는 구절로 보아 적
어도 영조 사후에 쓴 것임을 알 수 있다.
  여덟째, 樊翁陰施의 경우 "蔡文肅"이라는 언급이 있으므로 1799년

(38세) 봄 채제공 서거 이후의 글임을 알 수 있다.

아홉째, 李桂溟李周奭事의 경우 "丙辰正月" 및 "至二月十三日 左相罷職不叙"라는 구절과 "二十九日 三司復合啓 請前左相削黜……上允其請 俄而特命還收其前後罪名 於是 相職復如故"라는 구절이 있는 것으로 보아 적어도 1796년(35세) 2월 29일 이후의 글임을 알 수 있다.

열 번째, 丙辰請錢事의 경우 "丙辰二月 赴燕冬至使 朴宗岳狀啓曰……"이라는 구절이 있는 것으로 보아 적어도 1796년(35세) 2월 이후에 쓴 것임을 알 수 있다.

열한 번째, 金鄭報應의 경우 "乾隆丙午年間 嶺東賊金東哲獄起"라는 구절이 있으므로 적어도 1786년(25세) 이후의 글임을 알 수 있다.

열두 번째, 翰林薦의 경우 "余御史館 見翰林先生錄"이라는 구절로 보아 정약용이 1790년(29세) 봄 해미 정배에서 돌아와 한림으로 재직할 무렵에 쓴 것이 아닌가 생각된다.

열세 번째, 芝峯軍說의 경우 "余在海西 於兵馬使席上 盛言軍役之不便 而戶布口錢之爲良"이라는 구절로 보아 1799년(38세) 5월 곡산부사에서 서울에 돌아온 이후에 쓴 것으로 추정된다.

열네 번째, 李策本於范疏의 경우 "余昔奉命暗行 至一村"이라는 구절로 보아 적어도 1794년 겨울 경기 암행어사로 나갔다가 돌아온 이후에 쓴 것임을 알 수 있다. 사암선생연보에 따르면 암행어사의 명을 받은 것은 1794년(33세) 10월 29일이고 복명한 것은 11월 25일이다.[151]

나) 樊翁詩派(巳下詩話), 樊翁詩, 海左詩, 象毛亦, 宋禮, 吹語體, 口字體, 五雜組體, 兩頭纖纖體, 建除體, 藥名體, 人名體, 郡名體, 離合體, 回文, 金井詩讖, 童謠, 玉連環, 池閣詩, 澁體, 贈李詩, 惠寰輓詩, 春蓮, 七古音勻格, 圃隱泣僧詩, 唐太宗傷穆, 踏水車謠, 班枝花曲, 祈順詩, 重試詩, 三日五匹, 崔明谷詩, 岳武穆詩

(이상, 가)와 나) 모두 餛飩錄 제3권에 속함).

---

151) 『年譜』, 40쪽.

혼둔록 제3권 가운데, 樊翁詩派에서 岳武穆詩까지의 글들은 詩話이며 대체로 젊은 시절에 쓴 글로 여겨진다. 나중에는 이들 가운데 삭제하려고 한 것이 많았던 것으로 생각된다. 정신문화연구원 소장본을 보면 이 시화 가운데 많은 것들을 붓으로 지우고 있기 때문이다.

이상의 詩話들 가운데 구체적으로 저술 시기를 추정할 수 있는 것은 建除體, 金井詩讖, 池閣詩이다.

첫째, 建除體의 경우 "丙辰夏 又作建除體"라는 구절로 보아 1796년 (35세) 여름 이후의 글임을 알 수 있다.

둘째, 金井詩讖의 경우 "余於甲寅八月五日也 與南皐 同坐竹欄賦詩" 및 "乙卯秋 余謫金井"이라는 구절이 있으므로 1795년(34세) 가을 금정찰방으로 간 이후의 글임을 알 수 있다.

셋째, 池閣詩의 경우 "余於谷山池閣 次晦翁韻"이라는 구절로 보아 곡산부사 때(1797년(36세) 윤6월~1799년 4월)의 글임을 알 수 있다.

(3) 雜文前編 제12책 제3권

東風, 畠, 禊, 綷楔, 范雎, 黏蟬, 儷律, 破日, 朱提, 風月化翁, 鳥喇, 雞口, 洞簫, 罘罳, 千金, 居士, 精舍, 先馬, 馬上逢寒食, 臧獲, 鹵簿, 城雉, 監察, 舍意, 丁科, 模稜, 開阡陌, 冬至寒食, 露布, 銜, 背, 鐥, 簁, 桃李, 督郵, 辱, 鰈, 世室郎眞, 傍若無人, 半胛日出, 宿跰, 膈, 磬, 杜撰, 郎當, 毛施布, 睦氏, 潮汐泉, 砲丸鳴沸, 公兄, 鳥囉, 頻波, 服婆, 服喪三十六日, 彗孛, 窩, 款, 井市, 汚川烏王, 奉安黃丹, 側室子, 齋宿, 同姓不婚, 以帛裹帛, 位版書行, 六部尙書, 濟州無佛寺, 歸之天子, 墨卿司戒, 浮名, 佃夫輸租, 左史右史, 中文尙書(이상 餛飩錄 제4권).

혼둔록 제4권에 실려 있는 이상의 글들은 대체로 짤막한 글이 많다. 젊은 시절 독서하면서 느낀 점, 새로 얻게 된 지식을 간단히 메모해 놓았던 것을 모은 것으로 생각된다. 다만 유배 이후의 글로 생각되는 것도 있다. 이들 가운데 보다 구체적으로 저작 시기를 짐작할 수 있는 것은 東風, 范雎, 潮汐泉, 沔川烏王이다.

첫째, 東風의 경우 "○轡鄕風氣 又與嶺東大同"이라는 구절이 있으므로 일단 1801년(40세) 장기 유배 이후에 쓴 것으로 추정된다. 다만 이 구절이 별도로 뒤에 붙어 있으므로 나중에 추가된 것일 수도 있다.

둘째, 范雎의 경우 말미에 "余於丙辰冬 承命校史記英選 特釐爲雎字"라는 구절로 보아 1796년(35세) 겨울(11월) 규장각에서의 史記英選 교정 작업 이후에 쓴 것임을 알 수 있다.

셋째, 潮汐泉의 경우 "丁巳夏 余守谷山 秋以推官赴遂安郡"이라는 구절이 있다. 1797년(36세) 가을 이후에 지은 것임을 알 수 있다.

넷째, 沔川烏王의 경우 "○長轡雷綠山 産綠玉 亦殊奇節"이라는 구절이 있으므로 일단 1801년(40세) 장기 유배 이후에 쓴 것으로 추정할 수 있다. 그러나 이 구절이 뒤에 별도로 붙어 있으므로 나중에 추가된 것일 수도 있다. 그럴 경우 면천은 정약용이 좌천되어 갔던 금정에 가까우므로 앞 부분은 금정찰방 시절 쓴 것일 수도 있다.

제7장 與猶堂集 雜文後編

1. 與猶堂集 雜文後編 제1책

(1) 雜文後編 제1책 제1권

中庸策, 孟子策, 文體策, 人才策.

잡문 후편 제1책 제1권에는 中庸策, 孟子策, 文體策, 人才策이 실려 있다. 이들의 저작 시기를 살펴보기로 한다. 정본의 경우 잡문 후편 제1책이 결질이므로 규본 잡문 후편 제1책을 이용하였다.

첫째, 中庸策의 경우 홍재전서 권50에 실린 中庸과 대조하면 中庸이라는 제목 아래 "庚戌 抄啓文臣課試再試 及上齋生 應敎"라고 되어 있으므로 원래 정조가 출제했던 시기는 정조 14년(1790)이다. 그러나 이 中庸策은 잡문 후편에 실려 있으므로 유배 이후의 저술로 볼 수 있다. 잡문 전편에 孟子策, 文體策, 人才策이 실려 있고, 각기 같은 제목으로 잡문 후편에 다시 실려 있어 이것들은 유배 이전 초기의 작품을 수정한 것으로 생각된다. 그러나 중용책의 경우는 잡문 전편에 없다. 원래의 글을 모두 없애고 유배 시기 이후의 수정작만을 남긴 것으로 생각된다. 따라서 원래 중용책이 있었으며 1790년이라는 연도는 원래 것의 저작 시기라고 생각된다. 나중에 수정된 중용책을 중용책(2)라고 부르기로 한다.

둘째, 孟子策의 경우 잡문 전편에도 맹자책이 있다. 잡문 전편에 실린 것을 맹자책(1)로 부르고 여기 잡문 후편에 실린 것을 맹자책(2)로 부르기로 한다.[1] 맹자책(1)의 경우 "今刪不錄 只錄御批一節"이라고 제목 아래 원래 주석이 붙어 있으며 연대 기록이 없고 정조의 물음도 없다. 맹자책(2)의 경우 역시 연대 기록이 없으나 홍재전서 권50에 수록된 정조의 책문 孟子와 대조해 본 결과 이에 대한 답변이다. 홍재전서에 '맹자'라는 제목 아래 "戊申 ○到記儒生秋試 及文臣親試"라고 되어 있으므로 戊申年(1788, 정조 12년) 가을의 저술임이 확인된다. 이렇게 원래의 맹자책(1)은 정조 12년(정약용의 성균관 유생 시절 1788년, 27세)에 쓴 것이지만 유배 이후 맹자책(2)로 수정되었다고 보아야 할 것이다.

셋째, 文體策의 경우 잡문 전편에도 문체책이 있다. 잡문 전편에 실린 것을 문체책(1)로 부르고 여기 잡문 후편에 실린 것을 문체책(2)로 부르기로 한다. 문체책(2)는 내용으로 보아, 그리고 잡문 후편에 실린 점으로 보아 문체책(1)을 유배 이후 수정한 것으로 생각된다. 與猶堂全書에는 문체책(1)과 문체책(2)가 같이 실려 있다.[2] 문체책(2)는 제목 아래에 있는 원래 주석에 "己酉冬 十一月 親試"라고 되어 있다. 원래 저술 시기는 일단 1789년(정조 13, 28세) 11월이지만 나중에 수정되었다고 보아야 할 것이다.

---

1) 잡문 전편 제8책 제2권에는 십삼경책(庚戌冬 內閣親試), 문체책(今刪不錄 只錄御批一節), 인재책(今刪不錄 只錄御批一節), 맹자책(今刪不錄 只錄御批一節)이 실려 있다. 잡문 전편에 같은 제목을 놓고 뒤에 같은 제목의 작품들을 실은 것은 與猶堂集 雜文의 편집자였던 정약용 자신의 편집자적 의도, 즉 유배 시기 이후 이를 수정했음을 보여주려는 것이 아닌가 한다. 與猶堂全書 詩文集 對策 부분에는 지리책에 이어 十三經策, 文體策(1), 그리고 人才策(1), 孟子策(1)에 이어 中庸策(2) 다음에 孟子策(2)가 실려 있다.

2) 문체책(1)의 경우 『與猶堂全書』의 원래 주석에 "今刪不錄 只錄御批一節"이라고만 되어 있을 뿐 저술 연대가 기록되어 있지 않다. 문체책(1)에 대하여 御批를 받은 한 구절만을 기록하고 다 삭제한 것은 문체책(2)를 새롭게 지음으로써 앞의 것은 폐기되어야 할 것으로 생각하였기 때문이 아닌가 한다.

넷째, 人才策의 경우 잡문 전편에도 인재책이 있다. 잡문 전편에 실린 것을 인재책(1)로 부르고 여기 잡문 후편에 실린 것을 인재책(2)로 부르기로 한다. 인재책(2)는 내용상, 그리고 잡문 후편에 실린 것으로 보아 인재책(1)을 유배 이후 수정한 것으로 생각된다.3) 인재책(2)의 경우 제목 아래에 저술 시기에 대한 언급이 없다. 弘齋全書 권50에 수록된 책문들과 대조하면 원래 인재책(1)의 경우 庚戌年(1790, 정조 14년, 29세) 저작임이 확인된다. 수정 시기에 대하여 구체적으로 알기는 어렵다.

(2) 雜文後編 제1책 제2권

策問東西南北, 鹽策, 弊策, 戰船策, 漕運策, 荒政策.

잡문 후편 제1책 제2권에는 策問東西南北, 鹽策, 弊策, 戰船策, 漕運策, 荒政策이 실려 있다. 정조의 策問에 대한 對策의 글이므로 이들 역시 원래는 유배 이전의 글이었다고 보아야 할 것이다. 그러나 구체적 저작 시기는 알기 어려우며 원래의 작품들을 유배 이후 수정하였으므로 잡문 후편에 수록한 것이 아닌가 생각된다. 이상에서 보면 정약용이 정조의 책문에 대한 글을 나중에 꾸준히 수정하고 있음을 알 수 있다. 이는 정약용이 정조의 서거 후에도 정조를 의식하면서 자신의 생각을 발전시키고 있었음을 의미한다. 특히 유교 경전에 대한 글들의 경우, 유배 이후의 연구를 통한 성장 또는 변화를 반영했다고 여겨진다.

---

3) 與猶堂全書에는 인재책(1)과 인재책(2)가 같이 실려 있다. 인재책(1)의 경우 與猶堂全書의 원주에 "今刪不錄 只錄御批一節"이라고만 되어 있을 뿐 저술 연대가 기록되어 있지 않다. 인재책(1)에 대하여 御批를 받은 한 구절만을 기록하고 다 삭제한 것은 인재책(2)를 새롭게 지음으로써 앞의 것은 폐기되어야 할 것으로 생각하였기 때문이 아닌가 한다.

(3) 雜文後編 제1책 제3권

事大考例題叙

잡문 후편 제1책 제3권에는 事大考例題叙가 수록되어 있다. 여기에
는 發凡, 封典考叙, 哀禮考叙, 賀親考叙, 陳奏考叙, 軍務考叙, 倭情考
叙, 曆日考叙, 疆界考叙, 海防考叙, 交貿考叙, 徵賜考叙, 禮物考叙, 使
价考叙, 表咨考叙, 雜例考叙, 大淸世系略 등의 순서로 글이 수록되어
있다.

事大考例題叙의 序頭에 "昔在嘉慶四年己未之春 我正宗大王 因北
使遲來 命考紙牌木牌之例 先是司譯院正金倫瑞玄啓桓等 撰次同文彙
考 煩複寡要 囏於考檢 至是命取同文彙考及通文館志 會通刪補 別成
一書 以便考檢 厥明年夏 弓劍遽遺 事遂不擧 至道光元年春 司譯院
正 李時升 以爲旣有遺命 曷敢不承……斯役也 李晴實主編摩 其第次
刪補 咸決於余 凡例題叙及比表案說 余所爲也 玆錄其草本 俾不沒實
於他日也"라고 되어 있다. 따라서 1821년(道光 元年, 60세) 봄 이후의
저술임을 알 수 있다.

2. 與猶堂集 雜文後編 제2책

(1) 雜文後編 제2책 제1권

梅氏尙書平序(巽菴作), 周易四解序(巽菴作), 喪禮四箋序, 樂書孤
存序, 春秋考徵序, 小學珠串序, 雅言覺非序, 邦禮艸本序, 牧民心書
序, 欽欽新書序, 羅氏(炅)家禮輯語序, 贈別李(重協)虞侯詩帖序, 送
富寧都護李(鍾英)赴任序, 江皐鄕射禮序.

잡문 후편 제2책의 경우 정본을 이용하였다.4) 제2책 제1권에는 序

형식의 글들이 梅氏尙書平序(巽菴作), 周易四解序(巽菴作), 喪禮四箋序, 樂書孤存序, 春秋考徵序, 小學珠串序, 雅言覺非序, 邦禮艸本序, 牧民心書序, 欽欽新書序, 羅氏(炅)家禮輯語序, 贈別李(重協)虞侯詩帖序, 送富寧都護李(鍾英)赴任序, 江皐鄕射禮序의 순서로 실려 있다.

첫째, 梅氏尙書平序의 경우 제목 아래 "巽菴作"이라고 씌어 있으므로 정약용의 작품이 아니라, 정약전의 작품임을 알 수 있다.[5] 말미에 "嘉慶十六年 辛未初秋 巽菴 丁銓序"라고 날짜를 기록하였다. 따라서 1810년(정약용 49세) 초가을의 작품이다. 1810년 정약용의 매씨상서평(초고본)에 쓴 序文이라고 여겨진다.[6]

둘째, 周易四解序 역시 제목 아래에 "巽菴作"이라고 원주가 표시되어 있으며 여유당전서본에는 들어 있지 않다. 말미에 "上之五年乙丑季春 仲兄若銓 書於巽館"이라고 되어 있으므로 1805년(정약용 44세) 늦봄에 쓴 것임을 알 수 있다.

셋째, 喪禮四箋序의 경우 말미에 "上卽阼之四年(卽嘉慶甲子) 冬十月 癸未 洌水 丁鏞序"라고 되어 있으므로 1804년(43세) 10월 癸未日에 쓴 것임을 알 수 있다. 이 글부터는 정약용 자신의 작품이다.

넷째, 樂書孤存序의 경우 말미에 "戊寅夏 洌水 丁鏞序"라고 되어 있으므로 1818년(57세) 여름에 쓴 것임을 알 수 있다.

다섯째, 春秋考徵序에는 연대가 표시되어 있지 않으나 말미에 "共十卷而已 編旣成 名之曰春秋考徵 考徵也者 明其意在乎禮 不在乎春秋也"라고 되어 있으므로 춘추고징이 완성되었을 때 지은 것임을 알

---

4) 정본에서는 "洌水全書 續集 二"라고 겉 표지에 씌어 있다.
5) 여유당전서본의 경우 정약용의 저술이 아니라고 생각해서인지 이것을 넣지 않았다.
6) 강진의 정약용과 흑산도의 정약전 사이에는 편지 왕래가 있어 서로 학문적인 토론을 주고 받았으며 이것은 정약용의 연구에 많은 도움을 주었다. 정약전이 정약용에게 보낸 편지들은 여유당집 잡문 후편에 정약용이 정약전에게 보낸 편지와 더불어 들어 있다.

수 있다.

여섯째, 小學珠串序에는 날짜가 명시되어 있지 않으나 "謫居無事 有童子數人 從而問業 患不能强志……於是蒐輯古經以來名物數目 選其有補於實學者 共得三百條 名之曰小學珠串"이라는 구절이 있으므로 강진 유배 시기의 저작임을 알 수 있다.

일곱째, 雅言覺非序의 경우 말미에 "嘉慶己卯冬 鐵馬山樵書"라고 되어 있으므로 1819년 겨울 고향 마재에서 쓴 것임을 알 수 있다.

여덟째, 邦禮艸本序의 저술 시기에 대하여 살펴보기로 한다. 邦禮艸本은 經世遺表를 가리키는 것으로 유배지 강진에서 1817년 착수하였으나 완성하지 못하였다.[7] 방례초본서는 이 때가 아니라 그 이후에 쓴 것으로 여겨진다. 앞의 아언각비서가 1819년 겨울이므로 그 이후이고 뒤의 牧民心書序가 1821년 봄이므로 그 이전으로 생각된다. 즉 이 방례초본서는 1819년(58세) 겨울에서 1821년(60세) 봄 사에에 씌어진 것으로 여겨진다.

아홉째, 牧民心書序의 말미에는 "當宁二十一年辛巳暮春 洌水丁鏞序"라고 되어 있다. 따라서 이 牧民心書序의 저작 시기가 1821년(60세) 늦은 봄임을 알 수 있다. 사암선생연보에는 1818년 유배지 강진에서 牧民心書를 쓴 것으로 되어 있지만,[8] 이것은 초고본이다. 해배 이후에도 증보 작업을 계속하였다. 1821년(60세) 늦은 봄에 완수되어 이 때 서문을 지은 것으로 생각된다. 그러나 이후에도 증보 작업이 계속되었을 수 있다.

열 번째, 欽欽新書序의 경우 말미에 "道光二年壬午春 洌水丁鏞序"라고 되어 있으므로 1822년(61세) 봄 마재에서 지은 것임을 알 수 있다.

열한 번째, 羅氏(昺)家禮輯語序의 경우 "浮菴輯語之編 又出矣 編

---

7) 『年譜』, 200쪽.
8) 『年譜』, 202쪽.

旣成 浮菴袖而至茶山 以授余"라는 구절로 보아 정약용이 강진의 다산 시절 쓴 것임을 알 수 있다. 이것이 欽欽新書序 등의 글보다 앞에 씌어진 것인데도 뒤에 놓인 것은 이 앞에는 책의 서문들을 모아 놓으려 하였기 때문이 아닌가 생각된다.

열두 번째, 贈別李(重協)虞侯詩帖序의 경우 말미에 "癸酉 六月"이라고 되어 있으므로 1813년(52세) 6월 강진 다산에서 지은 것임을 알 수 있다. "及栖茶山 把煙霞玩花木 則浩然忘其遷謫之愁 此樂生於苦也 旣而道康兵馬虞侯李君重協 訪我於荒林幽澗之中 旣歸致書牘無虛日 又或扁舟駕潮 匹馬嬉春 數臨顧無虛月 如是者今且三年 及瓜而代 爲之設酒而告別"이라는 구절로 보아 이중협은 1811년 도강의 兵馬 虞侯로 와서 1813년 6월까지 있었으며 이 동안 정약용을 자주 찾았고 서신 왕래가 많았음을 알 수 있다.

열세 번째, 送富寧都護李(鍾英)赴任序에는 날짜 기록이 없으나 "余友約菴之子 李君鍾英 爲富寧都護將行 余伏田廬 不能送"이라는 구절로 보아 이종영은 約菴(文山 李載毅)의 아들이며 정약용이 田廬에 있을 때 쓴 것임을 알 수 있다. 田廬라는 표현으로 보아 유배지가 아니라 고향 마재에서 쓴 것이 아닌가 생각된다. 그렇다면 저작 시기는 1818년(57세) 유배에서 풀린 이후이다. 유배에 풀려 고향에 도착한 것은 9월 14일이다.9)

열네 번째, 江皐鄕射禮序의 경우 "嘉慶庚辰之夏四月(二十三日) 余鄕士友 相與集議 行鄕射禮于鐵馬山下江皐之上……禮畢諸友屬余爲序"라는 구절이 있으므로 1820년(59세) 4월 23일에 지은 것임을 알 수 있다.

    (2) 雜文後編 제2책 제2권

---

9)『年譜』, 204쪽.

(記·跋·題)沙村書室記, 朝夕樓記, 浮菴記, 醉夢齋記, 一鉢菴記, 重修挽日菴記, 海南政事堂記, 逍遙園記, 於斯齋記, 跋石陽正竹譜, 跋皇明宗室益王所刻定武本蘭亭眞蹟, 跋金生書, 跋安平大君書, 跋慈嘏帖, 跋賢親帖, 跋晶菴尺牘, 跋東南小史, 跋三遷帖, 跋耽津農歌, 題檀弓箴誤, 題疆域考卷耑, 題洗書帖, 題漢書選, 題盤谷丁公亂中日記, 題陳平世家書頂, 題張氏祭屛後, 題家乘撮要, 題霞帔帖, 題天頎國師詩卷, 松京志序(代人作 癸未).

다음으로 열수전서(여유당집) 속집 2 제2권에는 記·跋·題 형식의 글들이 沙村書室記, 朝夕樓記, 浮菴記, 醉夢齋記, 一鉢菴記, 重修挽日菴記, 海南政事堂記, 逍遙園記, 於斯齋記, 跋石陽正竹譜, 跋皇明宗室益王所刻定武本蘭亭眞蹟, 跋金生書, 跋安平大君書, 跋慈嘏帖, 跋賢親帖, 跋晶菴尺牘, 跋東南小史, 跋三遷帖, 跋耽津農歌, 題檀弓箴誤, 題疆域考卷耑, 題洗書帖, 題漢書選, 題盤谷丁公亂中日記, 題陳平世家書頂, 題張氏祭屛後, 題家乘撮要, 題霞帔帖, 題天頎國師詩卷, 松京志序(代人作 癸未)의 순서로 실려 있다. 이들의 저작 시기에 대하여 살펴보기로 한다.

첫째, 沙村書室記는 말미에 "嘉慶 丁卯 夏"라고 되어 있으므로 1807년(46세) 여름에 지은 것임을 알 수 있다.

둘째, 朝夕樓記의 경우 "嘉慶 辛未 春"이라 되어 있으므로 1811년(50세) 봄에 지은 것임을 알 수 있다.

셋째, 浮菴記의 경우 제목 아래에 "和順 羅炅 字昌瑞"라고 원주가 붙어 있으므로 羅炅에 써 준 것임을 알 수 있다. 정확한 날짜에 대한 언급은 없으나 "過余于茶山之菴"이라는 구절로 보아 저작 시기가 강진의 다산에 있을 때(1808년(47세)~1818년(57세))임을 알 수 있다.

넷째, 醉夢齋記의 경우 저작 시기와 관련된 언급은 없으나 浮菴記 바로 뒤에 있으므로 강진의 다산 시절에 지은 것으로 추정된다. 여기에 "黃君某 少有志於爲己之學"이라는 구절이 있는데 黃君은 혹 정약용의 제자 황상을 가리키는 것이 아닌지 모르겠다.

다섯째, 一鉢菴記의 경우 말미에 "惠藏 於頭輪山中 結茅菴一區 牓其額曰一鉢 丐余爲之記 故演其意如是(嘉慶 丁卯 春)"이라고 되어 있으므로 惠藏을 위해 1807년(46세) 봄에 지은 것임을 알 수 있다.

여섯째, 重修挽日菴記에는 저작 시기에 대한 구체적 언급은 없으나 "浮屠斗雲 新其室而大之 旣竣 過余于茶山之館"이라는 구절로 보아 강진 다산 시절(1808년(47세)~1818년(57세))에 지은 것임을 알 수 있다.

일곱째, 海南政事堂記의 경우 말미에 "嘉慶 甲戌冬"이라 되어 있으므로 1814년(53세) 겨울에 지은 것임을 알 수 있다.

여덟째, 逍遙園記에는 구체적인 저작 시기에 대한 언급은 없으나 "李君景祉 少游京師 旣而時不利 退而耕乎春州之野"라는 구절이 있으며 여기서 春州란 春川을 가리키므로 1818년 가을 해배 이후에 고향 마재에서 쓴 것으로 생각되기도 하지만 바로 뒤의 글 於斯齋記가 강진 시절 지은 것으로 추정되므로 강진 시절에 지은 것일 가능성도 배제할 수 없다.

아홉째, 於斯齋記에는 구체적인 저작 시기에 대한 언급은 없으나 "今淸海節度使 李公(民秀)扁其齋曰於斯 召幕賓使 諭其意 要余演其指 遂書如右以副之"라는 구절로 있으며 여기서 淸海란 완도 일대를 가리키는 것으로 생각되므로 저작 시기는 강진 시절이었다고 추정된다.

다음으로 跋 형식 글들의 저작 시기를 살펴보기로 한다.

첫째, 跋石陽正竹譜의 경우 말미에 "洋州端明筆力 如兎起鶻落 今觀公子所作 脆軟或甚 是其別也……庚午首秋再觀"이라는 구절이 있으므로 일단 1810년(49세) 초가을(7월)에 쓴 것임을 알 수 있다. 그러나 이것은 두 번째로 보고 난 다음의 추기로 생각된다. 바로 앞에 "籜皮旅人書(獨行者 星號先生所私諡)"라 하고 줄을 바꿔 "洋州端明…

…" 구절이 시작되기 때문이다. 추기 이전의 글이 언제 씌어진 것인지는 확실하지 않으나 '籜皮旅人'이라는 호를 쓴 것으로 보아 강진 시절의 작으로 보인다.

둘째, 跋皇明宗室益王所刻定武本蘭亭眞蹟의 경우 "嘉慶 庚午 中秋 書于茶山東菴"이라는 구절로 보아 1810년(49세) 8월에 강진 다산의 동암에서 쓴 것임을 알 수 있다.

셋째, 跋金生書의 경우 "洌水散人 跋戊辰中夏"라고 한 다음 이어서 말미에 줄을 바꿔서 "前跋固已疑之 今日再觀 猶然 庚午首秋題"라고 되어 있으므로 처음에 1808년(47세) 5월에 썼으며 1810년(49세) 7월 추기한 것임을 알 수 있다.

넷째, 跋安平大君(瑢)書의 경우 저작 시기에 대한 언급이 없으나 전후의 것들이 강진 시기의 것이므로 이것 역시 강진 시기의 글로 추정해 둔다.

다섯째, 跋慈虔帖의 경우 저작 시기에 대한 언급은 없으나 "嘉慶戊辰春 聖協過余于康津"이라는 구절이 있으므로 1808년(47세) 봄 이후의 글임을 알 수 있다.

여섯째, 跋賢親帖의 경우 저작 시기에 대한 언급은 없으나 "右賢親遺墨二卷 橘洞尹文擧之藏也"라는 구절로 보아 1808년(47세) 봄 강진의 귤동(다산)으로 이사온 이후의 글로 추정된다.

일곱째, 跋晶菴尺牘의 경우 정확한 시기를 알기 어려우나 전후의 것들이 강진 시기의 저작이므로 이 역시 강진 시기의 저작으로 추정해 둔다.

여덟째, 跋東南小史의 경우 저작 시기에 대한 언급은 없으나 "右東南小史二卷 同福李氏之藏也……斯蓋浮菴羅處士之言 而余所筆受也"라는 구절이 있으므로 강진 시절의 저작으로 추정된다. 浮菴 羅處士는 羅炅으로서 정약용이 강진 시절 사귄 사람이며 同福은 강진에서 가깝다.

아홉째, 跋三遷帖의 경우 말미에 "癸亥 九月 四日"이라고 날짜가 기록되어 있으므로 1803년 9월 4일의 작임을 알 수 있다.

열 번째, 跋耽津農歌의 경우 말미에 "恩齡四歲 甲子 四月二日 書"라고 날짜가 기록되어 있으므로 1804년(43세) 4월 2일의 작품임을 알 수 있다.

다음으로 題 형식 글들의 저작 시기에 대하여 살펴보기로 한다.

첫째, 題檀弓箴誤의 경우 말미에 "嘉慶丙子 七月上旬 茶山樵夫書"라고 되어 있으므로 1817년 7월 상순에 강진의 귤동(다산)에서 쓴 것임을 알 수 있다.

둘째, 題疆域考卷耑의 경우 저작 시기에 대한 언급은 없으나 사암선생연보에 아방강역고(초고본)가 1811년 봄에 완성되었다고 하므로[10] 그때 이 題를 지은 것으로 추정되기도 하지만 題檀弓箴誤(1817년 7월 상순) 바로 뒤에 있으므로 1817년 7월 이후에 지었을 가능성도 있다. 정약용은 해배 이후에 아방강역고를 수정하는데 그때 쓴 것일 수도 있다.

셋째, 題洗書帖의 경우 정확한 시기는 알기 어려우나 내용상 1818년 해배 이후 고향 마재에서 쓴 것으로 추정된다. 정조가 하사한 御製詩를 표구한 데 쓴 것이고 유배지에는 갖고 가지 않았으리라고 생각되기 때문이다.

넷째, 題漢書選의 경우 말미에 "己卯春"이라고 날짜가 있으므로 유배지에서 돌아온 이듬해 1819년(58세) 봄에 쓴 것임을 알 수 있다. 바로 뒤의 題盤谷丁公亂中日記가 강진 시기에 지은 것일 가능성도 있으므로, 즉 題漢書選과 題洗書帖보다 앞 시기일 가능성이 있으므로 題漢書選과 題洗書帖은 일단 편집이 끝난 다음 추가되었을 가능성도 있다.

다섯째, 題盤谷丁公亂中日記의 경우 정확한 시기를 알기 어려우나

---

10) 『年譜』, 173쪽.

잡문 후편에 실려 있으므로 일단 유배 이후의 작품으로 추정해 둔다. 盤谷은 강진에서 가까우므로 강진 시절에 지은 것이 아닌가라고도 생각된다. 하지만 바로 앞의 題漢書選이 명백히 1819년 봄에 쓴 것이고 그 앞의 題洗書帖도 해배 이후 작품일 가능성이 있으므로 題盤谷丁公亂中日記 역시 해배 이후에 쓴 것일 가능성도 배제할 수 없다.

여섯째, 題陳平世家書頂의 경우 정확한 시기를 알기 어려우나 잡문 후편에 실려 있으므로 일단 유배 이후의 작품으로 추정해 둔다.

일곱째, 題張氏祭屛後의 경우 정확한 시기를 알기 어려우나 제목 아래에 "羅州營長 張翼所求"라고 원주가 붙어 있으므로 일단 강진 시절 지은 것으로 추정되지만 앞에 있는 題漢書選(1819년 봄)이 해배 이후의 작품이므로 題張氏祭屛後 역시 해배 이후의 작품일 가능성도 배제할 수 없다.

여덟째, 題家乘撮要의 경우 저작 시기가 확실하지 않으나 잡문 후편에 실려 있으므로 일단 유배 이후의 작품으로 추정해 둔다.

아홉째, 題霞帔帖의 경우 말미에 "庚午首秋 書于茶山東菴"이라고 씌어져 있으므로 1810년(49세) 초가을(7월) 다산의 동암에서 쓴 것임을 알 수 있다.

열 번째, 題天頤國師詩卷의 경우 정확한 시기를 알기 어려우나 "余自棲茶山以來 歲一游龍穴 念天頤 未嘗不嗟傷"이라는 구절로 보아 1808년 다산에 온 이후에 쓴 글임을 알 수 있다.

열한 번째, 松京志序의 경우 제목 아래에 "代人作 癸未"라고 원주가 붙어 있으므로 1823년 작임을 알 수 있다. 이 작품은 묘지명체제에 들 수 없는데 맨 마지막에 위치하고 있는 것으로 보아 편집 이후 나중에 말미의 여백에 추가로 써 놓았을 가능성이 있다.

(3) 雜文後編 제2책 제3권

爲靈巖郡守李(鍾英)贈言, 爲盤山丁修七贈言, 又爲丁修七贈言, 爲

尹鍾心贈言, 爲鍾文鍾直鍾敏贈言, 又爲三尹贈言, 爲草衣僧意洵贈
言, 爲騎魚僧慈弘贈言, 爲李仁榮贈言, 爲陽德人邊知意贈言, 爲舍弟
鐄贈言, 又爲舍弟鐄贈言, 爲李翊衛(仁行)贈言, 爲沙門謹學贈言(이
상 贈言).

첫째, 爲靈巖郡守李(鍾英)贈言의 경우 정확한 시기를 알기는 어려
우나 이종영이 정약용의 강진 유배기에 영암군수로 왔으므로 강진 시
기에 쓴 것으로 추정된다.

둘째, 爲盤山丁修七贈言의 경우 정확한 시기를 알기 어려우나 정수
칠은 강진 시절에 내왕하며 정약용에게 배운 사람이므로 강진 시절의
작으로 추정된다. 제목 아래에 "字 乃則 長興人"이라고 원주가 붙어
있다.

셋째, 又爲丁修七贈言의 경우 바로 위의 爲盤山丁修七贈言에 이어
져 있고 "山居無事"라는 구절이 있으므로 강진 시절 지은 것으로 추정
된다.

넷째, 爲尹鍾心贈言의 경우 제목 아래에 "字公牧 号紺泉 茶山主人
之諸子"라는 구절이 있고 말미에 "癸酉 八月"이라 되어 있으므로
1813년(52세) 8월 다산에서 지은 글임을 알 수 있다.

다섯째, 爲鍾文鍾直鍾敏贈言의 경우 제목 아래 "字曰惠冠檜仲浦叔
明扶宗之義"라고 원주가 붙어 있으며 말미에 "嘉慶甲戌 竹醉之翼日"
이라고 날짜가 표시되어 있다. 竹醉日이란 음력 5월 13일을 말하므로
1814년(53세) 5월 14일 작임을 알 수 있다.

여섯째, 又爲三尹贈言의 경우 제목 아래에 "虐刑之戒"라고 원주가
붙어 있다. 바로 위의 爲鍾文鍾直鍾敏贈言의 뒤에 이어서 쓴 것이므
로 1814년(53세) 5월 14일 이후의 글로 추정된다.

일곱째, 爲草衣僧意洵贈言의 경우 말미에 "嘉慶癸酉八月四日"이라
고 날짜가 기록되어 있으므로 1813년(52세) 8월 4일에 쓴 글임을 알 수
있다.

여덟째, 爲騎魚僧慈弘贈言의 경우 정확한 시기를 알기는 어렵다. 말미에 "沙門慈弘 棲于水精蘭若 今年秋 就食于綾州 書此以戒之"라는 구절이 있다. 여기서 綾州가 만약 정약용의 고향 마재가 있는 廣州를 가리키는 것이라면 해배 이후의 글일 가능성도 있다. 계절은 가을이었다.

아홉째, 爲李仁榮贈言의 경우 서두에 "余在洌上"이라고 되어 있고 말미에 "嘉慶庚辰 五月一日"이라고 되어 있으므로 1820년(59세) 5월 1일 작임을 알 수 있다.

열 번째, 爲陽德人邊知意贈言의 경우 정확한 시기를 알기 어려우나 서두에 "邊郡知意 千里而訪余"라고 되어 있으므로 유배에서 풀린 이후 고향 마재로 찾아 온 것일 수 있다. 그렇다면 1818년(57세) 해배 이후의 작이다. 바로 위의 爲李仁榮贈言이 1820년 작이므로 이 글은 해배 이후 가운데에서도 1820년 이후일 가능성이 있다.

열한 번째, 爲舍弟鏞贈言의 경우 정확한 시기를 알기 어려우나 해배 이후 써 준 것이 아닌가 생각된다. 庶弟인 정약황이 강진까지 찾아 오기는 어려웠을 것이다. 또 그렇다면 그에 대한 언급이 있을 것인데 그러한 언급이 없기 때문이다. "余所輯欽欽新書 三十卷"이라는 구절이 있으므로 1819년 欽欽新書를 완성한 이후의 글이다.

열두 번째, 又爲舍弟鏞贈言의 경우 바로 앞의 글에 이어서 쓴 글이다. 따라서 앞의 글보다는 뒤에 쓴 것이다.

열세 번째, 爲李翊衛(仁行)贈言(二首) 경우 여유당전서본에는 누락되어 있다. 정본 열수전서(속집 제2책 제3권)에는 본문은 생략되었으나 "右二首 一論南方之學 專說理氣 不于實行及經世之術 眞切用功也 一論屛山虎溪之戰 終爲敗亡之兆 亟宜撲滅也 皆隨手走筆 未有草本 不能錄"이라는 설명이 있다. 영남 지방의 학문이 理氣論만 하지 경세학이 없는데 대한 비판 및 당시 영남의 虎屛 시비를 패망의 징조로 보는 견해가 표명되어 있었음을 알 수 있다. 李仁行이라는 사람은 영남 선비로서 정약용을 마재로 찾아왔던 것이 아닌가 생각된다. 그렇다면 이 글은 1818년(57세) 해배 이후 마재(초천)에서 쓴 것이라고 생각된다.

열네 번째, 爲沙門謹學贈言의 경우 정확한 시기를 알기 어려우나 앞의 글들이 해배 이후 쓴 것이므로 이 역시 해배 이후의 글로 추정된다.

3. 與猶堂集 雜文後編 제3책

(1) 雜文後編 제3책 제1권

(贈言, 家誡) 爲尹惠冠贈言, 又爲尹惠冠贈言, 爲尹輪卿贈言, 爲茶山諸生贈言, 示學淵家誡, 示二子家誡, 又示二子家誡, 示二兒家誡, 示二子家誡, 示二子家誡, 贐學游家誡, 示學淵家誡.

『열수전서』 속집 3(잡문 후편 제3책) 제1권에는 위의 표에서 보는 바와 같이 贈言·家誡 형식의 글들이 爲尹惠冠贈言, 又爲尹惠冠贈言, 爲尹輪卿贈言, 爲茶山諸生贈言, 示學淵家誡, 示二子家誡, 又示二子家誡, 示二兒家誡, 示二子家誡, 示二子家誡, 贐學游家誡, 示學淵家誡의 순서로 실려 있다.

첫째, 爲尹惠冠贈言의 경우 惠冠은 강진 시절 정약용 제자의 하나인 尹鍾文의 자이다. 따라서 강진의 다산 시절(1808년(47세)~1818년(57세))에 지은 것으로 생각된다.

둘째, 又爲尹惠冠贈言도 바로 위 글에 이어서 다시 윤종문에게 써준 것이므로 다산 시절 지은 것으로 생각되며 爲尹惠冠贈言보다는 뒤의 글이다.

爲尹輪卿贈言의 경우 輪卿은 다산초당 주인 尹搏의 손자인 尹鍾億

으로서 다산 시절의 제자이므로 이 역시 다산 시절에 지은 것으로 생각된다.

爲茶山諸生贈言은 다산의 여러 제자들에게 준 것이므로 이 역시 다산 시절의 글이라고 할 수 있다.

다음으로 家誡 형식의 글들에 대하여 살펴보기로 한다.

첫째, 示學淵家誡의 경우 말미에 "庚午處暑之日 書于茶山東菴"이라고 날짜가 기록되어 있으므로 1810년(49세) 處暑 날에 다산의 동암에서 쓴 것임을 알 수 있다.

둘째, 示二子家誡의 경우 말미에 "嘉慶 戊辰 中夏 與猶病翁 書于茶山精舍"라고 날짜가 기록되어 있으므로 1808년(47세) 한여름(음력 5월)에 다산에서 쓴 것임을 알 수 있다.

셋째, 又示二子家誡의 경우 말미에 "嘉慶 戊辰 中夏之閏 書于茶山"이라고 날짜가 기록되어 있으므로 1808년(47세) 한여름 윤달(음력 윤5월)에 다산에서 쓴 글임을 알 수 있다.

넷째, 示二兒家誡의 경우 말미에 "嘉慶首秋 書于茶山東菴"이라고 날짜가 말미에 기록되어 있으므로 1810년(49세) 초가을(음력 7월)에 다산의 동암에서 쓴 글임을 알 수 있다.

다섯째, 示二子家誡의 경우 "嘉慶庚午菊秋 書于茶山東菴"이라고 날짜가 말미에 기록되어 있으므로 1810년(49세) 국화꽃 피는 가을(음력 9월)에 다산의 동암에서 쓴 글임을 알 수 있다.

여섯째, 又示二子家誡의 경우에도 말미에 "嘉慶庚午菊秋 書于茶山東菴"이라고 말미에 날짜가 기록되어 있으므로 1810년(49세) 국화꽃 피는 가을(음력 9월경) 다산의 동암에서 쓴 글임을 알 수 있다.

일곱째, 示二子家誡의 경우 말미에 "嘉慶 戊辰 中夏之閏 書于茶山書閣"이라고 날짜가 기록되어 있으므로 1808년(47세) 한여름 윤달(음력 윤5월) 다산의 서각에서 쓴 글임을 알 수 있다. 다만 배열 위치가 이곳에 있는 것은 날짜 상 이상하게 여겨진다.

여덟째, 贐學游家誡의 경우 말미에 "庚午 仲春 書于茶山東菴"이라고 날짜가 기록되어 있으므로 1810년(49세) 仲春(음력 2월)에 다산의 동암에서 쓴 글임을 알 수 있다.

아홉째, 示學淵家誡의 경우도 역시 중간에 "庚午 仲春 書于茶山東菴"이라고 날짜가 기록되어 있으므로 1810년(49세) 仲春(음력 2월)에 다산의 동암에서 쓴 것임을 알 수 있다. 아마도 바로 앞의 贐學游家誡를 집으로 돌아가는 둘째 아들 정학유에게 써 주면서 정학연 편에 맏아들 정학연에 게 보내는 글로 쓴 것이 이 示學淵家誡가 아닌가 생각된다. "庚午 仲春 書于茶山東菴"이라는 날짜 기록 뒤에 이어져 있는 글 "搯者截莖梢也……朝折何妨"은 편지를 쓴 뒤의 추기 또는 나중에 여백에 쓴 것이 아닌가 생각된다.

(2) 雜文後編 제3책 제2권

(家書) 寄二兒, 答二兒, 寄二兒(2통), 答淵兒, 答二兒, 寄二兒(2통), 寄淵兒, 示二兒.

제2권에는 家書가 寄二兒, 答二兒, 寄二兒(2통), 答淵兒, 答二兒, 寄二兒(2통), 寄淵兒, 示二兒의 순서로 들어 있다.

첫째, 寄二兒(제1서)의 제목 아래에 "辛酉 三月初二日 到荷潭書"라고 원주가 붙어 있으므로 1801년(40세) 3월 2일 경상도 장기로 유배 가는 길에 선영이 있는 하담에 들렀을 때 쓴 편지임을 알 수 있다. 이 편지 뒤에도 寄二兒가 몇 편 더 있으므로 가장 앞의 것을 寄二兒(제1서)라고 구분하였다. 다만 寄二兒(제1서)에는 하담에서 1801년 3월 2일 보낸 편지 외에 1801년 3월 9일 장기에 도착한 이후 집에서 편지를 받고 6월 17일 보낸 답서 "書來 正及苦企中 慰意良深" 및 그 뒤 장기에서 9월 3일 보낸 편지 "計日至八十有二日而得來書……臂臂不具言" 그리고 그 뒤 어느 날에 장기에서 보낸 편지(혹은 9월 3일 편지의 추신일 가능성도 있음) 汝則道成德立……付之鶴孫便이 뒤에 함께 있다.

둘째, 答二兒(제1서)의 제목 아래에는 "以下 康津 謫中書"라고 되어 있으므로 이 答二兒를 포함하여 아래의 편지들은 강진에서 보낸 것임을 알 수 있다. 뒤에도 答二兒가 또 있으므로 여기의 것은 '제1서'를 붙여 구분하였다. 다만 이 答二兒는 한 통이 아니다. 앞 부분의 편지는 "壬戌 二月 七日"이라고 날짜가 붙어 있으므로 1802년(41세) 2월 7일에 쓴 것임을 알 수 있다. 다음 두 번째의 편지는 그 말미에 "二月 十七日"이라고 되어 있으므로 1802년(41세) 2월 17일에 쓴 것으로 생각된다. 이어서도 각기 별개로 보이는 "吾禮書之工……然後鈔之" 등의 구절이 덧붙여져 있다. 이 다음의 편지 寄二兒(제1서)의 제목 아래 "壬戌 十一月 廿二日 康津 謫中"이라고 원주가 붙어져 있으므로 이 덧붙여진 것은 1802년(41세) 2월 17일에서 11월 22일 사이에 쓴 것으로 여겨진다(혹은 2월 17일 편지의 추신일 가능성도 있다).

寄二兒(제2서)는 제목 아래에 "壬戌 十二月 廿二日 康津 謫中"이라고 원주가 붙어져 있으므로 1802년(41세) 11월 22일에 쓴 것임을 알 수 있다. 맨 앞 편지의 제목이 寄二兒이므로 앞의 것을 제1서, 여기의 것을 제2서라고 하여 구분하였다.

셋째, 寄二兒(제3서)의 경우 세 번째 寄二兒이므로 제3서라고 하였다. 날짜가 기록되어 있지 않으나 이 열수전서 속집 3 제2권의 서두에 목차를 기록한 곳에 "癸亥 春"이라고 날짜가 표시되어 있으므로 1803년(42세) 봄에 쓴 것임을 알 수 있다.

넷째, 答淵兒의 경우 제목 아래에 "丙子 五月 初三日"이라고 원주가 붙어 있으므로 1816년(55세) 5월 3일 쓴 것임을 알 수 있다.

다섯째, 答二兒(제2서)의 경우 제목 아래 "丙子 六月 初四日"이라고 원주가 붙어 있으므로 1816년(55세) 6월 4일 쓴 것임을 알 수 있다. 앞에도 答二兒가 있으므로 앞의 것을 제1서, 여기의 것을 제2서라 하여 구분하였다.

여섯째, 寄二兒(제4서)의 경우 네 번째 寄二兒이므로 제4서라고 하였다. 제목 아래에 "丙子 六月 十七日"이라고 원주가 붙어 있으므로 1816년(55세) 6월 17일에 쓴 것임을 알 수 있다.

일곱째, 寄二兒(제5서)의 경우 다섯 번째 寄二兒이므로 제5서라고 하였다. 날짜가 기록되어 있지 않으나 제4서 뒤에 있으므로 1816년(55세) 6월 17일 이후에 쓴 것으로 추정되며 1818년 해배 이전 강진에서 썼을 것으로 생각된다.

여덟째, 寄淵兒의 경우 속집 제3책 제1권 맨 앞에서 제1권 수록 작품들의 제목을 쓴 곳에서는 이 寄淵兒와 다음 示二兒의 제목이 없다. 이 둘은 편집 후 나중에 추가로 수록하였을 가능성을 배제할 수 없다. 寄淵兒에는 제목 아래 "戊辰 冬"이라고 원주가 붙어 있으므로 1808년(47세) 겨울의 글임을 알 수 있다. 연대순으로 보아도 이곳에 배치한 것은 어색하다.

아홉째, 示二兒의 경우 저작 시기는 알기 어려우나 강진 시기의 작으로 추정된다. 앞의 寄淵兒와 마찬가지로 편집 후 추가로 덧붙여졌을 가능성을 배제할 수 없다.

(3) 雜文後編 제3책 제3권

잡문 후편 제3책 제3권에는 家書 형식의 글들이 다음과 같이 수록되어 있다.

> 答兩兒, 寄兩兒(9통), 示兩兒(2통), 答兩兒, 寄兩兒, 答兩兒, 寄游兒.

첫째, 答兩兒(제1서)의 경우 첫 번째의 것이고 뒤에도 答兩兒가 있으므로 제1서라고 하여 구분하였다. 제목 아래에 "壬戌 十二月"이라고 원주가 붙어 있으므로 1802년(41세) 12월에 쓴 것임을 알 수 있다.

둘째, 寄兩兒(제1서)의 경우 뒤의 제3서가 1803년 1월 1일에 보낸 것이므로 그에 앞서 보낸 것임을 알 수 있다. 만일 바로 앞의 答兩兒(제1서) 다음에 쓴 것이라면 1802년(41세) 12월 이후에 쓴 것이다.

셋째, 寄兩兒(제2서)의 경우 뒤의 제3서가 1803년 1월 1일 쓴 것이므로 제2서는 이에 앞서 쓴 것임을 알 수 있다. 만일 바로 앞의 앞의 答兩兒(제1서)보다 뒤에 쓴 것이라면 이 寄兩兒(제2서)는 1802년(41세) 12월에 쓴 것이지만 확언할 수는 없다.

넷째, 寄兩兒(제3서)의 경우 제목 아래에 "癸亥 元日"이라 되어 있고 권두의 목차에서도 "癸亥 春"이라고 되어 있다. 따라서 1803년(42세) 1월 1일에 쓴 편지임을 알 수 있다.

다섯째, 寄兩兒(제4서)의 경우 연대에 대한 언급은 없으나 제3서의 뒤에 있으므로 1803년(42세) 이후에 쓴 것으로 추정된다.

여섯째, 寄兩兒(제5서)의 경우 권두 목차에서는 "寄兩兒書 十首"라고 되어 있다. 이것은 이하 10수라는 뜻이 아니라 앞에 나온 寄兩兒(제1~4서)를, 본 寄兩兒(제5서) 이하에서 제10서까지와 합쳐서 모두 10수가 된다는 뜻으로 해석된다. 이 역시 연대에 대한 언급은 없으나 제3서의 뒤에 있으므로 1803년(42세) 이후에 쓴 것으로 추정된다.

일곱째, 寄兩兒(제6서)의 경우 역시 연대에 대한 언급은 없으나 제3서의 뒤에 있으므로 1803년(42세) 이후에 쓴 것으로 추정된다.

여덟째, 寄兩兒(제7서)의 경우 역시 연대에 대한 언급은 없으나 제3서의 뒤에 있으므로 1803년(42세) 이후에 쓴 것으로 추정된다.

아홉째, 寄兩兒(제8서)의 경우 역시 연대에 대한 언급은 없으나 제3서의 뒤에 있으므로 1803년(42세) 이후에 쓴 것으로 추정된다.

열 번째, 寄兩兒(제9서)의 경우 역시 연대에 대한 언급은 없으나 제3서의 뒤에 있으므로 1803년(42세) 이후에 쓴 것으로 추정된다.

열한 번째, 示兩兒(제1서)의 경우 내용상 연대를 확실히 알 수 있게 하는 언급은 없으나 강진 시절에 지은 것으로 생각된다.

　열두 번째, 示兩兒(제2서)의 경우 역시 연대에 대한 언급은 없으나 제3서의 뒤에 있으므로 1803년(42세) 이후에 쓴 것으로 추정된다.

　열세 번째, 答兩兒(제2서)의 경우 연대에 대한 확실한 언급은 없으나 答兩兒(제1서)의 저술시기가 1802년 12월이므로, 본 제2서는 1802년(41세) 12월 이후 지은 것으로 추정된다.

　열네 번째, 寄兩兒(제10서)의 경우 본문에 내용만으로 연대를 확정할 수 없으나 1803년에 씌어진 寄兩兒(제9서)보다 뒤에 있으므로 일단 1803년(42세) 이후에 쓴 것으로 추정할 수 있다. 그리고 "玆所去祭禮考定一卷　此吾平生之志也"와 "我成此書於數年之前　豈不疏陳于先朝"라는 구절로 보아 1800년 정조가 서거하고 몇 년 정도 지난 뒤라고 볼 수 있다. 사암선생연보 戊辰年(1808) 조에 "冬 祭禮考定 成"이라고 되어 있으므로,11) 보다 구체적으로는 1808년(47세) 祭禮考定을 완성한 바로 뒤에 보낸 것이 아닌가 생각된다.

　열다섯 번째, 答兩兒(제3서)의 경우 연대에 대한 확실한 언급은 없으나 答兩兒(제1서)의 저술 시기가 1802년 12월이므로 이 제3서는 1802년(41세) 12월 이후 지은 것으로 추정된다.

　열여섯 번째, 寄游兒의 경우 "汝兄遠來 可喜"라는 구절로 보아 맏아들 정학연이 강진에 왔을 때 쓴 편지임을 알 수 있다. 游兒란 둘째 아들 정학유를 가리키므로 이 편지는 정학유에게 보낸 것이다.

4. 與猶堂集 雜文後編 제4책

(1) 雜文後編 제4책 제1권

잡문 후편 제4책 제1권에는 다음의 글들이 수록되어 있다.

---

11) 『年譜』, 152쪽.

答仲氏, 上仲氏書, 答仲氏, 上仲氏, 答仲氏(4통), 上仲氏, 答仲氏, 上仲氏(2통), 答仲氏, 上仲氏, 答仲氏(3통).

첫째, 答仲氏(제1서)의 경우 내용을 살펴 보면 제4책 제2권에 실린 寄茶山(제2서)에 대한 답서임을 알 수 있다. 이 寄茶山(제2서)의 제목 아래 "辛未 九月 初六日"이라고 날짜가 적혀 있으므로 1811년 9월 6일에 보낸 것이다. 따라서 答仲氏(제1서)를 쓴 시기는 그 이후가 된다. 대략 1811년(50세) 9월경이었을 것이라고 생각된다.

둘째, 上仲氏書(제1서)의 경우 말미에 "戊辰 九月 二十九日"이라고 날짜가 적혀 있으므로 1808년(47세) 9월 29일에 쓴 편지임을 알 수 있다.

셋째, 答仲氏(제2서)의 경우 날짜와 관련된 구체적인 언급은 없으나 答仲氏(제1서)가 대략 1811년(50세) 9월경으로 추정되므로 제2서의 저술 시기는 그 이후가 될 것이다.

넷째, 上仲氏(제2서)의 경우 날짜와 관련된 구체적인 언급은 없으나 사암선생연보 순조 10년 庚午(1810)년 조에 가을 부분에 이 편지가 실려 있으므로[12] 일단 1810년(49세) 가을에 저술된 것으로 추정해 둔다.

다섯째, 答仲氏(제3서)의 경우 날짜와 관련된 구체적인 언급은 없으나 答仲氏(제1서)가 대략 1811년(50세) 9월경으로 추정되므로 제3서의 저술 시기 역시 그 이후가 될 것이다.

여섯째, 答仲氏(제4서)의 경우 날짜와 관련된 구체적인 언급은 없으나 答仲氏(제1서)가 대략 1811년(50세) 9월경으로 추정되므로 제4서의 저술 시기 역시 그 이후가 될 것이다. 제4서에는 "我自甲子年 專心學易 于今十年"이라는 구절이 있으므로 1813년(52세)의 글로 추정된다.

일곱째, 答仲氏(제5서)의 경우 "禮書之工 昨秋以來 苦多疾病 脫草者極少 草本五編付去"라는 구절이 있다. 사암선생연보 순조 11년 辛

---

12) 『年譜』, 169쪽.

未(1811) 겨울 부분에 "禮箋喪期別 成"이라고 하므로13) 바로 이때 상기별을 완성하고 정약전에게 편지와 책을 보낸 것이 아닌가 생각된다. 그렇다면 答仲氏(제5서)의 저술 시기는 1811년(50세) 겨울 이후가 된다.

여덟째, 答仲氏(제6서)의 경우 구체적인 언급을 찾을 수 없으나 答仲氏(제5서)의 저술 시기를 1811년 겨울 이후로 볼 수 있다면 제6서의 저술 시기 역시 1811년(50세) 겨울 이후가 된다.

아홉째, 上仲氏(제3서)의 경우 날짜에 대한 구체적인 언급은 없으나 제2서가 1810년 가을로 추정되므로 이 上仲氏(제3서) 역시 1810년(49세) 가을 이후로 추정해 둔다.

열 번째, 答仲氏(제7서)의 경우 제6서보다 뒤에 있으나 저술 시기는 오히려 더 앞선 것으로 생각된다. "六兒往於庚申冬 見其讀書 已知其爲大器……吾意 今秋率來此處 敎之過冬 明春入覲 待四五月間回去 在渠必能開發得路 文兒欲使之同去就 未知如何"라는 구절이 있기 때문이다. 여기서 六兒란 정약전의 아들 丁學樵를 가리키는 것이고 그가 아직 살아 있을 때의 편지이다. 정약용은 정약전에게 정학연(文兒)이 정학초와 함께 오기를 원한다고 하였음을 알 수 있다. 1807년 7월에 정학초의 부음이 도착하므로 이 제7서는 1807년(46세) 7월 이전의 것이다.14) 정약용은 이때 정학연이 올 때 정학초도 함께 오라고 하여 공부를 가르치려 하였던 것이 아닌가 생각된다. 이 편지에서 "今秋"라고 한 것은 1805년 가을이라고 볼 수 있으므로 이 편지 答仲氏(제7서) 저작 연도는 1805년(44세)으로서 이 해 가을 이전에 쓴 것으로 추정된다. 다만 정학연은 이 제7서에서의 예정보다 약간 늦어져 겨울에 온 것으로 여겨진다. 이렇게 순서가 연대순으로 배열되지 않은 것은 혹시 뒤

---

13) 『年譜』, 174쪽.

14) 사암선생연보에 따르면 정약용의 맏아들 정학연이 순조 5년 乙丑(1805) 겨울 정약용에게 와서 겨울을 보내면서 易과 禮를 배웠다(『年譜』, 147쪽).

에 추가되었을 가능성이 있다.

열한 번째, 上仲氏(제4서)의 경우 날짜에 대한 구체적인 언급은 없다. 1807년(46세) 7월 이전 정학초가 죽기 전에 쓴 편지이다.[15]

열두 번째, 上仲氏(제5서)의 경우 날짜에 대한 구체적인 언급은 없으나 제4서를 1810년 가을로 추정할 수 있다면 이 上仲氏(제5서) 역시 1810년(49세) 가을 이후로 추정할 수 있다. "海族圖說 甚是奇書 此又不可少者 圖形何以爲耶"라는 구절로 보아 정약전이 玆山語譜를 짓고 있을 때였음을 알 수 있다.

열세 번째, 答仲氏(제8서)의 경우 "立後事 律之以古義 樵也 法當無

---

15) "一夕 主嫗在旁聞話 卒然問曰 令公讀書 知此義否 父母恩同 母更勞多 而聖
人立敎 重父輕母 姓從其父 服降其母 父族成黨 母族外之 不已偏乎 答云 父
兮生我 故古書以父爲始生己者 母恩雖深 乾元資始之恩 更重也 嫗曰 令公
之言未然 我則思之 比之草木 父其種子也 母其土壤也 種之落地 其施至微
土之滋育 其功甚大 然粟之子爲粟 稻之子爲稻 其全身所成 都是土氣 而畢
竟族類皆從種子 古聖人立敎制禮 想是緣此 我於是 不覺恍然大悟 惕然起敬
孰知天壤間至精至妙之義 乃爲賣飯嫗所發耶 奇甚奇甚"이라는 말이 있다.
이에 대한 정약전의 응답이 정약전의 편지 寄茶山(제6서)에 실려 있다. 거기
에는 "主嫗之論理 余所嘗究思而未到者也 奇哉奇哉"라고 되어 있으며 이어
서 정약용 자신이 다시 작은 글씨로 "主嫗云 父精天施 如播種子 母血地受
如子落而土生之 故劬勞雖多 而從父之姓也"라고 주를 달았다. 따라서 이 上
仲氏(제4서)를 받고서 정약전이 寄茶山(제6서)를 쓴 것이라고 할 수 있다. 寄
茶山(제6서)에는 "今秋率來之議……若果南來 何喜如之"라고 하여 정약전의
아들 정학초를 남쪽으로 데려오는 일에 대하여 언급하였다. 앞의 答仲氏(제7
서)에서 정약용이 정학초를 남쪽으로 데려오는 일을 정약전에게 청하였고 그
答仲氏(제7서)의 저술 시기가 1805년으로서 그 해 가을 이전으로 추정되므로
이 편지 寄茶山(제6서)에서 언급한 "今秋" 역시 1805년 가을로 볼 수 있다.
따라서 본 寄茶山(제6서)의 저술 시기 역시 1805년 가을 이전이라고 할 수
있다. 다만 이 편지의 제목이 寄茶山이라 언급되어 있는 것이 문제이다. 茶山
이라면 1808년 귤동으로 이주한 이후에 쓴 것으로 생각되기 때문이다. 두 가
지 가능성을 생각해 볼 수 있다. 1808년 귤동 이주 이전에도 茶山이라는 호
를 사용하였을 가능성과 寄茶山이라는 제목은 나중에 추가된 것으로서 착오
에 의한 가능성이 그것이다. 어쨌든 정학초는 1807년 7월 이전에 죽었으므로
이 편지는 그 이전에 쓴 것이다.

後”라고 하므로 1807년(46세) 7월 정학초의 부음이 도착한 이후의 편지임을 알 수 있다.

열네 번째, 上仲氏(제6서)의 경우 제목 아래에 “辛未 冬”이라고 날짜가 기록되어 있으므로 1810년(49세) 겨울에 지은 것임을 알 수 있다.

열다섯 번째, 答仲氏(제9서)의 경우 구체적 날짜 기록은 없으나 말미에 “今此論語之役”이라는 구절이 있는 것으로 보아 論語古今註를 저술할 때 쓴 것임을 알 수 있다. 사암선생연보에 의하면 순조 13년 癸酉(1813) 겨울 논어고금주를 완성한 것으로 되어 있으며 “按是書積年蒐輯 至是冬成書 凡四十卷”이라고 하므로[16] 시작하여 완성하는데 몇 년 걸린 것임을 알 수 있다. 따라서 이 제9서의 저술 시기는 1813년 겨울 이전의 몇 년간이라고 추정할 수 있다.

열여섯 번째, 答仲氏(제10서)의 경우 서두에 “十二年 晨興夜寢 慥慥於六經之役 事無暇爲此 今六經幸而卒業”이라는 구절이 있으므로 1812년경에 쓴 것이라고 일단 추정할 수 있다. 정약용은 1801년 유배 이후 유교 경전 연구에 착수하였기 때문이다. 그러나 문제는 이 편지 가운데 “樂書十二卷 其間想已覽訖”이라는 구절이 있는 점이다. 樂書孤存은 사암선생연보에 의하면 1816년 봄에 완성된 것으로 되어 있으며,[17] 1816년 여름 6월에 정약전의 부음이 도착하였다.[18] 그렇다면 이 제10서는 1816년 봄과 6월 사이에 쓴 것으로 볼 수도 있을 것이다. 그러나 이 제10서에는 또 “方欲取論語 依集解集注之例 集千古而取其所長 勒成一部”라는 구절이 있으므로 1813년 겨울에 論語古今注를 완성하기 전임을 알 수 있다. 다만 이 제10서에서 악서고존에 대하여 다시 “但未及卒業 遂値西賊之亂 未免草草收結 先生幸加爬櫛 其善者書頭批評 以示印可之意 其有疑者別作一錄 使得益加刪潤 若何”라고

---

16) 『年譜』, 180쪽.
17) 『年譜』, 192쪽.
18) 『年譜』, 197쪽.

언급하고 있으므로, 악서고존을 완성한 것은 1816년이지만 그 초본은 대략 1812년 홍경래난을 만나 급히 마무리지어 정약전에게 보아 달라고 보낸 것이다. 이 제10서는 1812년(51세) 홍경래난이 일어난 얼마 뒤에 정약전에게 보낸 것이라고 할 수 있겠다.

열일곱 번째, 笭仲氏(제11서)의 경우 이 편지의 말미에서 "天若假我以日月 得了此業 則其書頗可觀"이라고 하므로 아직 논어고금주 완성 전에 쓴 것임을 알 수 있다. 따라서 이 제11서의 저술 시기는 1813년(52세) 겨울 논어고금주 완성 이전이 된다. 1812년 일단 악서고존 초고본의 완성을 끝으로 육경 주석 작업을 완료하고 논어고금주 작업을 시작한 뒤에 쓴 것이라고 생각된다. 따라서 이 제11서의 저술 시기는 1812년(51세) 홍경래난 이후부터 1813년(52세) 겨울 사이가 된다.[19]

(2) 雜文後編 제4책 제2권

잡문 후편 제4책 제2권에는 다음의 글들이 수록되어 있다. 흑산도에서 정약전이 정약용에게 보낸 편지이다. 정약용의 저술이 아니라고 생각해서 엮었는지 與猶堂全書를 간행할 때에는 수록되지 않았다.

寄茶山(10통), 示茶山, 寄茶山, 笭茶山(巽菴尺牘).

첫째, 寄茶山(제1서)의 경우 제목 아래 "乙丑 五月 初三日"이라고 날짜가 기록되어 있으므로 1805년(정약용 44세) 5월 3일에 쓴 편지임을 알 수 있다.[20]

---

19) 정본의 경우 권두의 목차와 편지의 실제 배열이 맞지 않는다.

20) 정약용 周易四箋의 서문이라고 할 수 있는 題戊辰本에는 그 저술 경위에 대하여 다음과 같이 기록하였다. "余於甲子陽復之日(嘉慶九年癸亥冬) 在康津謫中始讀易 是年夏始有箚錄之工 至冬而畢(凡八卷) 此甲子本也 ○甲子本四義雖具 粗畧不完 遂毁之 厥明年改撰之(亦八卷) 此乙丑本也(此本 在羅州海中) ○乙丑冬 學稼至 偕棲寶恩山房 以前本不取兩互及交易之象 悉改之

둘째, 寄茶山(제2서)의 경우 제목 아래에 "辛未 九月 初六日"이라고 날짜가 기록되어 있으므로 1811년(50세) 9월 6일에 쓴 것임을 알 수 있다.

셋째, 寄茶山(제3서)의 경우 이 제3서 가운데 정약용이 혜성에 대한 정약전의 물음에 대한 것을 작은 글씨의 주로 "答云 流星落於火帶 彗星結於冷帶 彗星者冰也"라고 기록하여 놓았다. 이 대답의 내용이 정약용의 上仲氏(제6서)에 나오고 이 上仲氏(제6서)의 저술 시기가 1811년 겨울이었으므로 寄茶山(제3서)는 1811년(50세) 겨울 이전에 보낸 것임을 알 수 있다.

넷째, 寄茶山(제4서)의 경우 제목 아래 "己巳 仲春"이라고 날짜가 기록되어 있으므로 1809년(48세) 4월경에 쓴 편지임을 알 수 있다.

다섯째, 寄茶山(제5서)의 경우 편지의 말미에 "吾年五十矣 不知餘日爲幾"라는 구절이 있으므로 정약전이 50세였을 때이었음을 알 수 있다. 정약전이 1758년생이므로 이 편지는 1807년(정약용 46세) 보낸 것으로 추정된다.

(十六卷) 至春而畢 此丙寅本也(此本 在光州) ○丙寅本 於播性留動之義 多有闕誤 故又令學稼易藁 未卒而北還 令李鶴來竣工(爲二十四卷) 此丁卯本也(其實此亦丙寅本) ○丁卯本 詞理未精 象義多誤 戊辰秋 余與學圃在橘洞 令圃脫稿(亦二十四卷) 此所謂戊辰本也"(필사본, 주역사전 권1, 규장각 소장). 이상에서 우리는 1803년 겨울 陽復之日(동지)에 강진에서 易을 읽기 시작하여 1804년 여름 비로소 箚錄을 시작, 1804년 겨울에 주역사전 갑자본을 완성하였으나 이후 수정, 보완 작업을 계속하여 을축본(1805년 개찬), 병인본(1805년 겨울 시작, 1806년 봄 완성), 정묘본(실제로는 1806년 작이나 앞의 병인본과 구별하기 위해 정묘본이라 한 것으로 여겨짐), 무진본(1808년 가을 완성) 등을 내었으며 지금 규장각 소장의 필사본이 바로 1808년 가을 완성된 戊辰本임을 알 수 있다. 이 무진본은 여유당전서에 수록된 주역사전과 다소 글자의 차이는 있으나 대략 같다. 열수전서(속집) 제2책 제1권 권두에는 앞서 살핀 바와 같이 정약전의 梅氏尙書平序에 이어서 그의 周易四解序(1805년 3월)가 실려 있다. 을축본에 대하여 정약용은 위 題戊辰本에서 지금(題戊辰本 즉 1808년 가을 무진본을 완성했을 때로 추정됨) 나주 해중에 있다고 하였으므로 정약전이 周易四解序를 쓴 것은 이 乙丑本에 대하여서라고 생각된다.

여섯째, 寄茶山(제6서)의 경우 날짜에 대한 구체적 언급은 없으나 여기에 "主媼之論理 余所嘗究思而未到者也 奇哉奇哉"라고 되어 있으며, 이어서 정약용 자신이 다시 작은 글씨로 "主媼云 父精天施 如播種子 母血地受 如子落而土生之 故劬勞雖多 而從父之姓也"라고 주를 달았다. 이 작은 글씨의 주는 정약용의 上仲氏(제4서)에서 언급한 말이므로 이 上仲氏(제4서)를 받고서 정약전이 寄茶山(제6서)을 쓴 것이라고 할 수 있다. 寄茶山(제6서)에는 "今秋率來之議……若果南來 何喜如之"라고 하여 정약전의 아들 정학초를 남쪽으로 데려오는 일에 대하여 언급하였다. 앞의 答仲氏(제7서)에서 정약용이 정학초를 남쪽으로 데려오는 일을 정약전에게 청하였고 그 答仲氏(제7서)의 저술 시기가 1805년으로서 그 해 가을 이전으로 추정되므로 이 寄茶山(제6서)에서 말하는 "今秋"는 1805년 가을을 말하는 것이다. 따라서 이 寄茶山(제6서)의 저술 시기는 1805년(정약용 44세)으로서 가을 이전이다. 이와 관련해 앞서 上仲氏(제4서)의 저술 시기를 1805년으로서 그 해 가을 이전으로 추정하여 보았다. 다만 앞서도 언급하였듯이 茶山이라는 호를 1808년 귤동으로 이주하기 전에도 하였는지가 문제이다.

일곱째, 寄茶山(제7서)의 경우 "詩經講義補 奇文也……論語之役 不可已也"라고 하여 시경강의보와 논어 작업에 대하여 언급하였다. 이 편지 제7서는 1810년(49세) 봄 이후에 씌어진 것이다.[21] 앞의 答仲氏(제11서)에서 논어고금주 집필을 시작한 것에 대하여 언급하였음을 살펴보았다. 거기서 그 저술 시기에 대하여 1812년 홍경래난 이후(집필 시작)부터 1813년 겨울 논어고금주 완성 이전으로 추정해 보았다. 따라서 이 편지 역시 1812년 논어고금주 집필 시작 이후부터 1813년 겨울 논어고금주 완성 이전의 어느 시점에 쓴 것으로 추정할 수 있다.

여덟째, 寄茶山(제8서)의 경우 "易海久久見之 愈覺神妙"라는 구절

---

21) 시경강의보를 완성한 것은 사암선생연보에 의하면 1810년 봄이다(『年譜』, 166쪽).

로 시작하고 있으므로 1805년의 을축본 주역사전을 보고 쓴 편지가 아닌가 생각된다. 1805년 3월에 정약전은 周易四海序를 썼는데 이 글 제목으로 보아 을축본의 이름이 원래 周易四海였다고 추정되기 때문이다. 따라서 제8서의 시기는 1805년 이후로 생각되는데 뒤의 제9서가 1805년 작이므로 일단 1805년(44세) 작으로 추정해 둔다. 또 이 제8서에는 松政에 대한 언급이 있으므로 이 무렵 松政私議를 저술한 것이 아닌가 생각된다.

아홉째, 寄茶山(제9서)의 경우 말미에 "居海上五年 不得一見耳"이라는 구절이 있으므로 1805년(44세)에 쓴 것이라고 추정된다. 1805년에 쓴 것을 이렇게 뒤에 둔 이유가 문제이다. 그리고 이 제9서의 제목도 寄茶山인 것이 문제이다. 이것은 寄茶山이라는 제목의 편지가 나중에 그렇게 이름이 붙여진 것이 아닌가 추정하게 하는 한 근거가 된다. 또 이 제9서에서도 주역사전에 대하여 언급하였다. 제9서가 1805년 작이고 제8서에 이어서 주역사전에 대하여 언급한 것일 가능성이 있다.

열 번째, 寄茶山(제10서)에서도 주역사전에 대하여 언급하였다. 여기에는 "鏞答曰 象兩者 象天地也 象四者象四時也……" 및 "鏞答曰 先計二策 雖若有欠於自然"이라고 하여 정약용 자신의 답이 덧붙여져 있다. 이 대답을 정약용이 정약전에게 보낸 편지 가운데에서 찾지 못하였다. 1805년 지은 주역사전 무진본을 보고 정약전이 의문을 제기한 것에 대한 답변이 아닌가 여겨진다. 그렇다면 이 제10서 역시 대략 1805년(44세) 무렵 지어진 것이라고 할 수 있다.

열한 번째, 示茶山은 "孟子配義與道一節 從前讀之 甚不分曉 懶於究索輒置之 近始諦觀註說 有可疑 玆質之"라는 구절로 시작하였다. 사암선생연보를 보면 정약용이 孟子要義를 1814년 여름에 완성하였다.[22] 이 무렵 정약전이 정약용이 맹자에 대하여 연구하는 것을 알고 의문나는 점에 대하여 물어본 것으로 생각된다. 그렇다면 示茶山은

---

22) 『年譜』, 181쪽.

1814년(정약용 53세) 무렵의 작으로 추정된다.

열두 번째, 寄茶山(제11서)의 경우 제목 아래 "丁卯 九月 二十六日 亡子 成服後書"라고 날짜가 붙어 있으므로 1807년(46세) 9월 26일 아들 정학초의 成服 후에 쓴 것임을 알 수 있다.

열세 번째, 答茶山의 경우 "日本圖盛京圖 眞是寶 玩須深藏勿失也"라 하여 일본도와 성경도에 대한 언급이 있다. 上仲氏(제6서 : 1811년 겨울 작)에 정약용이 이들에 대하여 말하였으므로 上仲氏(제6서)에 대한 답서가 이 答茶山이라고 할 수 있다. 따라서 이 편지의 저술 시기는 1811년(50세) 겨울 이후라고 할 수 있다.

(3) 雜文後編 제4책 제3권

잡문 후편 제4책 제3권에는 다음의 글들이 실려 있다. 尺牘 형식으로서, 金邁淳에게 보낸 편지 및 김매순의 편지가 실려 있다.

　與金德叟(邁淳), 答金德叟(附 別紙), 答金德叟, 與金德叟, (附見) 金德叟書, 又書(附 與紙), 又書(3통), 又書(附 別紙).

첫째, 與金德叟(제1서)의 경우 제목 아래 "邁淳"이라고 이름이 붙어 있으므로 金邁淳에게 보낸 편지임을 알 수 있다. 뒤에도 與金德叟가 있으므로 구별하기 위해 맨 앞의 것을 제1서라고 하였다. 이 편지의 말미에 "辛巳 十一月 廿七日"이라고 날짜가 기록되어 있으므로 1821년(60세) 11월 27일 쓴 편지임을 알 수 있다.

둘째, 答金德叟(제1서 : 附 別紙)의 경우 편지 말미에 "壬午 二月 初四日"이라고 날짜가 기록되어 있으므로 1822년(61세) 2월 4일에 보낸 것임을 알 수 있다. "日前 自鼎山轉致 正月廿九日惠書"이라고 시작되고 있으므로 1822년 1월 29일에 김매순이 보낸 편지를 받고 답서로 보낸 것이며 편지를 전달해 준 사람이 鼎山(金基敍)임을 알 수 있다.

셋째, 答金德叟(제2서)의 경우 앞의 제1서와 구분하기 위하여 제2서라고 하였다. 제2서의 말미에 “壬午 二月”이라고 되어 있으므로 1822년(61세) 2월에 보낸 편지임을 알 수 있다(2월 4일 이후).

넷째, 與金德叟(제2서)의 경우 앞의 제1서와 구분하기 위하여 제2서라고 하였다. 날짜가 기록되어 있지 않으나 “東游十日而還 已綠肥紅瘦 繁陰如海”라고 하므로 계절이 늦봄 즉 음력 3월말경 또는 4월초였다고 추정된다. 1821년(60세)~1822년(61세) 사이의 작이 아닐까 생각되기도 한다.

다섯째, (附見)金德叟書의 경우 김매순의 편지를 참고로 수록한 것이다. 제목 아래 “辛巳 十二月 上旬”이라고 날짜가 기록되어 있으므로 1821년(60세) 12월 상순에 보낸 것임을 알 수 있다.

여섯째, 又書(제1서：附 別紙)의 경우 제목 아래 “壬午 正月 小晦”라고 날짜가 기록되어 있으므로 1822년 1월 小晦에 보낸 것임을 알 수 있다.

일곱째, 又書(제2서)의 경우 제목 아래에 “壬午 二月 初吉”이라고 날짜가 기록되어 있으므로 1822년 2월 初吉에 쓴 편지임을 알 수 있다.

여덟째, 又書(제3서)의 경우 제목 아래 “二月 十八日”이라고 날짜가 기록되어 있으므로 1822년 2월 28일 보낸 편지임을 알 수 있다.

아홉째, 又書(제4서)의 경우 제목 아래 “二月 晦”라고 되어 있으므로 1822년 2월 그믐에 쓴 편지임을 알 수 있다.

열 번째, 又書(제5서：附 別紙)의 경우 날짜가 기록되어 있지 않으나 제4서가 1822년 2월 그믐에 쓴 것이므로 이 제5서는 1822년 3월 이후에 쓴 것으로 생각된다.

5. 與猶堂集 雜文後編 제5책

(1) 雜文後編 제5책 제1권

잡문 후편 제5책 제1권에는 尺牘 형식의 글들이 실려 있다.

與金公厚(履載 4통), 答李節度(民秀 4통), 與尹畏心(永僖), 與盤山
丁修七書, 答尹季容(永輝), 答金元春(正喜), 答韓徯甫, 答蔡邁叔, 答
洪躍如, 答呂友濂(東植), 答鼎山(金基叙 3통), 與鼎山(2통).

첫째, 與金公厚(履載) 제1서의 경우 제목 아래에 "履載 己巳六月"
이라고 원주가 붙어 있으므로 강진의 다산 시절에 1809년(48세) 6월에
金履載에게 쓴 편지임을 알 수 있다.

둘째, 與金公厚(제2서)의 경우 날짜에 대한 언급은 없으나 "今湖南
一路 有可憂者二"라는 말로 시작되고 있으므로 역시 강진 시절에 쓴
것으로 추정된다. 앞서 보았듯이 제1서가 1809년 6월에 쓴 것이고 바
로 뒤의 제3서가 1809년 가을에 쓴 것이므로(후술) 이 제2서는 1809년
(48세) 6월과 가을 사이에 쓴 것으로 생각된다.

셋째, 與金公厚(제3서)의 경우 제목 아래에 "己巳 秋"라고 날짜가
기록되어 있으므로 1809년(48세) 가을에 쓴 것임을 알 수 있다.

넷째, 與金公厚(제4서)의 경우 제목 아래에 "戊辰 十一月"이라고 날
짜가 붙어 있으므로 1808년(47세) 11월에 보낸 편지임을 알 수 있다.

다섯째, 答李節度(民秀) 제1서의 경우 輪船에 대하여 논한 것으로
날짜에 대한 언급은 없으나 "若許民使用 則諸凡水營財力 亦必稍紓
矣"라는 구절이 있으므로 부근 수영에 절도사로 와 있던 李民秀에게
강진 시절에 쓴 것이라고 생각된다.

여섯째, 答李節度(제2서)에서도 제1서에 이어 輪船에 대하여 언급
한 것으로 보아 이 편지도 역시 강진 시절 쓴 것으로 추정된다.

일곱째, 答李節度(제3서)에서도 제1서와 제2서에 이어서 **輪船**에 대하여 언급한 것으로 보아 이 편지 제3서도 역시 강진 시절에 쓴 것으로 추정된다.

여덟째, 答李節度(제4서)의 경우 제목 아래에 "辛巳 秋"라고 날짜가 기록되어 있으므로 1821년(60세) 가을에 쓴 것임을 알 수 있다. 또 "蔚山昔遊之地 拜書益爲之流悵也"라는 구절로 보아 이민수가 울산에서 보낸 편지에 대한 답서로 추정된다.

아홉째, 與尹畏心(永僖)의 경우 날짜에 대한 언급은 없으나 "七年流落 杜門塊蟄"이라는 구절로 1807년(46세) 강진에서 윤영희에게 보낸 편지임을 알 수 있다.

열 번째, 與盤山丁修七書의 경우 날짜에 대한 언급은 없어서 정확한 시기를 알기는 어려우나 "鋪屛蟄窮山"이라는 구절로 보아 강진의 다산 시절에 쓴 것이 아닌가 추정된다.

열한 번째, 答尹季容의 경우 제목 아래에 "永輝 辛未 冬"이라고 원주가 붙어 있으므로 1811년(50세) 尹永輝에게 보낸 편지임을 알 수 있다. 여기에서도 "窮山蟄伏"이라는 표현을 사용하고 있으므로 窮山이 강진의 다산을 가리킨다는 바로 앞의 추정이 타당성이 있다.

열두 번째, 答金元春의 경우 제목 아래 "正喜"라고 원주가 붙어 있으므로 金正喜에게 보낸 편지임을 알 수 있다. 날짜와 관련된 언급이 없어서 정확한 저작 시기를 알기는 어려우나 "所云 月當正南北子午位而後潮生者 是穴口延平裨海之事"라고 하므로 일단 김정희가 서울 부근에 있을 때 보낸 편지에 대한 답서로 생각된다. 그렇다면 1818년(57세) 해배 이후에 쓴 편지일 가능성이 크다.

열세 번째, 答韓徯甫의 경우 제목 아래에 "己卯 春"이라고 날짜가 붙어 있으므로 1819년(58세) 봄에 쓴 것임을 알 수 있다.

열네 번째, 答蔡邁叔의 경우 제목 아래에 "庚辰 夏"라고 날짜가 붙어 있으므로 1820년(58세) 쓴 편지임을 알 수 있다.[23]

열다섯 번째, 答洪躍如의 경우 앞의 채이숙에게 보낸 편지에서 보면 홍약여는 戊寅생이고 죽란시사에 함께 참여하였던 사람이다. 이 편지에 따르면 정약용의 회갑을 위하여 준비한다는 구절이 있으므로 1822년(61세) 작으로 추정된다.

열여섯 번째, 答呂友濂의 경우 제목 아래 "東植"이라고 원주가 붙어 있으므로 呂東植에게 보낸 편지임을 알 수 있다. 날짜와 관련된 구체적인 언급은 없으나 "過我門不入 已成法例 不可怨也"라는 구절로 보아 1818년 해배 이후에 쓴 편지임을 알 수 있다. 여동식이 1829년 북경에 사신으로 갔다가 졸하므로 이 편지의 하한은 1829년(68세)이 된다.

열일곱 번째, 答鼎山(제1서)의 경우 제목 아래 "金基叙"라고 원주가 붙어 있으므로 金基叙에게 보낸 편지임을 알 수 있다. 편지 말미에 "辛巳 十一月"이라고 날짜가 붙어 있으므로 1821년(60세) 11월 보낸 편지임을 알 수 있다.

열여덟 번째, 答鼎山(제2서)의 경우 편지 말미에 "壬午 二月 初四日"이라고 날짜가 붙어 있으므로 1822년(61세) 2월 4일에 보낸 편지임을 알 수 있다.

열아홉 번째, 答鼎山(제3서)의 경우 편지 말미에 "二月 十一日"이라고 날짜가 붙어 있으므로 1822년(61세) 2월 11일 보낸 편지로 추정된다.

스무 번째, 與鼎山(제1서)의 경우 편지 말미에 "潤月 廿七日"이라고 날짜가 붙어 있다. 일단 1822년 윤달 27일이라고 추정되며 윤달이 몇 월인지는 언급이 없으나 김기서가 1822년 4월 연풍에 유배되므로 이해 1822년(61세) 4월 유배 이전의 편지로 생각된다.

---

23) 그러나 이 편지의 말미에 다시 "壬午 秋"라고 날짜가 붙어 있다. "憶昔竹欄詩社……" 이하의 후반부는 1822년 가을에 쓴 것으로 생각된다. 편집 완료 후 후반부는 나중에 추기되었을 가능성도 있다. 정약용의 생일이 1762년 6월 16일이고 1822년 6월 16일 환갑을 맞이하면서 자찬묘지명을 지었으며 그 때 이미 정약용 자신에 의한 與猶堂集 편집이 완료되어 있었다고 생각된다.

　스물한 번째, 與鼎山(제2서)의 경우 제목 아래에 "寄延豊謫中"이라고 원주가 붙어 있으므로 1822년(61세) 4월 김기서가 연풍으로 유배간 뒤의 편지이다.

(2) 雜文後編 제5책 제2권

잡문 후편 제5책 제2권에는 尺牘 형식의 글이 실려 있다.

　　答李汝弘(載毅), 與李汝弘, 答李汝弘(4통).

　첫째, 答李汝弘(제1서)의 경우 제목 아래에 "載毅"라고 원주가 붙어 있어 李載毅에게 보낸 편지임을 알 수 있다. 날짜에 관한 구체적인 언급은 없으나 이 편지가 孟子의 四端 문제로 정약용에게 질문한 데 대한 답서이며 바로 뒤의 與李汝弘(1814년 10월)에서 지난 번 四德(四端) 문제에 대한 논의에 아직 답장이 없다고 한 것으로 보아 이 答李汝弘은 1814년 10월 이전에 쓴 것으로 추정된다. 사암선생연보에 의하면 1814년 여름에 孟子要義가 완성되었다.[24] 아마도 완성된 맹자요의를 보고 李載毅가 질문하였고 이에 대하여 정약용이 이 답서를 보낸 것으로 생각된다. 그렇다면 이 편지는 1814년(53세) 여름에서 10월 사이에 씌어진 것이 된다.

　둘째, 與李汝弘(제1서)의 경우 제목 아래에 "甲戌 十月日"이라고 원주가 붙어 있으므로 1814년(53세) 10월에 보낸 편지임을 알 수 있다.

　셋째, 答李汝弘(제2서)의 경우 다시 四端을 논하고 있으며 與李汝弘(제1서 : 1814년 10월)의 바로 뒤에 있으므로 1814년 10월 이후의 편지로 추정된다. 答李汝弘(제5서)의 날짜가 1816년 9월이므로 이 제2서는 1814년(53세) 10월 이후 1816년(55세) 9월 사이에 씌어진 것으로 생

---

24) 『年譜』, 181쪽.

각된다.

넷째, 答李汝弘(제3서)의 경우 제2서의 뒤, 제5서의 앞에 있으므로
이 역시 1814년(53세) 이후부터 1816년(55세) 9월 사이에 씌어진 것으
로 추정된다.

다섯째, 答李汝弘(제4서)의 경우 제3서의 뒤, 제5서의 앞에 있으므
로 이 역시 1814년(53세) 이후부터 1816년(55세) 9월 사이에 씌어진 것
으로 추정된다.

여섯째, 答李汝弘(제5서) 경우 제목 아래에 "丙子 九月日"이라고 날
짜가 붙어 있으므로 1816년(55세) 9월에 씌어진 것임을 알 수 있다. 다
만 끝에서 두 번째 구절 말미에 "丙子 九月 二十七日 書于松風菴中"
이라고 주가 붙어 있고 마지막 구절이 "是日又書"라고 되어 있다. 끝
의 두 구절은 1816년(55세) 9월 27일에 쓴 것임이 분명하다. 이 구절
앞 부분은 1816년 9월 어느 날(27일 이전)에 쓴 것임을 알 수 있다.

(3) 雜文後編 제5책 제3권

잡문 후편 제5책 제3권에는 尺牘 형식의 글이 다음과 같이 수록되
어 있다.

> 答李汝弘(2통), 與李汝弘(2통), 答申在中(2통), 與申在中, 答申在
> 中(2통), 與申在中.

첫째, 答李汝弘(제6서)의 경우 날짜에 대한 언급은 없으나 바로 앞
의 제5서의 뒷 부분이 9월 27일 쓴 것이고 바로 뒤의 제7서가 1816년
11월에 쓴 것이므로(이에 대하여는 후술) 이 제6서는 일단 1816년(55
세) 9월 27일 이후부터 1816년 11월 사이에 쓴 것이라고 추정해 둔다.

둘째, 答李汝弘(제7서)의 경우 제목 아래에 "丙子 十一月"이라고 원
주가 붙어 있으므로 1816년(55세) 11월의 작임을 알 수 있다.

셋째, 與李汝弘(제2서)의 경우 제목 아래에 "丁丑 二月日"이라고 원주가 붙어 있으므로 1817년(56세) 2월에 보낸 편지임을 알 수 있다.

넷째, 與李汝弘(제3서)의 경우 날짜에 대한 언급이 없으나 제2서 다음에 있으므로 일단 1817년(56세) 2월 이후라고 추정해 둔다.

다섯째, 答申在中(제1서)의 경우 제목 아래에 "己卯 九月 日"이라고 날짜가 기록되어 있으므로 1819년(58세) 9월에 지은 것임을 알 수 있다. 在中은 申綽의 자이다.

여섯째, 答申在中(제2서)의 경우 제목 아래에 "己卯 十一月 日"이라고 원주가 붙어 있으므로 1819년(58세) 11월에 쓴 것임을 알 수 있다.

일곱째, 與申在中(제1서)의 경우 날짜와 관련된 구체적인 언급이 없다. 여기에는 周禮 六鄉에 대한 논의가 있고 이것이 바로 뒤의 答申在中(제3서 : 1822년 6월 10일 및 6월 13일)과 연결되는 내용이므로 1822년(61세) 6월 10일 이전에 보낸 편지로 생각된다. 與申在中(제1서)에서 "雅言籤示 並荷開發"이라고 하므로 이 편지는 1819년 겨울 雅言覺非의 완성 이후에 쓴 것이 분명하다.[25] 雅言覺非의 완성 뒤에 정약용이 이를 신작에게 보내었고 여기에서 六鄉을 논한 것에 대하여 신작이 편지와 더불어 籤示를 붙여 보내어 이의를 제기함으로써 六鄉에 대한, 정약용과 신작의 논쟁이 시작된 것으로 보인다.

여덟째, 答申在中(제3서)의 경우 전반부와 후반부로 나누어진다. 전반부 말미에 "壬午 六月 十日"이라고 날짜가 기록되어 전반부는 1822년 6월 10일에 쓴 것임을 알 수 있다. 후반부의 말미에 "六月 十三日"이라고 날짜가 기록되어 있으므로 후반부는 1822년(61세) 6월 13일 쓴 것이다.

아홉째, 答申在中(제4서)의 경우 말미에 "壬午 六月 卄三日"이라고

---

25) 사암선생연보에 의하면 1819년 겨울에 雅言覺非가 완성되었다(『年譜』, 206쪽).

날짜가 기록되어 있으므로 1822년(61세) 6월 23일 보낸 편지임을 알
수 있다.

열 번째, 與申在中(제2서)의 경우 저작 시기와 관련된 언급이 없다.
與申在中(제1서)가 1822년 6월 10일 이전에 쓴 것이고 1822년 6월중에
는 앞의 答申在中(제3서)와 答申在中(제4서 : 1822년 6월 23일)에서
與申在中(제1서)에 이어 계속 周禮 六鄕에 대한 논쟁을 신작과 벌이
고 있다. 따라서 與申在中(제2서)는 1822년(61세) 6월 23일 이후에 쓴
것으로 추정된다.

6. 與猶堂集 雜文後編 제6책

(1) 雜文後編 제6책 제1권

禮疑問答(52條)

잡문 후편 제6책 제1권에는 禮疑問答(52條)가 실려 있다. 1805년 10
월 작이다.[26]

(2) 雜文後編 제6책 제2권

---

26) 禮疑問答의 서두에는 "嘉慶乙丑冬十月 學淵來覲于康津謫中(九月十九日 自
酉山離發 就路自京 十月初三日 來至康津) 旣數日而謂之曰 余所不朽 唯禮
與易 余其授汝 然喧卑不可以專精 汝其從我 初九日至寶恩山房(高聲菴) 居
僧只九人 學易學禮 夜以繼日 或有疑晦 隨有質問 錄其所答 名之曰 僧菴禮
問 僧菴在縣北五里"라 하여 이 책이 나오게 된 경과를 설명하였다. 즉 嘉慶
乙丑(1805년) 9월 19일 정학연이 酉山(정약용의 향리 마재)을 출발하여 서울
을 거쳐 겨울 10월 3일에 강진에 도착한 뒤 10월 9일부터 강진의 寶恩山房
(高聲菴)에서 易과 禮에 대하여 공부하면서 문답한 것에 대한 기록이 僧菴
禮問이라는 것이다. 인용문에 따르면 책 이름이 僧菴禮問이지만 열수전서에
는 제목이 禮疑問答으로 되어 있다.

　　禮疑問答(34條), 巽菴禮疑

　잡문 후편 제6책 제2권에는 잡문 후편 제6책 제1권에 이어서 禮疑問答(34條)가 수록되어 있다. 마찬가지로 1805년(44세) 10월 작으로 보아야 할 것이다.

　한편 제2권에는 巽菴禮疑이 실려 있는데 私館亦宜復, 凌輀輴竹笐不必用, 尸南首, 夏葛屨冬白屨, 衣帶下尺, 裳㡇 등의 항목으로 되어 있다. 정약전의 물음에 대하여 정약용이 답하는 형식으로 되어 있다. 흑산도에서 정약전이 정약용의 禮 관련 저서에 대하여 편지로 질문을 해 오자 정약용이 질문과 답변을 따로이 정리한 것으로 생각된다. 저술 시기는 정약전이 흑산도에 있을 시기이므로 1801년(40세)부터 1816년(55세) 사이가 된다.

(3) 雜文後編 제6책 제3권

　잡문 후편 제6책 제3권에는 아래의 글들이 실려 있다.

　　君喪廢私祭論(2首), 嘉順宮喪禮問答(24條)

　君喪廢私祭論(2首)과 嘉順宮喪禮問答(24條)은 모두 1801년 유배 이후 강진에서 禮 관련 저술을 하면서 지은 것이라고 생각된다.

7. 與猶堂集 雜文後編 제7책

(1) 雜文後編 제7책 제1권

　잡문 후편 제7책 제1권에는 다음과 같은 論 형식의 글들이 실려 있다.

易論(1~2), 田論(1~7 : 후기의 수정작), 鄕吏論(1~3), 立後論(本
論 二首 見前篇此論 係壬戌七月作), 五學論(1~5), 湯論.

첫째, 易論(1~2)의 경우, 같은 내용 역론(2)가 여유당전서 주역사전
에 실려 있다. 여유당전서에 실린 것에는 "丙寅春"이라는 구절이 덧붙
여져 있다. 따라서 역론(2)는 1806년(45세)에 지은 것이 확실하며 역론
(1)도 거의 동시에 지은 것이 아닌가 추정된다. 이 두 작품은 강진 시
절 易 관련 저술(주역사전)을 지을 때 함께 쓴 것이라고 생각된다.
  둘째, 田論(1~7)은 잡문 전편에 실린 내용을 약간 수정한 것이다.
잡문 후편에 실려 있으므로 수정 시기는 일단 1801년 유배 이후라고
추정할 수 있다. 이 수정본 田論(1)의 서두에 "此是己未間所作(三十八
歲時) 與晚來所論不同 今亦錄之"라는 구절이 있다. 이에 따르면 田論
은 원래 1799년 사이에 쓴 것이며 晚年의 논의와는 다르다. 정약용은
1817년 經世遺表를 저술하면서 거기서 井田論을 제기하였고 이것은
田論에서 주장한 閭田論과 다르다. 따라서 이 위 인용문에서 다르다고
한 것은 井田論과 다르다는 뜻으로 해석되며 그렇다면 田論을 수정한
시기는 1817년 經世遺表 저술 이후가 된다. "今亦錄之"라고 한 것은
"이제 여유당집을 편집하면서 이곳 후편에 (다소 수정하여) 기록하여
둔다"는 뜻으로 이해된다. 그렇다면 田論을 수정한 시기는 대략 1822
년 자찬묘지명을 짓기 이전 단계라고 할 수 있다.27)
  셋째, 鄕吏論(1~3)의 경우 잡문 후편에 실려 있으므로 일단 1801년
(40세) 유배 이후의 저작으로 추정할 수 있다. 1818년 강진에서 牧民心
書를 저술하였는데 이때 지었을지도 모르겠다. 바로 牧民心書의 내용
과 연결되는 것이기 때문이다.
  넷째, 立後論(3)의 경우 제목 아래에 "本論二首 見前篇 此論係壬戌

---

27) 정약용이 田論의 생각을 폐기하지 않았음은 그가 약간 수정하여 잡문 후편에
   넣은 사실 외에 經世遺表의 말미에도 부록으로 넣은 점에서 알 수 있다(버클
   리대학교 소장 필사본 참조 요).

七月作,"이라고 원주가 붙어 있다. 잡문 전편에 보면 立後論(1)과 立後論(2)가 실려 있다. 잡문 후편에 실린 이것은 번호가 붙어 있지 않으나 앞의 것들과 연속되는 것으로 하여 立後論(3)이라고 부르기로 한다. 원주에서 보면 1802년(41세) 7월의 작임을 알 수 있다.

다섯째, 五學論(1~5)의 경우 구체적으로 저술 시기를 알 수 없으나 잡문 후편에 실려 있으므로 일단 1801년(40세) 유배 이후의 저작으로 추정할 수 있다. 내용을 보면 이미 정약용의 학문이 원숙한 경지에 이르렀음을 알 수 있다. 아마도 경학 연구를 완료한 晩年의 저작으로 생각된다.

여섯째, 湯論의 경우 1810년 강진에서 이루어진 梅氏尚書平(초고본)에 인용되어 있으며 잡문 후편에 실려 있으므로 1801년 유배 이후의 저작이다. 따라서 탕론의 저술 시기는 1801년부터 1810년 사이가 된다. 1810년(49세) 무렵 매씨상서평을 지으면서 함께 저술하였을 가능성도 있다.

(2) 雜文後編 제7책 제2권

잡문 후편 제7책 제2권에는 論 형식의 글들이 다음과 같이 수록되어 있다.

> 海潮論(1~5), 穩城論, 甲乙論, 甲乙論(2), 風水論(1~5), 孝子論, 烈婦論, 忠臣論.

위의 글들은 잡문 후편에 수록되어 있으므로 일단 1801년 유배 이후의 글로 추정할 수 있다.

첫째, 海潮論(1~5)의 경우 海潮論(1)에 "巽菴先生(余仲氏) 久居海島"라는 구절이 있으므로 1801년 말 정약전이 흑산도로 유배간 뒤 상당 기간이 경과하고 난 뒤에 쓴 것임을 알 수 있다. 일단은 강진 시절에 지은 것으로 생각되며 바로 뒤의 제7책 제3권에 실린 海潮對의 내용이 이 海潮論과 같고 海潮對의 저술 시기가 1810년 1월이므로(이에 대하여 후술) 두 저작이 같은 시기에 이루어진 것이라면 海潮論은 1810년(49세) 1월 작이 된다. 하지만 金正喜에게 보낸 편지(與金元春 : 1818년 해배 이후로 추정됨)에서 潮水를 논하고 있으므로 海潮論과 與金元春書가 서로 연관된 것이라면 1818년 해배 이후 저작일 가능성도 있다. 그렇다고 하더라도 묘지명 체제에 속하므로 1822년(61세) 자찬묘지명 저술 이전의 저작으로 보아야 할 것이다.

둘째, 穩城論의 경우 구체적으로 날짜를 알 수 있는 언급이 없으나 잡문 후편에 실려 있으므로 일단 1801년(40세) 유배 이후의 작으로 추정할 수 있다.

셋째, 甲乙論(1)의 경우 번호가 있지 않으나 바로 뒤의 甲乙論(2)와 구분하기 위하여 번호를 붙였다. 잡문 후편에 수록되어 있고 말미에 "余觀全羅之俗"이라는 구절이 있으므로 강진 시절 이후에 지은 것으로 추정할 수 있다. 바로 뒤의 甲乙論(2)의 경우 저작 시기가 1817년(56세) 5월 2일이므로 이보다 앞서, 혹은 둘을 연이어 지었을 것으로 생각된다.

넷째, 甲乙論(2)의 경우 말미에 "丁丑 五月 初二日 作"이라고 날짜가 기록되어 있으므로 1817년(56세) 5월 2일 지은 것임을 알 수 있다.

다섯째, 風水論(1~5)의 경우 날짜를 추정할 수 있는 구체적인 언급이 없다. 잡문 후편에 실려 있으므로 일단 1801년 유배 이후의 것으로 추정된다. 만약 이 잡문 후편 제7책 제2권에 실린 論 형식의 글들이 연대순으로 배열된 것이라면 바로 앞의 甲乙論(2)에 이어져 있으므로 1817년(56세) 5월 2일 이후의 작품이 된다.

여섯째, 孝子論의 경우 구체적인 저술 시기를 알 수 없으나 잡문 후편에 실려 있으므로 일단 1801년(40세) 유배 이후의 저작으로 추정해 둔다.

일곱째, 烈婦論의 경우 구체적인 저술 시기를 알 수 없으나 잡문 후편에 실려 있으므로 일단 1801년(40세) 유배 이후의 저작으로 추정해 둔다.

여덟째, 忠臣論의 경우 구체적인 저술 시기를 알 수 없으나 잡문 후편에 실려 있으므로 일단 1801년(40세) 유배 이후의 저작으로 추정해 둔다.

(3) 雜文後編 제7책 제3권

잡문 후편 제7책 제3권에는 여러 雜文과 儷文 형식의 글들이 아래와 같이 수록되어 있다.

> 黜偉文, 弔蠅文, 擊蛇解, 鹽雨賦, 惜志賦, 耽津對, 其二, 其三, 海潮對, 辱市對, 特賜廐馬謝上箋, 象山政事堂上梁文, 海南縣敏蒲堂上梁文, 鄭寒岡先生夙夜齋重建上梁文, 挽日菴重修上梁文, 金剛山歇惺樓重修序, 題梁靑溪遺事詩序, 全羅道倡義通文.

첫째, 黜偉文의 경우 구체적인 시기를 알기는 어려우나 "館主人尹子 召偉至前"이라는 구절이 있으므로 1808년(47세) 봄 강진의 다산으로 이주한 이후의 글로 추정된다.

둘째, 弔蠅文의 경우 "嘉慶庚午之夏 蒼蠅大作"이라는 구절이 있으므로 1810년(49세) 여름의 저작으로 생각된다.

셋째, 擊蛇解의 경우 "茶山先生 屛居茶山之館 旣及盛夏"라는 구절로 시작하고 있으므로 1808년 봄에 강진의 다산으로 이거하여 그곳에 살 때 지은 글이며 계절은 한여름이었음을 알 수 있다. 강진 시절 지은 것이므로 저작 시기의 하한은 1818년(57세) 9월 초순 강진을 떠날 때까지이다.[28)

---

28) 사암선생연보에 따르면 8월 李泰淳의 상소로 인해 發關되었으나 강진을 떠

넷째, 鹽雨賦의 경우 중간에 "嘉慶 庚午 七月 卄八日"이라고 날짜가 붙어 있으므로 1810년(49세) 7월 28일 지은 것임을 알 수 있다.

다섯째, 惜志賦의 경우 제목 아래에 "辛酉夏 在長鬐 作"이라고 원주가 붙어 있으므로 1801년(40세) 여름 경상도 장기에서 지은 것임을 알 수 있다.

여섯째, 耽津對의 경우 강진에 대한 것이고 "余居五年"이라는 구절이 있으므로 1805년(44세) 지은 것임을 알 수 있다.

일곱째, (耽津對)其二 역시 위의 耽津對에 연결되는 것이며 내용상으로도 상호 관련되므로 그것과 같이 1805년(44세) 지은 것으로 생각된다. 원래 제목이 其二라고만 되어 있다.

여덟째, (耽津對)其三 역시 위의 耽津對와 其二에 연결되는 것이며 내용상으로도 상호 관련되므로 그것과 같이 1805년(44세) 지은 것으로 생각된다. 원래 제목이 其三이라고만 되어 있다.

아홉째, 海潮對의 경우 말미에 "戊寅正月著 又海潮論五首 見他篇 文殊義同"이라고 원주가 붙어 있으므로 1818년(57세) 1월에 지은 것임을 알 수 있다. 이와 같은 내용의 海潮論 5수가 다른 편에 있다고 하였는데 바로 앞의 권 즉 제7책 제2권에 海潮論 5수가 실려 있다. 양자가 같은 시기에 지어진 것이라면 海潮論의 저술 시기도 1810년(49세) 1월이 된다.

열 번째, 辱市對의 경우 바다에서의 일을 논하고 있으므로 강진에서 지은 것으로 추정된다.

열한 번째, 特賜廐馬謝上箋의 경우 서두에 "乾隆 庚戌冬 月課親試 都計畫二十五分半居首 傳曰 事當依例陞叙 而釋褐周歲 畫數且少 廐馬一匹面給 命進箋謝恩"이라는 구절이 있으므로 1790년(29세) 겨울에 정조에게 말을 하사 받고 감사하기 위하여 올린 글임을 알 수 있다. 이

난 것은 1818년 9월이며 초천에 도착한 것은 9월 14일이다(『年譜』, 204쪽). 강진을 떠난 것은 9월 초순이었을 것이다.

것이 잡문 후편에 있는 것은 나중에 추가되었거나 儷文 형식의 다른 글들과 함께 넣었기 때문이라고 생각된다.

열두 번째, 象山政事堂上梁文의 경우 제목 아래에 "戊午 夏"라고 원주가 붙어 있으므로 1798년(37세) 여름 곡산에서 지은 것임을 알 수 있다. 잡문 후편에 들어 있는 것은 다른 상량문들과 함께 넣기 위해서라고 생각된다.

열세 번째, 海南縣敏蒲堂上梁文의 경우 "時維嘉慶 癸酉之冬 某月 某日也"라는 구절이 있으므로 1813년(42세) 겨울 강진에서 지은 것임을 알 수 있다.

열네 번째, 鄭寒岡先生夙夜齋重建上梁文의 경우 제목 아래에 "代 參判崔獻重 作"이라는 원주와 "謀 北方腐儒 南郡謫吏"라는 구절로 보아 참판 최헌중을 대신하여 지은 것임을 알 수 있고 정약용이 강진에 있을 때 지은 것으로 추정된다.

열다섯 번째, 挽日菴重修上梁文의 경우 "挽日菴者 海南縣 頭輪山 大芚寺之修院也"라는 구절이 있으므로 1801(40세)년부터 1818년(57세) 사이에 강진 유배 시절에 지은 것으로 생각된다.

열여섯 번째, 金剛山歇惺樓重修序의 경우 제목 아래에 "就蓮潭有 一之作 潤色之"라고 원주가 붙어 있고 "有一 湖南病釋"이라는 구절이 있으므로 1801(40세)에서 1818년(57세) 사이의 강진시절에 지은 것으로 추정된다. 이 글의 말미에 "此文當刪 姑錄之 以志余咎"라고 추기를 붙여 놓았다.

열일곱 번째, 題梁靑溪遺事詩序의 경우 제목 아래에 "代蔡判書弘 履作"이라고 원주가 붙어 있으므로 蔡弘履를 대신하여 지은 것임을 알 수 있다. 이것은 저작 시기를 알기 어려우며 다른 題 형식의 글들과 떨어져 여기에 들어 있는 것도 나중에 추가되었기 때문일 가능성을 배제할 수 없다.

열여덟 번째, 全羅道倡義通文의 경우 서두에 "嘉慶壬申春 浿西土

賊 洪景來李禧著等 據定州以叛 官軍圍之 三月不克 時余在茶山 欲
使一道士林 倡義討賊 試爲此文 旋聞捷 已之"라는 구절이 있으므로
1812년(51세) 봄에 지은 것임을 알 수 있다.

8. 與猶堂集 雜文後編 제8책

(1) 雜文後編 제8책 제1권

貞軒墓誌銘(附見 閒話條)

잡문 후편 제8책 제1권에는 貞軒墓誌銘(附見 閒話條)이 실려 있는
데 貞軒이란 李家煥을 말한다. 정확한 저술 시기는 알 수 없으나 잡문
후편에 실려 있고 1801년 이가환 사후의 작품이어야 하므로 1801년 정
약용의 유배 이후 작으로 추정된다. 다만 유배 직후에는 이런 글을 쓸
상황도 아니었고 정신적인 여유도 없을 것으로 생각된다. 1818년 해배
이후 1822년(61세) 자찬묘지명을 짓기 사이의 시기일 가능성이 크다.
이하의 茯菴墓誌銘(附見 閒話條), 鹿菴墓誌銘(附見 閒話條), 梅丈墓
誌銘(附見 閒話條), 先仲氏墓誌銘(附見 閒話條) 글들과 함께 같은 시
기에, 해배 후 자신의 인생을 정리하는 한 과정으로 추정된다.

(2) 雜文後編 제8책 제2권

잡문 후편 제8책 제2권에는 墓誌銘 형식의 글들이 다음과 같이 수
록되어 있다.

茯菴墓誌銘(附見 閒話條), 鹿菴墓誌銘(附見 閒話條), 梅丈墓誌銘
(附見 閒話條), 先仲氏墓誌銘(附見 閒話條).

첫째, 茯菴墓誌銘(附見 閒話條)의 경우 李基讓의 묘지명으로서 구체적인 시기를 알기는 어려우나 이 글이 잡문 후편에 실려 있고 이기양이 1802년 12월 졸하였고 이 묘지명에 1818년 정약용 자신의 해배에 대한 언급이 있으므로 적어도 1818년(57세) 가을 정약용 해배 이후의 글이다.

둘째, 鹿菴墓誌銘(附見 閒話條)은 權哲身의 묘지명으로서 잡문 후편에 실려 있고 그가 1801년 신유박해 때 타계하였으므로 적어도 1801년(40세) 이후의 글이다. 1818년(57세) 해배 이후 자신의 인생을 정리하는 작업의 하나로 저술하였을 가능성이 크다.

셋째, 梅丈墓誌銘(附見 閒話條)의 경우 吳錫忠의 묘지명이다. 그는 1801년 임자도로 귀양갔으며 이 묘지명에 따르면 몇 해 뒤에 정약용이 돈을 보냈을 때에는 이미 죽은 뒤이며 정확한 타계 시기와 무덤의 위치를 알 수 없다고 하였다. 따라서 이 글은 1801년에서 적어도 몇 해 지나서 정약용이 그의 죽음에 대한 소식을 듣고난 뒤에 지은 것이다. 한편 이 묘지명의 銘文 바로 앞에 "丙寅九月卒 墓在果川錦亭 先塋之南"이라고 주가 붙어 있으므로 적어도 1806년(45세) 이후의 글임을 알 수 있다. 1818년 해배 이후 자신의 인생을 정리하는 작업의 하나로 저술하였을 가능성이 크다.

넷째, 先仲氏墓誌銘(附見 閒話條)의 경우 정약전이 1816년 졸하였으므로 그 이후의 글이다. 이 글에는 "同胞兄弟 而兼之爲知己 又海內一人已矣 鏞以獨夫 踽踽然畸乎人 今七年于玆矣"라는 구절이 있으므로 1822년(61세)에 지은 글임을 알 수 있다. 이 글은 1822년 정약용이 회갑을 맞이하여 자찬묘지명을 지을 때 함께 지었을 가능성이 있다. 앞의 貞軒墓誌銘(附見 閒話條), 茯菴墓誌銘(附見 閒話條), 鹿菴墓誌銘(附見 閒話條), 梅丈墓誌銘(附見 閒話條) 등과 더불어 1818년 해배 이후부터 1822년 회갑 사이에 자신의 인생을 되돌아보며 정리하는 의미로 이때 함께 지었을 가능성이 크다.

(3) 雜文後編 제8책 제3권

自撰墓誌銘(壙中本), 自撰墓誌銘(集中本), 補遺

첫째 自撰墓誌銘은 정약용이 1822년(61세)에 회갑을 맞이하면서 자신의 인생을 되돌아보고 정리하는 의미로 지은 글이다. 정약용의 생일은 6월 16일이다.29) 여기에는 간략한 광중본과 상세한 집중본의 두 가지가 있다. 그리고 잡문 후편 제8책 제3권의 말미에는 補遺가 붙어 있다. 묘지명체제 잡문이 自撰墓誌銘으로 끝나는 것은 매우 상징적이다. 이때까지의 저작을 정리한 것이 묘지명체제이기 때문이다.

---

29) 『年譜』, 1쪽.

제8장 非墓誌銘體制

정약용은 回甲을 맞이한 이후에도, 많이는 아니지만 더러 雜文을 썼다. 회갑 이후의 잡문은 기본적으로 自撰墓誌銘에 수록된 저작 체계, 즉 墓誌銘體制에 속할 수 없는 것이다. 회갑을 맞이하면서 그때까지의 자신의 저술을 정리한 것이 墓誌銘體制이기 때문이다. 현존 필사본 與猶堂集 雜文의 前編과 後編에는 1822년(61세) 6월 16일, 回甲 이후의 작품도 실려 있다. 이것을 어떻게 설명해야 할 지가 문제이다. 또 잡문 전편과 후편에 수록되지는 않았으나, 현재 與猶堂全書 및 與猶堂全書 補遺 등 다른 곳에 들어 있는 것들도 있다. 이들에 대하여는 먼저 필사본 여유당집 잡문에 들어 있는 것들을 전편과 후편으로 나누어 정리한 다음, 여기에 들어 있지 않은 것들을 따로 정리하기로 한다.

1. 雜文前編에 수록된 回甲 以後의 作品

앞서 잡문 전편 제11책을 논할 때에도 언급하였듯이, 여기에 원래 수록되어 있었을 것인 四書攟, 詩書攟, 群經瑣言의 경우 현존 필사본 (정신문화연구원본과 규장각본)의 겉표지에 제목만이 있을 뿐이다. 이들이 있을 자리에 雅言指瑕가 대신 들어 있다. 젊은 시절에 四書와 詩書를 읽으면서 메모하여 놓았던 사서군·시서군의 내용에 대하여 나중 경학 연구가 많이 진척된 다음에 불만을 느껴서 삭제하고 이 자리에 雅言指瑕를 대신 넣은 것이 아닌가 생각된다. 또 群經瑣言의 경우에도 이것을 삭제하고 그 자리에 雅言指瑕의 후반부를 대신 집어 넣었다(다만 雅言指瑕 말미의 杜氏曰 이하 "學記曰……不齟齬乎"까지의 글은 군경쇄언의 일부가 남겨진 것일 가능성을 배제할 수 없다).

  따라서 일단 雅言指瑕는 묘지명체제에 속하지 않는 않는 것으로 생각할 수 있다. 문제는 雅言指瑕의 저술 시기인데 현재로서는 그 시기를 확정할수 없으나 대체로 회갑 이후에 지은 것이 아닌가 생각된다. 회갑 이후에 雅言指瑕가 이루어지자, 산삭한 四書攟, 詩書攟, 群經瑣言 부분에 대신 넣은 것으로 생각되기 때문이다. 그러나 雅言指瑕가 잡문 전편에 들어 있으므로 雅言指瑕는 원래 작업이 유배 이전부터 진행되고 있었던 것인데, 나중 회갑 후에 수정·보완이 완료되어 이 자리에 대신 넣은 것일 수도 있다. 1819년(58세)에 지은 것으로 되어 있는 雅言覺非와 상호 대조해 볼 필요가 있다.

2. 雜文後編 제9책과 제10책에 수록된 回甲 以後의 作品1)

(1) 雜文後編 제9책

(가) 雜文後編 제9책 제1권

  잡문 후편 제9책 제1권에는 墓誌銘 형식의 글들이 다음과 같이 수록되어 있다.

---

1) 잡문 후편 제9책과 제10책에 수록된 잡문들의 경우, 묘지명체제가 정리된 이후에 다시 편집된 것으로 보아야 하므로 일단, 회갑 이후의 작품들로 추정된다. 그러나 반드시 그렇게 보기 어려운 경우도 있다. 이런 작품들은 묘지명체제를 정리할 때 누락되었다가 나중에 추가로 들어가게 된 것이 아닌가 생각된다. 따라서 잡문 후편 제9책과 제10책에 수록된 잡문들이 모두 1822년 회갑 이후 작품이라고 할 수는 없다.

聲漢先生昌原都護府使孫公起陽墓誌銘, 南皐尹參議墓誌銘, 司憲
府持平尹无咎墓誌銘, 司憲府掌令錦里李周臣墓誌銘, 司諫院正言翁
山尹公墓誌銘.

첫째, 聲漢先生昌原都護府使孫公(起陽)墓誌銘의 경우 정확한 저작
시기를 알기 어려우나 잡문 후편 9책에 실려 있으므로 일단 1822년(61
세) 회갑 이후의 저작으로 추정해 둔다.

둘째, 南皐尹參議墓誌銘의 경우 "辛巳秋公歿 厥明年 公之子鍾杰
以公詩文遺藁二十餘卷 寄之曰"이라는 구절이 있으므로 1821년(辛巳,
60세) 가을 이후의 글임을 알 수 있다. 일단 1822년(61세) 정약용의 회
갑 이후의 작으로 추정해 둔다.

셋째, 司憲府持平尹(无咎)墓誌銘에 "乙亥 月日 以微疾卒"이라는
구절이 있으므로 1815년 윤무구가 죽은 이후에 지은 것임을 알 수 있
다. 날짜를 정확히 모르는 것으로 보아 유배지인 강진에서 지었을 가
능성이 있다. 일단 1822년(61세) 회갑 이후의 글로 추정해 둔다.

넷째, 司憲府掌令錦里李(周臣)墓誌銘의 경우 "到鳥嶺疾革 未踰嶺
而卒 卽道光壬午 正月十九日也"라는 구절이 있으므로 1822년 1월 19
일 이주신이 죽은 이후에 지은 것임을 알 수 있다. 1822년(61세) 회갑
이후의 글로 추정해 둔다.

다섯째, 司諫院正言翁山尹公墓誌銘의 경우 "辛巳……六月寢疾 旣
革除司諫院正言 有召牌加朝服于衾以受牌 俄而屬纊 卽七月初一日
也"라는 구절이 있으므로 1821년 7월 1일 이후 윤서유가 죽은 이후의
글임을 알 수 있다. 1822년(61세) 회갑 이후의 글로 추정해 둔다.

(나) 雜文後編 제9책 제2권

잡문 후편 제9책 제2권에는 行狀과 墓誌銘 형식의 글들이 다음과
같이 수록되어 있다.

季父稼翁行狀, 玄坡尹進士行狀, 季父稼翁墓誌銘, 伯氏進士公墓誌銘, 庶母金氏墓誌銘, 兄子學樵墓誌銘, 兄子學樹墓誌銘, 孝婦沈氏墓誌銘.

첫째, 季父稼翁行狀의 경우, 잡문 후편 제9책에 수록되어 있으나 1812년(51세, 5월 이후)에 쓴 것이다.[2] 잡문 후편 제9책에 수록한 것은 다른 행장과 함께 두기 위한 것이 아닌가 생각된다.

둘째, 玄坡尹進士行狀 경우, 잡문 후편 제9책에 수록되어 있으므로 일단 1822년(61세) 회갑 이후의 작으로 추정해 둔다.[3]

셋째, 季父稼翁墓誌銘의 경우, 잡문 후편 제9책에 수록되어 있으므로 일단 1822년(61세) 회갑 이후의 작으로 추정해 둔다. 적어도 1812년 5월 이후 작이다.[4]

넷째, 伯氏進士公墓誌銘의 경우, "道光辛巳之秋……九月初四日 皐復于舊廬 壽七十一"이라는 구절이 있으므로 1821년 9월 4일 정약현이 별세한 이후 지은 것임을 알 수 있다. 잡문 후편 제9책에 수록되어 있으므로 1822년(61세) 회갑 이후에 쓴 것일 수도 있다.

다섯째, 庶母金氏墓誌銘의 경우 "卒於嘉慶癸酉七月十四日 享年六

---

2) "今季春 我季父稼翁夫子沒 訃音至于茶山 旣葬 叔父沃川公 錄稼翁行誼 以寄鏞曰……余其潤色之"라는 구절과 말미의 "歿於嘉慶壬申三月十四日"이라는 구절이 있다. 季父稼翁墓誌銘의 말미를 보면 정재진을 5월 1일 용인에 장사지낸 것으로 되어 있으므로(바로 뒤의 뒤의 계부가옹묘지명 참조요), 1812년 5월 이후에 쓴 것이라고 할 수 있다. 해배 이후에야 이런 행장을 쓰는 것이 가능하였으리라 생각된다.

3) 구체적 저작 시기를 알기 어려우나, 이런 행장은 해배 이후에 지었을 가능성이 크다.

4) 말미에 "歿於嘉慶壬申三月十四日 壽七十三 以五月初吉 葬于龍仁"이라는 구절이 있으므로 1812년 5월 1일 장례를 치른 이후에 쓴 것임을 알 수 있다. 장례를 치른 뒤, 위에서 보았듯이 정약용의 숙부 옥천공이 다산으로 정재진 행장의 초고를 보내 정약용으로 하여금 윤색하게 하였다. 이후 정약용은 묘지명도 쓴 것으로 생각된다.

十 法當從葬於荷潭之塋 鏞在謫 庶事多舛 乃葬於龍津山谷中 今將改葬于鳥谷負亥之原"이라는 구절이 있다. 여기에서 보면 정약용의 서모 김씨가 별세한 것은 1813년 7월 14일이지만 이 글을 쓴 것은 정약용이 1818년 해배 이후에 이장을 하면서 쓴 것으로 추정된다. 잡문 후편 제9책에 수록되어 있으므로 1822년(61세) 회갑 이후 쓴 것일 수 있다.

여섯째, 兄子學樵墓誌銘에 보면 "死於嘉慶丁卯之秋 七月十九 其壽僅十七"이라는 구절이 있어 정학초가 죽은 것이 1807년(46세) 7월 19일임을 알 수 있다. 그러나 정약용이 묘지명을 쓴 것은 정학초가 죽은 직후가 아니다. "仲氏諱若銓 仕上兵曹佐郎 樵死之越十年 卒於海中"이라는 구절이 있기 때문이다. 따라서 이 묘지명은 1816년 정약전 사후에 쓴 것임을 알 수 있다. 1818년 해배 이후 다른 사람들의 묘지명을 쓰면서 함께 쓴 것이 아닌가 생각된다. 잡문 후편 제9책에 수록되어 있으므로 1822년(61세) 회갑 이후에 쓴 것일 수 있다.

일곱째, 兄子學樹墓誌銘의 경우 "樹之死 在丁丑九月十三日 其葬在馬峴之東岡 伯氏墓前 數武之地 亦同艮坐"라는 구절이 있으므로 1817년 9월 13일 정학수가 죽은 이후에 쓴 것임을 알 수 있다. 잡문 후편 제9책에 수록되어 있으므로 1822년 회갑 이후 쓴 것일 수도 있다. 정학수가 죽은 직후에 썼다기보다는 1818년(57세) 해배 이후 다른 묘지명들을 쓰면서 함께 쓴 것이 아닌가 추정된다. 정약현과 정학초의 무덤 위치 및 좌향을 아주 정확히 알고 쓴 것도 이런 추정의 한 근거가 된다.

여덟째, 孝婦沈氏墓誌銘의 경우 정약용의 둘째 며느리 청송 심씨의 묘지명이다. "丙子 八月初十日 孝婦死 旣死之越三年戊寅秋 余還鄕里 其墳已草宿矣"라는 구절이 있으므로 정약용의 둘째 며느리 심씨가 죽은 것은 1816년 8월 10일이지만 이 묘지명을 지은 것은 1818년(57세) 정약용이 유배에서 돌아온 이후임을 알 수 있다. 잡문 후편 제9책에 수록되어 있으므로 1822년(61세) 회갑 이후 쓴 것일 수도 있다.

(다) 雜文後編 제9책 제3권

잡문 후편 제9책 제3권에는 贊·傳·紀事·誄·碑銘·塔銘偈·偈 형식의 글들이 다음과 같이 수록되어 있다.

> 白雲處士李公遺墟古跡贊, 尹氏三世忠孝傳贊, 竹帶先生傳, 紀趙聖三進士流配事, 紀李大將遇刺客事, 紀古今島張氏女子事, 張天傭傳, 曹神仙傳, 鄭孝子傳, 尹冕采誄, 蒙叟傳, 華嶽禪師碑銘, 兒菴藏公塔銘, 袖龍堂偈, 騎魚堂偈, 敲帚喩送美鑒.

첫째, 白雲處士李公遺墟古跡贊의 경우 "今余謫居海上 見公之遺墟 游公之所嘗游石文龍穴之間"이라는 구절이 있으므로 강진 유배 시절 가운데에서도 1808년(47세) 다산으로 이주한 이후에 지은 것으로 추정된다. 잡문 후편 제9책에 들어 있는 것은 나중에 추가되었기 때문일 수 있다.

둘째, 尹氏三世忠孝傳贊의 경우 "余謫康津之八年 廬于茶山"이라는 구절로 1808년(47세) 다산으로 이주한 이후에 지은 것임을 알 수 있다. 잡문 후편 제9책에 들어 있는 것은 나중에 추가되었기 때문일 수 있다.

셋째, 竹帶先生傳의 경우 "嘉慶辛酉秋 睦萬中洪義運李基慶等 操生殺之權 日除善類……李基慶 以風聞捕竹帶先生 移刑曹拷掠殊死流于丹城縣……在謫七年而反卒于家"라는 구절이 있다. 위에서 보면 죽대선생 李宗和가 집으로 돌아와 죽은 것은 1807년(46세)이고 이 傳은 그 이후에 쓴 것임을 알 수 있다. 잡문 후편 제9책에 들어 있으므로 1822년 회갑 이후에 쓴 것일 수도 있다.

넷째, 紀趙聖三進士流配事의 경우 "辛酉春……配昆陽郡 未幾而卒於謫"이라는 구절이 있으므로 1801년(40세) 봄 이후에 지은 것임을 알 수 있다. 잡문 후편 제9책에 들어 있으므로 1822년 회갑 이후에 쓴 것일 수도 있다. 혹은 누락된 것을 나중에 추가하였을 가능성도 있다.

다섯째, 紀李大將遇刺客事의 경우 1801년 신유사옥의 일과 관련된 언급이 있으므로 1801년(40세) 봄 이후의 글임을 알 수 있다. 잡문 후편 제9책에 들어 있으므로 1822년 회갑 이후에 쓴 것일 수도 있다. 혹 누락된 것을 나중에 추가하였을 가능성도 있다.

여섯째, 紀古今島張氏女子事의 경우 "明年庚午七月卄八日　大風從南方起……又明年是日　風爲災如去年"이라는 구절이 있으므로 1811년(50세) 7월 28일 이후의 작품임을 알 수 있다. 잡문 후편 제9책에 들어 있으므로 1822년 회갑 이후에 쓴 것일 수도 있다. 혹은 누락된 것을 나중에 추가하였을 가능성도 있다.

일곱째, 張天慵傳의 경우 정약용이 곡산부사 시절에 알았던 사람의 傳이고 "余解任歸後數月　天慵特畫岢嵐山水以寓之"라는 구절이 있으므로 1799년(38세) 5월 정약용이 곡산에서 돌아와 몇 달이 지난 이후(7월말 형조참의 사직 이후일 가능성이 있다)에 쓴 것임을 알 수 있다. 여기에 넣은 것은 다른 傳들과 함께 수록하기 위해서라고 생각된다.

여덟째, 曹神仙傳의 경우 "道光庚辰間亦然"이라는 구절이 있으므로 적어도 1820년(59세) 이후에 쓴 글임을 알 수 있다. 잡문 후편 제9책에 들어 있으므로 1822년 회갑 이후에 쓴 것일 수도 있다.

아홉째, 鄭孝子傳의 경우 "嘉慶辛未之秋　茶山樵者"라고 말미에 날짜가 기록되어 있으므로 1811년(50세) 가을에 강진의 다산에서 쓴 글임을 알 수 있다. 여기에 넣은 것은 다른 傳들과 함께 수록하기 위해서라고 생각된다. 혹은 누락된 것을 보충하였기 때문일 수도 있다.

열 번째, 尹冕采誄는 정약용의 친구 윤영희의 아들 윤면채를 위한 誄이다. 서두에 "余友尹畏心　哭其子冕采……以誌其壙　以其一本　崎嶇然寄于余"라는 구절 및 "一自流落以來　天旣予之以長暇　日月閑矣　潛心究索　十有二年　所著六經心解之說　二百餘卷"이라는 구절이 있으므로 1812년(51세) 강진의 다산에서 쓴 것이 아닌가 생각된다. 여기에 넣은 것은 1822년 자찬묘지명체제 정리 당시 누락되었기 때문일 수 있다.

　열한 번째, 蒙叟傳의 경우 "乾隆乙未春 有事至漢陽 適癘疹大起…
…嘗言後十二年 疹必復起 至期果驗"이라는 구절이 있으므로 적어도
乾隆 乙未(1775년)에서 12년째 되는 1786년(25세) 이후의 글임을 알
수 있다. 1818년 해배 이후 다른 傳 형식의 글들을 쓰면서 함께 썼을
가능성도 있다. 잡문 후편 제9책에 들어 있으므로 1822년 회갑 이후에
쓴 것일 수도 있다.

　열두 번째, 華嶽禪師碑銘의 경우 제목 아래 "以下五篇 宜刪去之 今
姑錄存 以志余咎"라고 원주가 붙어 있다. 이 글 이하 5편은 불교 또는
승려 등과 관계된 글이기 때문에 이런 기록을 덧붙여 둔 것으로 생각
된다. 기록을 정확하고 빠짐없이 남기려는 정약용의 자세를 엿볼 수
있으며 또 유학이 아닌 다른 학문과 종교에 대한 그의 개방적 태도를
알 수 있게 하여 준다. 이런 주석을 달아 둔 것은 이단이라는 비방을
사전에 막기 위한 것일 수도 있다고 여겨진다. 이 글은 지은 시기는
"沙門惠藏 過余于寶恩山院 爲余言其祖華嶽事 丐余文其石"이라는 구
절이 있으므로 정약용이 보은산방에 머물 때 지은 것임을 알 수 있다.
사암선생연보에 따르면 1805년에 장자 丁學淵이 강진에 와서 겨울에
함께 보은산방에 가서 머물렀다.5)

　열세 번째, 兒菴藏公塔銘의 경우 "辛未秋得疾 以九月旣望 示寂于
北菴……明年冬 二徒以其狀至 曰吾師不可以不塔 先生不可以不銘
余曰然"이라는 구절이 있으므로 신미년(1811)의 이듬해인 1812년 겨
울(51세)에 쓴 글임을 알 수 있다. 잡문 후편 제9책에 수록된 것은, 누
락되었던 것을 나중에 추가하였기 때문일 수 있다.

　열네 번째, 袖龍堂偈의 경우 "浮屠頤性塞琴縣人也" 및 "擇皮旅人
聞其說而悅之爲小偈"라는 구절이 있으므로 강진 시절에 쓴 것으로 추
정된다. 잡문 후편 제9책에 수록된 것은, 누락되었던 것을 나중에 추가

---

5)『年譜』, 147쪽.

하였기 때문일 수 있다.

열다섯 번째, 騎魚堂偈의 경우 "浮屠慈弘福縣人也 少從煙波藏大士學" 및 "籜皮旅人 聞其說而悅之爲小偈"라는 구절이 있다. 잡문 후편 제9책에 수록된 것은, 누락되었던 것을 나중에 추가하였기 때문일 수 있다.

열여섯 번째, 敝帚喩送美鑒의 경우 "美鑒比丘 在煙波會中 講華嶽大敎 與其法友爭等流果之義 焊然不能平 盜其芨以逃過余于寶恩山房……鑒起而謝之 再向煙波會中去"라는 구절이 있으므로 1805년 겨울 이후 보은산방에 있을 때 지은 글임을 알 수 있다. 잡문 후편 제9책에 수록된 것은, 누락되었던 것을 나중에 추가하였기 때문일 수 있다.

(2) 雜文後編 제10책

(가) 雜文後編 제10책 제1권

耳談續纂

耳談續纂의 경우, 서문에 "嘉慶庚辰春 鐵馬山樵書"라는 구절이 있으므로 1820년 봄에 지은 것임을 알 수 있다. 이 책을 저술하는 과정에서 정약전 및 신석천의 도움을 받았다. 잡문 후편 제10책에 있는 것은 묘지명체제 정리 후에, 다른 글들과 묶어 새로 한 책을 만들었기 때문이 아닌가 생각된다.

(나) 雜文後編 제10책 제2권

제10책 제2권에는 評 형식의 글들이 다음과 같이 실려 있다.6)

---

6) 評 형식의 글들은 마지막의 藍浦書契評을 제외하면 구체적 시기를 알기 어려우나 대체로 보아 강진 유배 이후에 쓴 것으로 여겨진다. 잡문 후편에 수록된 점에서도 그와 같이 추정해 볼 수 있다. 잡문 후편 제10책에 수록된 것은 이들이 1822년 회갑 이후의 작품이기 때문일 수도 있으나, 누락되었던 것들

千文評, 史略評, 通鑑節要評, 蘇東坡圓丘合祭六議箚子評, 韓文公諱辨評, 懲毖錄使事評, 申靑泉聞見錄評, 李雅亭備倭論評, 柳冷齋(得恭)筆記評, 藍浦書契評.

첫째, 千文評의 경우 구체적 시기를 알기 어려우며 확언할 수는 없으나 초학자의 교재로서 부적당하다는 내용으로 보아 혹시 강진 유배 초기에 학동들을 가르치면서 쓴 것이 아닌가 생각된다. 이와 관련된 기사로 사암선생연보에 1804년 봄 兒學訓義(이천자문)가 완성되었다는 언급이 있다.7) 이 책은 천자문에 대하여 불만을 느껴 지은 것이고 천문평에도 마찬가지 생각이 드러나 있으므로 비슷한 시기에 지은 것이 아닌가 생각된다.

둘째, 史略評 역시 구체적 시기를 알기 어려우며 확언할 수는 없으나 초학자의 교재로 부적당하다는 내용으로 보아 혹시 강진 유배 초기에 학동들을 가르치면서 쓴 것이 아닌가 생각된다.

셋째, 通鑑節要評 역시 구체적 시기를 알기 어려우며 확언할 수는 없으나 초학자의 교재로 부적당하다는 내용으로 보아 혹시 강진 유배 초기에 학동들을 가르치면서 쓴 것이 아닌가 생각된다.

넷째, 蘇東坡圓丘合祭六議箚子評 역시 구체적 시기를 알기 어렵다. 내용으로 보아 유교 경전 해석의 대한 자신의 설이 상당히 정립된 이후에 쓴 것으로 여겨진다. 강진에서 유교 경전 주석작업이 상당히 진척된 이후의 글로 생각된다. 잡문 후편 제10책에 수록되어 있으므로 1822년 회갑 이후 작품일 수도 있다.

다섯째, 韓文公諱辨評 역시 구체적 시기를 알기 어려우나 유교 경전 연구에 상당한 자신감이 수립된 이후의 글로 생각된다. 따라서 일단 강진에서의 유교 경전 연구 이후에 쓴 것으로 추정해 둔다. 한편 이 글 가운데 "葉氏說見徐氏禮考"라는 원주가 붙어 있는 것으로 보아 정

을 나중에 다른 글들과 묶어 함께 한 책을 만들었기 때문일 수 있다.

7) 『年譜』, 138쪽.

약용이 서건학의 독례통고를 본 이후에 쓴 것으로 여겨진다. 잡문 후편 제10책에 수록되어 있으므로 1822년 회갑 이후 작품일 수도 있다.

여섯째, 懲毖錄使事評의 경우 구체적 저술 시기를 알기 어려우며 확언할 수는 없으나 내용상으로 보아 혹시 備禦考의 저술을 준비하면서 강진에서 지은 것이 아닌가 생각된다. 그러나 잡문 후편 제10책에 수록되어 있으므로 1822년 회갑 이후 작품일 수도 있다.

일곱째, 申靑泉聞見錄評 역시 구체적 저술 시기를 알기 어려우며 확언할 수는 없으나 내용상으로 보아 혹시 備禦考의 저술을 준비하면서 강진에서 지은 것이 아닌가 생각된다. 그러나 잡문 후편 제10책에 수록되어 있으므로 1822년 회갑 이후 작품일 수도 있다.

여덟째, 李雅亭備倭論評 역시 구체적 저술 시기를 알기 어려우며 확언할 수는 없으나 내용상으로 보아 혹시 備禦考의 저술을 준비하면서 강진에서 지은 것이 아닌가 생각된다.[8]

아홉째, 柳冷齋(得恭)筆記評역시 구체적 저술 시기를 알기 어려우며 확언할 수는 없으나 내용상으로 보아 혹시 備禦考의 저술을 준비하면서 강진에서 지은 것이 아닌가 생각된다. 이 글에는 "嘉慶二年丁巳九月……"의 구절이 있으므로 1797년(36세) 9월 이후의 저술임은 분명하다. 잡문 후편 제10책에 수록되어 있으므로 1822년 회갑 이후 작품일 수도 있다.

열 번째, 藍浦書契評의 경우 제목 아래에 "嘉慶二十一年丙子秋"라고 원주가 붙어 있고 "嘉慶丙子七月……大舶來 至于叩唅之前"이라는

---

8) 이 글 가운데 "余外家有日本地圖 其廣一丈 長不能半之 郡國城宿之分(宿者驛站之類) 浦潊紆曲之勢 道路通貫之形 細密精巧 咸中情實 斯蓋壬辰倭寇時 落於倭營者也 據此圖……"라는 구절이 있으므로 정약용이 해남의 외가(윤선도의 고택)에 있는 일본 지도를 보고 나서 쓴 글임을 알 수 있다. 이 역시 이 글이 강진 유배 시기에 지어진 것이라고 추정할 수 있는 근거의 하나가 된다. 그러나 잡문 후편 제10책에 수록되어 있으므로 1822년 회갑 이후 작품일 수도 있다.

구절이 있으므로 1816년(55세) 가을, 7월 이후의 글임을 알 수 있다. 잡문 후편 제10책에 수록되어 있으므로 1822년 회갑 이후 작품일 수도 있다.9)

(다) 雜文後編 제10책 제3권

잡문 후편 제10책 제3권에는 기행문, 일기가 다음과 같이 실려 있다.

汕水尋源記, 汕行日記

먼저 汕水尋源記의 저술 시기에 대하여 살펴보기로 한다. 바로 뒤의 汕行日記의 4월 28일 기사에 "日晴 修汕水尋源記 二日而畢"이라는 기록이 있으므로 汕水尋源記가 완성된 날은 정확히 1823년(62세) 4월 28일이다. 바로 뒤에서 볼 것처럼 정약용은 1823년 4월 15일 춘주(춘천)로의 여행을 시작하여 4월 25일 밤 집에 돌아왔다. 汕水尋源記는 여행 도중에 이미 기록하고 관찰하여 두었던 것을 토대로 귀가 이후 1823년 4월 27일과 28일에 집필하여 완성시킨 것으로 보아야 할 것이다. 문제는 1822년 자찬묘지명 저술 이후의 저작이라는 점이다. 1822년까지의 저술이 묘지명 체제로 정리된 이후, 나중에 다른 글들과 함께 잡문 후편 제10책으로 묶여진 것으로 추정된다.

다음으로 汕行日記는 "嘉慶庚辰春(三月廿四日) 先伯氏領兒學淳 逆女于春州 治小舟入峽 余從而往焉……越四年癸未夏(四月十五日) 學淵領兒大林 逆女于春州 治小舟入峽 余又從焉"이라는 구절로 시작되고 있으며 일기가 4월 15일에 시작하여 5월 4일로 끝나고 있다(귀가

---

9) 이 글은 評 형식의 글 가운데 맨 마지막에 위치하고 있다. 이 글이 1816년 가을에 쓴 글이므로 評 형식의 글들을 연대순으로 배열하였다면 앞의 千文評, 史略評, 通覽節要評, 蘇東坡圓丘合祭六議箚子評, 韓文公諱辨評, 懲毖錄使事評, 申靑泉聞見錄評, 李雅亭備倭論評, 柳冷齋(得恭)筆記評 등은 1816년 가을 이전의 글들이 된다.

는 4월 25일). 따라서 이 汕行日記는 1823년(62세) 4월 15일부터 5월 4일까지의 것이다. 문제는 1822년 자찬묘지명 저술 이후의 저작이라는 점이다. 1822년까지의 저술이 묘지명체제로 정리된 이후 나중에 다른 글들과 함께 잡문 후편 제10책으로 묶여진 것으로 추정된다.

한편 위와 같은 비묘지명체제 잡문 외에, 체제상으로는 묘지명체제에 속하지만 회갑 이후의 작품으로 보아야 할 것들이 있다. 첫째 잡문 후편 제2책 제2권 말미에는 松京志序가 있으며 "代人作 癸未"라고 원주가 붙어 있으므로, 자찬묘지명 체제의 편집이 완료된 이후 말미에 추가로 써 놓았을 가능성이 없지 않다.

다음으로 與申在中(제2서)의 경우, 앞서 잡문 후편 제5책 제3권에 수록된 저작들의 연대를 고찰할 때 보았듯이, 1822년(61세) 6월 23일 이후에 쓴 것으로 추정된다. 與申在中(제1서)가 1822년 6월 10일 이전에 쓴 것이고 1822년 6월중에는 答申在中(제3서)와 答申在中(제4서 : 1822년 6월 23일, 與申在中(제2서))에서 與申在中(제1서)에 이어 계속 周禮 六鄕에 대한 논쟁을 신작과 벌였다. 정약용의 회갑은 1822년 6월 16일이다. 따라서 與申在中(제2서)는 정약용의 회갑 이후에 쓴 것이므로 기본적으로 묘지명체제에 속할 수 없다. 그러나 이 편지는 시간 상 회갑일에서 얼마 떨어져 있지 않고 앞의 편지들과 내용상 연결되는 것이므로 묘지명체제에 넣었을 수도 있다. 즉 묘지명체제가 회갑 당일에는 아직 구상으로만 완전히 되어 있을 뿐, 완벽하게 이루어져 있지 않고 회갑일 얼마 뒤에 완성되었을 수도 있기 때문이다.

(3) 其他

비묘지명체제에 속하면서 잡문 후편(제9·10책)에 수록되지 않은 잡문 형식의 글들에 대하여 살펴보기로 한다. 필자는 비묘지명체제에 속하는 글들을 현존하는 것과 현존하지 않는 것으로 나누어 정리한 적이 있다.[10] 이 가운데 현존하는 것으로서 잡문 형식의 글로 생각하는 것

을 다시 추려내어 보면 風水集議, 茶山漫筆, 雅言覺非補遺, 與猶堂雜
考, 靑舘物名考, 敎稚說, 不可讀說, 兒學編, 弟經, 大東禪敎考, 挽日庵
志, 東言雜識, 押海丁氏家乘(1·2·3), 東南小史 등으로서 風水集議
를 제외하면 이들은 현재 모두 與猶堂全書補遺(2)에 수록되어 있다.[11]

첫째, 風水集議는 1825년(64세) 초봄 완성되었다. 서문에 "道光五年
乙酉孟春"이라고 시기가 기록되어 있다.

둘째, 茶山漫筆의 경우, 1808년 두 편의 글이 실려 있다. 앞의 것은
말미에 "癸酉 八月五日 大雨 書于茶山"이라고 날짜가 기록되어 있
다.[12] 따라서 1813년 8월 5일 쓴 것임을 알 수 있다. 또 뒤의 것은 말미
에 "嘉慶 甲戌三月卄五日書"라고 날짜가 기록되어 있다.[13] 따라서
1814년(53세) 3월 25일에 지은 것임을 알 수 있다.

셋째, 雅言覺非補遺의 경우 자료에는 서두에 補遺라고 씌어져 있
다.[14] 이것이 雅言覺非補遺가 맞다면, 雅言覺非가 1819년 작이므로
이 雅言覺非補遺는 1819년(58세) 이후의 작이라고 추정할 수 있다.

與猶堂雜考에는 洪判書(奭周)書籤 梅氏書評, 答金德叟(丁亥 正月
十二日, 1827년, 66세), (答金德叟)二(十三日), 與海居(丁亥十一月 卄
九日, 1827년, 66세), 書一粟瑣言後(戊子 十月十八日, 1828년, 67세),
答洪聲伯籤示(丁亥 十二月八日, 1827년, 66세), 讀尙書補傳, 方橋記
聞卷之一, 永祐錄卷之一, 四庫易議 등이 실려 있다. 다만 이 與猶堂
雜考의 편차에는 무엇인가 혼란이 있을 가능성도 있다.

첫째, 洪判書(奭周)書籤 梅氏書評의 경우, 1827년 겨울 12월 8일 이
전의 것으로 추정된다. 다만 이 편지는 정약용의 저술이 아니며 홍석

---

10) 졸고, 「정약용 저작의 체계와 여유당집 잡문의 재구성」, 31~32쪽.
11) 위의 제목 가운데 茶山漫筆, 與猶堂雜考, 不可讀說 등의 篇名은 與猶堂全書
    補遺 2의 편자가 붙인 것을 그대로 따른 것이다.
12) 『여유당전서보유』 2, 89쪽.
13) 『여유당전서보유』 2, 95쪽.
14) 『여유당전서보유』 2, 163쪽.

주가 정약용의 매씨서평을 읽고 조목조목 질문한 것이다. 1827년(丁亥, 66세) 겨울, 海居都尉 洪顯周(홍석주의 동생)가 마재(초천)로 정약용을 찾아와 梅氏書評을 보여주기를 청하였다. 이리하여 홍석주도 매씨서평을 보게 되어 정약용과 홍석주 사이에 尙書 해석을 둘러싸고 학문적 교류가 있게 되었다.15) 따라서 홍석주의 이 편지는 1827년 겨울에 쓴 것으로 추정된다. 한편 이 편지에 대한 정약용의 답장, 答洪聲伯籤示의 경우 편지의 말미에 "丁亥 十二月八日"(1827년(66세) 12월 8일)이라고 날짜가 기록되어 있다. 따라서 홍석주의 편지, 洪判書(奭周)書籤 梅氏書評은 1827년 12월 8일 이전에 보낸 것이다. 다만 이 편지의 제목은 원래의 것이 아니라 정약용이 새로 붙이고 뒤의 답장과 짝이 되도록 한 것이 아닌가 생각된다.

둘째, 答金德叟의 경우, 원래 제목은 別紙德叟라고 되어 있으나 別紙를 지우고 "答金"으로 바꾸어 놓았다. 제목 아래에 "丁亥 正月十二日"이라고 원주가 붙어 있어 1827년(66세) 1월 12일 쓴 것임을 알 수 있다. 그렇다면 이 편지가 洪判書(奭周)書籤 梅氏書評보다 앞에 있어야 한다. 더욱이 洪判書(奭周)書籤 梅氏書評은 答洪聲伯籤示와 짝을 이루는 것이므로 答洪聲伯籤示 바로 앞에 놓는 것이 타당하다고 생각된다. 그러나 洪判書(奭周)書籤 梅氏書評은 정약용의 글이 아니므로 별도로 맨 앞에 두었을 수도 있다.

셋째, (答金德叟)二의 경우 제목에 二라고 되어 있으며 제목 아래에 "十三日"이라고 원주가 붙어 있다. 1827년(66세) 1월 12일 김매순에게 답장을 보낸 뒤, 그 다음날(1월 13일) 추가할 부분을 써서 보낸 것이 아닌가 생각된다. 따라서 이 편지의 저술 시기는 1827년(66세) 1월 13일로 추정된다.

넷째, 與海居의 경우 제목 말미에 "丁亥十一月 卄九日"이라고 날짜가 붙어 있으므로 1827년(66세) 11월 29일에 쓴 것임을 알 수 있다. 정

---

15) 「염씨고문상서백일초」, 『與猶堂全書』 3, 197~198쪽.

약용이 해거도위 洪顯周에게 보낸 편지이다. 이 편지를 보면 정약용은
이미 홍석주의 尙書補箋과 염약거의 尙書古文疏證(고문상서소증)을
보았음을 알 수 있다.

다섯째, 書一粟瑣言後의 경우 제목 아래에 "戊子 十月十八日"이라
고 원주가 붙어 있다. 1828년(67세) 10월 18일 작임을 알 수 있다.

여섯째, 答洪聲伯籤示의 경우 말미에 "丁亥 十二月八日"이라고 원
주가 붙어 있다. 1827년 (66세) 12월 18일 작임을 알 수 있다.

일곱째, 讀尙書補傳의 경우 1827년 겨울 홍현주를 통해 홍석주의
尙書補箋을 읽고서 그 독후감을 정리한 것이다. 앞서도 언급하였듯이
1827년 11월 29일에 쓴 與海居를 보면 이미 상서보전을 읽고 있음을
알 수 있다. 讀尙書補傳은 1827년(66세) 11월 29일 이후 상서보전에
대한 자신의 생각을 정리하여 쓴 것으로 여겨진다.

여덟째, 方橋記聞卷之一의 경우 장헌세자(사도세자)와 관련된 내용
을 정리한 것이다. 1794년 12월 정약용은 장헌세자에게 追上徽號하는
일에 都廳郎으로 참여하였다.16) 확언할 수는 없으나, 혹시 이때 업무
와 관련하여 정리한 것이 아닌가 생각된다.

아홉째, 永祐錄卷之一의 경우 장헌세자(사도세자)와 관련된 내용을
정리한 것이다. 이 역시 확언할 수는 없으나, 1794년(33세) 12월 정약
용은 장헌세자에게 追上徽號하는 일에 都廳郎으로 참여할 때 업무와
관련하여 정리한 것이 아닌가 생각된다.

열 번째, 四庫易議의 경우 내용으로 보아 아직 易에 대한 정약용의
견해가 깊어지기 이전의 글로 생각된다. 아마도 젊은 시절 규장각에서
四庫全書에 수록된 易議를 읽고 쓴 것이 아닌가 추측되지만 확언할
수는 없다.17)

---

16) 『年譜』, 45쪽.

17) 『여유당전서보유』2의 해제에 따르면, 四庫易議 뒤에 引淸亭上樑文이 있다
고 하였으나 필자가 본 영인본(경인문화사본)에는 보이지 않는다.

다음으로 열한 번째, 靑舘物名考는 竹欄物名考와 동일한 책이 아닌가 생각된다. 그렇다면 서울에서 명례방에 살 때 지은 것이 아닌가 생각된다. 정약용은 명례방의 집을 竹欄이라고 불렀다. 그러나 靑舘物名考와 竹欄物名考가 다른 책이라면 靑舘物名考는 다른 시기의 작품일 가능성도 배제할 수 없다. 그렇다면 시기 문제는 정약용이 자신의 堂號를 靑舘이라고 쓴 시기에 따라 결정될 수 있다.

열두 번째, 敎稚說의 경우 중간에 "壬申……茶山老翁書"라는 구절이 있으므로 1812년(51세) 쓴 것임을 알 수 있다.

열세 번째, 不可讀說의 경우 千字, 史略不可讀說, 通鑑節要不可讀說 등이 실려 있으나 묘지명체제에 속하는 것으로 보아야 할 것이다. 與猶堂全書補遺(2)에 실려 있기는 하지만, 이것과 같은 내용이 이미 與猶堂全書에 각기 千文評, 史略評, 通鑑節要評이라는 이름으로 실려 있다. 또 이들은 앞서 살핀 바와 같이, 잡문 후편 제10책 제2권의 서두에 千文評, 史略評, 通鑑節要評의 순서로 실려 있으며 저작 시기의 하한은 1816년(55세)으로 생각된다. 아마도 강진 시절 초기에 아동들을 가르치며 느낀 점이 있어 쓴 글이 아닌가 추정된다. 따라서 不可讀說의 千字, 史略不可讀說, 通鑑節要不可讀說 세 편은 묘지명체제에 속한다고 보아야 할 것이다.

열네 번째, 兒學編의 경우 1804년 봄에 완성된 것이다.[18]

열다섯 번째, 弟經의 경우 말미에 "生靑舘藏書"라고 써 있다. 만약 靑舘 또는 生靑舘이 정약용의 당호 가운데 하나라면 弟經을 정약용의 저술로 보기에는 다소 의심이 든다. 자신의 책에 대하여 藏書라는 표현을 쓰는 것은 어색하다고 여겨지기 때문이다. 그러나 서두에 "籜皮翁 旨訓"이라고 씌어져 있으므로 일단 정약용의 저작으로 추정해 둔다. 정약용의 저작이 맞다면, 이 역시 강진 초기에 학동들을 가르치며 만든 것이 아닌가 생각되기도 한다.

---

18) 『年譜』, 138쪽.

열여섯 번째, 大東禪敎考의 경우 말미에 있는 尹峒의 발문에 "右大東禪敎考一卷 紫霞山房 所編摩也"라고 하였다. 紫霞山房은 정약용이 강진에서 다산(귤동)으로 오기 이전에 머무르던 곳을 지칭하던, 당호이므로 강진 시절(1808년 봄 이후) 이전 작으로 추정된다. 초의와의 교유에서 이루어진 것으로 추정된다.

열일곱 번째, 挽日庵志의 경우 이 편명에 수록된 글을 다 정약용의 글로 보기는 어렵다. 다만 서두에 있는 題挽日庵志의 경우 끝에 "嘉慶 癸酉 秋 茶山丁鏞書"라고 되어 있으므로 정약용의 글임이 확실하다. 더욱이 서두에 "余讀金富軾百濟史 百濟之始行佛法 雖在枕流王元年 漢山之外 不創佛寺"라고 하였는데 위와 똑 같은 언급이, 大東禪敎考에서 백제불교에 대하여 언급한 부분에 있다. "嘉慶癸酉 秋"라고 한 것에서 1813년(52세) 가을에 지은 것임을 알 수 있다.[19]

열여덟 번째, 東言雜識의 경우 여유당전서보유(2)의 해제에서는 일단 정약용의 것으로서 판단하였으나,[20] 필자로서는 정약용의 저작 여부를 판단하기 어렵다. 설사 서두에 있는 "謂矣齋 輯"의 謂矣齋가 정약용을 가리키는 것이라고 하더라도, 그가 錢謙益 등 타인들의 글을 단지 모아놓은 것에 지나지 않는다고 생각된다.

열아홉 번째, 押海丁氏家乘의 경우 서두에 "後孫 若鏞 纂"이라고 되어 있으므로 정약용 자신의 글이라고 보아야 할 것이다. 더욱이 중

---

19) 挽日庵志의 마지막 쪽은 정약용의 저술일 가능성이 없지 않다. 이 마지막 쪽의 말미에 "嘉慶 十七年 秋分翼日 余過于挽日庵"이라는 기록이 있다. 마지막 쪽이 정약용의 글이라면 嘉慶 17년(1812) 추분 다음날, 정약용이 만일암에 간 일이 있다. 끝에서 두 번째 쪽의 말미에 "嘉慶 十四年 己巳季夏 沙門斗云識"이라고 되어 있으므로 이 挽日庵志의 저자는 승려 斗云으로서 지은 시기는 1809년이 늦여름이 아닌가 생각되기도 한다. 이상의 내용을 정리해 보면, 1809년 만일암지를 두운이 지었고 정약용이 1812년 추분 다음날 만일암을 방문하였으며 1813년 가을, 挽日庵志 머리에 정약용이 題挽日庵志를 붙였고 마지막 쪽은 정약용의 추기 또는 일종의 跋文이라고 추정된다.

20) 『여유당전서보유』 2, 5쪽.

간 중간에 鏞案이라고 하고서 안설을 붙이고 있다. 다만 여기에 정약용 자신의 글이 아닌 것이 포함되어 있다. 중간에 있는 東園記聞은 서두에 "東園遺稿卷之 丁好善士優 著"라고 되어 있어 정약용의 글이 아님을 알 수 있다.[21]

스무 번째, 東南小史의 경우 여유당전서보유(2)에서 원래 정약용의 친필 원고가 강진에 있었으나 향방이 묘연하다고 하였다.[22] 또 東南小史 서두에 "洌水 丁若鏞 輯"이라고 되어 있다. 설혹 정약용의 친필본이 있었다고 하더라도, 현재 여유당전서보유(2)에 실려 있는 것만을 보면 여러 사람의 저작을 정약용이 편집하여 놓은 것으로, 그의 저작이라고 할 수 없다.

다음으로 필자가 조사한 바로는 비묘지명체제 속하는 가운데 현존하지 않는 것으로, 泥川應擧集(苔川應擧集), 茶山公札翰抄, 茶山筆談, 茶山錄, 寒巖瑣話, 雪樵山談, 筠菴漫筆, 史記纂註, 祥刑攷草本, 植木年表 등이 있다. 이 작품들은 필자의 管見에 관한 한 현존하지 않아 내용을 볼 수 없으나, 제목으로 보아 寒巖瑣話를 제외하고는 대략 내용과 저작 시기를 짐작할 수 있게 한다.

첫째, 泥川應擧集(苔川應擧集)은 1789년(28세)에 정약용이 대과에 급제하기 위해 그때까지 科擧 준비로 쓴 글들 및 科擧 答案을 모아놓았던 것이 아닌가 생각된다. 그렇다면 여기에 실린 글들의 저작 시기는 1789년(28세) 과거 급제 이전이 된다.

둘째, 茶山公札翰抄의 경우 1808년 강진 다산(귤동)으로 이주한 이후의 편지들을 모아 놓은 것일 가능성이 있다.[23]

---

21) 『여유당전서보유』 2의 해제에 따르면 '外篇'은 정약용의 후손들이 합작하여 만든 것이라고 한다(5쪽).

22) 『여유당전서보유』2, 6쪽.

23) 茶山이라는 호를 쓰는 것은 1808년 강진 다산(귤동)으로 이주한 이후로 볼 수 있기 때문이다. 그러나 그 이전의 편지들도 여기에 포함시켜 놓았을 가능성도 배제할 수 없으며 귤동으로의 이주 이전에도 茶山이라는 호를 썼을 가

셋째, 茶山筆談의 경우 제목으로 보아 1808년 강진 다산으로 이주한 이후의 글일 가능성이 크다. 다산에서 제자, 친지들과 대화한 것을 모아놓은 것일 수 있다.

넷째, 茶山錄의 경우 제목으로 보아 강진 다산에서의 생활을 일기 또는 메모 형식으로 기록해 놓은 것일 가능성이 있다. 그렇다면 1808년(47세)부터 1818년(57세) 사이 강진 다산 시절이 저작 시기가 된다.

다섯째, 雪樵山談의 경우 1818년(57세) 해배 이후의 글로 생각된다. 鐵山樵夫라는 호를 쓰는 것은 해배 이후이다. 雪樵라고 한 것은 이 글이 겨울에 씌어진 때문이 아닌가 생각된다.

여섯째, 筠菴漫筆의 경우 저작 시기를 추정하기는 쉽지 않으나 사암선생연보 등에 인용되어 있는 내용을 보면 유배 이전에 대한 일들에 대한 언급이 있다.

일곱째, 史記纂註의 경우 1798년(37세) 4월 완성하여 조정에 올린 것이다.

여덟째, 祥刑攷草本의 경우 1798년(37세) 5월 서울에 온 이후, 형조참의를 하였는데 이때 정리한 것으로 생각된다.

아홉째, 植木年表의 경우 1795년(34세) 3월 규장각에 있으면서 정리한 것이다.24)

열 번째, 寒巖瑣話의 경우 저작 시기를 확실히 알 수는 없다.25)

능성을 완전히 배제할 수는 없다.

24) 『年譜』, 52쪽.

25) 寒巖이라는 호는 뜻으로 보아, 서울, 곡산, 장기 및 강진 시기에는 사용하지 않았을 것이라는 추측이 든다. 이 추측이 맞다면 금정이나 해배 이후에 이 호를 사용하였을 가능성이 있다.

結 語

이상에서 여유당집 시율과 잡문에 해당하는 여러 작품(묘지명체제) 및 이에 속하지 않는 시율과 잡문들(비묘지명체제)의 저작 시기를 살펴보았다. 본고에서의 고찰을 통해 다음과 같은 결론을 얻을 수 있다.

첫째, 여유당집 시율 및 잡문(묘지명체제)에 수록된 작품들이 연대순으로 배열되어 있을 것이라는 가정에서 출발하여 고증을 하여 왔는데, 이 전제는 크게 보아 틀린 것은 아니었다.

둘째, 시율 전편에 수록된 시들은 대체로 유배 이전 작이며, 시율 후편에 실린 것들은 대체로 유배 이후 회갑 이전의 작품들이다.

셋째, 회갑 이전의 시이면서도 시율 전편과 후편에서 누락된 것들이 있다.

넷째, 현존 규본 필사본의 경우 회갑 이후의 시들이 연대순으로 되어 있지 않고 배치가 매우 혼란스럽게 되어 있다.

다섯째, 잡문 전편에 수록된 시들은 대체로 유배 이전 작이며, 잡문 후편에 실린 것들은 대체로 유배 이후 회갑 이전의 작품들이다.

여섯째, 묘지명체제에 속하는 잡문에 묘지명체제에 속할 수 없는 것들이 수록된 경우가 있다.

일곱째, 회갑 이전의 잡문이면서도 잡문 전편과 잡문 후편에서 누락된 것들이 있다.

여덟째, 회갑 이후의 잡문들도 적지 않게 있다.

다음으로 이 연구에서 남은 문제점들에 대하여 생각해 보기로 한다.

첫 번째, 편의상 필자가 시율 후편으로 분류한 부분의 시 몇 편이 유배 이전 작이라는 문제점이 있다. 이렇게 된 것은 원래 여유당집을 편집할 때 각 권의 분량을 맞추기 위한 것에서 기인한다고 생각되지만, 이 문제에 대하여도 좀 더 생각할 필요가 있다.

두 번째, 회갑 이전의 시이면서도 시율 전편과 후편에서 누락된 것들이 있는 이유는 정약용 자신의 편집 의도 때문이었는지, 아니면 실수로 빠진 것인지도 문제이다.

세 번째, 현존 규본 필사본의 경우, 회갑 이후의 시들이 연대순으로 되어 있지 않고 배치가 매우 혼란스럽게 되어 있는 이유가 무엇인지도 문제이다.

네 번째, 잡문 전편 작품들 가운데 몇 가지는 후기에 씌어진 것으로 생각된다. 이것은 정약용 자신의 편집 이후에 타인의 손에 의하여 추가되었거나, 후기에 쓴 같은 형식의 글이 얼마 되지 않으므로 전편 말미에 붙여 놓았기 때문일 수 있다. 하지만 이들 저작에 대하여는 다시 더 엄밀한 검토가 요구된다.

다섯 번째, 회갑 이전의 잡문이면서도 잡문 전편과 잡문 후편에서 누락된 것들이 있는 이유가 정약용 자신의 편집 의도 때문이었는지, 아니면 실수로 빠진 것인지도 문제이다.

여섯 번째, 묘지명체제에 속하는 잡문 전·후편에 묘지명체제에 속할 수 없는 것들이 일부 들어가 있는 것도 문제이다.

일곱 번째, 아직 저작 시기를 제대로 밝히지 못한 것도 많으며 무리한 추정도 있다.

이상의 문제점들에 대하여 이미 본서에서 어느 정도 생각해 보았으나, 앞으로 좀더 연구가 필요하다고 여겨진다. 덧붙여 이상 본서의 작업이 갖는 의미에 대하여 생각해 보기로 한다.

첫째 여유당집 시율 및 잡문 전편·잡문 후편, 기타 비묘지명체제의 저작들의 연대를 고증하는 기존의 俟菴先生年譜와 茶山年譜 및 自撰

墓誌銘에서 누락된 정약용에 관련된 사실을 찾아낼 수 있었다. 이것은 보다 완벽한 정약용 연보를 만드는데 도움을 줄 수 있을 것이다.

둘째, 개인 연구를 위한 기초적 자료 정리 작업을 비교적 치밀한 방법을 세워 행하였다. 본서에서의 방법은 다른 개인 연구의 방법으로도 원용될 수 있을 것이다.

셋째, 정약용 사상의 형성·변화 과정을 시기에 따라 체계적으로 접근하는 것이 가능하여 졌으며 연대 고증이 제대로 되지 않은데 따른 오해를 줄일 수 있게 되었다.

끝으로 추후에 더 진행되어야 할 작업에 대하여 생각해 보기로 한다. 본 작업은 여기서 끝나는 것이 아니다.

첫 번째, 우선 본 작업에서 정확히 연대를 밝히지 못한 것, 미진한 것들에 대하여는 앞으로 좀 더 세밀하게 연구가 진행되어 보완되어야 할 것이다. 이를 위하여는 실록 외의 연대기 자료(승정원일기, 일성록 등), 관련된 인물들의 문집, 방목 등 관련 자료를 좀 더 조사할 필요가 있다.

두 번째, 정약용의 시율 및 잡문 가운데 본 작업에서 다루지 못한 것들이 있을 것이다. 이 작품들을 발굴해 낼 필요가 있다.

세 번째, 정약용 저작 가운데 與猶堂集 詩律 및 雜文 이외 것들에 대하여도 연대 고증을 하고, 기타 문헌학적 문제들에 대하여도 지속적으로 검토할 필요가 있다. 經世遺表, 牧民心書, 我邦彊域考, 尚書 註釋書, 周易四箋 등에도 여러 문헌학적 문제가 있다.

네 번째, 본 작업 및 이후에 지속되는 문헌학적 작업들에 입각하여 보다 완벽한 정약용 연보를 만들어야 할 것이다. 완벽한 개인 연보는, 개인 연구를 위해서 필수적인 것이다.

다섯 번째, 문헌학적 작업 및 연보 작성은 그 자체로 의의가 있는 것은 아니다. 이들을 토대로 정약용 사상에 대한 보다 체계적이고 심층적인 연구가 진행되어야 할 것이다.

여섯 번째, 20세기의 일국사적·근대화론적·내재적 발전론적·내셔널리즘적 관점에서의 연구를 넘어서, 정약용 사상이 21세기 우리에게 가질 수 있는 의미를 찾아내어야 할 것이다. 이렇게 함으로써 조선 후기 실학에 대한 연구의 폭을 확대하고 우리 인문학, 우리 학문 전체, 나아가 인류가 공통적으로 지향해야 할 학문을 형성하는 데 일조해야 할 것이다.

參考文獻

1) 연대기 자료

朝鮮王朝實錄(國編 影印本)
朝鮮王朝實錄(CD)
承政院日記
備邊司謄錄
日省錄

2) 문집류

與猶堂全書
與猶堂全書補遺
與猶堂集(규장각 소장 필사본)
洌水全書(정신문화연구원 소장 필사본)
周易四箋(규장각 소장 필사본)
易學緖言(규장각 소장 필사본)
我邦疆域考(연세대학교 소장 필사본)
尙書古訓(규장각 소장 필사본)
尙書知遠錄(규장각 소장 필사본)
弘齋全書
完堂先生全集
樊菴集
海左集
貞蕤閣全集(여강출판사 영인본)
石泉遺集
淵泉集

臺山集
其他 關聯人物 文集

3) 논저

(1) 저서

송기채 외 번역,『국역 茶山詩文集』(1~10), 민족문화추진회, 1984~1994.
김상홍,『茶山 丁若鏞 文學硏究』, 단국대출판부, 1985.
심경호,『茶山과 春川』, 강원대출판부, 1996.
한영우,『정조의 화성행차』, 효형출판, 1998.
실시학사경학연구회 편역,『茶山과 石泉의 經學論爭』, 한길사, 2000.
실시학사경학연구회 편역,『茶山과 臺山·淵泉의 經學論爭』, 한길사, 2000.
박석무·정해렴 편역주,『茶山詩精選』(상·하), 현대실학사, 2001.
박현모,『정치가 정조』, 푸른역사, 2001.
정해렴 역주,『我邦疆域考』, 현대실학사, 2001.
김　호,『조선과학자열전』, 휴머니스트, 2003.

(2) 논문

민영규,「茶山 三則」, 연세대 국학연구원 제2회 월례발표회, 1979. 5.
김영호,「與猶堂全書의 텍스트검토」,『다산학학술회의』(발표요지), 대우재단,
　　　　1982.
정석종,「茶山 著作에 대한 2·3의 問題」,『정신문화』, 1983 봄.
조성을,「丁若鏞 著作의 體系와 與猶堂集 雜文의 再構成」,『규장각』8, 1984.
김상홍,「原典考察」,『茶山 丁若鏞 文學硏究』(제2장), 단국대학교 출판부,
　　　　1985.
조성을,「丁若鏞의 身分制 改革論」,『동방학지』51, 1986.
조성을,「丁若鏞의 尙書硏究文獻의 檢討」,『동방학지』54·55·56합집, 1987.
조성을,「丁若鏞의 尙書今古文硏究」,『동방학지』61, 1989.
조성을,「我邦疆域考에 나타난 丁若鏞의 歷史認識」,『규장각』15, 1992.
조성을,「茶山과 正祖」,『정조사상연구』2, 1999.
조성을,「丁若鏞의 歷史理論의 展開와 그 性格」,『국사관논총』93, 2000.
조성을,「丁若鏞 著作의 書誌學的 諸問題」(다산학술문화재단 발표요지),
　　　　2003. 8.

Abstract

Philological Study on Jeong-yakyong's Poem manuscripts and Essay manuscripts

Cho, Sung Eul

I have come to the conclusion through a study of my thesis as follows.

First, I have researched the works included in Jeong-yakyong's poem manuscripts and essay manuscripts belonging to self-written epitaph edition, with the assumption that they were arranged in chronological order. This assumption has turned out to be true on the whole.

Second, most poems in the first part of poem manuscripts were written before Jeong was banished, and those in the second part were written at the period of the time after his banishment and before his age of sixty years.

Third, some poems that were written before his age of sixty years left out from the two parts of poem manuscripts.

Forth, in the case of an existing copy of Seoul University, poems written after sixty years of age are not arranged in chronological order, which results in a great confusion.

Fifth, most poems in the first part of poem manuscripts were written before his banishment, and those in the second part were written after his banishment and before his age of sixty years.

Sixth, the pieces of writing that should not have been included in self-written epitaph edition are sometimes found in essay manuscripts of self-written epitaph edition.

Seventh, there are some poems that were written before sixty years of age and omitted from the first and second part of essay manuscripts.

Eighth, there are not a few essays written after sixty years of age.

Next, let's think over the unsettled questions in this study.

First, there is a problem that some poems I classify into the second part of poem manuscripts were actually written before the banishment. That seems to have been caused by the intention to make the quantity of each part equal in the process of editing Jeong's works. There is a necessity for inquiring further into the problem.

Second, some poems are omitted in both parts of poem manuscripts in spite of their having been written before sixty years of age. Accordingly, we should consider whether Jeong had his own editorial intentions about that matter or they were omitted by mistake.

Third, in the case of an existing Seoul University copy, we should inquire into the reason why the poems written after sixty years of age are not arranged in chronological order and make a great confusion.

Forth, some works in the first part of essay manuscripts seem to have been written in the later period. We can infer that someone added them after Jeong complied the book or that he himself put them at the end of the first part because there were only a small number of works written in the same style during the later period. Anyway, more elaborate study about the works is required.

Fifth, some works are omitted in each part of essay manuscripts in spite of their having been written before sixty years of age. We should consider whether Jeong had his own editorial intentions or they were omitted by mistake.

Sixth, another problem is that the pieces of writing which should not have been included in self-written epitaph edition comes under the first or second parts of essay manuscripts belonging to self-written epitaph edition.

Seventh, there are still a lot of works whose written-times are not identified yet and there are even some presumptuous assumptions in my study.

I have somewhat considered these problems in this study but it is not enough.

Therefore we need to inquire further into the problems in the future.

Now let's think of the significance of my study.

First, concerning Jeong, I have found some new facts that have been unknown in the existing chronological books about him. They show us when the writings in poem manuscripts, and the first and second parts of essay manuscripts, and other ones not-belnging to self-written epitaph edition were written. In this respect, my study can be a good help to make a chronological record of Jeong's writings and life perfect.

Second, I have arranged basic materials for a personal study with an elborate sophiscated methodology. This method would be of good use for others' studies.

Third, it comes to be possible to systematically approach the formation of Jeong's thought and the process of its changes in time. Misunderstanding that has been caused by the imperfect chronological research could be reduced.

찾아보기(詩文)

【ㅈ】